MASSIMO MARIANI

DAS LICHT IN DER KUNST

Aus dem Italienischen übersetzt von Martina Kempter

REIMER

INHALT

VORWORT

Licht ist eine der maßgeblichen Bedingungen des Lebens: Für die meisten Tätigkeiten des Menschen sowie aller tagaktiver Lebewesen ist es notwendige Voraussetzung. Die Physik lehrt uns, dass wir von geliehenem Licht leben; dem, das die Sonne über eine Distanz von rund 149.600.000 Kilometern durch ein dunkles Universum zu uns schickt.

Doch diese Theorie passt nicht ganz zu unserer Wahrnehmung, denn unwillkürlich verbinden wir Licht mit dem Sichtbarwerden von Objekten, die hin und wieder verschwinden und von Dunkelheit verschlungen werden, so, als wäre auch das Dunkel für sich genommen ein Phänomen und hätte nicht allzu viel mit einer Lichtquelle zu tun.

So ist es nur logisch (was begrifflich nicht ganz exakt, aber doch nachvollziehbar ist), dass sich die Menschen der Frühzeit einen mächtigen Zauberer vorstellten, der eine große leuchtende Kugel hinter dem

Die **Echnaton-Stele** mit ihrer Abbildung der königlichen Familie zeigt die Strahlen des Aton (oder Aten). In der religiösen Ikonographie Altägyptens ist die Sonnenscheibe das Abbild Gottes. Neues Reich, 18. Dynastie, Armana-Zeit. Ägyptisches Museum, Kairo.

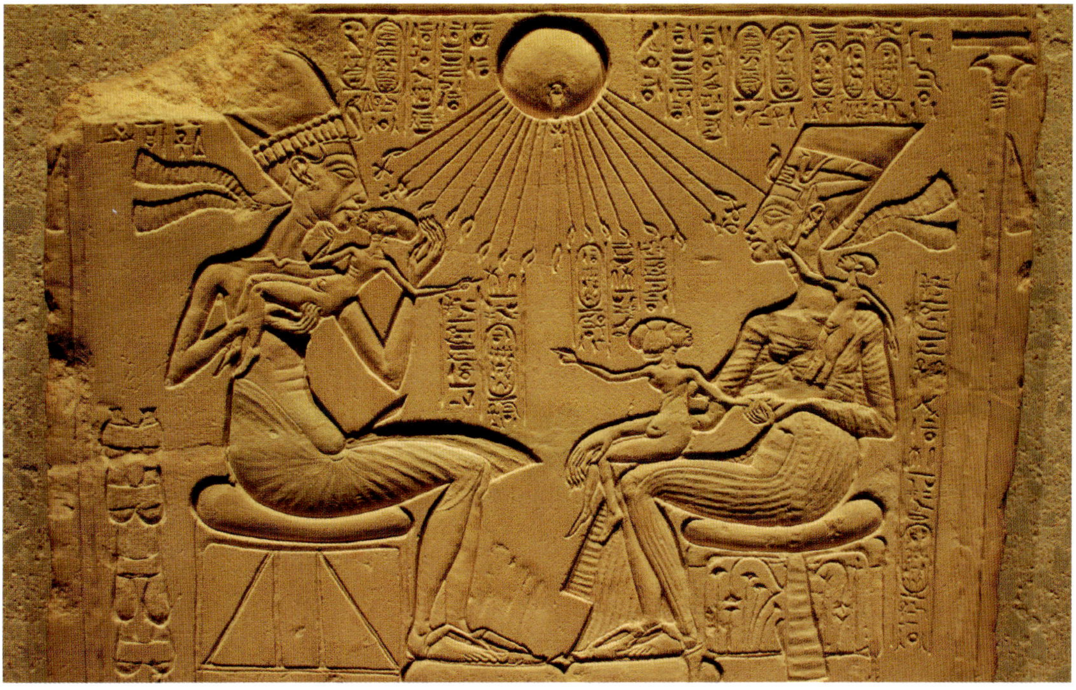

Tuch des Himmels verschwinden bzw. wieder davor erscheinen ließ, um sie in Staunen zu versetzen. Deshalb war lange Zeit von einem Sonnengott die Rede.

In der Zeit des altägyptischen Reiches repräsentierte die Große Sphinx von Gizeh den Herrscher, der dem Sonnengott Horemakhet (auch Horus genannt) Gaben darbrachte. Der Pharao Echnaton gab den überlieferten ägyptischen Polytheismus zugunsten eines Pseudo-Monotheismus auf, der auf dem Kult des Gottes Aton bzw. der Sommerscheibe beruhte. Echnaton geriet später vollkommen in Vergessenheit, bis im 19. Jahrhundert in der Nähe des heutigen Amarna die archäologische Stätte der von Echnaton (Achet-Aton) neu gegründeten, dem Gott Aton geweihten Hauptstadt entdeckt wurde. Das Relief auf Seite 5 gehört zu einem Stelenpaar, das zu beiden Seiten eines Tempeltores angebracht war.

Die Beziehung zwischen dem Licht und der visuellen Wahrnehmung wird im Wesentlichen durch drei Faktoren bestimmt: Helligkeit, Leuchtkraft und Beleuchtung.

Helligkeit ist die erste Qualität des Lichts, seine Erscheinungsform, das Zeichen seiner Anwesenheit, das, was es uns erlaubt, die Dinge zu sehen. In der Physik wird die Helligkeit eines Gegenstandes durch sein Vermögen bestimmt, Licht im Verhältnis zur Menge des Lichts, das auf seine Oberfläche trifft, zu reflektieren.

Ein Stück schwarzer Samt, das den Großteil des auf ihn treffenden Lichts absorbiert, kann (unter bestimmten Bedingungen und unter starker Beleuchtung) einen ähnlichen Widerschein zurückstrahlen wie ein Stück weißer Seide, wenn dieses nur schwach beleuchtet wird und sich in einer Umgebung befindet, die sich nur wenig von der Farbe des Stoffes unterscheidet.

Unserem Auge fällt es nicht leicht, zwischen dem Rückstrahlungsvermögen und der Strahlkraft des Lichts zu unterscheiden: Es empfängt und erfasst nur das Ergebnis, also die Lichtintensität, bezieht daraus aber keine Informationen über das Verhältnis der beiden Modalitäten, die für uns lediglich zu einem wahrnehmbaren Ergebnis führen.

Das normale Sehen bedient sich eines Auges, das glücklicherweise nicht die Mentalität eines Börsenmaklers besitzt und nicht dafür gemacht ist, die Verluste und Gewinne an Leuchtkraft zu notieren und präzise den Unterschied zwischen Lichtstärke und Leuchtkraft zu berechnen. Es unterscheidet nicht zwischen der anonymen Kraft einer beliebigen Lichtquelle und dem Rückstrahlungsvermögen, das ein einzelner Gegenstand durch seine Natur verwandeln und zu unserem

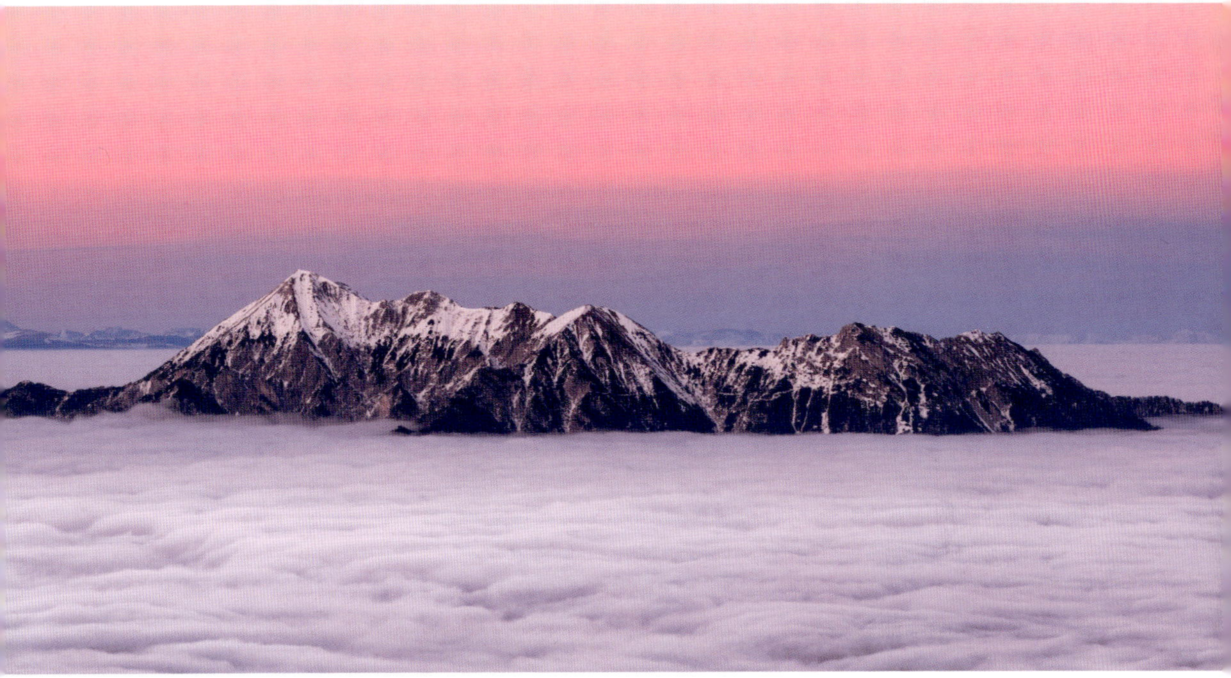

Aus dem Nebel.
Aleš Krivec auf Unsplash.

Nutzen und Gebrauch manipulieren kann: Sein vorrangiger Wert liegt in der Lichtempfindlichkeit.

Unter Leuchtkraft verstehen wir die Intensität des Lichts und den Grad an Helligkeit, den wir in einem bestimmten Sichtfeld wahrnehmen. Dieses kann mehr oder weniger hell sein, doch nur innerhalb dieses Sichtfeldes können wir den besonderen Lichtschein eines jeden Gegenstandes erkennen.

Die Leuchtkraft wird im Verhältnis zur Verteilung von Helligkeitswerten über das ganze Sichtfeld wahrgenommen (Lichtverlauf). Um lichterfüllt wirken oder leuchten zu können, muss ein Gegenstand eine höhere Intensität als die Helligkeitswerte des Gesamtbildes aufweisen, was im Übrigen nur natürlich ist, da wir alles, was wir sehen, durch Vergleichen wahrnehmen und bewerten.

Es muss also betont werden, dass Helligkeitswerte relativ und nicht konstant sind: Ob ein Taschentuch beispielsweise mehr oder weniger weiß erscheint, hängt nicht von der absoluten Lichtmenge ab, die dem Auge übermittelt wird, sondern von dem Tonwert, den es auf der Helligkeitsskala einnimmt.

In der Praxis bringen wir die Helligkeitswerte ringsum, in einem bestimmten Sichtfeld und in einem bestimmten Augenblick zur Übereinstimmung, damit wir uns im Sinne der Entropie Ruhe verschaffen, also überschüssige Informationen reduzieren und Energie einsparen können, um mit dem Sehen und im Leben besser zurechtzukommen.

Die Beleuchtung ist ein besonderer Effekt des Lichts: Wir bemerken sie nur, wenn dieser Effekt offensichtlich ist, also bei starkem, intensivem Licht, das klare Schatten wirft. Bei diffusem Licht stellen wir hingegen nur eine generelle Helligkeit fest und betrachten die Schatten als eine unbestimmte Begleiterscheinung des Lichts.

Physiologisch kommt Leuchtkraft jedes Mal dann ins Spiel, wenn wir einen Gegenstand sehen, der ohne Licht unsichtbar geblieben wäre. Doch so, wie unsere Augen beschaffen sind, erscheint uns die Leuchtkraft wie ein zusätzliches Phänomen beziehungsweise wie die Summe des zurückgeworfenen Lichts, das ein von uns beobachteter Gegenstand abgibt. Dieses Licht zeichnet klare Konturen, es hebt Formen, Farben, Schatten und Kontraste hervor, und wir beziehen es instinktiv direkt auf die Lichtquelle, die die gesamte Umgebung beleuchtet.

Während die Unterscheidung von Helligkeit und Beleuchtung für die Physik eine Theorie ist, bedeutet sie für die Zeichnung, die Malerei und die bildende Kunst allgemein eine grundlegende Praxis.

Mit der Hell-Dunkel-Malerei des Chiaroscuro können wir zum Beispiel durch die Abstufung der Schatten im Verhältnis zur jeweiligen Beleuchtung den Eindruck vom Volumen eines Gegenstandes vermitteln und dieses illusionistisch sichtbar machen.

Auf diese Weise werden diffuse Lichteffekte erzielt, die zum Eindruck von Dreidimensionalität, Körperlichkeit, Tiefe oder räumlicher Distanz beitragen, sofern wir durch unsere Zeichnung die homogenen Werte von Helligkeit und Dunkelheit zu regulieren verstehen. Demzufolge werden die Kontrastwirkungen in einer Zeichnung durch die vergleichsweise geringe Hervorhebung der als entfernt dargestellten Gegenstände erzielt, während die näheren Gegenstände stärker durch Helligkeit hervorgehoben werden.

Durch den unterschiedlichen Helligkeitsgrad wirken sie verschieden weit von unserem sehenden Auge entfernt, und die mit der formalen Räumlichkeit verbundene perspektivische Wirkung erfährt dadurch eine graduelle Abstufung. Bei Gegenständen, die weit vom idealen Betrachter entfernt sind, erzeugt die abnehmende Lichtintensität dieselbe perspektivische Wirkung wie ihre abnehmende Größe.

Die Blütezeit der Malerei des Goldenen Zeitalters der Niederlande erstreckte sich mehr oder minder auf das gesamte 17. Jahrhundert. Was diese Malerei von den früheren Entwicklungen in Europa unterschied, war die begrenzte Anzahl religiöser Bilder. Die ethische Haltung in den Niederlanden entsprach damals dem wirtschaftlichen Erfolg des Bürgertums, denn der Reichtum des Landes verdankte sich langen,

Taddeo Gaddi,
Verkündigung an die Hirten, um 1328–1330. Fresko, S. Croce, Florenz.

Von 1313 bis 1337 arbeitete Taddeo Gaddi (1290 Florenz – 1366 Florenz) in Giottos Werkstatt und hatte dort eine beachtliche Stellung inne. Dennoch wurde seine dortige Rolle oft negativ bewertet: als die eines der unbedeutenderen Schüler eines großen Meisters. In seinen gelungensten Werken ist Gaddi jedoch durch seinen unverwechselbaren Stil erkennbar. Charakteristisch für ihn sind nächtliche Lichteffekte, wie sie in der mittelitalienischen Malerei des 14. Jahrhunderts eine Ausnahme darstellen. Seine Figuren gewinnen an Ausdrucksstärke, weil sie in einen perspektivischen Zusammenhang eingebettet sind und hier nicht mehr die menschliche Figur, sondern der sie umgebende Raum den Vorrang hat. Die Tiefe der abgebildeten Szene hat nicht mehr spirituellen, sondern physischen Charakter. Die Gesamtansicht ist nicht (wie in der byzantinischen Ikonographie) gemalt worden, um ein transzendentales Geschehen zu bebildern, sondern um in ihrer Konkretheit erfasst und durchlebt zu werden. Die Giotto-Schule hat den Anthropozentrismus einer besonderen, nämlich der bürgerlichen Klasse eröffnet, die wenig Spirituelles an sich hatte. Besonders in diesem Werk Gaddis ist die gemalte Szene, die in einem Raum angesiedelt ist, der unter Berücksichtigung des Standpunktes des Betrachters ausgeleuchtet zu sein scheint, wodurch die religiöse Botschaft der Darstellung aktualisiert wird.

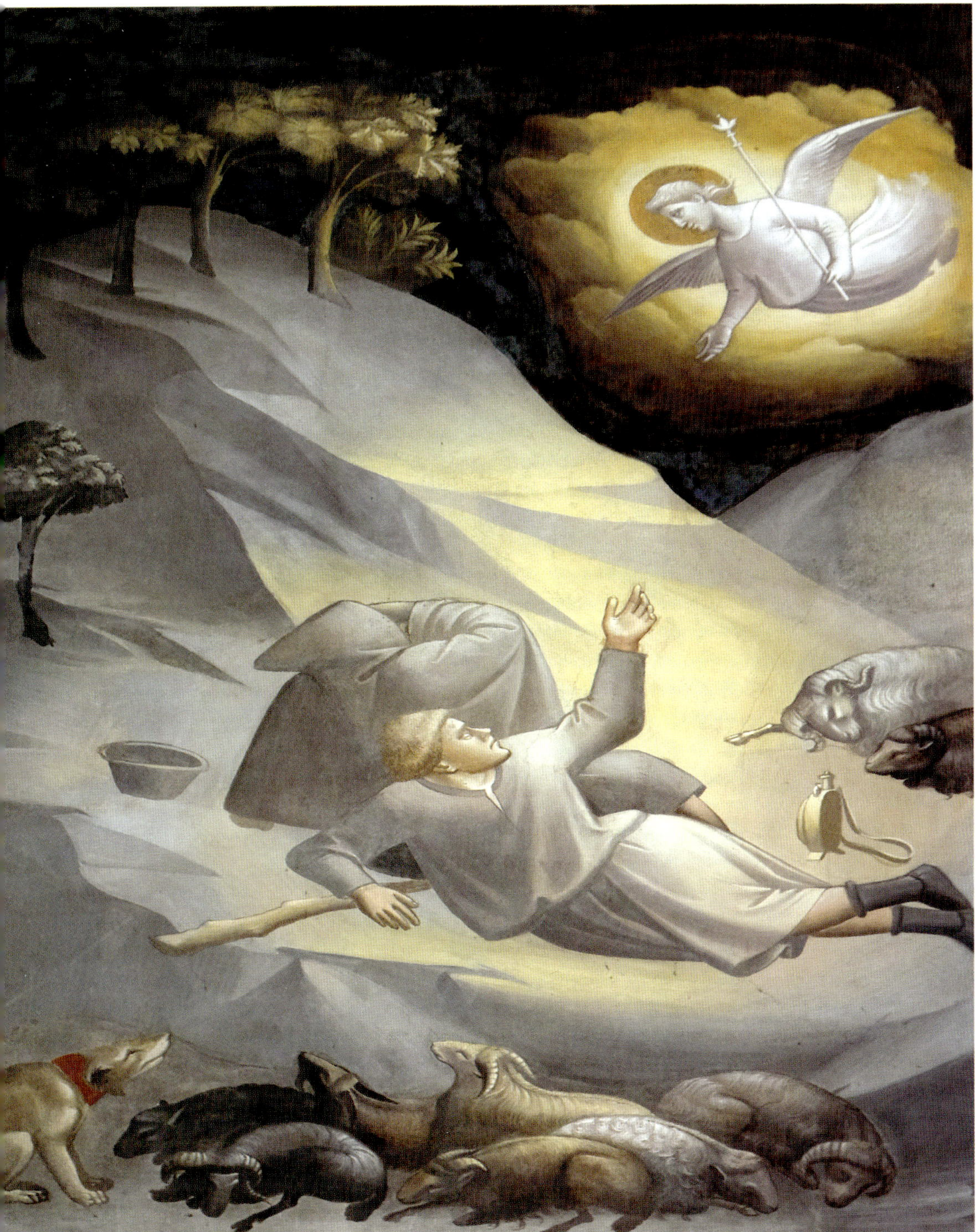

gefährlichen Reisen auf hoher See. Diese Verhältnisse beeinflussten die holländische Kunst des 17. Jahrhunderts, die es in ihren besten Werken verstand, die Erinnerungen an den Glanz ferner Welten mit der von Licht und Stille durchfluteten Alltäglichkeit zu verbinden, wie sie die holländischen Kaufleute nach ihrer Rückkehr von ihren Handelsreisen zu Hause vorfanden. Es lohnt sich, daraufhin das Bild *Hof eines Hauses in Delft* von Pieter de Hooch (1629 Rotterdam – 1684 Amsterdam) näher zu betrachten. Während die Innenräume auf den Gemälden dieses Künstlers – zum Beispiel bei *Der Besuch* – an den Stil eines Jan Vermeer erinnern, zeigen ihn seine raren Außenansichten als vollkommen eigenständige Persönlichkeit. Vergleicht man also *Hof eines Hauses in Delft* mit dem weiter oben betrachteten Bild *Verkündigung an die Hirten* von Taddeo Gaddi, hat man einen augenfälligen, harten Bruch vor Augen, der den historischen, kulturellen und geografischen Abstand zwischen den beiden Künstlern veranschaulicht, doch auch die Entwicklung und die unterschiedliche symbolische Verwendung des Lichts und seine Theatralisierung zeigt. Es ist unwahrscheinlich, dass dieses Werk eine wirklichkeitsgetreue Ansicht wiedergibt, da de Hooch in der zweiten Fassung des Bildes *Zwei zechende Männer und eine Frau unter einer Gartenlaube im Hof* viele derselben architektonischen Elemente wiederverwendete, aber die rechte Seite des Gemäldes, wo eine Magd und ein Kind zu sehen sind, radikal umgestaltete.

Der Betrachter kann hier bewundern, wie es dem Maler gelungen ist, durch den Anblick eines ordentlich aufgeräumten Hofes eine Welt häuslichen Glücks heraufzubeschwören. Der Hof gleicht in seinem

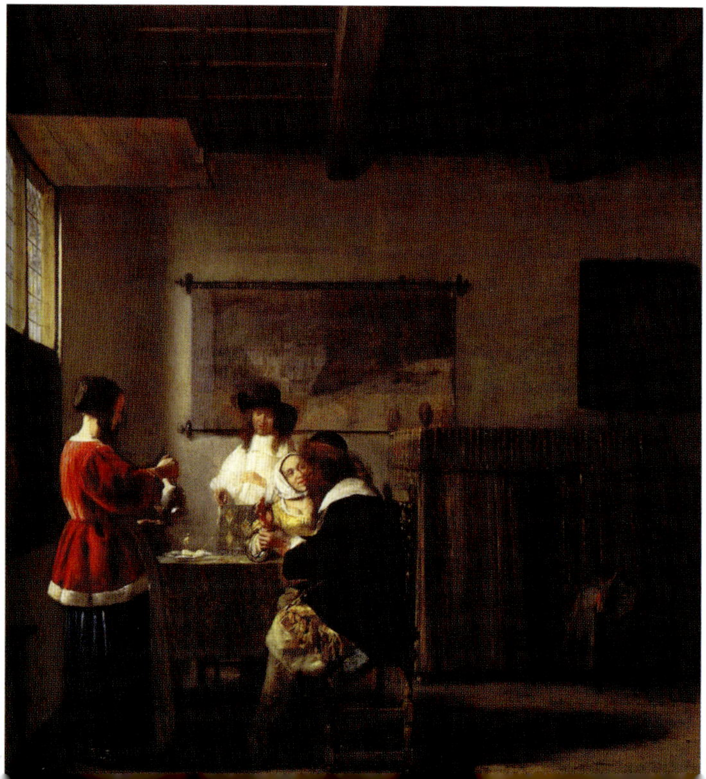

Pieter de Hooch,
Der Besuch, 1657. Metropolitan Museum of Art, New York.

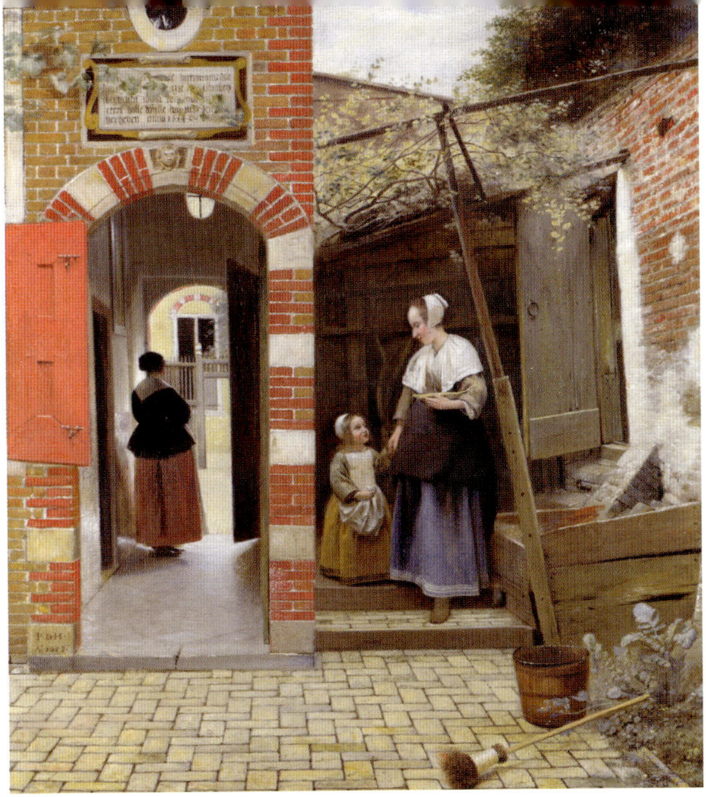

Pieter de Hooch,
Hof eines Hauses in Delft, 1658.
National Gallery, London.

Arrangement einem Bühnenbild, das mit bewusst gesetzter Beleuchtung Details ins rechte Licht rückt. Auf dieser Bühne wird eine Komödie zum Lob der kleinen Freuden des holländischen Alltagslebens dargeboten. In Ermangelung eines (für die Gegenreformation typischen) geistlichen Mäzenatentums entfaltet sich die Darstellung des Raums in der Malerei hier in einem neuen Register, das man als ein visuelles Puzzle definieren könnte. Aber was lässt sich über die Ansichten Pieter de Hoochs sagen, wenn man sie neben Gaddis *Verkündigung an die Hirten* stellt?

Die Antwort: ein Zauberkunststück, eine optische Illusion, das im Betrachter nicht etwa einen frommen Gläubigen sieht, sondern den Reisenden, der Entfernungen kennt und schätzt, die dunklen Winkel und das unverhoffte Schweben des Lichts. In den Bildern *Hof eines Hauses in Delft* (aber auch in *Zwei zechende Männer … unter einer Gartenlaube im Hof* von 1658, in *Mann, der einer Frau in der Eingangshalle eines Hauses einen Brief übergibt* von 1670, wie auch in *Das Schlafzimmer*, 1658–1660, und in vielen weiteren Bildern des Künstlers) kombiniert Pieter de Hooch Räume wie Mosaiksteine. Er setzt einen Innen- und einen Außenraum in Beziehung zueinander, und fast immer ist die von außen konkurrierende Fläche stark beleuchtet. Auf diese Weise wird die Entfernung durch den Gegensatz zu der im Innenraum herrschenden Dunkelheit visualisiert und es ist, als müsste der Blick des Betrachters vom Hellen ins Dunkle eine Stufe überspringen. Einen solch radikalen Lichtverlauf findet man nicht einmal bei Jan Vermeer: Dem Meister aus Delft dient das Licht zur Beleuchtung

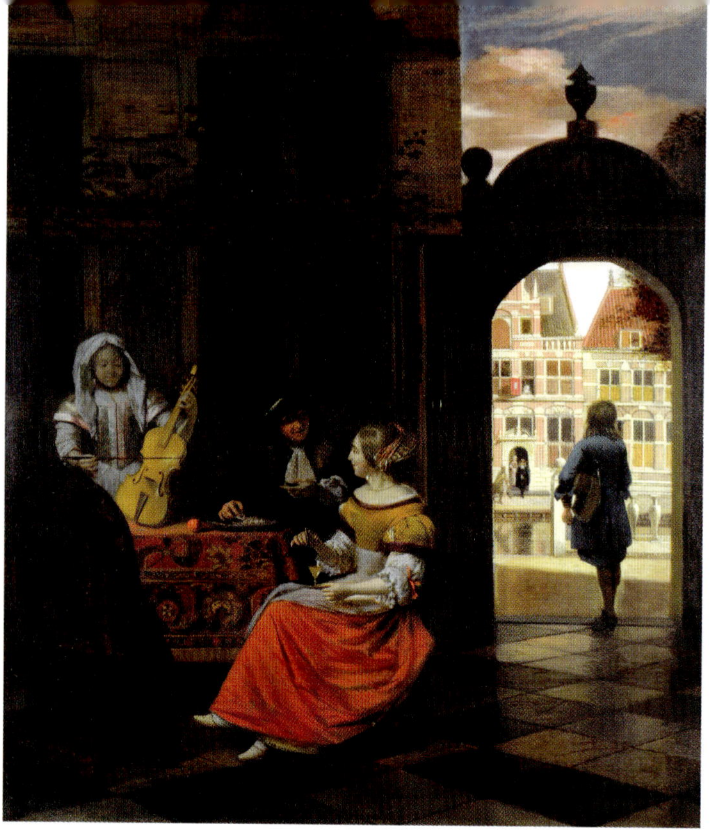

Pieter de Hooch,
Geselliges Musizieren im Hof, 1677.
National Gallery, London.

des Alltags in einem niederländischen Innenraum – fraglos (anders als bei Gaddi) mit einem weltlichen und gleichwohl harmonischen Anspruch: einem Alltag aus Handlungen, die man zur rechten Zeit und am passenden Ort verrichtet. Fast könnte man sagen, dass der Reiz eines Werkes von Vermeer darin besteht, dass Licht bei ihm eine erzieherische Funktion hat, während es sich bei de Hooch von einem ihm angestammten Terrain aus fast ungehörig an die Dunkelheit heranwirft.

Noch einmal zurück zu Gaddis Bild: Die düstere, wenngleich vom Glanz des Engels unterbrochene Tiefe am oberen Bildrand ist der Helligkeit darunter zwar entgegengesetzt, bleibt aber religiös motiviert und in ethischer Übereinstimmung mit der Gesamtansicht. Schließlich spricht die ganze Szenerie auf nicht alltägliche, sondern überirdische Weise von der Gegenwart Gottes. Der Betrachter ahnt, dass jenseits des Kontrastes zwischen Licht und Dunkel Etwas oder Jemand hinter der Erscheinung des Sichtbaren steht und das Gesetz der Schöpfung diktiert hat.

Bei de Hooch ist die Räumlichkeit tatsächlich ein Trompe l'œil, denn das Entfernte hält sich willkürlich in der Gegenwart dessen auf, was in der Nähe zu sein scheint, und das Gesetz, das beides verbindet, wird dem Auge des erfahrenen Betrachters übertragen. Mehr noch: weiter oben erwähnte ich, dass bei Gaddi die Lichtführung im Bildraum vom Standpunkt des Betrachters aus erfolgt. Dieser Kunstgriff dient dem italienischen Maler zur Verdeutlichung der religiösen Botschaft, während uns das Licht bei dem Holländer eher als zufälliges Phänomen begegnet, das fernen, fremden Räumen angehört oder diese erst hervorbringt (im Widerschein unter der Laube, im Dämmerlicht in der Gasse oder im Aufklaren des Himmels in der Ferne). Beide, Gaddi wie de Hooch, zeigen uns als Maler, dass das Licht der menschlichen Wahrnehmung Auftrieb gibt und Sehen in jedem Fall bedeutet, dass man auf eine Präsenz gestoßen wird.

Im Lauf der Jahrhunderte haben Maler immer wieder dafür gesorgt, dass sich solche Präsenzen in der Malerei behaupteten und manifest wurden. Im Studium und in der Praxis arbeiteten sie an einer fein mit dem Dunkel ausbalancierten räumlichen Helligkeit und der Wirkung von Lichtverläufen auf die Wahrnehmung. Diese Fertigkeit ist nichts anderes als die Technik der Schattierung, die bewusst eingesetzt

Meister der Madonna Straus, Verkündigung, um 1390. Galleria dell'Accademia, Florenz.

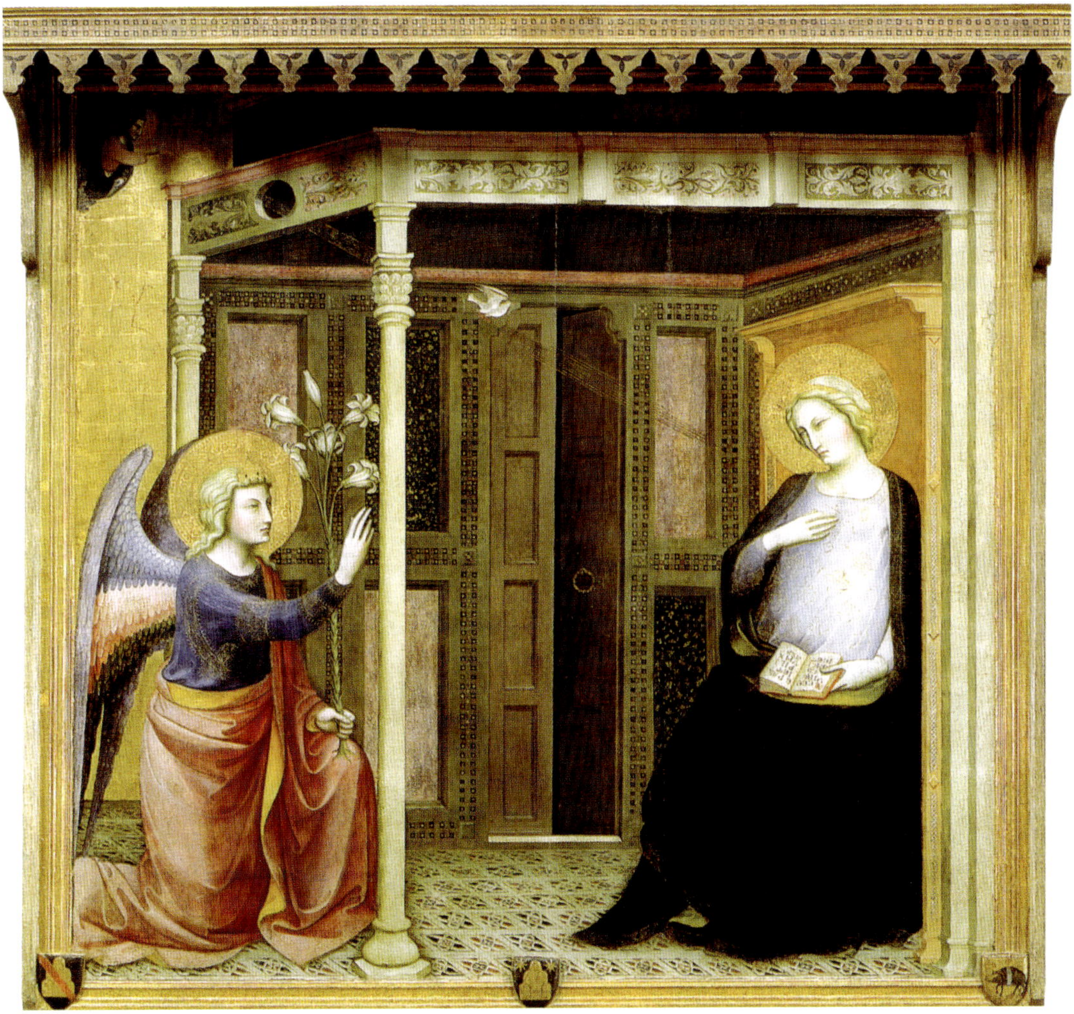

wird, damit die Flächen in der Nähe der Umrisse zurückweichen und die hellsten Stellen hervorgehoben werden.

Natürlich sind die Maler mit dieser Beobachtung bald strenger, bald freier umgegangen, stets jedoch in der Absicht, Gegenständen wie auch menschlichen Figuren die Illusion einer formalen Lebendigkeit mitzugeben und den Präsenzen, die unbewusst ohne große Probleme auf einer ebenen Fläche leben, zum Wunder der Dreidimensionalität zu verhelfen.

In nicht wenigen der symmetrisch angelegten mittelalterlichen Kunstwerke erhalten beispielsweise die Figuren auf der linken Seite Licht von links, die auf der rechten von rechts, ohne dass auf eine glaubhaft positionierte Lichtquelle geachtet würde. In der *Verkündigung* des Meisters der Madonna Straus zeigt sich dieser freie Umgang sehr deutlich an der Gesichtsfarbe des Engels und der Madonna.

Wir dürfen aber nicht davon ausgehen, dass die Menschen im Mittelalter anders gesehen haben oder dass die Maler blutige Anfänger im Umgang mit ihren Farben waren und nichts vom Licht verstanden, Das Gegenteil war der Fall: jede Darstellung, jedes von Hand gemalte Bild ist das Ergebnis einer realen Illusion und Projektion einer bestimmten Mentalität, die weder besser noch schlechter als eine beliebige andere ist, aber eben nur eine dem Publikum einer bestimmten Zeit angemessene und für dieses überzeugende.

Jede Oberfläche hat eine eigene Struktur, eine eigene Stofflichkeit, denn jedes Material ist anders und reagiert in besonderer Weise auf das Licht. Da, dass das Licht in der Kunstausübung eine große Rolle spielt, lernten die Maler zusehends, die Eigenschaften ihres Malgrunds zu nutzen, um die Plastizität der Formen sowie tonale und atmosphärische Nuancen zur Geltung zu bringen. Es macht eben einen großen Unterschied, ob man mit Marmor, Bronze oder Holz arbeitet, ob man a fresco auf Putz oder mit Öl auf Leinwand malt, und es führt zu ganz anderen Ergebnissen, wenn das Material seinen jeweiligen Eigenschaften entsprechend bearbeitet wird.

Wenn wir beispielsweise mit der Hand ein byzantinisches Mosaik berühren, stellen wir fest, dass es eine unregelmäßige Oberfläche hat, als ob die Steinchen nicht miteinander verbunden wären. Diese Unregelmäßigkeit ist jedoch gewollt. Da jeder Stein durch seine unterschiedliche Neigung das Licht anders aufnimmt, strahlt er es auch anders zurück und steigert so den Schimmer des Mosaiks, bei dem die Farben intensiv zu vibrieren scheinen. Und ist vielleicht nicht die gesamte Malkunst angetreten, um einen Strich, einen Pinselstrich, eine Farbe zu kaschieren und uns vorzumachen, wir befänden uns vor einem Raum, in dem sich ein beleuchteter Körper aufhält?

Robert Fludd, ein hermetisch-okkultistischer Philosoph der Renaissance, veröffentlichte seine Werke zwischen 1617 und 1621. Jeder Band ist mit Diagrammen, Tabellen und Zeichnungen versehen.

Robert Fludd,
Utriusque Cosmi, aus: „Utriusque Cosmi Historia", 1617.

Die von mir gewählte Abbildung ist von schlagender Einfachheit, wirft jedoch mehrere Fragen auf. In dem Teil, der vom Ursprung der Welt handelt, sieht Fludd sich veranlasst, darüber zu spekulieren, was vor der göttlichen Schöpfung existierte.

Um ein Nichts, eine Leere, eine völlige Abwesenheit von Licht und folglich der ganzen Welt zu veranschaulichen, wählte er die Abbildung eines schlichten schwarzen Quadrats und notierte auf allen vier Seiten: Et sic in infinitum (bis in alle Ewigkeit). Mit seinem Kommentar zum schwarzen Quadrat zeigt Fludd den vollendeten Verlust an, der jedoch erfüllt ist von einem individuellen, menschlichen Standpunkt.

DIE ERFORSCHER DES LICHTS

PLATON UND ARISTOTELES

Platon (428/427 v. Chr. Athen – 348/347 v. Chr. Athen) war der Ansicht, das Auge besitze ein Feuer mit der Eigenschaft, nicht zu brennen, sondern ein eigenes Licht zu erzeugen. Dieses innere Licht des Auges verschmelze mit dem von außen kommenden Licht und schaffe so einen einheitlichen Raum, der dann vom Auge bis zu einem bestimmten Gegenstand reiche. Aus dieser Begegnung entstünden Bewegungen, die sich in der Folge auf die Seele übertragen, wo Empfindungen geweckt würden.

Diese Regungen können durch Teilchen verschiedener Größenordnung ausgelöst werden, die Platon wiederum mit den Farben verbindet. Die Farben, von denen es in der Natur eine unendliche Vielfalt gibt, sind eine weitere Art von Empfindung. Platons Höhlengleichnis[1] ist die berühmteste Erzählung der ganzen abendländischen Philosophie und behandelt ein breites Spektrum von Problemen, die mit dem Sehen verknüpft sind und noch heute von vielen Wissenschaftlern behandelt und diskutiert werden. Hier erlaube ich mir den Hinweis, dass Platon mit der Erzählung seines Mythos vor rund 2500 Jahren das Phänomen des

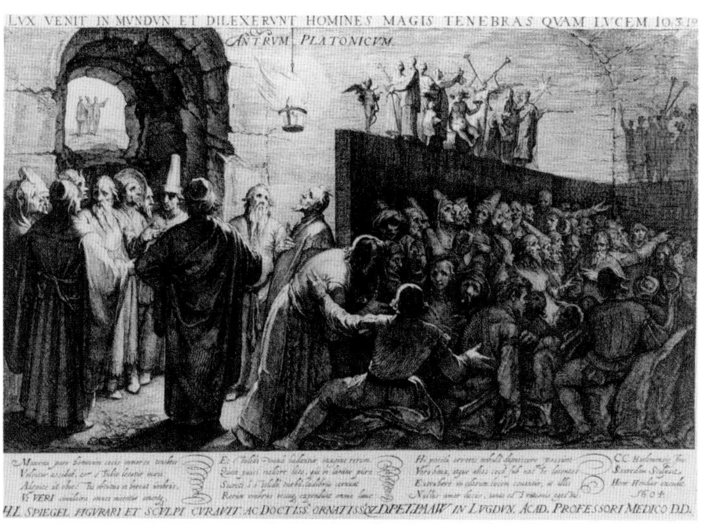

Jan Saenredam,
Das Höhlengleichnis, Illustration des Mythos in einer Radierung nach einem Gemälde v. Cornelis Cornelisz van Haarlem, 1604. The British Museum, London.

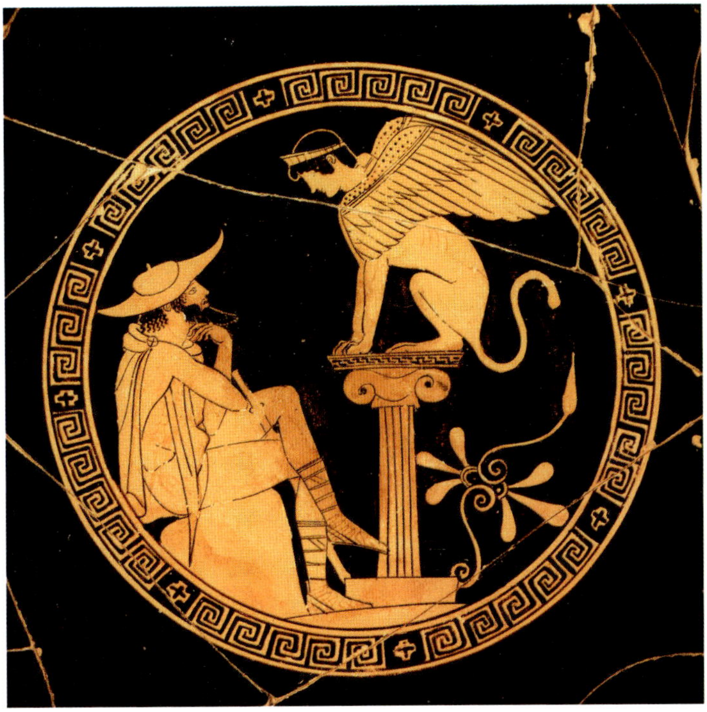

Ödipus und die Sphinx,
griechische Vase, um 470 v. Chr.
Vatikanische Museen, Vatikanstadt.

Lichts mit der Dunkelheit verknüpfte und damit das Licht im Gegensatz zur Finsternis nicht nur physiologisch, sondern auch ideell zum Fundament einer Kultur des Blickes wurde. Dies hatte entscheidende Folgen für das Denken und Argumentieren in der gesamten abendländischen Kultur: Das Licht setzt sich der Dunkelheit entgegen; Licht und Dunkelheit sind nicht zwei Seiten derselben Medaille.

Die Mythen vom Ursprung der Malerei erzählen uns, wie sehr diese mit Licht und Schatten verknüpft ist. Nach Plinius dem Älteren entstand die Malerei in Griechenland dank einem Mädchen, das „aus Liebe zu einem jungen Mann, der in die Fremde ging, bei Lampenlicht an der Wand den Schatten seines Gesichtes mit Linien umzog".[2]

Eine erste systematische und ausdifferenzierte Erklärung des Phänomens der Optik gab Aristoteles (384/383 v. Chr. Stagira – 322 v. Chr. Chalkis), dessen komplexes System hier kurz vorgestellt werden soll.

Den Kern des aristotelischen Denkens bildet die Auffassung, das Licht sei weder ein korpuskulärer Ausfluss noch ein Feuer und auch nicht die Ausstrahlung eines Körpers, wie Platon behauptet hatte.

Bei Aristoteles dreht sich alles um den Begriff *to diaphanes* (wörtlich: das Durchsichtige), das einen Körper bezeichnet, durch den hindurch man klar sehen, also das Abbild eines Gegenstandes erkennen kann. Der griechische Philosoph unterscheidet zwei Arten von Körpern: Ein Körper ist unbegrenzt, wenn er, wie Licht oder Wasser, keine Grenzen hat. In diesem Fall kann er als *medium*, also als Mittel der Verbreitung dienen, während ein Körper – wenn es sich um einen festen Körper handelt – mit klar umrissenen Rändern und einer wohldefinierten Oberfläche, wie beispielsweise ein Stück Holz oder ein Stein, begrenzt ist.

Alle unbegrenzten Körper sind durchsichtig, und nur einige wenige durchsichtige sind begrenzt, wie etwa Glas oder Eis. Kurzum, Aristoteles hat Theorien darüber aufgestellt, dass das Licht die Aktuierung eines Mediums sei (das Licht also nur wahrnehmbar ist, wenn der Körper, der es manifestiert, sichtbar ist); bleibt das Medium nur virtuell (das heißt, hält man es für existent, aber in Dunkelheit befindlich), so fehlt das Licht und es herrscht Dunkelheit.

Licht ist für Aristoteles also keine Substanz, sondern eine akzidentelle Eigenschaft des Durchsichtigen, so wie Luft oder Wasser.

Bei einer vertiefenden Betrachtung des Themas lässt sich festhalten, dass Licht in Übereinstimmung mit der aristotelischen Auffassung nicht unabhängig existiert, sondern lediglich ein Akzidens, eine latente Disposition des Mediums darstellt.

Daraus ergeben sich drei wichtige Modalitäten:

1) Licht ist unkörperlich: Es bleibt folgenlos, wenn zwei Lichtstrahlen aufeinander treffen. Die Unkörperlichkeit des Lichts stellt den bedeutendsten Unterschied zu den früheren Theorien dar, die sich hingegen auf die Vorstellung der Ausstrahlung und Körperlichkeit bei Platon, aber auch Empedokles, stützen.
2) Der Übergang des Mediums von der potenziellen zur effektiven Transparenz erfolgt plötzlich, direkt vom Dunkel zum Licht, aber auch in umgekehrter Richtung (vom Licht ins Dunkel). Aristoteles schließt daraus, dass die Geschwindigkeit des Lichts unendlich ist, wie das auch die neuzeitliche Wissenschaft theoretisch gefasst hat.
3) Das Licht ist, im Gegensatz zur Farbe, kein Gegenstand des Sehens.

Die wichtigsten Argumentationsschritte lassen sich folgendermaßen zusammenfassen:

- Licht kann man nicht sehen, aber es ermöglicht die Wahrnehmung der Farbe derjenigen Gegenstände, die sich im Medium befinden.
- Erstmals kommt die Idee des Durchsichtigen auf (*to diaphanes*).

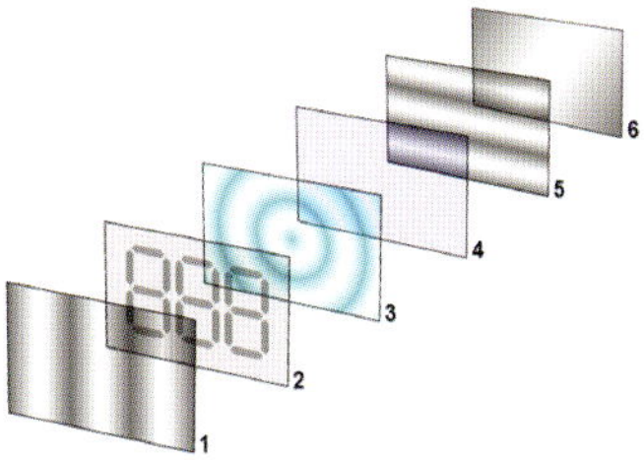

Komponenten eines reflektierenden LCD
1) vertikaler Polarisator
2) Glasplatte mit Dunkelzonenmaske
3) Schicht mit Flüssigkristallen
4) Glasplatte mit Elektroden
5) horizontaler Polarisator
6) Reflektor.

Unserem zeitgenössischen Verständnis erscheint diese Vorstellung vielleicht absolut selbstverständlich, aber das ist sie keineswegs. Letztendlich lässt sich dieses Durchsichtige mit einer Flüssigkristallanzeige (LCD – Liquid Crystal Display) vergleichen, auf der sich mithilfe von Flüssigkristallen Bilder herstellen lassen.

LCDs können auf zweierlei Weise eingesetzt werden: transmissiv und reflexiv. Beim transmissiven Typus wird das Display von einer Seite beleuchtet und von der anderen gesehen.

Auf der Rückseite wird ein Licht angebracht, und die Flüssigkristalle funktionieren als Filter, der nur die gewünschten Farbkomponenten durchdringen lässt.

Reflektiv betriebene Displays nutzen das Umgebungslicht, das von einem hinter dem Display angebrachten Spiegel reflektiert wird.

Kurioserweise verweist unsere heutige moderne Technik – das Durchsichtige als ein Lichtphänomen, das unkörperlich ist, aber dank einem Übertragungsmedium stattfindet – auf die Ideen eines Philosophen, der vor über 2000 Jahren lebte.

„Ein Beispiel dafür ist das Licht der Sonne, die Wärme auch, die sie zur Erde strahlt: Beide, aus feinen Urelementen gebildet, werden vorwärtsgestoßen, durchqueren ohne Verzug die Luft im Raum dazwischen, vorwärtsgetrieben vom Anstoß der Nachfolgenden.“[3]

LUKREZ

Titus Lucretius Carus (94 v. Chr. Pompeji–55/50 v. Chr. Rom) war ein römischer Dichter und Philosoph in der Tradition der Epikureer.

Im vierten Buch seines Werks *De rerum natura* definiert er das Licht, das er manchmal als *lux*, öfter jedoch als *lumen* bezeichnet, als ein Aggregat von Atomen, die in den Raum geschleudert werden und ihn blitzschnell ausfüllen.

Lux und *lumen* sind die im klassischen Latein gebräuchlichen Begriffe und beinahe synonym. *Lumen* (oder *lumina*, so der häufiger benutzte Plural) bezeichnet die von einer einzigen Lichtquelle (Lampe oder Fackel) ausgehenden Strahlen.

Lux im Singular (wenn es nicht Synonym von *lumen* ist) verweist auf die Helligkeit (Licht im einfachen Wortsinn), die die gesamte Umgebung erfüllt bzw. auf den durch das *lumen* als Leuchtquelle hervorgerufenen Lichtschein.

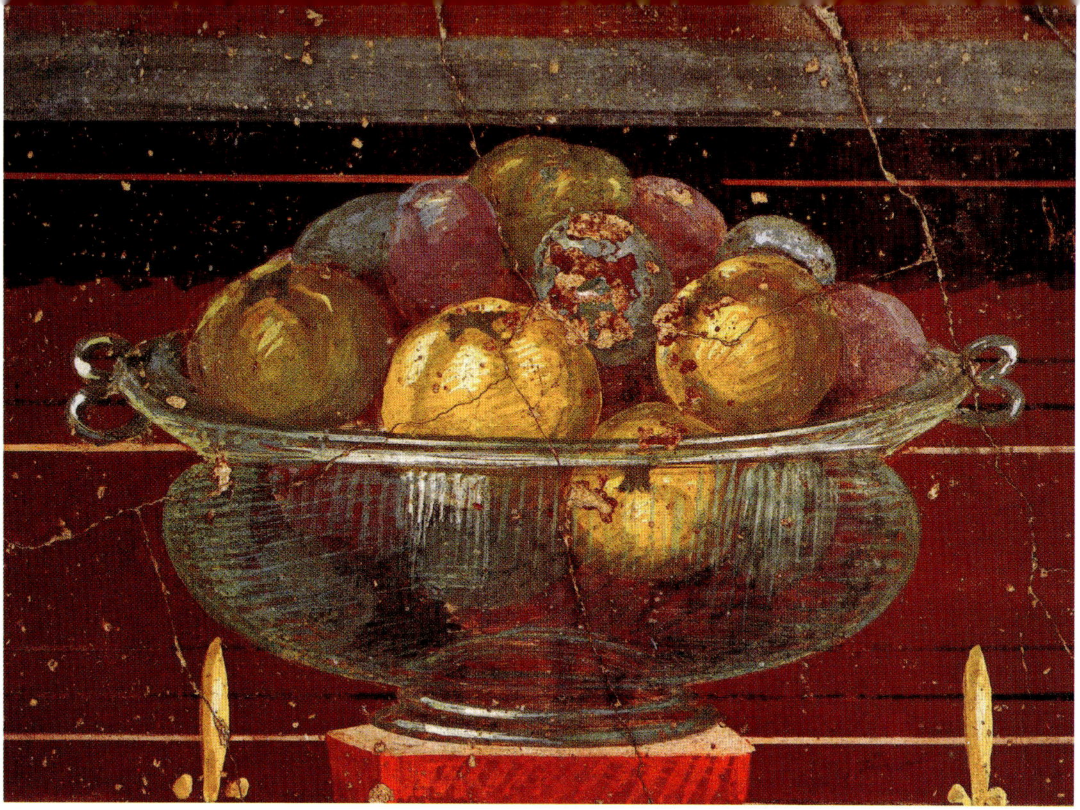

Fresko mit Granatäpfeln.
Villa der Poppaea in Oplontis, 1. Jh. v. Chr.
Torre Annunziata, Neapel.

In dem Fresko mit Granatäpfeln ist die Wiedergabe der Durchsichtigkeit ebenso wie das plastische Leuchten der Früchte so außerordentlich, dass sie wie von innen heraus belebt und appetitlich wirken. Mit großer Unbefangenheit ließe sich diese Realisierung mit der Farb-Licht-Technik vergleichen, die neunzehn Jahrhunderte später in Cézannes Werk jede Form zum Vibrieren bringt.

Wie die literarischen Quellen und Wandmalereien von Pompeji bezeugen, wollten und konnten die Römer der Oberschicht das Leben in jeder Hinsicht genießen. An den Wänden der *domūs* sind alle erdenklichen Lustbarkeiten abgebildet. Noch heute können wir in den römisch-pompejanischen Wandmalereien und vielen Mosaiken üppig gefüllte Schalen mit frischem Obst und volle Platten mit Muränen, Hummer, Feldhasen und Rebhühnern bewundern.

Der Überfluss an essbaren Köstlichkeiten wurde so prachtvoll präsentiert, dass die in der Kunstgeschichte normalerweise übliche Bezeichnung als Stillleben hier kaum mehr zutrifft.

Was die Theorie angeht, so hat die römische Kultur, das Wissen der Gründer des größten Reiches der Antike, den Unterschied zwischen *lux* und *lumen* nicht weiter spezifiziert, weil sie es im Grunde nicht nötig hatten.

Die Unterscheidung wurde erst in späteren Jahrhunderten zum philosophischen und theologischen Problem, und kurioserweise, wenn auch nicht zufällig, geht die Etymologie von Luxus auf das lateinische *luxus* (wörtlich: üppige Vegetation, im weiteren Sinn Reichtum und Opulenz) zurück, in dem das Wort *lux* enthalten ist.

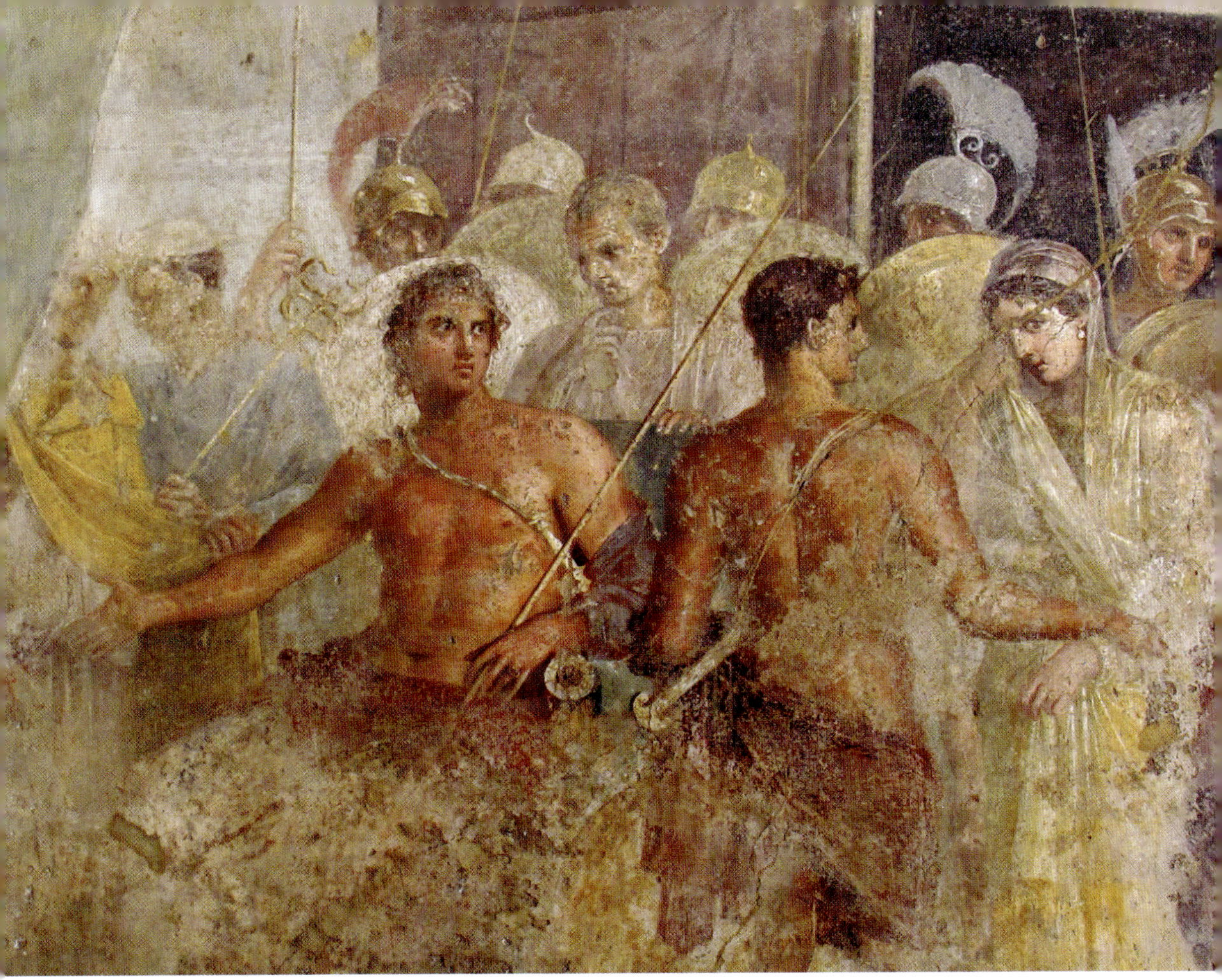

Haus des tragischen Dichters in Pompeji,
Achill muss seine Dienerin Briseis König Agamemnon überlassen. Fresko, 1. Jh. v. Chr. Archäologisches Museum, Neapel.

Der für seine Verteidigungsreden vor Gericht berühmte Cicero, Zeitgenosse von Lukrez, räumt einen qualitativen Unterschied ein, wenn er sagt, Korinth sei das *lumen* von ganz Griechenland, Rom aber das *lux* der Welt.[4] Damit wollte er Rom als eine Macht zeigen, die wegweisend sein sollte für alle Völker der damaligen Zeit. Freilich verrät die Bemerkung Ciceros, dass die Unterscheidung zwischen *lumen* und *lux* für die römische Kultur eine instrumentelle und keine theoretisch-spekulative ist. Sie ist nützlich, wenn sie dazu dient, mit einer kalkulierten Metapher zu überzeugen, und wenn *lumen* für lokalen Glanz steht, *lux* aber für Weltruhm.

DIE ENNEADEN DES PLOTIN

Plotin (205 Lykopolis–270 Minturnae) war ein griechischer Philosoph, der als Erbe Platons und Begründer des Neuplatonismus angesehen wird.

Die *Enneaden*, sechs Sammlungen von jeweils neun Schriften, sind das Gesamtwerk des Philosophen, in dem er sich durch Bilder und Allegorien ausdrückt. Interessant ein Abschnitt der *Enneade* I, 6 (*Das Schöne*): „Die Schönheit ferner der Farbe ist ein Einfaches vermöge der Form, indem das Dunkel in der Materie bewältigt wird durch die Anwesenheit des Lichts, welches unkörperlich ist, rationale Form und Gestalt. Daher denn auch das Feuer als solches vor den andern Körpern schön ist; denn es hat den Rang der Idee im Verhältnis zu den andern Elementen, es ist das oberste seiner räumlichen Stellung nach und der feinste von allen Körpern, wie es seiner Nähe zum Unkörperlichen entspricht; es nimmt allein die anderen Körper nicht in sich auf, während die andern es aufnehmen (die andern Körper können erwärmt, das Feuer aber nicht abgekühlt werden): so ist dem Feuer denn auch primär die Farbe eigen, und die andern Körper entnehmen erst von ihm die Idee der Farbe; daher leuchtet und glänzt es, wie es einer Idee zukommt. Was aber nicht mehr obsiegt, dessen Leuchten verblasst und es gehört nicht mehr zum Schönen, da es nicht voll an der Idee der Farbe Teil hat."[5]

Der deutsche Philosoph Werner Beierwaltes setzte sich in seinen Studien zur Ontologie und Metaphysik insbesondere mit Plato und Plotin auseinander. Seiner Meinung nach lassen sich bei vielen Vertretern moderner Kunst (Malewitsch, Kandinsky und Klee) im Gegensatz zu einer bloß oberflächlichen Nachahmung des Sichtbaren deutliche Bezüge zur neuplatonischen Theorie des Schönen erkennen.[6] Im schöpferischen Akt werde die für unsere Augen unsichtbare Dimension der Natur nicht mehr als ein Sinnbild der Erscheinung begriffen, sondern

Wassily Kandinsky,
Gelb-Rot-Blau, 1925.
Centre Georges Pompidou, Paris.

Der russische Künstler Wassily Kandinsky (1866 Moskau – 1944 Neuilly-sur-Seine) wollte das wesentliche Unsichtbare jenseits der Hülle der Erscheinungen zum Ausdruck bringen. Ab dem Jahr 1909 wurden seine Bilder auf der Suche nach Geist und psychischer Kraft immer halluzinatorischer und musikalischer. Die kalte Rationalität reichte ihm nicht mehr aus, um die unsichtbaren Bewegungen zu beschreiben, die die Seele und die Welt bestimmen.

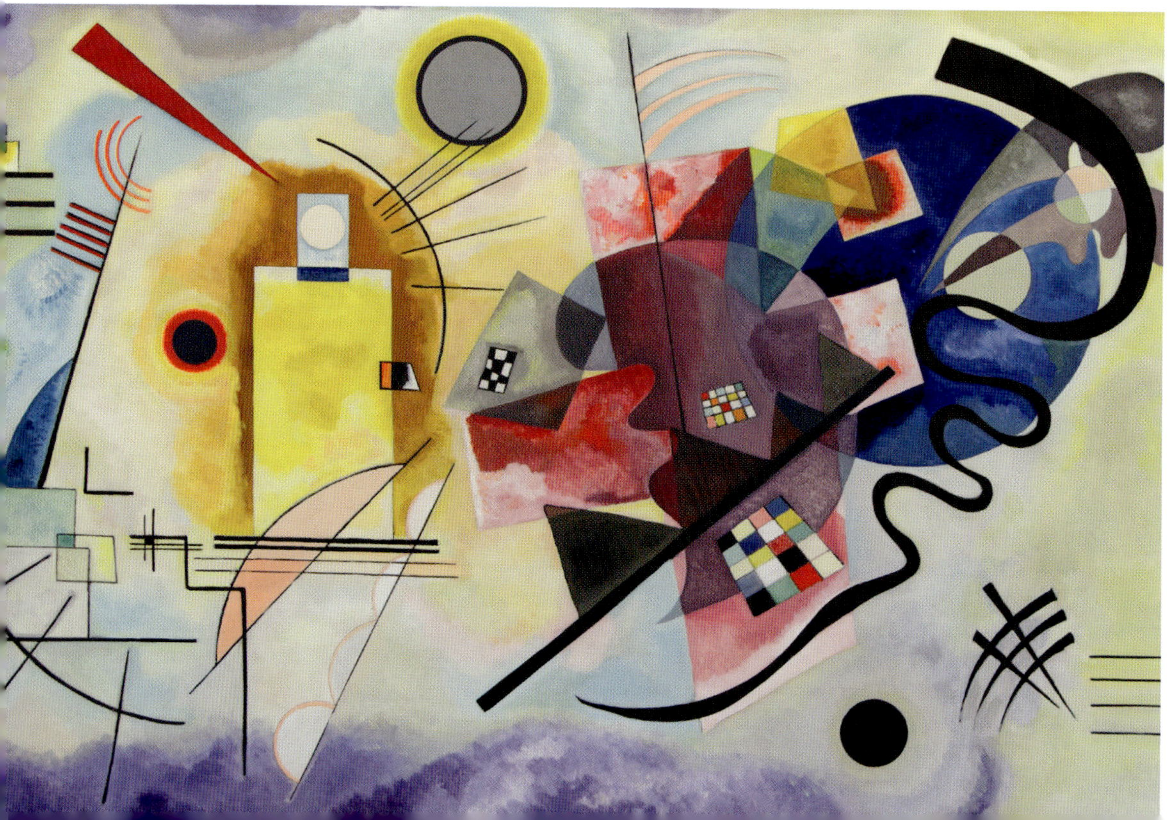

vermöge der Vorstellungskraft in ein unabhängiges Bild transponiert. Plotin könne als Vorreiter der Moderne gelten, nicht weil er die Subjektivität des Künstlers in den Vordergrund rückte, sondern weil er erfasste, dass der kreative Akt, alle Schöpfungen der Kunst auf ein praktisch Unsichtbares verweise.

Im Ergebnis führt das zu einer für das Auge nicht repräsentativen Abbildung, insofern sie ein Modell nachahmt, das nur dem Geist zugänglich ist.

AL-KINDI

Al-Kindi (um 801 Kufa–873 n. Chr. Bagdad) war ein arabischer Musiker, Astrologe, Mathematiker, Philosoph und Astronom. Die Strahlenhypothese des Sehvorgangs, die lange Zeit auch in der arabischen Welt akzeptiert war, wurde von Al-Kindi mit Scharfsinn und Strenge vertieft. Diesem Gelehrten zufolge geht vom Auge eine Kraft aus, die im Zusammenspiel mit den beleuchteten Dingen die Wahrnehmung des Sehens auslöst. Dieses Zusammenspiel entspricht einem Prozess der Reduktion des Gegenstandes auf leuchtende Punkte.

Dieses Konzept ist höchst bedeutend, denn es markiert einen Bruch mit sämtlichen griechischen Theorien, die das Sehen als einen Übergang von Formen (oder Bildern) auf das Auge betrachteten. Die Hypothese der Wechselwirkung zwischen dem Auge und der Außenwelt, die sich in ein funkelndes, aus einer Lichtquelle hervorgehendes Strahlen auflöst, wird von Al-Kindi nur skizziert und ein Jahrhundert später von Alhazen wieder aufgegriffen.

Wenn in der Zeichnung die richtige Linie diejenige ist, die Schritt für Schritt der Form folgt, dann vollzieht sich dieses Fortschreiten im kleinsten Bestandteil der Linie, also Punkt um Punkt.

Ein gutes Beispiel für eine solche Wechselwirkung, die dem Prozess einer Reduktion des Gegenstandes auf Stückchen oder leuchtende Punkte entspricht, ist das Mosaik. Die Mosaikkunst geht von dieser Voraussetzung aus und realisiert mit einer entsprechenden Technik ein Gesamtbild.

Ein Mosaik entsteht als eine Dekoration, die kleine Stückchen (nennen wir sie, aus großer Ferne gesehen, ruhig Punkte) aus Perlmutt, Lapislazuli und Ton benutzt, um ein Bild zusammenzusetzen und die Bauwerke der damaligen Zeit zu verschönern. Weil es wegen seiner aufwändigen Machart als großer Luxus angesehen wurde, fand das Mosaik nur langsam Verbreitung. In Schwarz-Weiß tauchte es erst zu Beginn des 2. Jahrhunderts auf und war sowohl figurativ als auch ornamental.

Ein Mosaik ist demnach eine Wechselwirkung, die dem Prozess einer Reduktion des Gegenstandes auf Stückchen oder leuchtende Punkte entspricht, gerade so, wie Al-Kindi sich das vorstellte.

Im 2. Jahrhundert n. Chr. durchlebte das Römische Reich eine wirtschaftliche, politische und kulturelle Krise: Das nahende Ende des klassischen Zeitalters kündigte sich an. Diese Veränderung spiegelte sich auch in der Welt der Kunst in einer tiefgreifenden Revision der griechischen Tradition, so dass sich eine Ausrichtung hin zur Abstraktion mit der Wiederbelebung grundlegender Formen und ein reduzierter Farbgebrauch durchsetzten.

Die ersten Schwarz-Weiß-Mosaiken trafen den Nerv der Zeit und verdankten ihren Erfolg auch dem sparsamen Umgang mit farbigem Material. In Ostia und in der Villa Adriana in Tivoli wurde die Abstraktion durch die Verbreitung des Neuplatonismus und des Orphismus begünstigt, die beide die Überwindung des naturgetreuen Bildes zum Ausgangspunkt hatten – anders gesagt: hier fand die Überwindung einer unmittelbar greifbaren Wirklichkeit zugunsten einer Hinwendung zum Übernatürlichen statt.

Bemerkenswert sind die römischen Fußbodenmosaiken, die man in Ravenna in der *Domus dei Tappeti di Pietra* (Haus der Steinteppiche) entdeckte. Später, im 6. Jahrhundert, erreichte und übertraf Konstantinopel selbst Rom an Pracht. Seine charakteristischen Bauwerke machten es zur schönsten Stadt der damaligen Zeit.

Während der Herrschaft Justinians I. wurden einige der berühmtesten Baudenkmäler errichtet, so die prachtvolle Basilika der Hagia Sophia mit ihrer majestätischen Kuppel, die den ungeheuer großen Raum des Zentralbaus in einem nahezu überirdischen Licht erstrahlen lässt.

Dieses Licht wird nicht durch Farbe erzielt, vielmehr bezeichnet es den Ort eines göttlichen Raumes, in dem alles Sichtbare Bedeutung erlangt. In diesem Sinn modelliert das Licht alles, was dem Auge des Betrachters nahe erscheint, als wäre es leicht, während das weiter Entfernte dunkel wirkt. Außergewöhnlich an diesem Mosaik ist die genau einberechnete Lichtrichtung, die für den Schattenwurf auf dem Gesicht der mittleren Figur verantwortlich ist und genau mit dem Schatten übereinstimmt, den das vom Fenster links des Mosaiks herkommende Licht wirft.

ALHAZEN

Ibn al-Haytham oder Alhazen, wie man ihn im mittelalterlichen Europa nannte (965 Basra – 1039 Kairo), war einer der bedeutendsten und genialsten Wissenschaftler der islamischen Welt. Seine

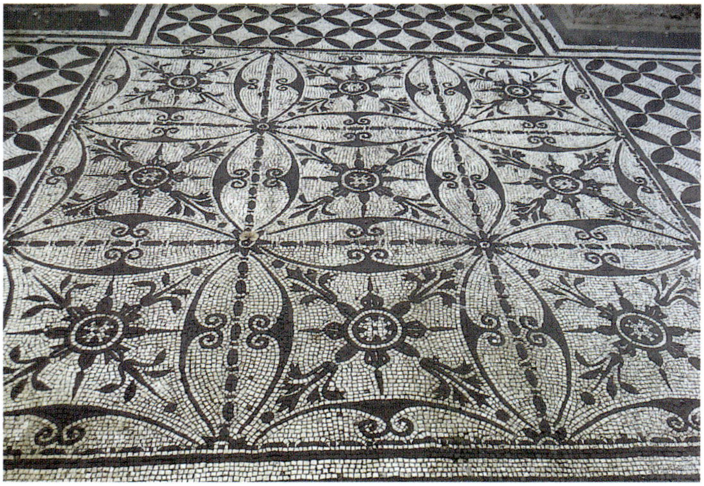

Villa Adriana,
römisches Fußbodenmosaik, in Auftrag gegeben von Kaiser Hadrian im 2. Jahrhundert n. Chr.

Forschungen hatten großen Einfluss auf die Gelehrten des Spätmittelalters und der Renaissance. Ausgehend von der Feststellung, dass jemand, dessen Auge von besonders starkem Licht getroffen wird, erst Schmerz empfindet und danach Nachbilder sieht, gelangte Alhazen zu dem Schluss, dass das Licht notwendig eine ins Auge eindringende Eigenschaft haben muss, die dessen Struktur vorübergehend verändert.

Alhazen lehnte die Theorie, wonach vom Auge Sehstrahlen ausgehen und dem Sehvorgang die Aussendung eines Kegels zugrundeliegt, dessen Spitze das Auge und dessen Basis der Gegenstand bilden, also ab. Dem Forscher zufolge geht das Lichtbündel im Gegenteil vom Gegenstand aus, während die Pupille die Basis bildet.

Basilika Hagia Sophia,
das Mosaik stammt wahrscheinlich aus dem Jahr 1261.

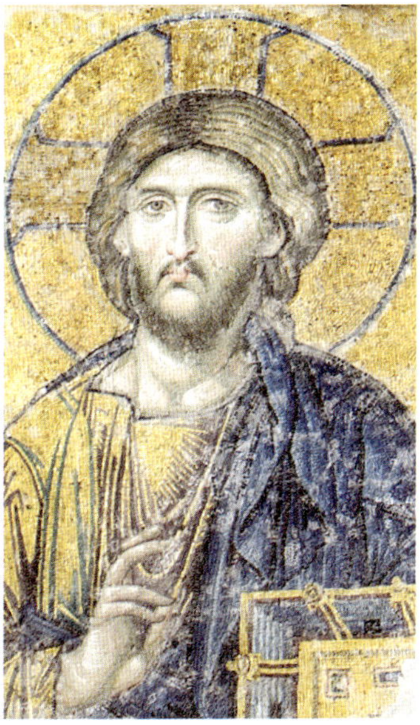

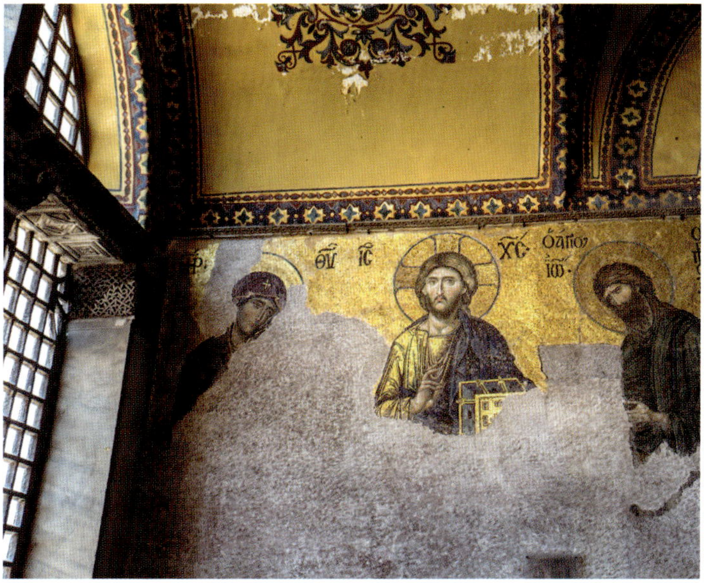

Sehr bedeutend sind außerdem die Untersuchungen des arabischen Denkers zur Lichtbrechung, die praktisch einen Winkel, den sogenannten Brechungswinkel, durch Glas oder Wasser in Funktion zum jeweiligen Einfallswinkel beschreiben. Die Veränderung des Bildes in der Brechung wird mit der Hypothese erklärt, dass das Licht seine Geschwindigkeit entsprechend dem Medium, das es durchquert, verändert.

Ferner nahmen Alhazens Beobachtungen die Grundprinzipien der Fotografie vorweg, als er erkannte, was man als erste Camera obscura der Geschichte ansehen darf. Dabei handelte es sich um eine dunkle Kammer, in die durch ein kleines Loch in der Größe einer Nadelspitze Licht fiel, wodurch sich auf der gegenüberliegenden Wand das auf dem Kopf stehende Bild dessen zeigte, was sich draußen befand.

AVICENNA UND AVERROES

Avicenna (980 Afschana – 1037 Hamadan) war ein persischer Arzt, Philosoph, Mathematiker und Physiker; Averroes (126 Cordoba – 1198 Marrakesch) ein Philosoph, Arzt und Mathematiker.

Die Reflexionen von Avicenna und Averroes markieren den Beginn der Unterscheidung zwischen *lux* und *lumen*. Avicenna unterscheidet das *lux* oder die Helligkeit einer Lichtquelle (hauptsächlich der Sonne) vom *lumen* oder der Leuchtkraft, die eine Wirkung des *lux* auf die

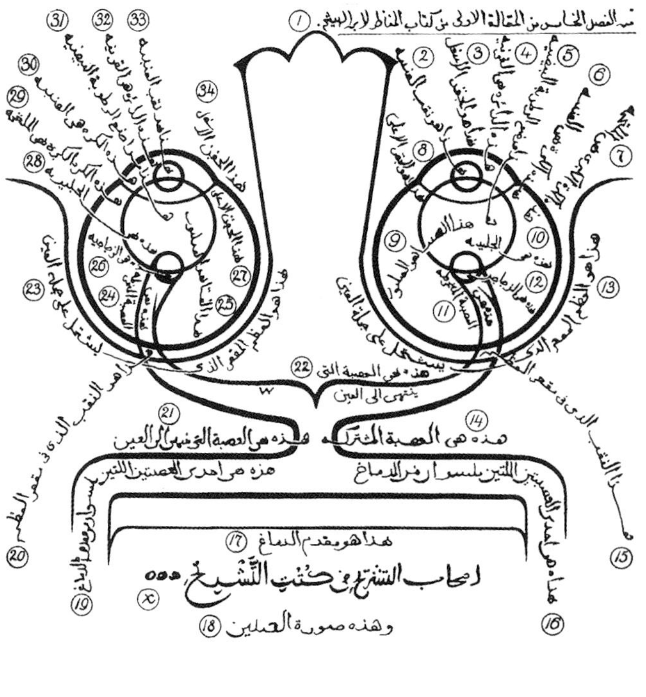

Das optische System des Ibn al-Haytham: Das in Aufsicht skizzierte Schema zeigt, wie Augäpfel und Gehirn durch die Sehnerven miteinander verbunden sind.

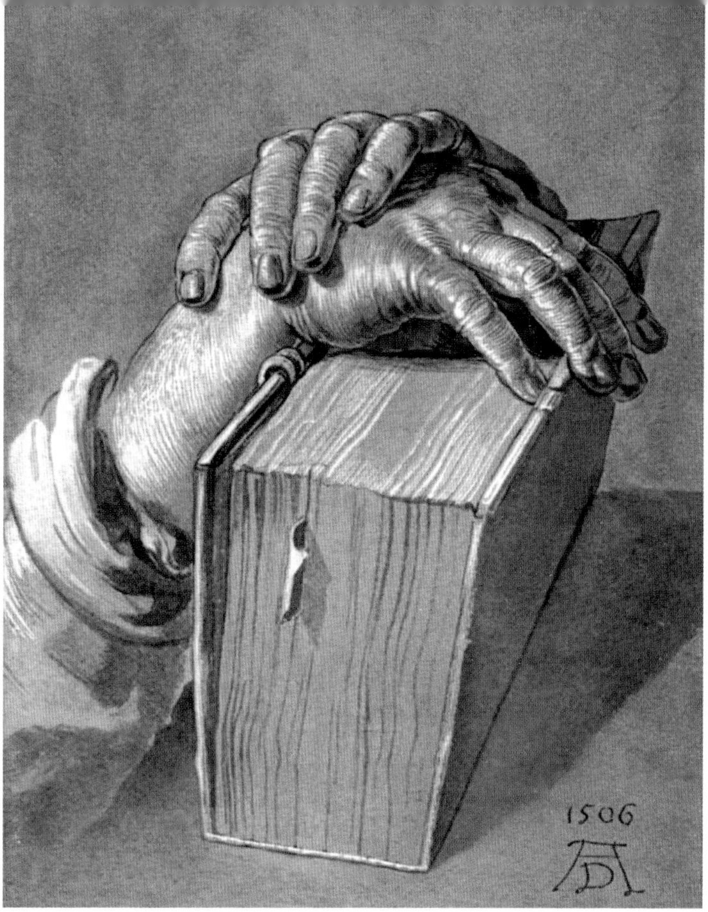

Albrecht Dürer,
Handstudie mit Bibel, 1506.
Privatsammlung.

Körper in der Umgebung ist. Ob dem *lumen* oder dem *lux* größere Bedeutung beigelegt wird, ist grundlegend für die Entwicklung des Wissens um das Sehen (insbesondere in der Malerei); dennoch lassen sich die beiden Begriffe in den Werken der beiden Gelehrten nicht immer klar unterscheiden.

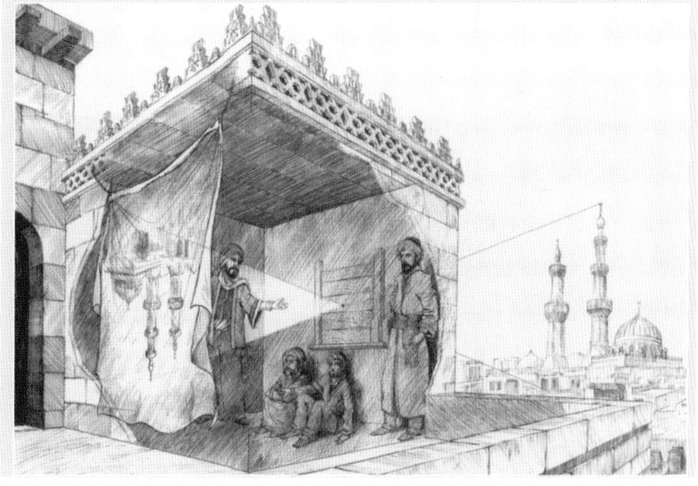

Demonstration der Theorie des Alhazen.

Averroes ließ sich auf eine metaphysische Erklärung des Problems ein und unterschied zwischen geistiger und körperlicher Existenz des Lichts und der Farben.

Unter dieser Prämisse befasste sich die Praxis des Malens fortan auf Jahre mit der Technik der Lichtführung bei einem in Licht getauchten Körper.

Gustave Doré,
Das Paradies von Dante Alighieri, V. Gesang.
1861–1868.

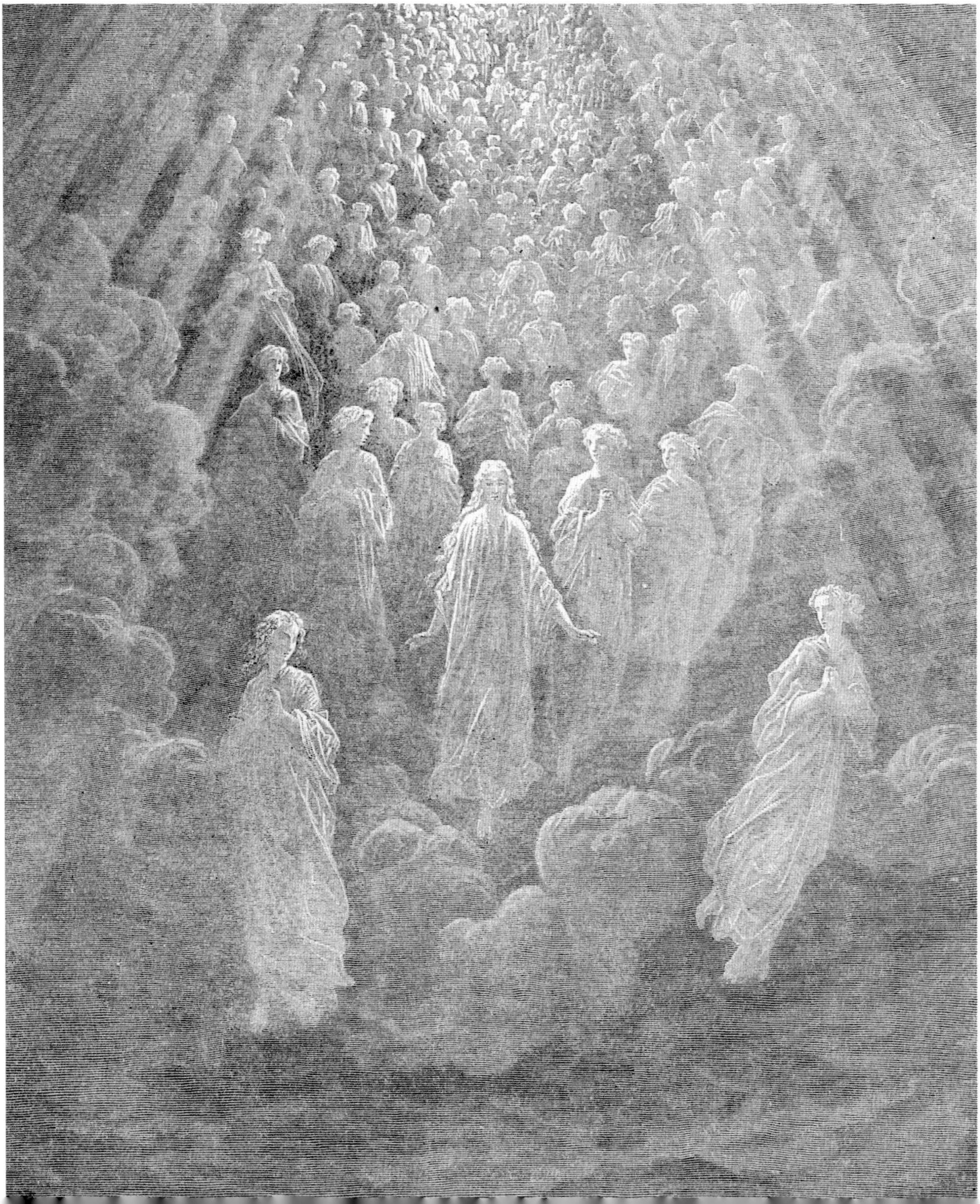

Die Unterscheidung zwischen Licht und Beleuchtung spiegelt eine bereits im Lateinischen gegebene unterschiedliche Akzentuierung von *lux* auf der einen und *lumen* auf der anderen Seite wider.

Der glaubhafteste Ursprung dieser Entgegensetzung bietet Vers 8, 12 aus dem Johannesevangelium, in der lateinischen Übersetzung der Vulgata von Hieronymus: „Iterum ergo locutus est eis Jesus, dicens: Ego sum lux mundi: qui sequitur me, non ambulat in tenebris, sed habebit lumen vitæ." „Ich bin das Licht der Welt. Wer mir nachfolgt, der wird nicht wandeln in der Finsternis, sondern wird das Licht des Lebens haben."[7] Das *lux* (das Licht, das die Welt erhellt) entspricht Christus, anders als das *lumen*, verstanden als praktisches, irdisches Licht, als der von Licht erfüllte und daher sichtbare menschliche Raum. Interessant ist die Beobachtung, dass Dante Alighieri in der *Vita nuova* und in seinen *Gedichten* zwei Wörter benutzt, die auf den ersten Blick austauschbar zu sein scheinen: *luce* und *lume*. Bei genauerem Hinsehen zeigt sich jedoch, dass Dante die beiden Wörter je nach den entsprechenden Unterscheidungen in philosophischen Schriften der Antike und des Mittelalters verwendet.

In den meisten Fällen kommt das Licht (*lux*) für den Dichter dem Himmel, im weiteren Sinne Gott und den göttlichen Dingen zu, während im Gegensatz dazu das *lumen* als heller Strahl, Wärme oder anderes Abfallprodukt des Lichts verstanden wird. Dante ist zwar als Dichter nicht übermäßig streng im Markieren dieses Unterschieds, wenn er zwischen *luce* bzw. *lume* nur des Reimes wegen auswählt oder, weil Rhythmus oder Lautgestalt des Textes es erfordern, aber im Allgemeinen versucht er, den symbolischen Unterschied beizubehalten. Und auch Gustave Doré scheint in seinen Illustrationen zu Dantes *Paradies* dem philosophisch-theologisch gegebenen Unterschied zwischen *lux* und *lumen* künstlerisch Rechnung zu tragen.

DIE THEORIE VON GROSSETESTE

Robert Grosseteste (1175 Stradbroke – 1253 Buckden) war Bischof, Theologe, Naturwissenschaftler und Staatsmann.

Er studierte die grundlegenden Texte der geometrischen Optik; bis heute ist jedoch nicht erwiesen, ob er Alhazens Theorien kannte.

Grosseteste ist, kurz gesagt, der Auffassung, dass das Licht eine grundlegende körperliche Form ist und sich das Weltall aus einem Lichtpunkt heraus entwickelt hat – heute denken wir an das Phänomen des Big Bang, der sich im Raum ausbreitete und sämtliche körperhaften Formen hervorbrachte.

Im philosophischen Universum von Grosseteste wird jede Entität auf geraden Bahnen sichtbar und gehorcht dem Sparsamkeitsprinzip. In der Optik wendet er seine auf Diffusion beruhende Konzeption auf die Spiegelung und die Brechung an und lässt sich von Kriterien der Einfachheit und der Symmetrie leiten.

Licht (lux) wird also nur durch das lumen sichtbar, welches auf diese Weise die Bedeutung der Eigenschaften des Lichts erwirbt.

Der Strahlenkranz oder der Heiligenschein sind bildliche Attribute, die in der sakralen Kunst die Heiligkeit einer Figur anzeigen. Der Strahlenkranz (Aureole) umgibt den Körper, der Heiligenschein (Nimbus) das Haupt einer Figur mit Licht. Die Kombination aus beiden symbolisiert die Glorie.

Diesen stark kodifizierten und wenig realistischen Darstellungstyp des Lichtphänomens, der bis ins 14. Jahrhundert und darüber hinaus eine Rolle spielte, können wir als visuelle Umsetzung der geradlinigen und symmetrischen Theorie begreifen, die Grosseteste dem Licht zugedacht hat.

LIBER DE INTELLIGENTIIS

Witelo (Erazmus Ciolek Witelo, bekannt auch als Witelon, Vitellio oder Vitello, 1230 Schlesien – 1285 Schlesien) war ein christlicher Mönch, Physiker, Philosoph und Theologe, Aristoteles-Übersetzer und Verfasser eines bedeutenden Werks zur Optik in zehn Büchern, bekannt unter dem Titel *Perspectiva*.

Witelos Ideen entsprachen denen seiner Zeitgenossen, vor allem Roger Bacons. Sie besaßen großen Einfluss auf Wissenschaftler und Philosophen wie Johannes Kepler, Galileo Galilei und René Descartes.

In seiner *Perspectiva* und vor allem in seinem *Liber de Intelligentiis* (wenngleich viele Forscher bezweifeln, dass dieses Werk dem polnischen Denker zuzuschreiben ist) verwendete er das Modell des physischen Reflexes, um das Sehen zu beschreiben: Es gibt einen leuchtenden Gegenstand, der Strahlen aussendet, und eine passive Kraft, eine spiegelnde Oberfläche, die sie empfängt und reflektiert.

Für das Auge und den menschlichen Geist geschieht darüber hinaus noch etwas anderes: die passive Kraft passt sich der aktiven Kraft, die sie angeregt hat, an, und diese Anpassung findet in Form von Vergnügen statt. Es ist offensichtlich, dass Witelo hier von einer ästhetischen Erfahrung spricht, vom Wohlgefallen an einem richtigen Verhältnis, das Sehen und Geist miteinander vereint.

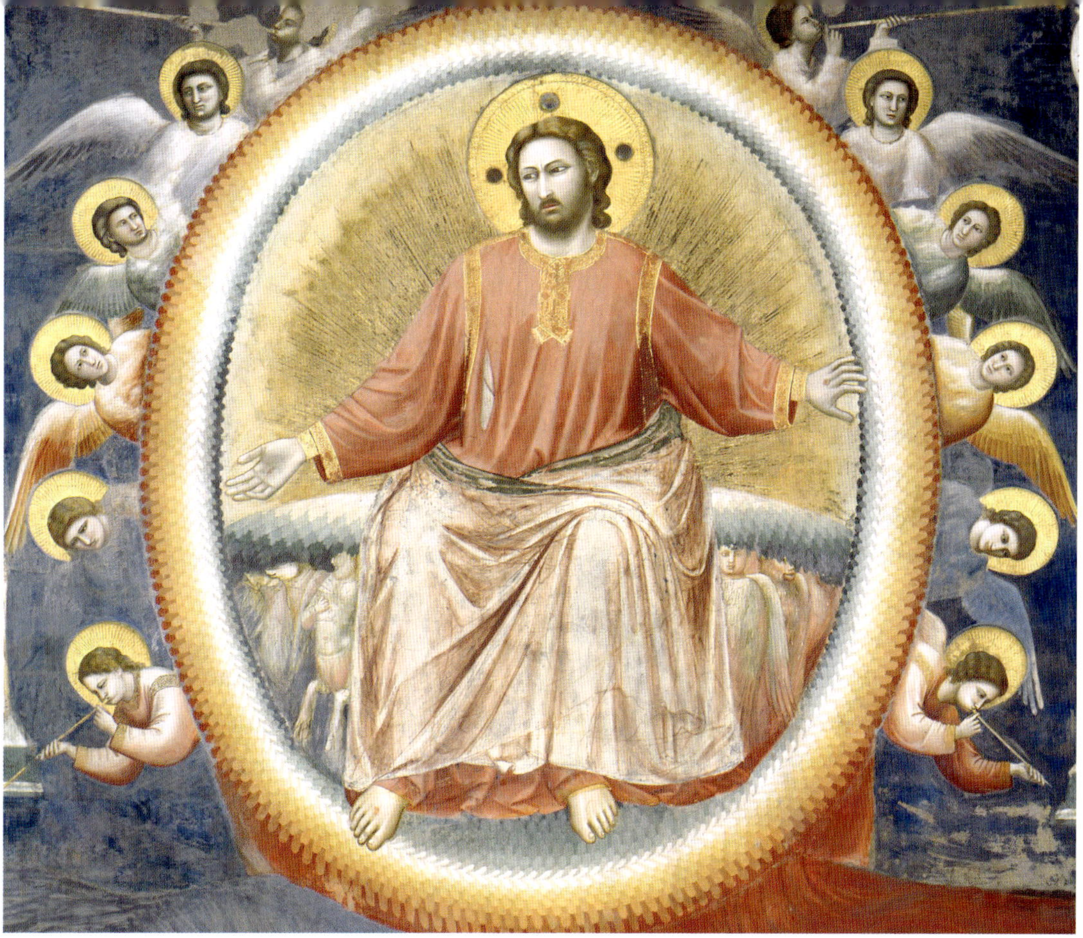

Giotto,
Christus als Richter (Detail), Anfang 14. Jahrhundert. Cappella degli Scrovegni, Padua.

Dabei ist die Hauptintuition Witelos, diejenigen Ansichten der Gegenstände in Betracht zu ziehen, die das visuelle Verstehen und die Wirkungen auslösen, die dieses auf die Seele hat.

Wenn er behauptet, dass der Parameter für die exakte Bewertung eines jeden sichtbaren Körpers durch eine Art subjektiver Scharfeinstellung gegeben ist, schließt er daraus, dass es Ansichten gibt, die man aus der Ferne sehen muss (damit man nicht etwa störende Flecken scharf stellt) und andere (wie die Miniaturen), die man aus der Nähe sehen muss, damit man die Details nicht übersieht. Außerdem benennt Witelo (wie manche glauben, in Anlehnung an Alhazen) eine Reihe von Umständen, die eine optische Fehleinschätzung zur Folge haben können:

1) wenn die Beleuchtung mangelhaft ist;
2) wenn die wahrzunehmenden Dinge zu weit von uns entfernt sind;
3) wenn ihre Lage ungewöhnlich ist;
4) wenn der Gegenstand zu klein ist;
5) wenn er keinen deutlichen Umriss hat;
6) wenn er keine feste Konsistenz hat;
7) wenn die Zeit zum Anschauen zu kurz ist;
8) wenn der Betrachter zu schwache Augen hat.[8]

Im Allgemeinen sind all diese Umstände offensichtlich und naturgegeben, würde Witelo sie nicht direkt zu den Wirkungen, die sie auf die Seele und die Vorstellungskraft ausüben, in Beziehung setzen.

Letztendlich deckt Witelo die biederen Tugenden einer theoretisch entwickelten ästhetischen Strenge auf, die nur zur Verherrlichung einer perfekten Welt taugt.

In der Praxis sind diese biederen Tugenden eine wahrnehmungsbezogene Ergänzung zu den oben genannten acht Punkten:

1) die Umgebung ist künstlich;
2) die wahrgenommenen Dinge erscheinen aus der Ferne oder aus nächster Nähe;
3) der Betrachter befindet sich in einer ungeeigneten Position;
4) das Bild führt zu Verkleinerungen oder zu Vergrößerungen;
5) der betrachtete Gegenstand erscheint konturlos;
6) die Erscheinungen sind unbeständig;
7) das Sehen eines beliebigen Dings geschieht plötzlich;
8) der Betrachter ist entweder zur Betrachtung geneigt, oder er ist ein Idiot.

Ohne groß zu übertreiben, können wir heute sagen, dass Witelo ein Prophet der antiklassischen Ästhetik gewesen ist.

Die Kirche der Heiligen Johannes und Reparata befindet sich an der Piazza San Giovanni in Lucca. Ihr bemerkenswertes Portal ging aus der Wiederherstellung früherer romanischer, frühchristlicher und mittelalterlicher Bauwerke hervor. Zu einer klassizistischen, karolingischen Wiederaufnahme vom Ende des 12. bzw. Anfang des 13. Jahrhunderts zählen die Kapitelle und die Pfeiler wie auch die beiden Löwen, die den Triumph des Guten verkörpern, insofern sie einen anderen Löwen und eine Schlange besiegen.

Der Bildhauer, wahrscheinlich ein gewisser Guidetto, interpretiert und beschreibt hier für uns den Triumph Christi, des Löwen von Juda, als des mächtigsten der zwölf Stämme Israels, über das Böse. Dieser Triumph ist jedoch eine schreckliche Mahnung an alle, die nicht der Lehre des Erlösers folgen. Auch der zweifelnde Gläubige, der die Skulptur von unten nach oben blickend betrachtet, soll hier Unbehagen, wenn nicht sogar Panik empfinden und sich gedrängt fühlen, sich von seinen Sünden zu reinigen. Witelo weist hier also nach, dass die unterlegene Position des Betrachters und die Art der Skulptur Unbehagen einflößen können.

Guidetto,
Löwe von Juda am Portal der Kirche von San Giovanni e Reparata, 12./13. Jahrhundert, Lucca.

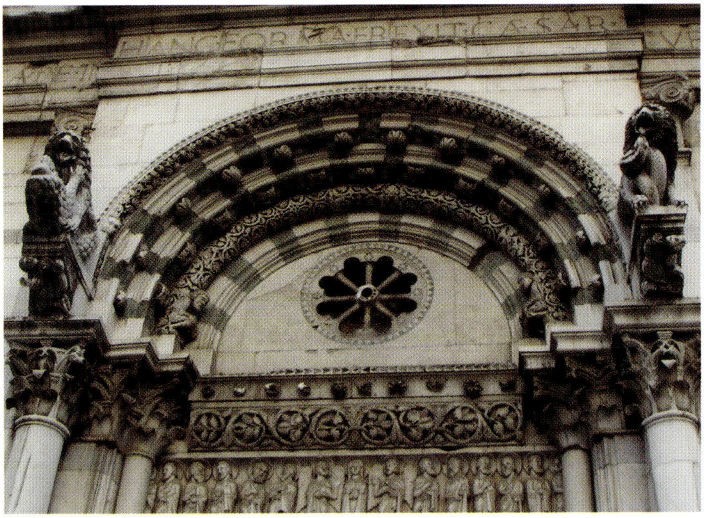

ROGER BACON

Roger Bacon, bekannt als Doctor Mirabilis (1214 Ilchester–1294 Oxford), war ein englischer Philosoph, Naturforscher, Theologe und Alchimist.

Bacon, Schüler von Grosseteste, greift einige Lehren von Alhazen auf und vergleicht diese mit der aristotelischen Tradition.

Wie gesagt, erfolgte für Aristoteles das Sehen aufgrund einer qualitativen Veränderung des Mittels (des Durchsichtigen). Alhazen begriff das Phänomen des Lichts als eine Aussendung von Strahlen, die das Auge treffen, während Grosseteste dachte, das Licht vermehre den Anblick der körperhaften Formen.

Bacon wiederum versuchte sich mit Strenge an einer Synthese dieser verschiedenen Konzeptionen, die nicht immer klar ausfiel und auch ein grundlegendes Faktum in der Schwebe ließ.

Seine ungelöste Frage ist die folgende: Wenn das Sehen durch Immissionen bzw. durch bestimmte Vorgänge der Ausbreitung erfolgt, die von einer Entität ausgehen und auf das Auge treffen, gibt es keinen triftigen Grund dafür, weshalb die sichtbaren Entitäten (die *species*, wie Bacon sagt) ausgerechnet einer Richtung folgen und diese einer anderen vorziehen sollten.

Also stellte der Gelehrte die Hypothese auf, das Auge sei in der Lage, Hilfsspezies auszusenden, die das Verbreitungsmedium in die Lage versetzen, die primären Lichterscheinungen zu unterstützen.

Bacon hat wichtige Studien über die Lichtbrechung und den Regenbogen vorangetrieben und mit Präzision viele Experimente zur Bestimmung der Brennweite von parabolischen Spiegeln unter

Sonneneinstrahlung sowie Beobachtungen von plan-konvexen Linsen durchgeführt. Doch sein größtes Vermächtnis sind seine prophetischen Bemerkungen über die Entstehung von Bildern in einer Dunkelkammer.

Die Kathedrale von Canterbury wurde im 12. Jahrhundert von dem französischen Baumeister Wilhelm von Sens erbaut. Die dekorative Tendenz des gotischen Stils, die später im englischen Decorated Style Gestalt annahm, ist hier bereits spürbar.

In der Gotik ist das Licht irdisches Symbol der Anwesenheit Gottes; daher kommt den Glasfenstern eine grundlegende Funktion zu.

Durch den deutlichen Kontrast zwischen den wuchtigen Mauern und den Lichtöffnungen entstehen eine überirdische Leichtigkeit und ein vertikale Bewegung nach oben.

Die gotischen Glasfenster stellen eine Art pure und direkte, farbige und auch nuancierte Lichtmalerei dar; überdies kann die subtile Komposition des Bleigerüstes zu illustrativen Zwecken verwendet werden.

Das Hauptmerkmal gotischer Architektur ist das Licht als sichtbare Materialisierung der augustinischen Spiritualität.

DIE OPTISCHEN LINSEN

Ab dem 15. Jahrhundert und das ganze 16. Jahrhundert hindurch kamen die wichtigsten Beiträge zur theoretischen Durchdringung des Lichts weniger von Philosophen und Wissenschaftlern als vielmehr aus der bunteren und bewegteren Welt kunsthandwerklicher Tradition.

Zunächst rein zufällig, später jedoch in systematischerer Weise verbreitete sich durch die Praxis im Umgang mit Instrumenten die experimentelle Technik der gläsernen Linsen, die sich zu einem wesentlichen Faktor des wissenschaftlichen Fortschritts entwickeln und in den folgenden Jahrhunderten große Bedeutung erhalten sollten.

Möglicherweise aus dem Islam übernommen, verbreiteten sie sich allmählich im Westen und wurden Ende des 13. Jahrhunderts in einer expansiven Phase der venezianischen Glasindustrie in Italien zum ersten Mal weltweit als Brillen zur Korrektur von Altersweitsichtigkeit benutzt.

Der wissenschaftliche Gebrauch von Linsen zur Korrektur des Sehens wurde von der spätmittelalterlichen Gelehrtengemeinde aufgrund philosophischer und theologischer Vorbehalte bekämpft. Man rechnete nämlich die Linsen der Welt optischer Illusionen zu, die man als Herrschaftsbereich von Phänomenen an der Grenze zur Magie verstand.

Ein Bleiglasfenster in der Kathedrale von Canterbury, 12. Jahrhundert.

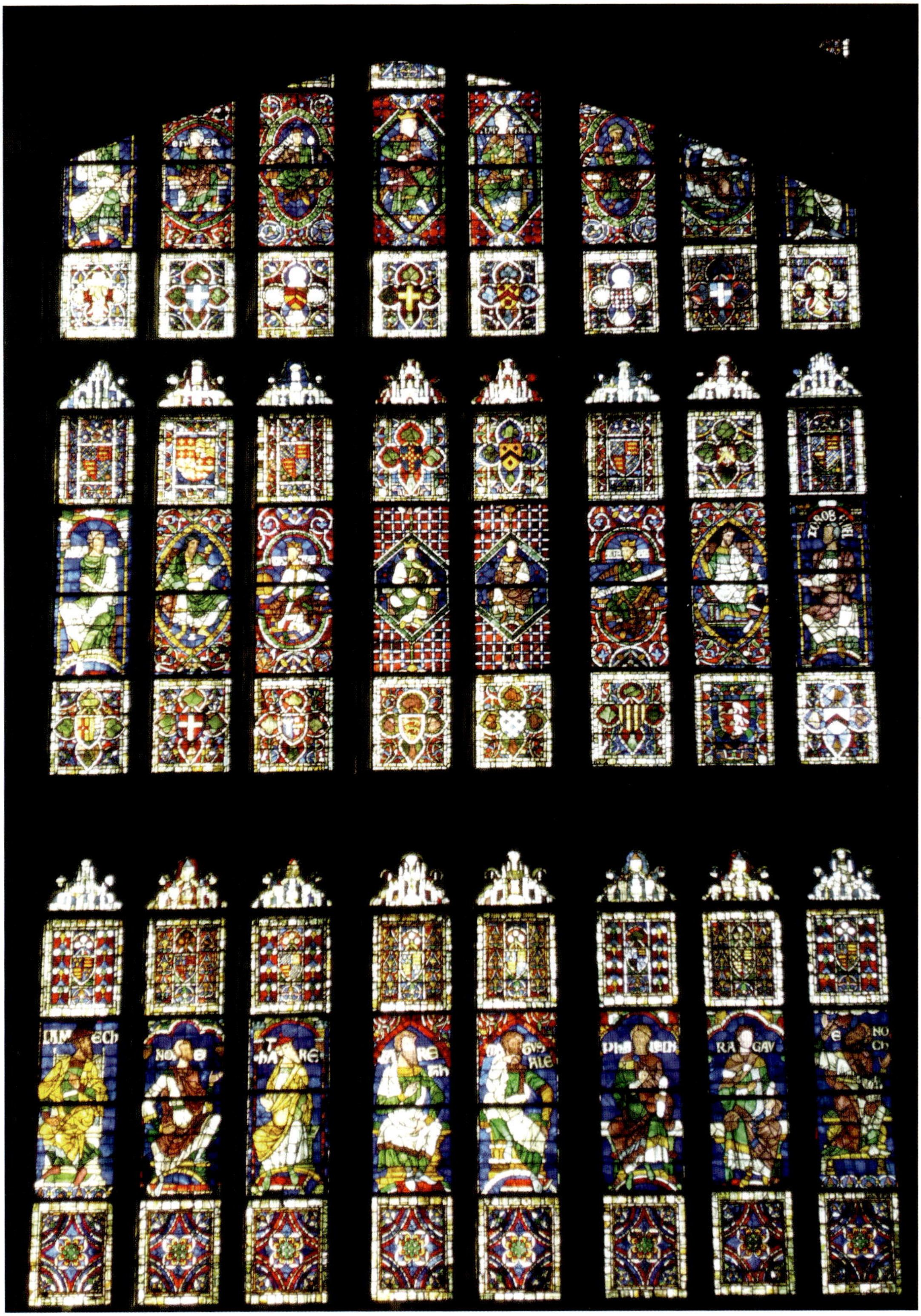

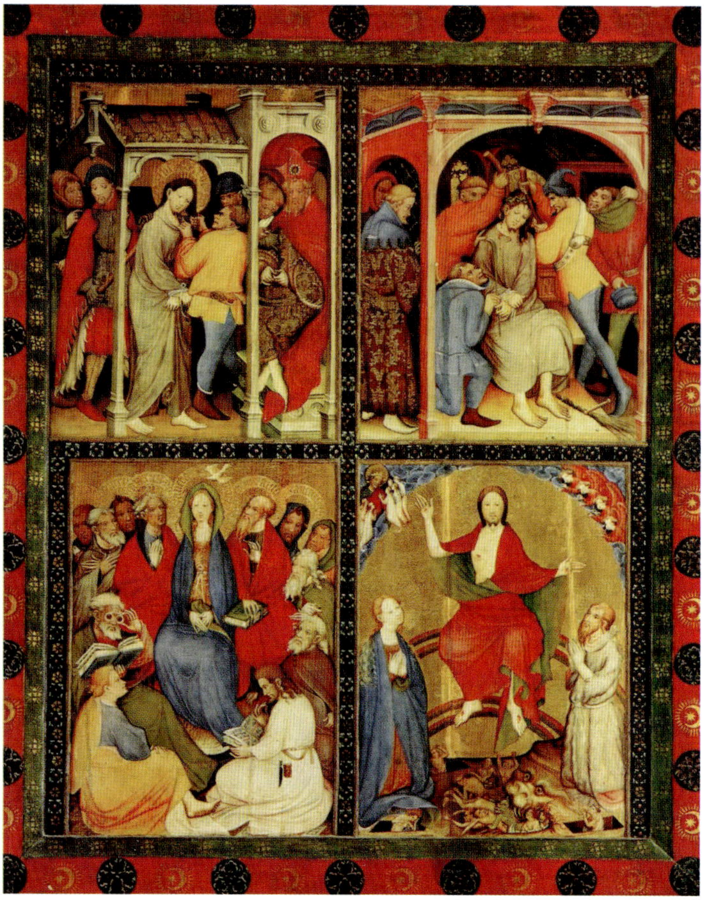

Conrad von Soest,
Wildunger Altar, rechter Seitenflügel, um 1403. Evangelische Stadtkirche Bad Wildungen, Deutschland.

Und dieser war einer Wissenschaft vom Sehen, die auf einem falsch verstandenen Neuplatonismus basierte, extrem verdächtig.

DIE ENTWICKLUNG DER CAMERA OBSCURA

Der natürliche Effekt der Camera obscura lässt sich in den hellsten Stunden eines Sommertages in einem abgedunkelten Zimmer beobachten, wenn durch die Fensterläden Licht dringt und Bilder von draußen umgekehrt an die Wand oder die Decke geworfen werden.

Das ist das wesentliche Prinzip der Camera obscura.

Die erste Camera obscura geht auf Aristoteles im 4. Jahrhundert v. Chr. zurück. Sie war eine richtige Kammer, mit einer winzig kleinen Öffnung, durch die das Licht hineinfiel. In der Zeichnung einer beweglichen Camera obscura, wie sie der Jesuit Athanasius Kircher in seinem

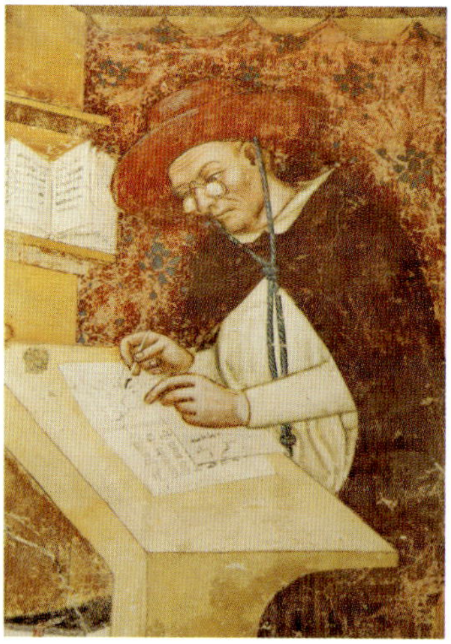

Tommaso da Modena,
Porträt des Hughes de Saint-Cher, 1352. Kirche San Nicolò, Treviso. Dieses Fresko ist eines der frühesten Zeugnisse für den Gebrauch einer Brille.

Werk *Ars magna lucis et umbrae* von 1646 entwarf, kann man auch ein Modell mit zwei Kammern sehen: die eine steckt in einer zweiten, so dass sich in der kleineren ein Zeichner aufhalten und auf den Wänden aus durchscheinendem Papier die Umrisse dessen nachzeichnen kann, was durch das Loch in der äußeren, größeren Kammer projiziert wird.

Aristoteles war augenscheinlich der erste, der die Camera obscura schon im 4. vorchristlichen Jahrhundert entworfen hatte. Im Jahr 1039 machte auch Alhazen sie sich bei der Beobachtung einer Sonnenfinsternis zunutze, und 1515 bezeichnete Leonardo da Vinci sie bei seiner Beobachtung der Lichtreflexion auf gewölbten Flächen als *oculus artificialis*. Der niederländische Astronom Gemma R. Frisius legte in einer Zeichnung ihre genaue Funktionsweise dar.

Von Raffael beispielsweise ist bekannt, dass er oft Gebrauch von der Technik der Camera obscura machte, und mit ihm auch all jene Künstler, die große Ansichten möglichst genau wiedergeben wollten, wie z. B. später Canaletto.

1550 erhielt der Philosoph und Physiker Gerolamo Cardano ein schärferes Bild, indem er vor dem Loch eine konvexe Linse anbrachte, die als regelrechte Vorläuferin des photographischen Objektivs betrachtet werden kann.

Drei Jahre später beschrieb der neapolitanische Physiker Giambattista della Porta (1535 Vico Equense – 1615 Neapel) in seinem Buch *Magiae Naturalis* einen Apparat mit Linse und reflektierendem Spiegel aus geschliffenem Glas, um das Bild zurechtzurücken.

Damit sind wir beim Fotoapparat angelangt, und Della Porta spekulierte auch über die Realisierung einer Laterna magica, der Vorläuferin des Filmprojektors.

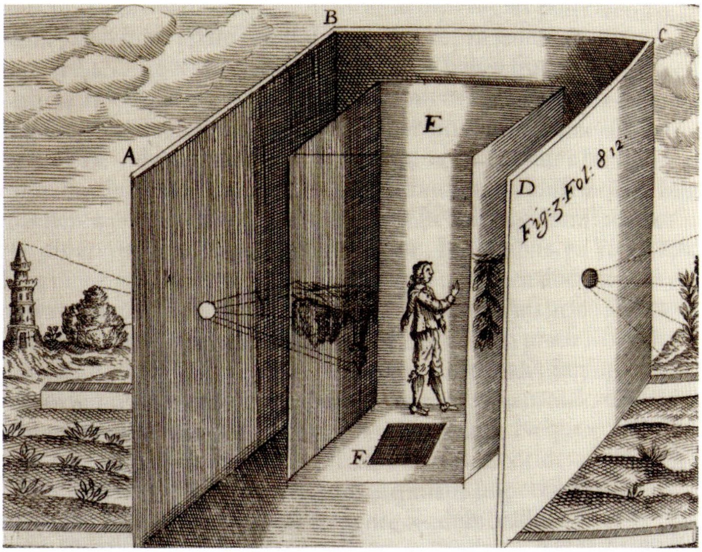

Athanasius Kircher,
Illustration einer Camera obscura (Ausschnitt) in Kirchers, *Ars magna lucis et umbrae*, 1646.

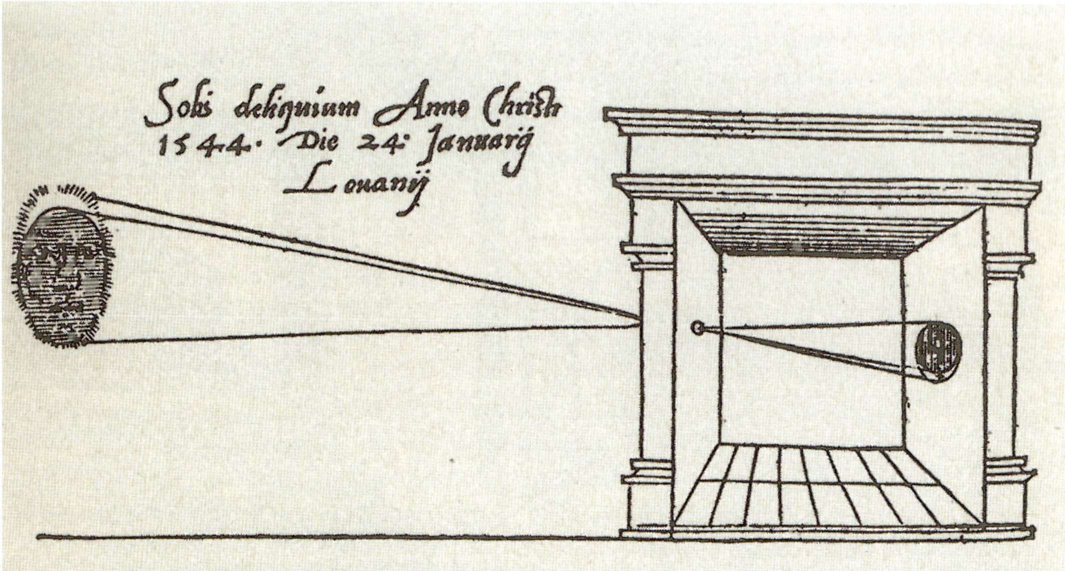

Gemma R. Frisius,
Zeichnung einer Camera obscura, 1544.

Der Philosoph, Alchemist und Komödienschreiber machte die optischen Verfahren und Möglichkeiten poulär. In seiner *Magiae Naturalis* stellte della Porta zur Verblüffung des Publikums eine Reihe kurioser Experimente vor, darunter auch etliche Beispiele von Tricks und optischen Illusionen, die mit Spiegeln und Linsen realisiert wurden. Zeitgleich mit dem Erscheinen seines Buches lässt sich auch eine veränderte öffentliche Einstellung gegenüber den optischen Linsen feststellen, die bis dahin als falsches, trügerisches, die Wirklichkeit verfälschendes Blendwerk gegolten hatten.

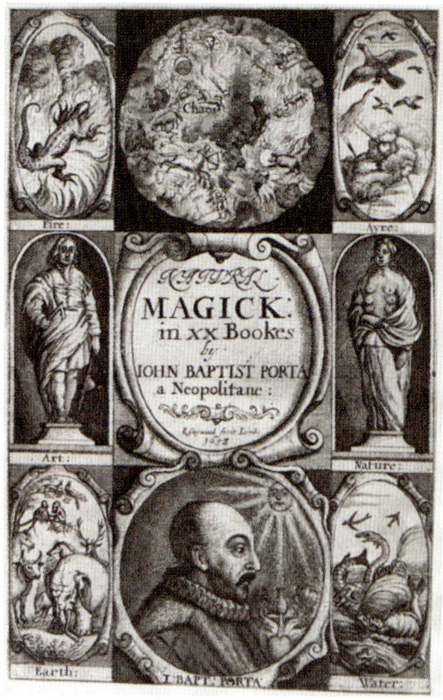

Frontispiz einer englischen Übersetzung der Magiae Naturalis, veröffentlicht 1658 in London.

Die Camera obscura wurde vor allem in der Renaissance von Künstlern genutzt, die damit Bilder auf ihre Leinwände projizierten, um Zeichnungen oder Gemälde anzufertigen.

Della Porta bekräftigte den Nutzen von Lupen und Linsen. Er beschrieb ihre vielseitigen Einsatzmöglichkeiten als Instrumente zur Verbesserung des menschlichen Sehorgans.

Es sei jedoch angemerkt, dass Della Portas Werk nicht im engeren Sinn wissenschaftlich, sondern eher auf eine magische Praxis ausgerichtet war; das erklärt auch die Tendenz dieses Gelehrten, die wundersamen und vermeintlich unerklärlichen Aspekte der optischen Phänomene hervorzuheben.

FRANCESCO MAUROLICO

In seinen Arbeiten zur Optik, besonders in *Photismi de lumine et umbra* (1521), untersuchte der italienische Mathematiker, Astronom und Historiker Francesco Maurolico (1494 Messina–1575 Messina) die Beleuchtung durch Lichtstrahlen unter verschiedenen Bedingungen. Er beschäftigte sich mit der Bildung von Schatten, mit Reflexion an ebenen und sphärischen Spiegeln, Regenbogen sowie mit Lichtbrechung an Kugeln, Prismen und Kanten.

Maurolicos Theorie basiert auf der Ausbreitung von Lichtstrahlen in alle Richtungen. Unter dieser Prämisse beginnt er das Phänomen von Licht zu analysieren, das durch Öffnungen dringt, und formuliert als erster Wissenschaftler des Abendlandes eine treffende und schlüssige geometrische Theorie der Camera obscura.

Besonders wichtig ist der Beweis, den er mit seinem Theorem 68 führt. Wenn ein beleuchtetes oder leuchtendes Objekt AB, zwischen A und B und gegenüber einer kleinen Öffnung CD liegt, dann sind die Strahlen, die von den äußersten Punkten des Körpers ausgehen und die äußersten Punkte der Öffnung berühren, AH, AE, BF und BK. Die von C und D ausgehenden Strahlenpyramiden sind FCH und KDE, deren Basis dieselbe Form hat wie der leuchtende Körper AB, nur eben umgekehrt.

In seiner Studie zur Anatomie des Auges und den Linsen stellte Maurolico eine Analogie zwischen Augenlinse und konvergierenden Glaslinsen her und schrieb Sehfehler mit medizinischer Weitsicht der Form der Augenlinse *lens crystallina* zu.

Große Bedeutung haben Maurolicos astronomische Forschungen. Mit seiner *Cosmographia*, die er 1543 in Venedig veröffentlichte, realisierte er ein Handbuch, das einer strengen Präsentation folgte und die Materie zugleich populär aufbereitete.

Im Panorama des 16. Jahrhunderts ist Maurolicos Werk untypisch: Manche Wissenschaftler sind der Ansicht, es übertreffe sogar die Studien Della Portas und nehme bereits Ideen von Kepler vorweg.

Maurolicos Theorie zufolge werden Strahlen von jedem Punkt einer Lichtquelle aus mit gleicher Kraft und in alle Richtungen ausgesendet.

Francesco Maurolico,
Theorem 68 aus *Photismi de lumine et umbra*, 1521.

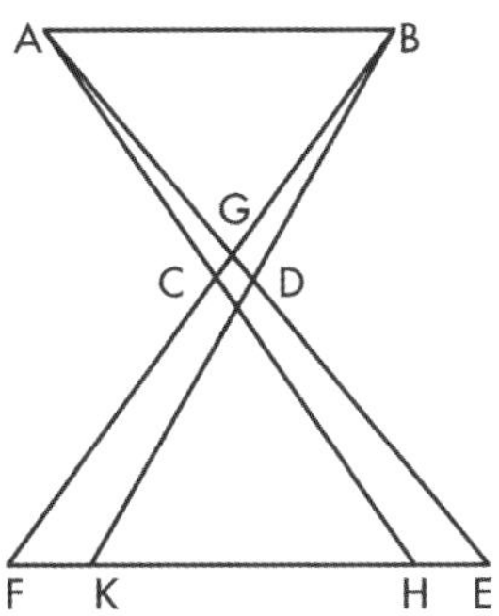

Teorema 68 del *Photismi de lumine et umbra* di Maurolico.

DIE WISSENSCHAFTLICHE REVOLUTION UND DIE DEBATTE ÜBER DIE NATUR DES LICHTS IM 17. JAHRHUNDERT

Das Verdienst, den bis damals bekannten optischen Instrumenten wissenschaftlichen Status zugewiesen zu haben, gebührt ganz und gar Galileo Galilei (1564 Pisa–1642 Arcetri), der 1609 als Erster für eine Reihe astronomischer Beobachtungen und Entdeckungen das Fernrohr benutzte.

Das Fernrohr hatte bereits seit einigen Jahren durch niederländische Handwerker eine gewisse Verbreitung erfahren. Vielleicht kam es eher zufällig durch die Entwicklung von Brillengläsern zustande, weshalb es zunächst kaum vergrößerte und nur über eine geringe Helligkeit mit beträchtlichen Aberrationen verfügte.

Obwohl das Fernrohr sowohl auf militärischem Gebiet als auch bei der Seefahrt eingesetzt werden konnte, erfuhr es zunächst nicht die ihm gebührende Anerkennung. Erst Galileos souveräne Präsentation vor den Autoritäten – kurz nach der Veröffentlichung seines *Sidereus Nuncius* im Jahr 1610 – verschaffte dem Instrument mehr Aufmerksamkeit, wenngleich die Meinungen in der offiziellen Gelehrtenwelt geteilt und zunächst negativ waren.

Außerdem muss betont werden, dass die Fernrohre, die Galileo benutzte, so stark von ihm perfektioniert worden waren, dass damit eine zehnmal stärkere Vergrößerung erreicht werden konnte als mit den Exemplaren, die damals in Europa in den Geschäften der Brillenschleifer angeboten wurden.

Das positive Urteil Keplers über Galileos Beobachtungen Ende 1610 leitete den Siegeszug des Fernrohrs ein und beendete den Bannfluch gegenüber optischen Instrumenten. Den Gebrauch des Fernrohrs zuzulassen, bedeutete damals, dass die Kirche und die offizielle Wissenschaft von dem Vorurteil, es handle sich dabei um ein die Wirklichkeit verfälschendes und die Natur hintergehendes Instrument, Abstand nahmen.

Johannes Kepler (1571 Weil der Stadt – 1630 Regensburg) war ein Astronom, Astrologe, Mathematiker und Theologe. In seinem Hauptwerk *Paralipomena ad Vitellionem* von 1604 analysierte er das Wesen und Verhalten des Lichts sowie die Prozesse der Entstehung und Lokalisierung der Bilder. Seine Abhandlung greift auf die Studien Alhazens zurück, etwa dessen Behauptung, dass von jedem Punkt eines Objekts Lichtstrahlen in jede Richtung ausgehen.

Das Licht reist mit unendlicher Geschwindigkeit und wird vom Auge als eine Fläche der Entfaltung und Verhüllung der äußeren Enden der einzelnen Strahlen wahrgenommen, die in sich selbst keine körperliche Festigkeit haben. Das Licht hat keine Farbe, und das Chroma (im Sinne eines Farbschlüssels) tritt erst mit der Reflexion des Lichts in Erscheinung.

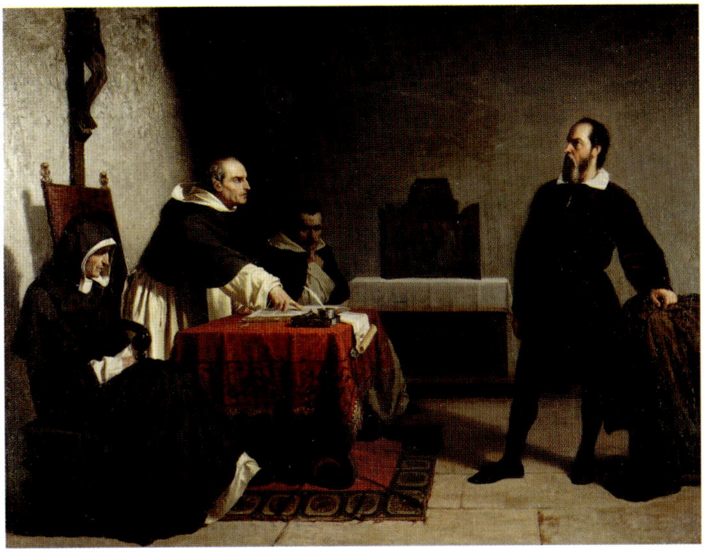

Cristiano Banti,
Galileo Galilei vor dem Inquisitionsgericht, 1857. Sammlung Dr. Alberto Marri, Palazzo Foresti, Carpi, Modena.

Kepler definierte während des Sehvorgangs die Netzhaut als Ort der Wahrnehmung der Lichtimpulse. Er überwand das Problem der Umkehrung der Bilder, da er beweisen konnte, dass die Netzhaut – und folglich der Geist – die Fähigkeit hat, diese korrekt zu verstehen.

All diese Elemente miteinander verbindend, erklärte Kepler den Sehvorgang mit einem doppelten Kegel: Ein Punkt sendet in jede Richtung Strahlen aus und diese treffen auf das Auge, das die Basis des Einfallskegels abgibt. Wenn dann die Strahlen auf der Netzhaut scharf gestellt sind, lässt sich die Entfernung des Gegenstandes abschätzen, obgleich die Strahlen umgekehrt sind.

Die Augenlinse funktioniert nach seinen Erkenntnissen also wie eine konvergierende Linse. Ihre Fehler können durch passende konvergierende oder divergierende Linsen korrigiert werden.

Außerdem gilt es festzuhalten, dass Kepler bei der Untersuchung der Lichtbrechung zwischen *picturae* bzw. Bildern, die man auf einer Leinwand sieht, und *imagines rerum*, also Bildern, die direkt von den Augen dechiffriert werden, unterschied. Die *picturae* entsprechen mehr oder minder den heutigen Bildern, die praktisch von einem Künstler bzw. Kunsthandwerker konkretisiert werden, während die *imagines rerum* mit virtuellen Bildern verglichen werden können, die das Auge erreichen, wenn es in Spiegel, durch Prismen oder optische Linsen blickt.

Sobald feststeht, dass die Darstellung eines Bildes auf einen hellen, farbigen Punkt zurückgeht, muss man sie richtig verorten: am Ort des Gegenstandes.

Um den Lichtpunkt am Ort des Gegenstandes zu verorten, muss der Geist aufgrund der Informationen, die im Stimulus auf der

Netzhaut enthalten sind, in der Lage sein, die passende Position des Punktes bzw. des Objektes im Raum zu erkennen.

In diesem Zusammenhang sei auf eine merkwürdige Koinzidenz hingewiesen: Johannes Kepler wurde am 27. Dezember 1571 geboren und starb am 15. November 1630.

Caravaggio wurde am 29. September 1571 geboren und starb am 18. Juli 1610.

Caravaggio und Kepler wurden im selben Jahr geboren und starben im Abstand von 20 Jahren: es handelt sich also zeitlich gesehen um zwei beinah parallele, hinsichtlich der individuellen Schicksale aber um ganz unterschiedliche Leben.

Ein Punkt in Keplers Lichttheorie ist jedoch noch überraschender: wenn er nämlich sagt, um das Licht eines Gegenstandes zu verorten, müsse man seine günstigste Position im Raum kennen.

Caravaggio wird gemeinhin als ein Maler gesehen, der das Thema des Lichts radikalisierte – worauf ich später noch genauer eingehen werde –, doch in Wirklichkeit malte er die Dunkelheit bzw. das Licht, das aus der Dunkelheit kommt. Seine große und revolutionäre Art

Caravaggio,
Die sieben Werke der Barmherzigkeit, 1607.
Kirche Pio Monte della Misericordia, Neapel.
Unten: Details.

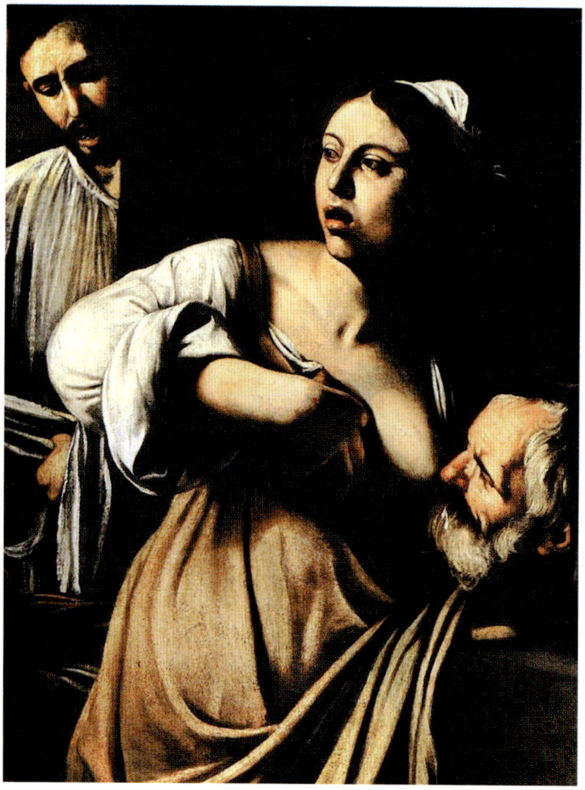

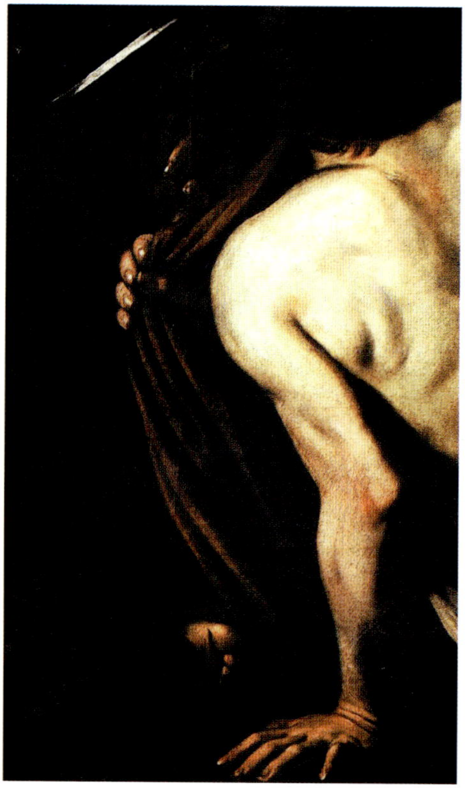

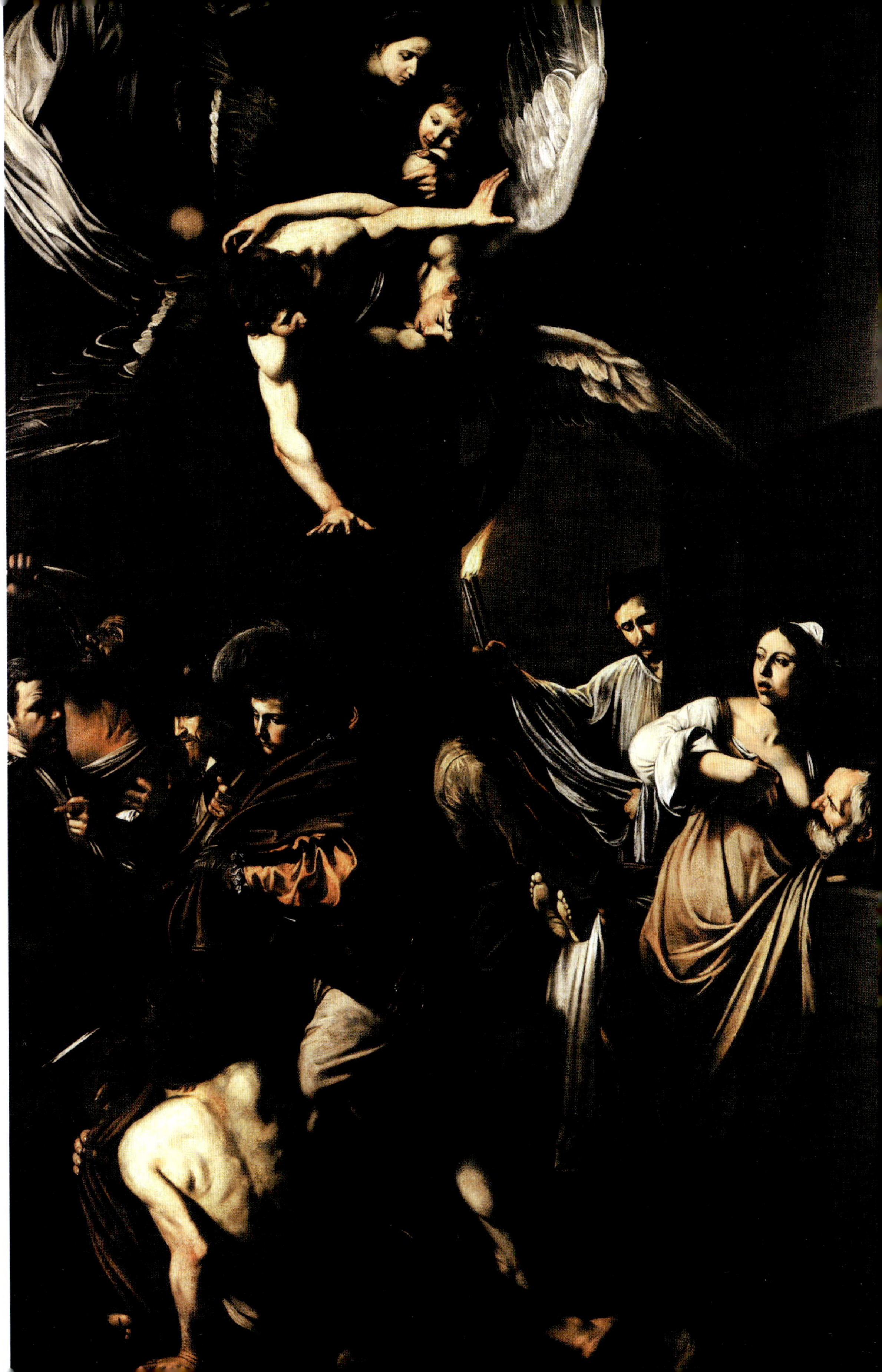

des Malens ist die Realisierung einer taktilen Malerei, die so wirkt, als würde ein um sich tastender Blinder das Bild der Erscheinungen des Wirklichen in seinen Geist projizieren, um so das richtige Objekt an die richtige Stelle zu rücken. Im Vergleich zur Gesamtansicht der *Sieben Werke der Barmherzigkeit* wirkt hier die Fackel als die einzige innerbildliche Lichtquelle. Sie dient dem Maler dazu, die Gesichter der dargestellten Personen auszuleuchten, so, als würde ein Blinder sie gedanklich aus dem ewigen Dunkel seiner Augen hervortreten lassen.

Die Gemälde des niederländischen Goldenen Zeitalters haben mit ihrer Illustration einer glückerfüllten Alltäglichkeit ein spezifisches Erscheinungsbild, und tatsächlich bietet die Analyse, die Kepler mit seiner Beschreibung der Funktionsweise des Auges liefert, eine gute Erklärung für den Reiz, den diese Malerei noch heute auf uns ausübt:

1. In der Regel haben die Bilder ein rechteckiges Standardformat, nämlich das eines Fensters.
2. Bei aufmerksamer Untersuchung der Oberfläche erweist sich die Malerei als Firnis, die die gemalten Bereiche durch Farbe und Licht gut miteinander verbindet.
3. Der Betrachter wird aufgefordert, die Gemälde von einem bestimmten perspektivischen Standpunkt aus wahrzunehmen.
4. Der Betrachter wird in einen (Gemüts-)Zustand ruhiger Betrachtung versetzt, weil er sich im richtigen Moment an der richtigen Stelle befindet und eine ruhige häusliche Szene sehen und genießen darf.

Die Ideen Galileos und Keplers waren von entscheidender Bedeutung und für die Optik des 17. Jahrhunderts richtungsweisend. Sie überwanden die animistische Sicht auf den Sehvorgang zugunsten einer physiologischen Erforschung des Sehens.

RENÉ DESCARTES

Im Jahr 1637 veröffentlichte der französische Philosoph und Mathematiker Descartes (1596 La Haye – 1650 Stockholm) seine *Dioptrique*, in der er die Theorie aufstellte, das Licht sei eine Einwirkung oder Bewegung, die denselben Gesetzen gehorche wie die Ortsbewegung und sich auf ein volles Ganzes übertrage. Es entspreche jedoch keiner effektiven Bewegung, sondern eher einer Neigung hin zu einer Bewegung, also einer Potenzialität, die sich in einem Augenblick von der Lichtquelle bis zu den Augen des Betrachters verbreite.

Diese Auffassung des Lichts erläuterte Descartes folgendermaßen: „Denken Sie sich, das Licht eines leuchtenden Körpers sei nichts anderes als eine gewisse Bewegung oder eine sehr schnelle und lebhafte Regung, die unser Auge durch die Vermittlung der Luft und anderer

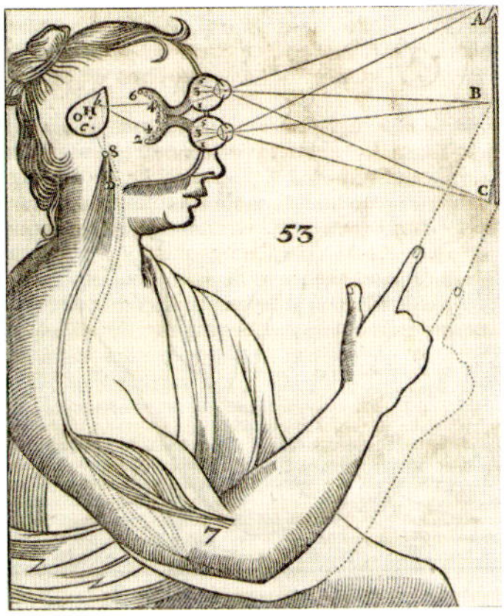

René Descartes,
Entstehung des Bildes auf der Netzhaut des Auges nach *La Dioptrique*, 1637.

durchsichtiger Körper ebenso erreicht, wie Bewegung oder Verharren der Körper dem Blinden durch Vermittlung des Stockes bekannt werden. Dadurch wird es Ihnen sofort nicht mehr merkwürdig erscheinen, dass das Licht seine Strahlen in einem Augenblick von der Sonne zur Erde ausbreiten kann. Denn Sie wissen, dass die Bewegung, in die man das eine Ende des Stockes versetzt, in einem Augenblick auf das andere übertragen wird (…).“[9]

Claude Gellée, genannt Lorrain (1600 Chamagne – 1682 Rom), war ein französischer Maler, der als Meister der Landschaftsmalerei betrachtet wurde. Niemand vor ihm war auf die Idee gekommen, die Sonne auf diese Weise zu malen; es sei denn, in ziemlich kodifizierter Weise, also als rote oder gelbe Scheibe. Doch Lorrain malte sie in aller Deutlichkeit als Stern mitsamt den Effekten der Dunstschleier, die die Lichtstrahlen ringsum projizierten.

Die abgebildete Hafenszene von 1643 scheint wie eine visuelle Darlegung der cartesianischen Theorien von der Einwirkung und Bewegung des Lichts. Und genau aus diesem Grund wurde dieses Bild später von dem englischen Maler William Turner (1775 London – 1851 Chelsea) so hoch geschätzt.

Bei seinen Ausführungen zum Phänomen der Lichtbrechung stützt sich Descartes auf eine mechanische Analogie: Wenn das Licht von einem weniger dichten in ein dichteres Medium übergeht, verhält es sich ähnlich wie ein Tennisball, der beispielsweise von der Luft ins Wasser gelangt.

Die Schlussfolgerung fällt in diesen beiden Fällen jedoch unterschiedlich aus: Während sich Licht beim Übergang von der Luft ins Wasser zur Oberfläche neigt, entfernt sich der Tennisball davon.

Dazu schreibt Descartes: „Wenn Sie sich der Eigenschaften erinnern, die ich dem Lichte zuschrieb, werden Sie diese Tatsache nicht mehr befremdend finden. Ich habe gesagt: Das Licht ist nichts anderes als eine gewisse Regung oder Bewegung, die von einer sehr feinen Materie aufgenommen wird, die die Poren aller Körper füllt.“[10]

ISAAC NEWTON

Der Engländer Isaac Newton (1642 Woolsthorpe-by-Colsterworth – 1727 London) war Mathematiker, Physiker, Philosoph, Astronom und Alchemist.

Als gegen 1660 das Denken Galileo Galileis und die Verwendung von Fernrohren in akademischen Kreisen auf immer größere Resonanz stießen, begann er, sich mit Lichtphänomenen zu beschäftigen.

Newton richtete seine Aufmerksamkeit auf den Lichtaspekt der Farben. Er unterzog antike und zeitgenössische Interpretationen einer kurzen Analyse und beurteilte sie allesamt als unzulänglich, da sie dazu

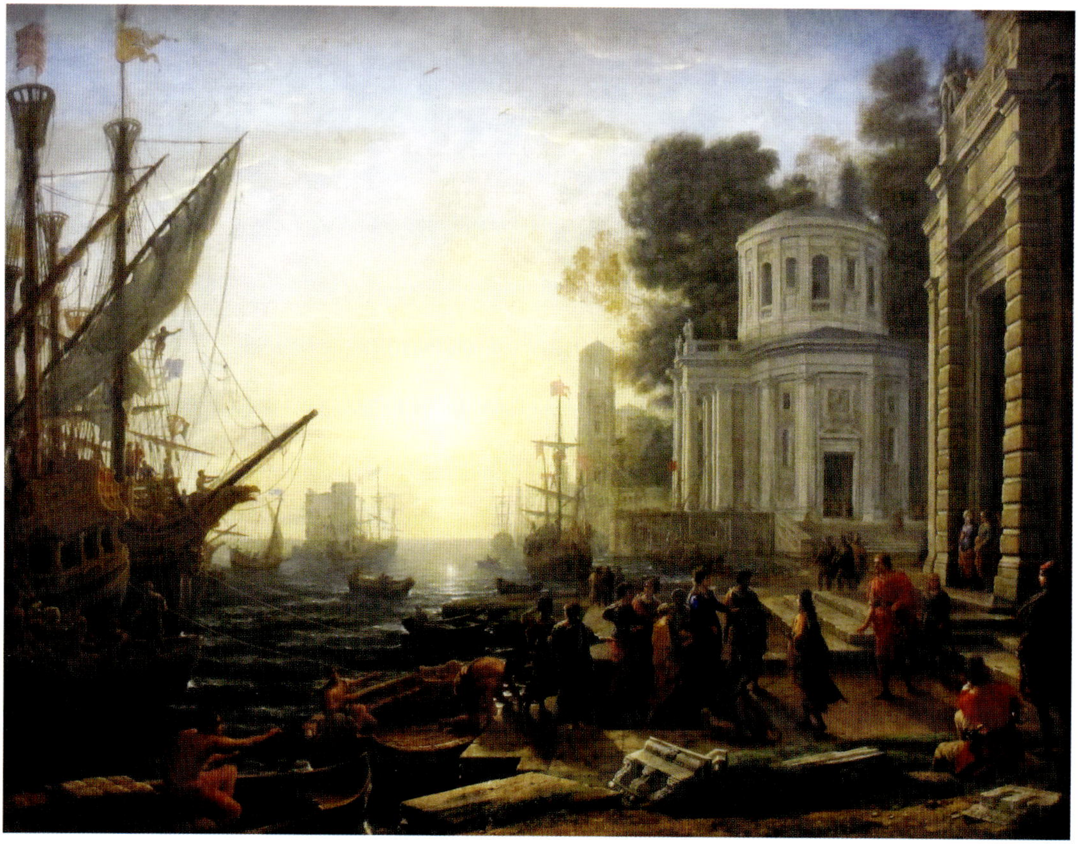

Claude Lorrain,
Landung der Kleopatra in Tarsos, 1642–1643. Louvre, Paris.

tendierten, den Ursprung der Farbe in den Körpern anzusiedeln, auf die Licht einwirkte, und nicht im Licht selbst. Der Gelehrte gelangte durch seine Experimente hingegen zu dem Ergebnis, dass farbige Erscheinungen nicht auf einer Veränderung des von Natur aus weißen Lichts beruhen, sondern ursprünglich dem Licht selbst angehören, da es durch Glas in seine Farben zerlegt wird.[11]

Damit stellte Newton die bisherigen Auffassungen zu den Eigenschaften des Lichts komplett auf den Kopf: Bei ihm wurde den Farben erstmals eine physikalische Dimension zugestanden und ihnen damit jene subjektive und physiologische Ebene entzogen, die ihre Untersuchung bis dahin bestimmt hatte.

Im Jahr 1675 schlug Newton eine neue Formulierung seiner Theorie vor, in der keinerlei Bezugnahme auf Lichtpartikelchen mehr erfolgte; vielmehr sprach er hier nur noch von Strahlen, die sich durch kontingente Faktoren wie Größe, Form oder Kraft voneinander unterschieden.

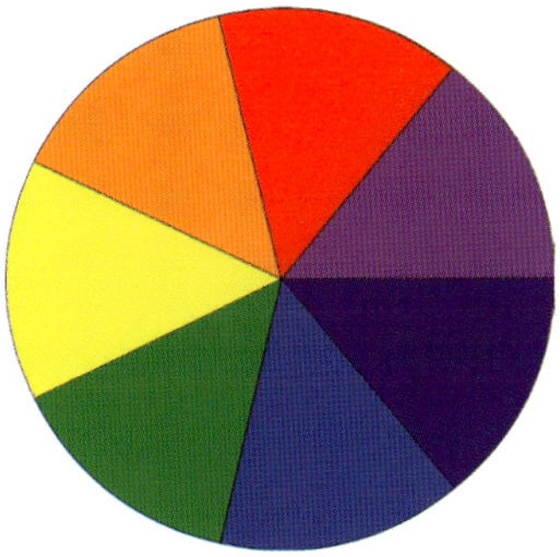

Schematische Darstellung eines Farbkreises, wie Newton ihn anordnete.

Newtons Studien zur Optik, die er zwischen 1670 und 1690 durchführte, wurden 1704 in einer Abhandlung mit dem Titel *Opticks, or, a Treatise of the Reflexions, Refractions, Inflexions and Colours of Light* zusammengefasst und veröffentlicht.

Ausgehend von der Beobachtung der Spektralfarben, zeichnete Newton einen Kreis, in dem sie enthalten waren: Die Anordnung der Farben definierte Qualitätsbeziehungen zwischen ihnen.

Diese Veranschaulichung der Farben des Lichts durch den englischen Gelehrten ist faszinierend, weil sie nahelegt, dass es zwischen den Farben wie zwischen den sieben Tönen der Tonleiter harmonische Beziehungen geben könnte, und dass nebeneinander liegende (benachbarte) Farben eurhythmische Beziehungen zueinander entwickeln können, während gegenüberliegende (komplementäre) Farben in einer dynamischen Beziehung zueinander stehen.

THOMAS YOUNG

Der Engländer Thomas Young (1773 Milverton/Somerset – 1829 London) wird als einer der Begründer der optischen Physiologie angesehen. Newton zufolge kann man durch Mischung der primären Spektralfarben sämtliche Farben erzielen. Thomas Young hingegen entwickelte einen anderen Ansatz: Durch die Physiologie des Sehapparats, also des Auges, und nicht durch die Eigenschaften des Lichts, entsteht der sogenannte Trichromatismus, das Dreifarbensehen.

In seiner Vorlesung *Bakerian Lecture*, gehalten vor der Royal Society in London am 12. November 1801, legte Young dar, dass sich nach Newtons Modell jede Farbwahrnehmung der Mischung der Spektralfarben verdanke und diese folglich ‚Primärfarben' seien. Spektralfarben gebe es unendlich viele, doch unser Auge könne nur ungefähr 200 davon unterscheiden.

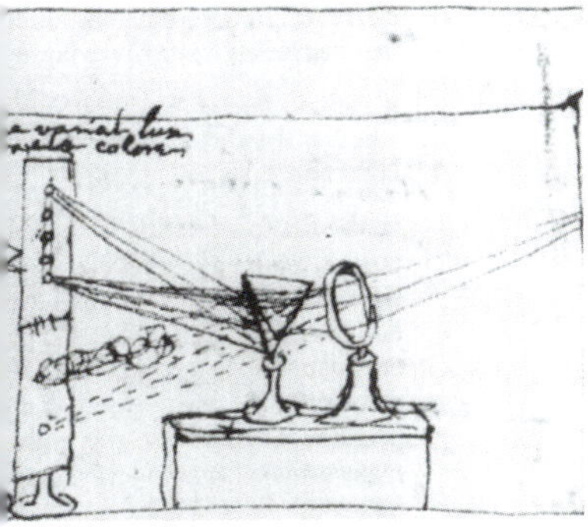

Isaac Newton, Zeichnung zum „Experimentum crucis", der Zerlegung des Lichts in Spektralglauben (Ausschnitt).

Würde nun jede Spektralfarbe einen eigenen Typ von Lichtrezeptor in der Netzhaut benötigen, der nur auf jeweils eine bestimmte Wellenlänge reagiert, müsste die Netzhaut über sehr viele unterschiedliche Lichtrezeptoren verfügen. Young suchte deshalb außerhalb davon nach den drei Farbkomponenten im Aufbau des Sehsystems. Es gibt jedoch keine natürlichen Primärfarben im Sinne einer „Priorität", sondern drei verschiedene farbempfindliche Apparate in der Netzhaut.

Youngs Theorie des Farbensehens, war die erste, die erklärte, wie wir normalerweise sehen. Die Qualität einer bestimmten Farbe hing

Young zufolge von den Intensitätsbeziehungen der Wahrnehmung der drei Grundfarben ab, aus denen sie sich zusammensetzt, und deren Helligkeit im Zusammenspiel. Ein blauer Strahl beispielsweise ist in der Lage, sowohl eine grüne als auch eine violette Empfindung auszulösen, ein gelber Strahl sowohl eine rote als auch eine grüne.

So wird ein englischer Wissenschaftler zum Propheten des Impressionismus.

An dem Bild *Bäuerinnen beim Kräutersammeln, Éragny* schätzen wir das harmonische Gleichgewicht der Farben, das der Maler erreicht, indem er das Grün der Wiese – erzielt durch eine Mischung gelber und blauer Farbtöne – mit einem ins Rötliche spielenden Blumenmeer kombiniert.

Camille Pissarro,
Bäuerinnen beim Kräutersammeln, Éragny, 1886. Privatsammlung

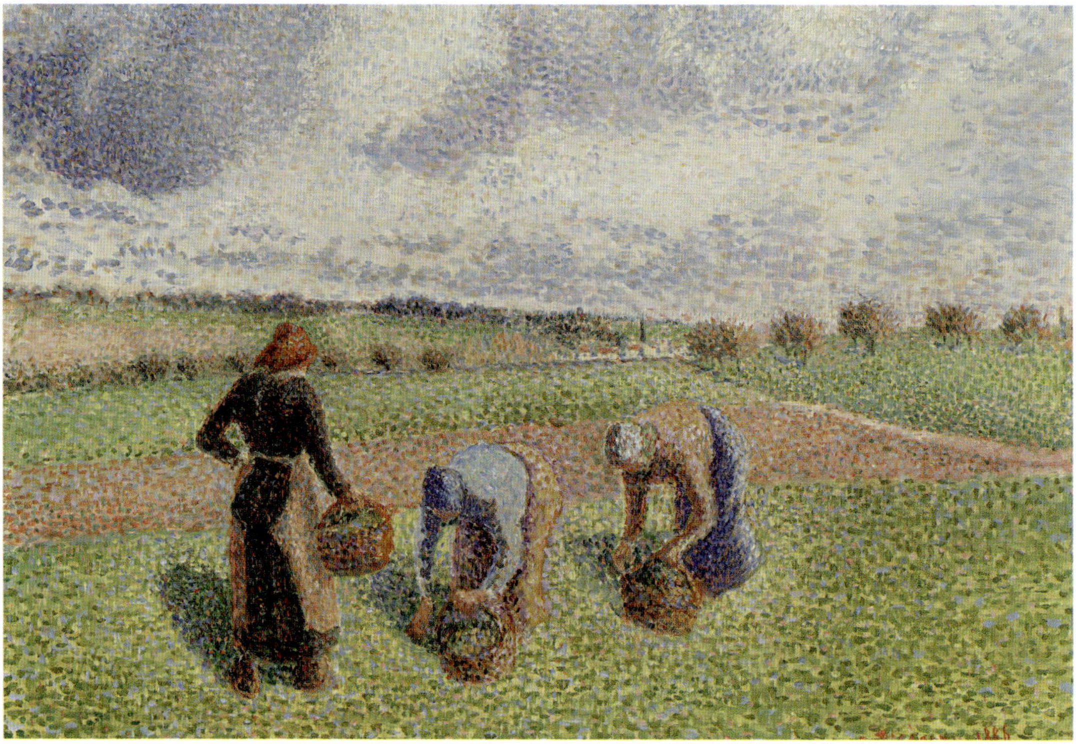

GOETHES FARBENLEHRE

Die Schrift *Zur Farbenlehre* verfasste Johann Wolfgang von Goethe (1749 Frankfurt a. M. – 1832 Weimar) im Jahr 1810. In Entgegnung auf Newtons Theorie behauptet er, nicht das Licht entstehe aus den Farben, sondern die Farben seien im Gegenteil eine Verdunkelung des Lichts oder eine Wechselwirkung desselben mit der Dunkelheit der Materie.

Dabei bezog sich der deutsche Denker auf die bereits in ähnlicher Weise, besonders von Empedokles, Platon und Aristoteles formulierten Thesen der alten Griechen. Goethe und Newton wählten dabei zwei völlig unterschiedliche philosophische Herangehensweisen: Das Denken Newtons stützte sich auf eine materialistische und atomistische Auffassung des Lichts und vernachlässigte deshalb die Berücksichtigung subjektiver Aspekte, mit denen sich Lichtphänomene präsentieren. Goethe hingegen gab dem subjektiven Aspekt der Farben und der Naturerscheinungen im Allgemeinen absoluten Vorrang und versetzte sich gewissermaßen ins Auge eines praktischen Betrachters.

„Einen Regenbogen, der eine Viertelstunde steht, sieht man nicht mehr an."[12] Hier gibt uns Goethe den Reiz der Farben zu bedenken, die er als Vehikel von Leidenschaften versteht und weist uns zugleich darauf hin, dass die Wahrnehmung des Schönen keine Gewohnheit ist, der man mit der Uhr beikommen kann. Hier liegt auch der Kern für den radikalen Gegensatz zu den Vorstellungen Newtons. Das Phänomen des Lichts und der Farben bedeutet Staunen und Wundern, und man kann ihm nur mit einer erhöhten inneren Sensibilität begegnen.

Der englische Maler William Turner hatte sich gründlich mit Goethes *Farbenlehre* beschäftigt. Goethes wissenschaftliche Erkenntnisse führten den Maler zu der Annahme und der entsprechenden Umsetzung in seiner Arbeit, dass das Licht die Farben hervorbringe, und nicht umgekehrt. Aus dieser Überzeugung entwickelte sich Turners künstlerisches Bestreben, durch den Gebrauch der Farbe unermüdlich die subtilsten Lichteffekte zu erzielen.

In seiner Malerei erreichte Turner eine für die damalige Zeit unvorstellbare Abstraktionsebene: Die Formen sind entmaterialisiert, und es bleiben nur die Effekte der zu Licht gewordenen Farbe. Turners typische Malweise erzeugt eine Art Farbmagma, das von einer zentrifugalen Kraft erschüttert wird, die manchmal unbestimmte, vage Gestalten wie etwa die Gestalt eines Mannes, vielleicht Moses oder eine Schlange als Symbol des Bösen erahnen lässt. Indem sich Turner auf dieses Thema konzentrierte, wollte der Künstler die Ambivalenz der Natur zum Ausdruck bringen, die „immer baut und immer zerstört", wie es in Goethes *Fragment über die Natur* heißt.[13]

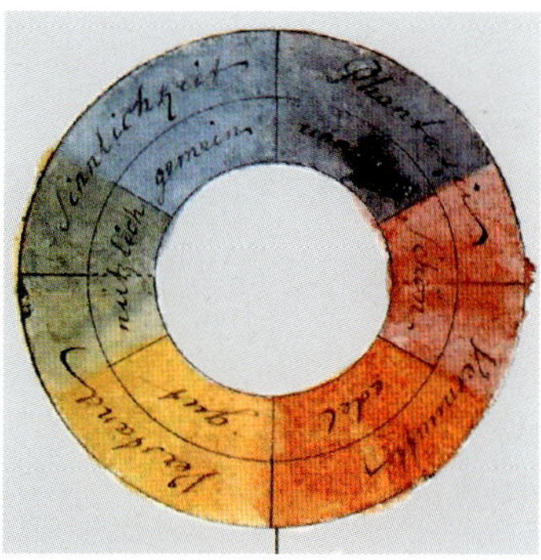

Johann Wolfgang v. Goethe,
Farbenkreis, 1809.

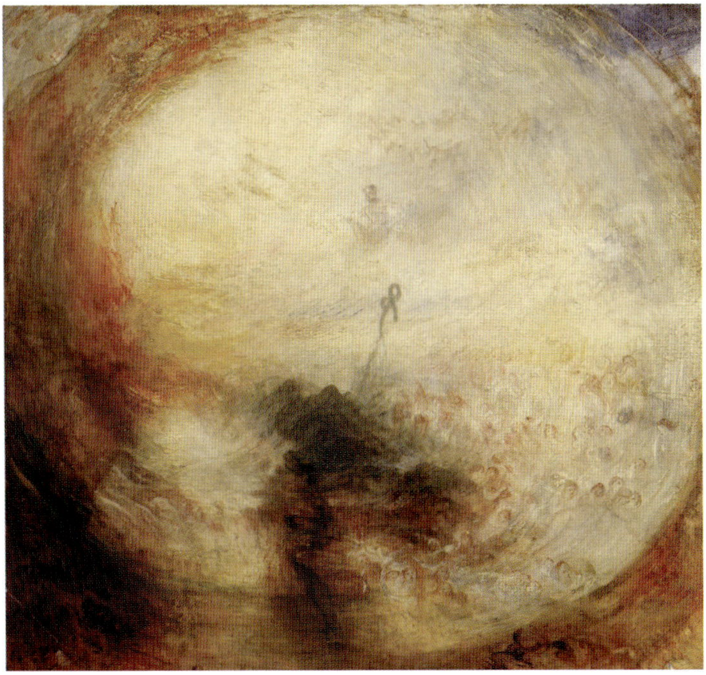

William Turner,
Licht und Farbe (Goethes Theorie) – Der Morgen nach der Sintflut. Moses schreibt das Buch Genesis, 1843. Tate Gallery, London.

DIE FARB-LICHT-THEORIE VON CHEVREUL

Der Chemiker Michel Eugène Chevreul (1786 Angers – 1839 Paris) veröffentlichte 1839 seine Studien zur Textilfärbung, zu Licht und Farbe, und zeichnete seinen berühmten Farbkreis.

In seiner Theorie entwickelte er das Prinzip des gleichzeitigen Kontrastes bzw. die Zunahme an Helligkeit durch die Annäherung zweier Komplementärfarben. Das Phänomen der wechselseitigen Beeinflussung von Farben war zuvor schon von Goethe beschrieben worden, wenngleich nicht ganz so systematisch wie von dem französischen Wissenschaftler.

Chevreul hatte bemerkt, dass auf einem weißen Blatt jede Farbe an den Rändern eine Aura ihrer jeweiligen Komplementärfarbe anzeigt. Wenn also zwei Komplementärfarben nebeneinander treten, verstärkt die Aura der einen Farbe die der anderen und macht sie heller. Französische Maler wie Eugène Delacroix, Edgar Degas, Georges Seurat und Paul Signac studierten Chevreuls Gesetze zur wechselseitigen Beeinflussung der Farben und wendeten sein Klassifikationssystem in ihren Bildern an.

Aus dem Impressionismus ging der Pointillismus hervor und knüpfte an die kontinuierliche Erforschung der vom Licht enthüllten Farben an.

In Übereinstimmung mit der Theorie der Farbkomplementarität nahmen sich die pointillistischen Maler vor, entsprechend den jüngsten wissenschaftlichen Erkenntnissen über die Erscheinung des Sonnenspektrums, die natürliche Erscheinungsform der Farben auf der Netzhaut anzuwenden. Nach diesem Prinzip ist die Netzhaut des Betrachters der Gesichtspunkt der Wahl, um den Ton (die klassische Abtönung) der Malerei zu komponieren.

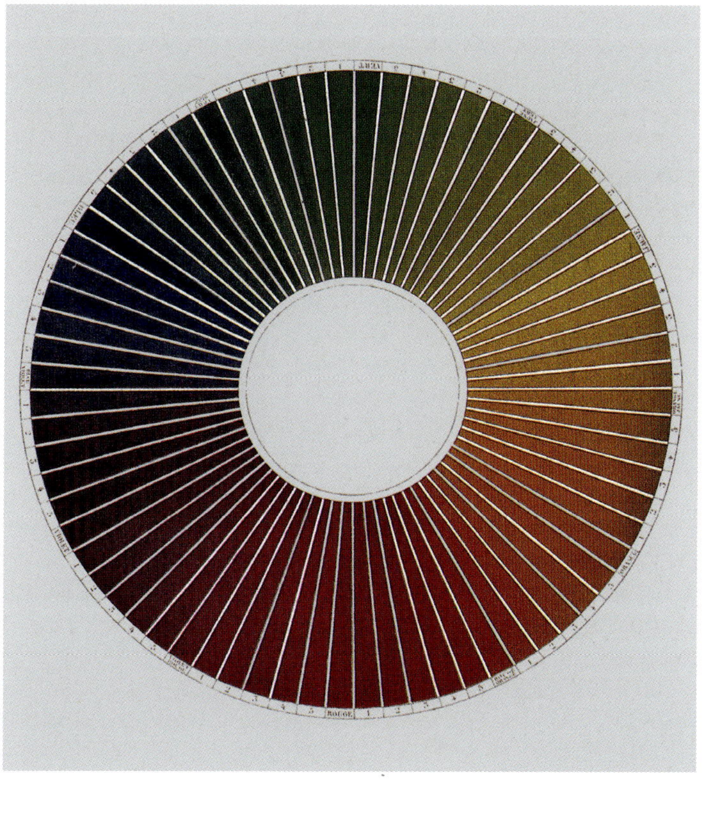

Michel Eugène Chevreul, Farbenkreis aus 72 Farben, 1839. Er beeinflusste viele post-impressionistische Maler, vor allem Georges Seurat.

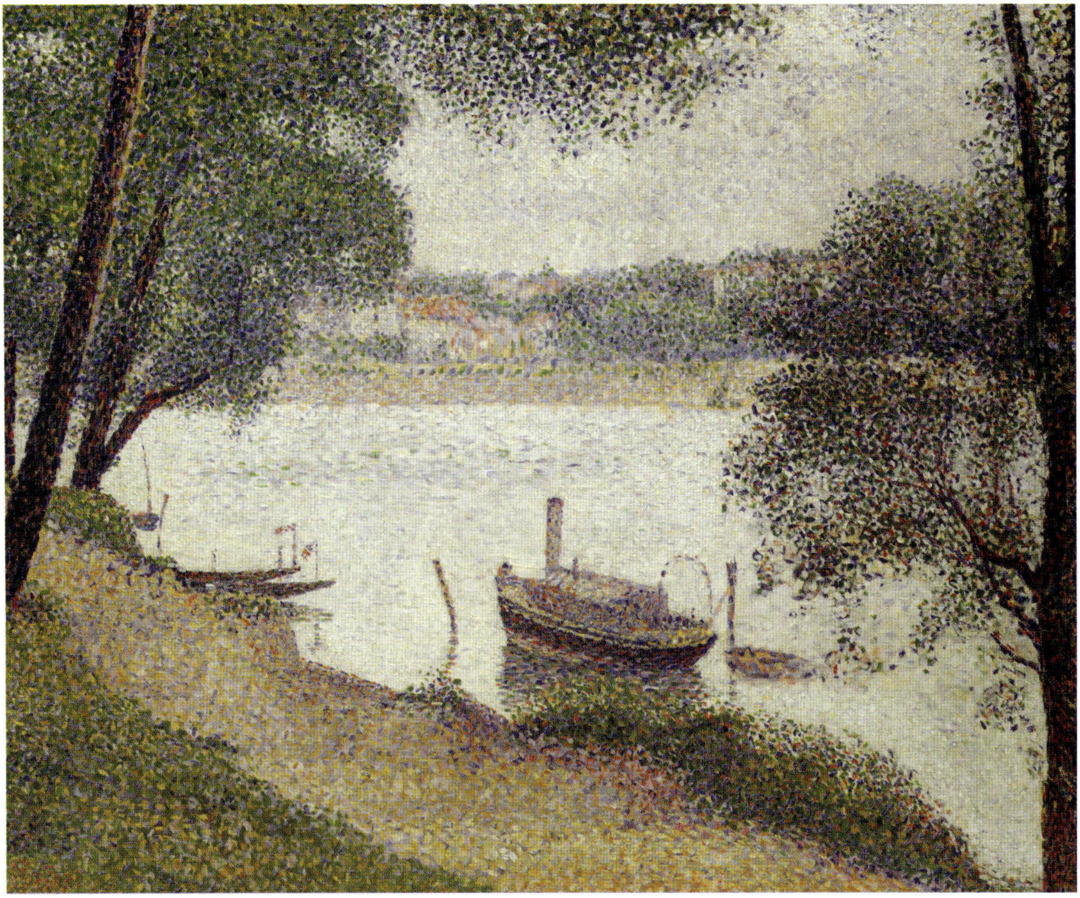

Georges Seurat,
Graues Wetter, Grande Jatte, um 1886–1888. Metropolitan Museum of Art, New York.

Die Methode des Pointillismus wurde systematisch von Seurat und Signac angewandt, die auf der Grundlage des Prinzips der Zerlegung der Farbe in ihre Hauptelemente mit den optischen Prinzipien von Licht und Farbe von Chevreul experimentierten.

Heute ist der Pointillismus eine künstlerische Technik, die der Vergangenheit angehört. Gleichwohl komponiert jedes digitale Bild unserer Tage seinen Gegenstand, indem es ihn in unzählige Pixel in den Primärfarben Rot, Grün und Blau zerlegt, um eine Hell-Dunkel-Abstufung zu erreichen.

In der Folge stellte die künstlerische Avantgarde der Moderne mit Ausnahme des Futurismus ihre Auseinandersetzung mit dem Licht nahezu komplett ein. Vielleicht, weil ab dem Moment, wo es genügte, einen nach binärer Logik funktionierenden An-Aus-Schalter zu drücken, um Licht in die Welt zu bringen, das Licht seine Aura verlor.

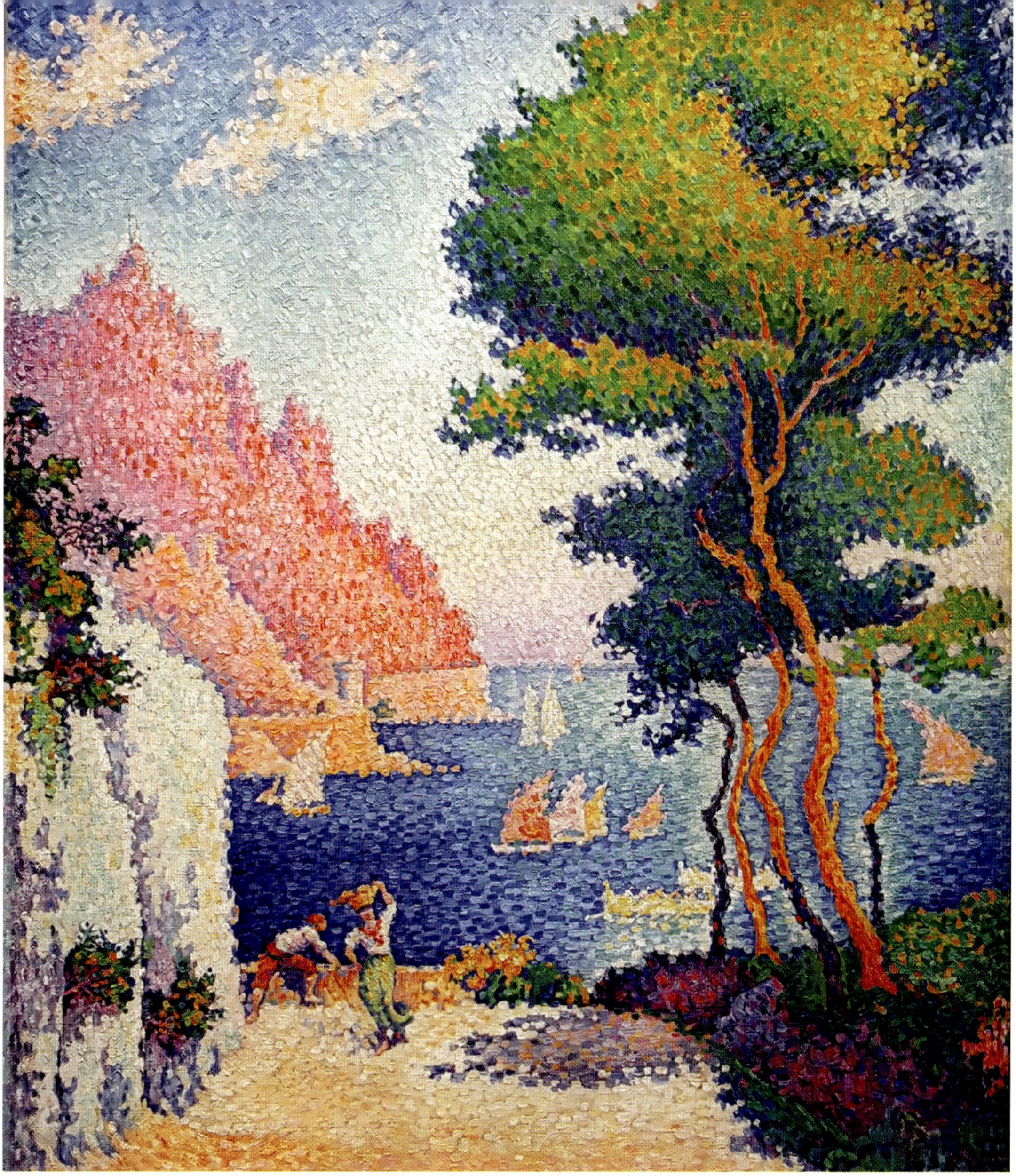

Paul Signac,
Capo di Noli, 1898. Wallraf-Richartz-Museum & Fondation Corboud, Köln.

DAS SICHTBARE LICHT ODER DER KONFLIKT ZWISCHEN LICHT UND MATERIE

Das Licht macht jedes Wesen, jede Form sichtbar, führt aber auch die Bewegung und die Beziehungen zwischen den beteiligten Seiten vor Augen, d. h. es stellt eine offensichtliche Beziehung zwischen der Lichtquelle und den beleuchteten Bereichen her. Diese direkte Beziehung bringt auch jene Sichtfelder zum Vorschein, die zu Bereichen in Kontrast stehen, in denen Licht fehlt beziehungsweise Verschattungen vorliegen.

An einem nicht näher bestimmten Tag zwischen Frühling und Herbst des Jahres 1927 setzte sich eine Fliege auf das Gesicht der Schauspielerin Renée Falconetti, der Hauptdarstellerin in einem der Meisterwerke des Kinos: *La passion de Jeanne d'Arc* von Carl Theodor Dreyer. Der Regisseur ließ die Kamera jedoch weiterlaufen und schnitt das Filmbild bei der Montage nicht heraus. Damit ließ er zu, dass das mystische Licht auf dem Gesicht der französischen Nationalheldin durch den Schatten eines gewöhnlichen Insekts befleckt wurde. Dieser

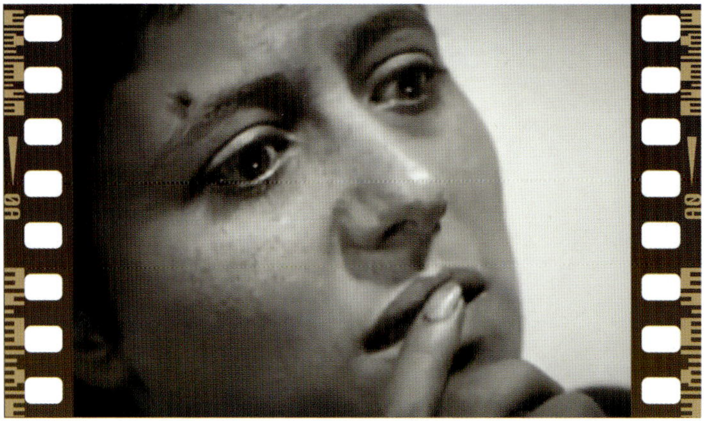

La passion de Jeanne d'Arc, Stummfilm von 1928 von Carl Theodor Dreyer.

Filmstill ging als Sinnbild eines Authentizität schaffenden Zufalls in die Filmgeschichte ein.

Hier transformiert die Farbe den Lichtfluss in einen Komplex von Lokalisierungen und stellt eine Beziehung zwischen der Quelle als dem Ausgangspunkt des Lichts und bestimmten Orten her, wodurch eine gewisse Korrespondenz Raum gewinnt: nämlich die Interaktion zwischen der Lichtquelle und den Bereichen, die durch das Licht belebt werden.

Für unser Auge bietet die Farbe eine Kontrolle des Lichtflusses, da das Licht eine wesentliche Änderung erfährt: Seine Ausstrahlung und seine Verbreitung werden lokal, und die Welt erscheint wie durch ein Wunder farbig. Es ist kein Zufall, dass die Farbigkeit von vielen als kraftvoll wirkende Passion einer Erscheinung bezeichnet worden ist, als ein Feld, das durch seine Wandelbarkeit fasziniert, aber gleichzeitig auch fest in bestimmte Formen eingebunden bleibt, wie dies auch bei der Betrachtung eines bunten Blumenmeers der Fall ist.

Innerhalb dieser Bereiche manifestiert sich das Licht als eine chromatische, nuancenreiche Skala verschiedener Farbtöne. Viele Maler aller Länder und Zeiten warfen sich in die Schlacht, um die Liebeshändel zwischen Farbe und Licht in ihren Werken zu verherrlichen. Und die Reporter dieser „Kämpfe", wie z. B. die Kunstkritiker des Impressionismus, scheuten keine Mühe, um uns unmissverständlich die Lust zu vermitteln, die man beim Betrachten eines gemalten Blumengartens im Vergleich zu einem echten empfindet. Die Impressionisten – mit Ausnahme von Manet – schlossen die Farben Schwarz und Weiß bewusst aus ihrer Farbpalette aus, während viele feinsinnige Liebhaber der Fotografie Schwarz und Weiß als den reinsten Ausdruck dieser Kunst betrachten.

Das Licht, das sich in einer Präsenz manifestiert, bringt seinerseits sämtliche Möglichkeiten zur Geltung, die Strahlung zu bewerten und zu kontrollieren. Damit gibt es also eine bestimmte Lichtmenge durch das Material zurück und lässt uns auf diese Weise das Vorhandensein

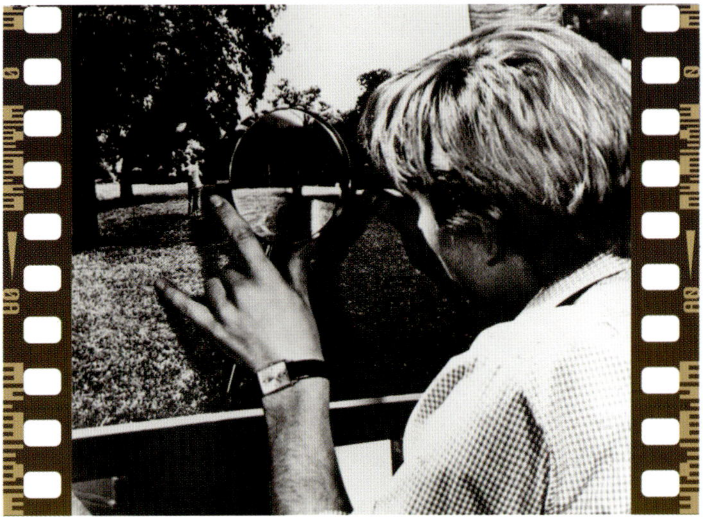

Blow-Up,
Filmstill, Michelangelo Antonioni, 1966.

eines Hindernisses wahrnehmen, eine Durchsichtigkeit erkennen oder visuell eine formale Plastizität und deren Textur erfassen. Nicht zufällig setzte Descartes in *La Dioptrique* (1637) die Veranschaulichung der Bildentstehung auf der Netzhaut physiologisch mit dem Tastsinn in Beziehung, was uns bereits sehr viel über das Zusammenwirken der Sinne, insbesondere des Seh- und des Tastsinns beim Menschen sagt.

Ein gutes Beispiel für die Wahrnehmung von Tiefe ist die Durchsichtigkeit, die besonders viel über die Beziehung zwischen Seh- und Tastsinn aussagt. Von dargestellten Körpern – zumal weiblichen – weiß man schon lange, dass sie attraktiver wirken, wenn sie verschleiert oder durchsichtig verhüllt sind und nicht bloß nackt zur Schau gestellt werden. Durch den Vergleich verschiedener Töne erhöht das Durchsichtige die volumetrische Resonanz, worin der immer neue Reiz einer von transparenten Stoffen umhüllten Körperlichkeit liegt.

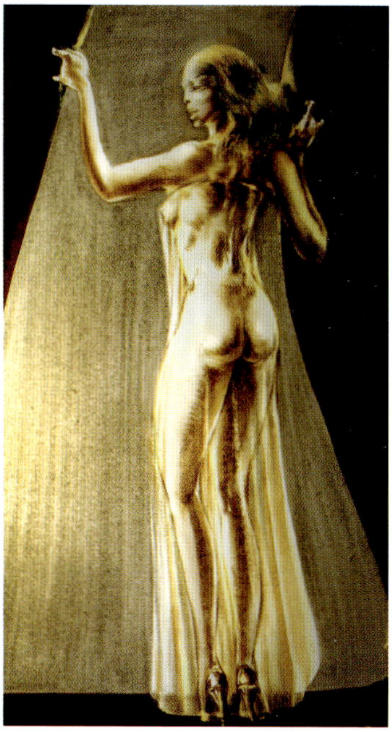

Zeichnung des Verfassers

Transparenz ist das Phänomen des Erscheinens eines Wesens durch ein durchsichtiges, lichtdurchlässiges Medium hindurch, also eines Durchscheinens. Im übertragenen Sinn kann Durchscheinen also bedeuten, dass es ein Merkmal, eine Empfindung oder eine bestimmte Qualität offenlegt. So sagt man etwa: „Die junge Frau errötete und ließ dadurch eine Gefühlsaufwallung erkennen." Hier wird das Erröten als ein Indiz einer plötzlichen Gefühlsregung gedeutet, die auf den Wangen des Mädchens „durchscheint".

Das Erröten wird hier unter drei Aspekten sichtbar: der erste liegt in der Wahrnehmung der Röte selbst, der zweite ist die Erinnerung an die Ausgangssituation, also die Farbe der Wangen vor dem Erröten, und der dritte ist ein visueller Abgleich der Farbe, die die Emotion des Errötens zeigt und der Wangen als Hintergrund, der die Bewertung der Röte erlaubt.

Transparenz wird also durch einen szenografischen Kontext induziert, durch ein Dispositiv, das ein formales Attribut auf jenem Feld, auf dem es zutage tritt, einem Vergleich unterzieht. Ein weiblicher Körper, gesehen durch eine durchsichtige Hülle, ist faszinierend, weil das Volumen der Form, die wir erfassen, durch eine Resonanz (verhüllt vs. sichtbar) des volumetrischen Effekts auf einem flachen Bühnenhintergrund zustande kommt.

Das Phänomen der Transparenz kommt also immer durch einen unwillkürlichen Vergleich mit etwas zustande, das auf einer Hintergrundebene aufzutauchen scheint. Wenn wir zum Beispiel einen Lichtstrahl darstellen wollen, der dies- oder jenseits von einem Telegrafenmast durch die Dunkelheit dringt, müssen wir sehr genau auf die Stelle achten, an der das Licht über den Körper, auf den es trifft, hinausragt.

Das ist die einzige Möglichkeit, um zu visualisieren, wenn helles Licht durch den monochromen dunklen Hintergrund der Nacht dringt. Ich stelle den Lichtstrahl durch ein volles Weiß dar und achte darauf, dass der Bereich des Aufeinandertreffens zwischen dem Weiß des Lichtstrahls und dem Schwarz des Masts in einem sehr viel helleren Grau als das Grau des Hintergrunds erscheint. Auf diese Weise wird der Lichtstrahl eindeutig vor dem Mast auftauchen. Das Grau des Hintergrunds, das aus einer Mischung von Weiß und Schwarz zu gleichen Teilen besteht, bildet die Vergleichsgröße für die Beziehung zwischen den beiden Farben (Abb.2).

Wenn hingegen der Bereich der Begegnung zwischen dem weißen Licht mit dem schwarzen Feld im Verhältnis zum Hintergrund – wie gesagt, eine Mischung zu gleichen Teilen aus Schwarz und Weiß – an den Rändern des Leitungsmasts sehr viel dunkler ist und in der Mitte sehr viel heller (immer natürlich im Verhältnis zum selben Mischverhältnis), stellen wir uns den Mast eher als durchscheinend und hinter dem Lichtstrahl liegend vor. Dies geschieht, weil der Hintergrund immer die Bezugsgröße für das Verhältnis von Weiß und Schwarz, Licht und Dunkelheit bleibt (Abb.1).

Durch eine minimale Abweichung der Helligkeit gegenüber dem Hintergrund als Vergleichsfeld entsteht der optische Eindruck einer verschleierten Form als kontinuierlich, hervorstehend, herausragend oder direkt frontal.

Immer da, wo Licht und Materie aufeinander treffen, sagt uns das Licht, wie die Materie eine, auch symbolische, Bedeutung gewinnt, aber das Symbolische kommt als kultureller Keim erst später hinzu. Das Licht entscheidet darüber, welches Wesen in den Vordergrund tritt und sichtbar wird. Man kann also von Licht als Materie sprechen, wenn die Begegnung zwischen der Lichtintensität und der Hardware des Materials Probleme der Beanspruchung von Raum aufwerfen, wenn Licht und Materie darum kämpfen, welchen Raum sie

Zeichnung des Verfassers

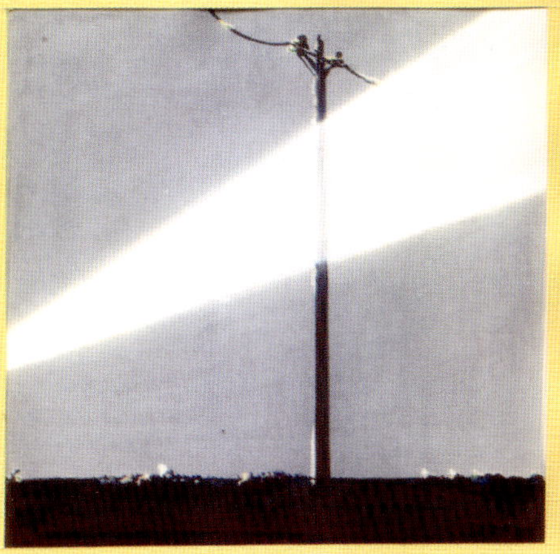

Abb. 1

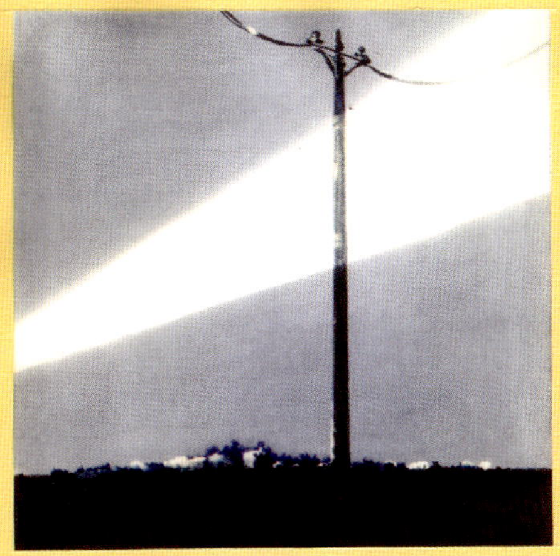

Abb. 2

beanspruchen dürfen. Daraus ergeben sich verschiedene Effekte: erstens die Konkurrenz zwischen dem Glanz und dem Relief einer Form, das der Farbe die Herrschaft streitig macht und den größten Teil der verfügbaren Lichtenergie absorbiert. Außerdem die Neigung, die Konfrontation zwischen Dunkelheit und Helligkeit in eine Tonskala oder vielmehr das in der Malerei so genannte Helldunkel umzuwandeln. Im selben Augenblick wird die Gesamtbeleuchtung durch zwei gegensätzliche Modi unter Kontrolle gehalten: auf der einen Seite die durch das Licht verstärkte volumetrische Prominenz, auf der anderen die unbekannte Tiefe des Dunkels.

Damit sind folgende Phänomene verbunden:

1) Die Lichtquelle kann auftauchen oder verschwinden, daraus folgt, dass ein bestimmter Moment erfassbar wird. In diesem Fall führt

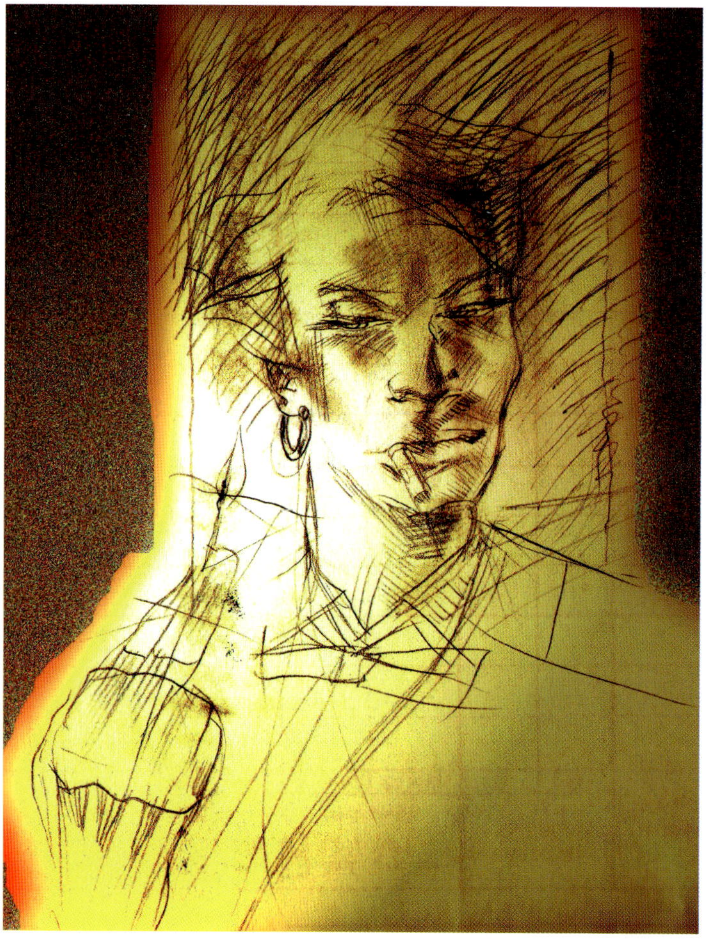

Digitale Ausarbeitung einer Zeichnung des Verfassers, 2006.

das Aufeinandertreffen des Lichts mit der menschlichen Zeit zum Festhalten eines flüchtigen Augenblicks.

In der Zeichnung auf S. 58 dient das Licht eines Streichholzes, das die partielle Dunkelheit aufreißt, der Veranschaulichung eines dramatischen Moments; so wie manche Einstellungen im Film noir dem Zuschauer signalisieren sollen, dass der Protagonist gerade eine unüberlegte, fatale Entscheidung trifft.

2) Das Phänomen des Lichts stellt eine Reaktion zwischen dessen Quelle und dessen Ziel her. Wie der Titel des Ölgemäldes von Gifford besagt, ist das Thema des Bildes das Morgenlicht. Es ist seine Besonderheit, dass die fast weißen, transparent wirkenden kleinen Segelboote eine ausbalancierte Beziehung zur Geburt des Lichts herstellen, dessen Quelle sich als Sonnenaufgang noch hinter den Bergen verbirgt.
3) Die Lichtstrahlung, die sich gleichmäßig im Raum ausbreitet, verwandelt sich erst dann in Farbe, wenn sie das kann, also auf ihr Ziel trifft und das Zutagetreten verschiedener Hell-Dunkel-Ebenen eine Form eher noch andeutet als präzisiert.

Die Gouache von Iwan Konstantinowitsch Aiwasowski (S. 60) ist beinah monochrom, aber die Fähigkeit des Künstlers, darin den Effekt des bewegten Wassers und Lichts zu vermitteln, ist außerordentlich.

Sanford R. Gifford,
Morgen auf dem Hudson, Haverstraw Bay, 1866. Privatsammlung.

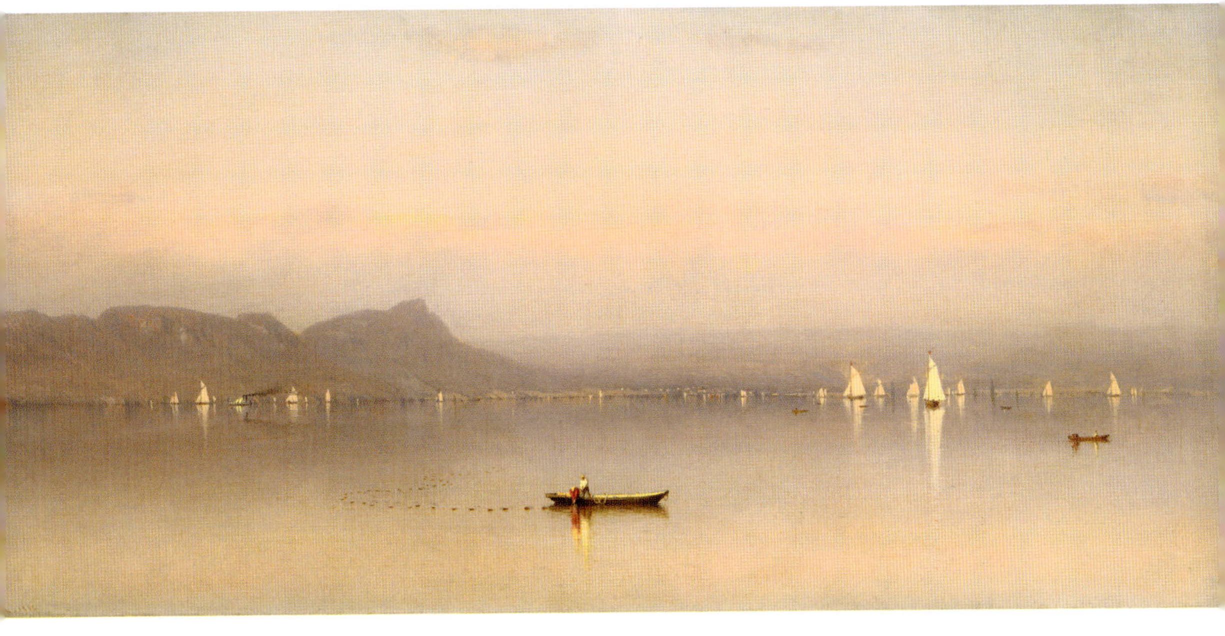

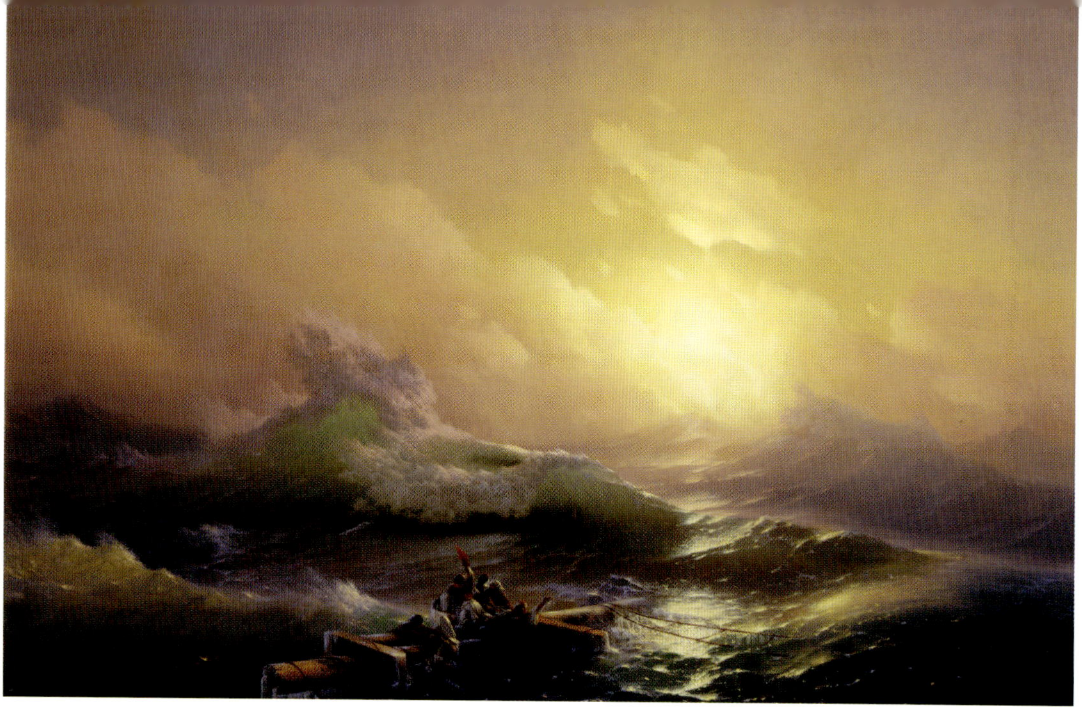

Iwan Konstantinowitsch Aiwasowski, Die neunte Woge, 1850. Staatliches Russisches Museum, Sankt Petersburg.

Insgesamt sind alle tonalen Werte auf ein Minimum reduziert; dennoch treten die Formen, sowohl des Rettungsbootes als auch der sich darauf befindenden Menschen, dank der Sorgfalt, mit der Aiwasowski die Lichtstrahlung in der Szene visualisiert, in dramatischer Plastizität hervor.

4) Das die Materie überströmende Licht legt immer einen Ausgangs- und einen Zielpunkt nahe, aber die Lichtstrahlung insgesamt wird durch eine Vielfalt von Hindernissen visualisiert, auf die das Licht trifft. Auch die verschiedenen Hindernisse stehen untereinander bei der Rückstrahlung der Lichtintensität der primären Quelle in Konkurrenz.

Die Überquerung des Appennin ist ein Meisterwerk von De Nittis von 1867, in dem alle vier Erscheinungsformen des Lichts mit tiefer Dunkelheit zusammentreffen. Man braucht dem Gemälde nur mit etwas Aufmerksamkeit zu studieren, um zu sehen, wie die Wahrnehmung des Gegenlichts das Auge des Betrachters in die Szene hineinzieht. Es ist bemerkenswert, wie energisch der Maler das Auftreten des Lichts in Bezug auf alle materiellen Hindernisse umgesetzt hat, gegen die es ankämpft, weil es sie überwinden will: das Dorf, die Wolken, die Vegetation und den nackten Baum. Hier haben wir es wieder mit dem vorhin beschriebenen Effekt des durchsichtigen Lichtmasts zu tun. Und nicht nur das: Die Farbpalette des Malers ist beinahe komplett abgetönt; nur das am Horizont aufreißende Licht steht im Kontrast dazu.

Eine Spannung zwischen Licht und Materie tritt dann auf, wenn etwas sichtbar wird oder sich ankündigt, das unsere Aufmerksamkeit weckt, ohne dass das Auge gleich geblendet wird.

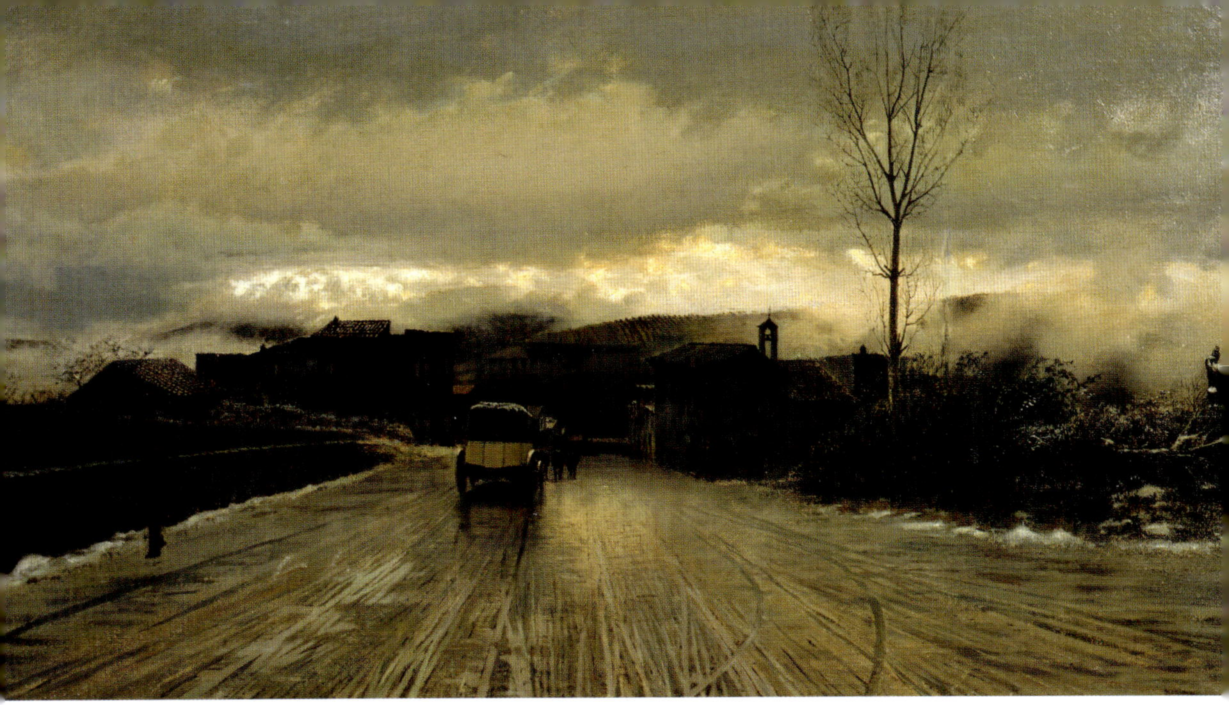

Giuseppe De Nittis,
Die Überquerung des Appennin, 1867. Museo di Capodimonte, Neapel.

Umberto Boccioni,
Die Stadt erhebt sich, 1910. Museum of Modern Art, New York.

Wenn ich mich beispielsweise in einer Welt befinde, die nur durch eine Wellenlänge erhellt wird, ergibt sich daraus, dass die Farbe die Form mit ihrer größten oder geringsten Sättigung beschreibt. Der Vergleich verschiedener Sättigungen vermittelt die Idee eines diffusen Lichts.

Wollte man die Entstehung des Bildes *Die Stadt erhebt sich* von Umberto Boccioni (1882 Reggio Calabria – 1916 Verona) romanhaft erzählen,[14] könnte man sich den Künstler auf dem Balkon seiner Wohnung in Mailand vorstellen, wie er die Stadt beobachtet. Boccioni sieht sich die Stadt an, überlegt und beschließt, die symbolistische Sicht

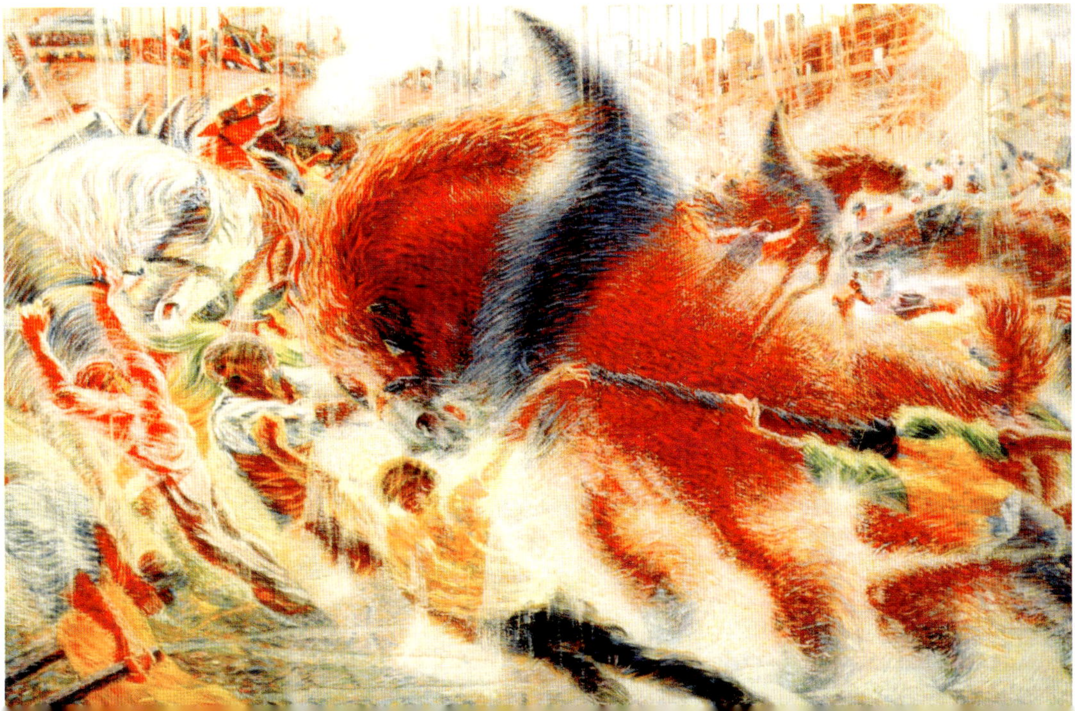

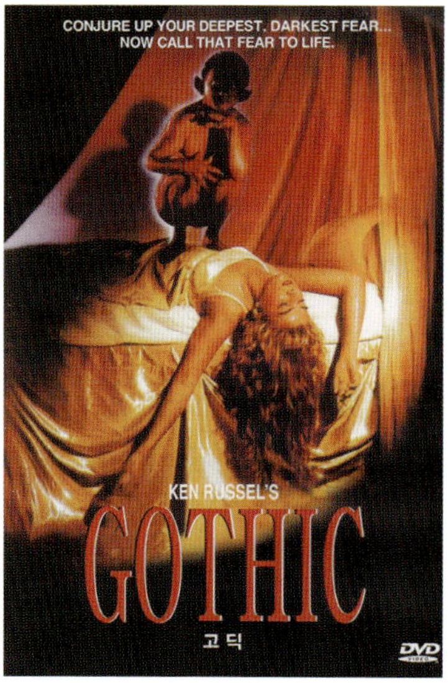

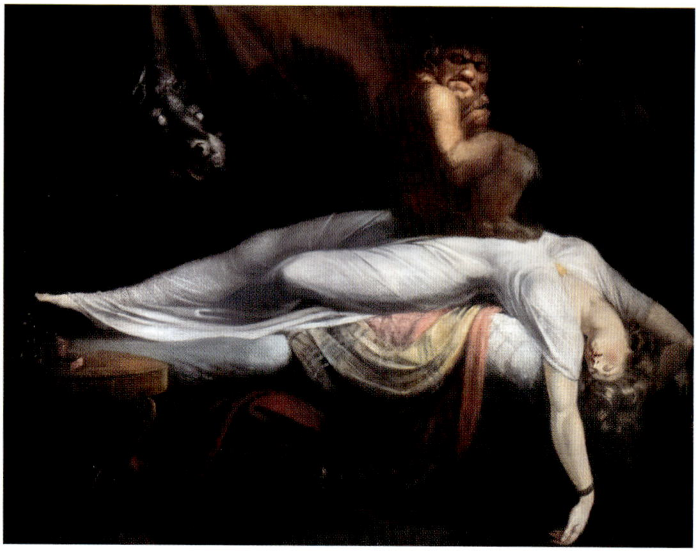

Ken Russell, Gothic, Filmplakat, 1986. Rechts: **Johann Heinrich Füssli,** Der Nachtmahr, 1781. Detroit Institute of Arts, Detroit.

seines geistigen Mentors Gaetano Previati aufzugeben und die divisionistische Technik bis zur äußersten Konsequenz zu treiben.

Boccioni erkennt intuitiv, dass in einer modernen Stadt die platte, beschreibende und naturalistische Vision überwunden werden muss, um einer bewegteren, dynamischeren, dem modernen Leben angemesseneren, ja zukunftsgewandten, futuristischen Wahrnehmung Platz zu machen und beschließt, einen normalen Augenblick der Arbeit in einer Fabrik darzustellen. Ein in der Mitte platziertes rotes Pferd als einziges Zugeständnis an einen Symbolismus, der sich selbst überlebt hat und bar jeden Bezugs auf Überirdisches ist, veranschaulicht den Triumph des industriellen Fortschritts und sein unaufhaltsames Voranschreiten. Das Gemälde wird als erstes rein futuristisches Werk angesehen, auch wenn der Einfluss von Previati in den typisch fadenförmigen Pinselstrichen des Divisionismus klar erkennbar ist. Doch für Boccioni ist jeder Pinselstrich eine Kraftlinie und ein Charakteristikum jeder Erscheinung, das der Form Konsistenz und Gewicht verleiht.

Es ist eine Ironie des Schicksals und ein Tribut, das der Fatalität des Fortschritts gezollt werden musste: Am 17. August 1916 erlag Boccioni im Alter von 33 Jahren den Verletzungen, die er sich bei einem Unfall, dem Sturz vom eigenen Pferd, zugezogen hatte, als dieses beim Anblick eines Lastwagens scheute.

Ken Russells *Gothic* aus dem Jahr 1986 ist ein nicht ganz gelungener, doch in technischer Hinsicht beeindruckender Film, der besonders wegen seiner meisterhaften Kameraführung in nur durch Kerzenlicht beleuchteten Innenräumen ausdrücklich auf die Malerei des

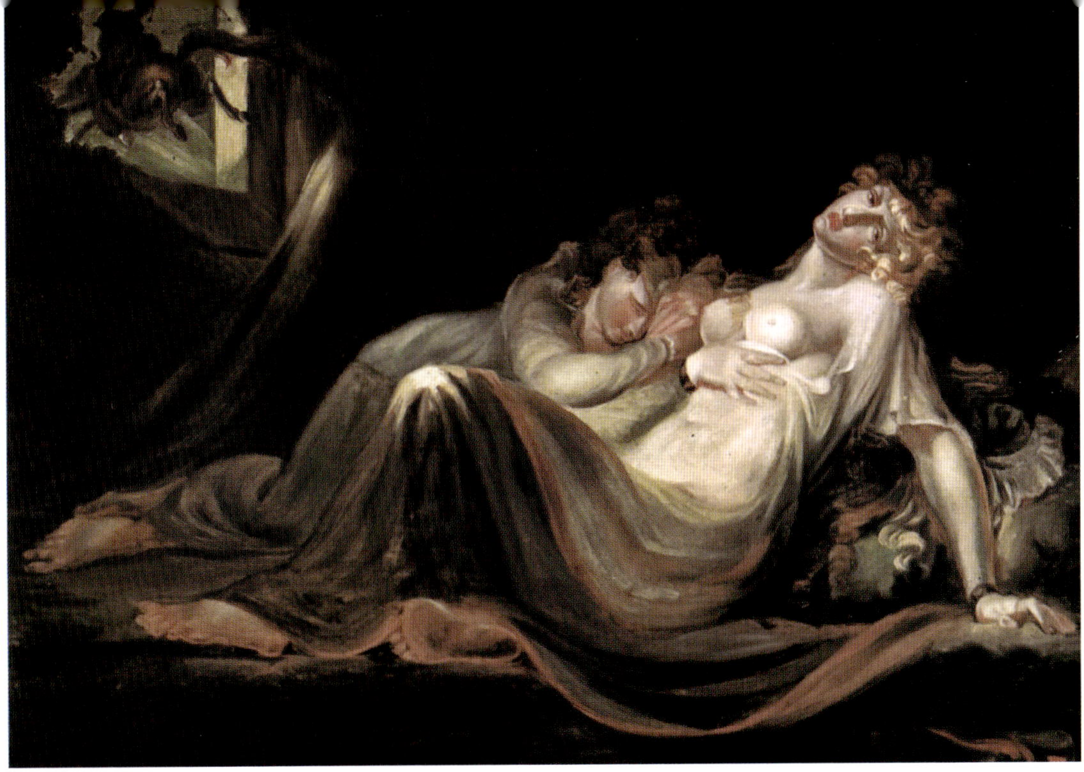

Johann Heinrich Füssli,
Der Alp verlässt das Lager zweier schlafender Mädchen, 1793. Kunsthaus, Zürich.

schweizerisch-englischen Malers Heinrich Füssli (1741 Zürich – 1825 Putney bei London) verweist.

Mit dem erzählerischen Zweck, eine räumliche Dreidimensionalität als alternativen Raum, der ganz anders ist als der täglich von uns erlebte, zu erreichen, verwendete der Regisseur hier bestimmte Filter. In einem Kinofilm dient diese Technik, die eine Abweichung von der üblichen Wahrnehmung andeuten will, in der Regel dazu, einen psychischen Ausnahmezustand, ausgelöst durch Wahnsinn, Drogen oder einen Alptraum, zu visualisieren. Die Farb- und Lichtunterschiede sind eigens so kalkuliert, dass eine Räumlichkeit bzw. ein glaubhafter Tiefenkontrast entsteht, der sich im Gedächtnis des Betrachters spontan mit einer normalen, friedlichen Tageslichtszenerie verknüpft. Insofern erinnern einige Filmbilder aus Ken Russells Film an Füsslis Bild *Der Alp verlässt das Lager zweier schlafender* Mädchen von 1793.

Eine der praktischen Folgen dieser schlüssigen Verformung des Sichtbaren (verursacht durch einen Filter bzw. durch Wahnsinn, Drogen oder Neurosen) wird alle Hindernisse, die sich der Lichtquelle entgegenstellen – sofern sie gute Lichtleiter sind – visuell zu deren stellvertretenden Emissionsquellen machen. Sind sie das nicht, wird der an das Hindernis angrenzende Raum einen mehr oder minder diffusen Lichthof im Verhältnis zur Hauptlichtstärke darstellen.

Ein weiterer berühmter Kultfilm, der sich die Technik des diffusen Lichthofs zunutze macht, ist Ridley Scotts *Blade Runner* von 1982 (siehe S. 64), bei dem Jordan Cronenweth die Kamera führte. In nahezu jeder Einstellung – mit Ausnahme der Schlusssequenz, die auf eine wirklichkeitsnahe Vision verweist – erscheinen hier Personen und

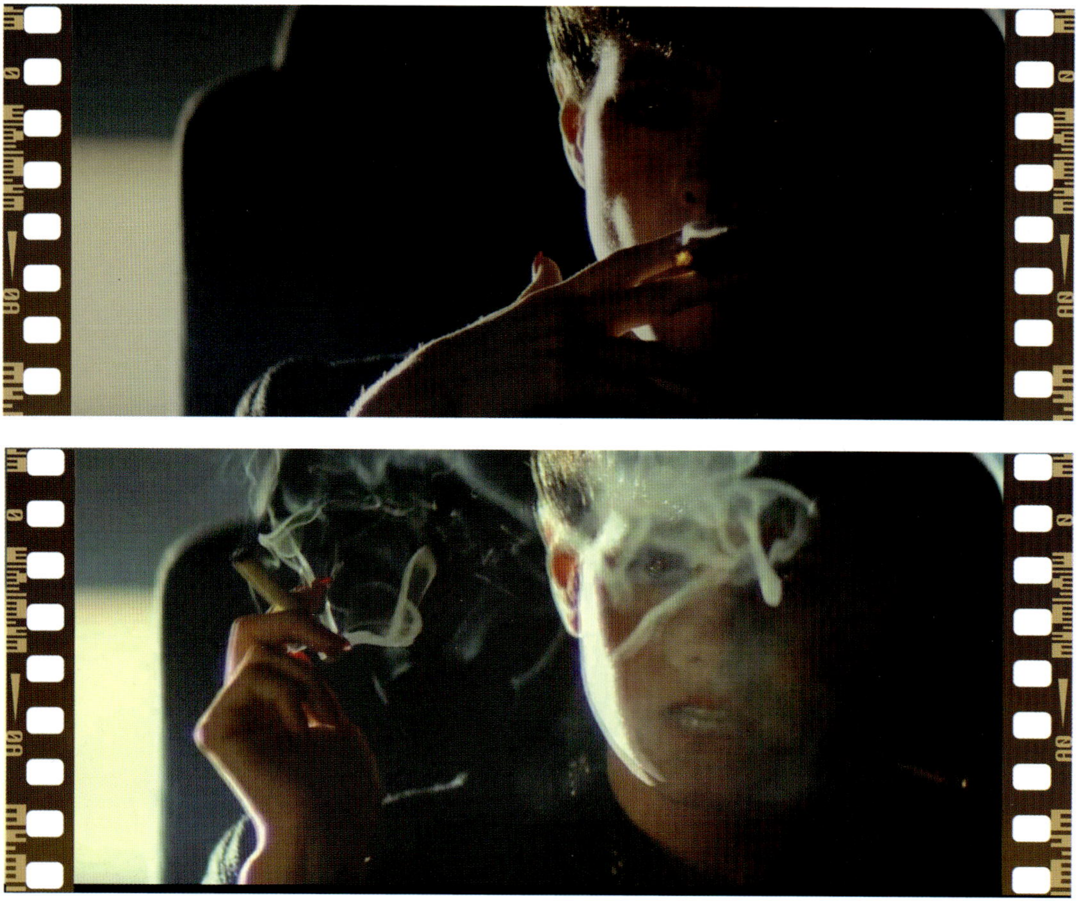

Blade Runner,
Filmstills des Verhörs von Rachael, Ridley Scott, 1982.

Dinge von einem unwirklichen Lichtschein umgeben, der ihre konkrete Erscheinung so verändert, dass das Auge des Zuschauers eine im Werden begriffene Welt sieht.

So zeigt etwa die Beleuchtung der Szene des Verhörs von Rachael durch den Androidenjäger Deckard (Harrison Ford), dass der Zigarettenrauch, der zunächst wie ein zufälliges Hindernis das Gesicht der Replikantin verschleiert, sich nach und nach zu einer suggestiven Lichtquelle entwickelt, die auf das erzählerische Geheimnis, also die wahre Natur dieser Frau anspielt. Außerdem verwenden die Innenaufnahmen dieses Films oft eine diffuse Beleuchtung im Gegenlicht. Diese Technik erlaubt eine Vervielfachung von Lichthöfen, die jede Erscheinung entmaterialisiert und den Blick des Betrachters in ein verstörendes Universum projiziert. Dadurch werden die stellvertretenden Emissionsquellen, also jene Gesamtheit von Gegenständen und Oberflächen, die selbst nicht wirklich Licht ausstrahlen, zum

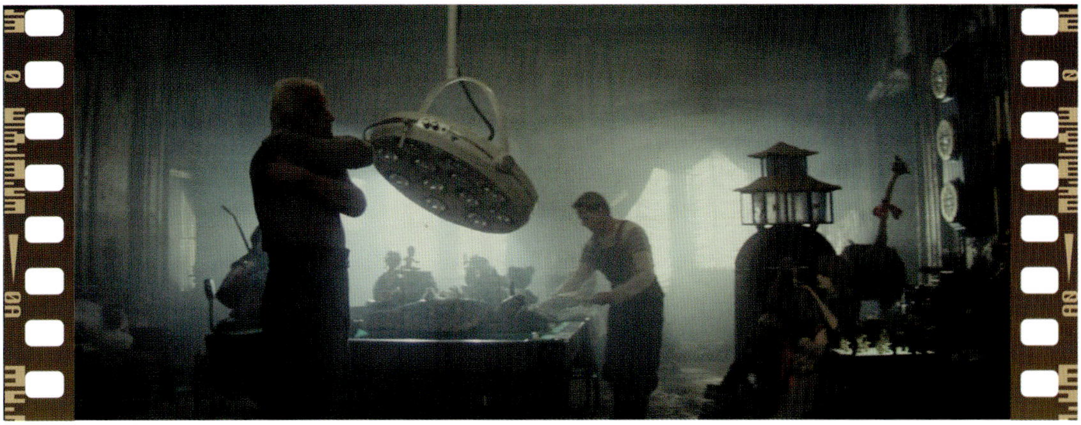

Blade Runner,
Filmstill eines Innenraums,
Ridley Scott, 1982.

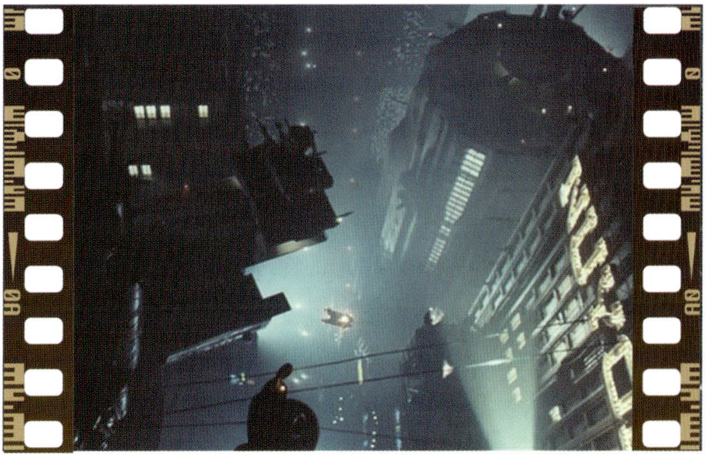

Blade Runner,
Filmstill eines Außenraums,
Ridley Scott, 1982.

Relais einer unsichtbaren Lichtquelle, die ihrerseits ein natürliches Licht repliziert.

In Schwarz-Weiß-Filmen gibt es natürlich keine Farbskala; dennoch erscheint uns die Welt, wie wir sie etwa in einem Film von Charlie Chaplin sehen, als verschiedenfarbig. Das Fehlen von Farbe hebt in Schwarz-Weiß-Filmen die Lichtemission keineswegs auf, sondern dient unserem Blick, jedes Element der Umgebung richtig einzuordnen. Auf diese Weise können wir uns – als Begleiter der Hauptfigur, die diese Abenteuer erlebt – in das filmische Universum als einem Paralleluniversum zu unserer alltäglichen, farbigen Welt hineinversetzen. Die empfundene „Farbigkeit" eines Schwarz-Weiß-Films leitet sich aus der Helligkeitsskala der verschiedenen Grautöne ab, die das Auge des Betrachters als physische Erinnerung an einen bestimmten Farbton treffen.

Dieser visuelle Aspekt verdankt sich dem Umstand, dass Leuchtkraft und Helligkeit ziemlich unterschiedlich sind. Unter Leuchtkraft

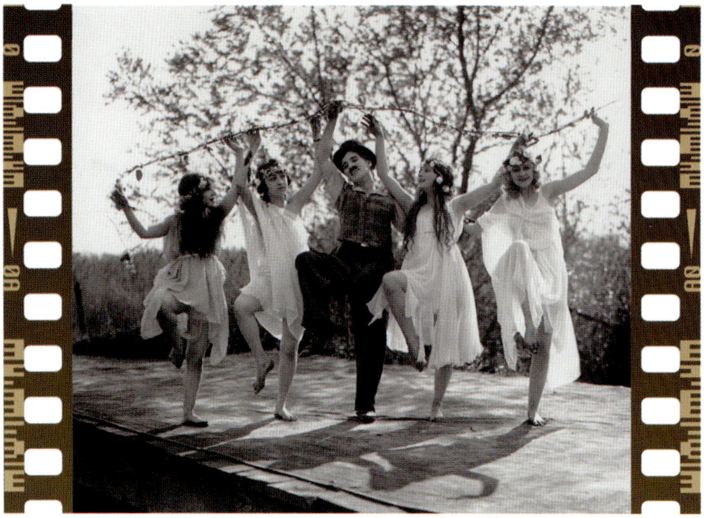

Auf der Sonnenseite,
Filmstill, Charlie Chaplin, 1919.

wollen wir hier besser jene Erscheinungsform des Lichts verstehen, wenn es eine Gesamtszenerie beleuchtet, wenn unser Auge also Licht auf Dingen und Personen ausgebreitet sieht, die durch eine Quelle belebt werden. So sagt man gewöhnlich, dass ein Gesicht leuchtet, auch wenn es nicht mit eigenem Licht leuchtet, sondern nur das Übertragungsmedium für das Licht seiner Umgebung darstellt.

Helligkeit ist immer ein Vergleich zwischen Umgebungen, die mehr oder weniger hell erleuchtet sind. Außerdem ist Helligkeit immer relativ, da das Auge die Wirkungen des Lichts immer vergleichend bewertet, d. h. es vergleicht die Abstufung des Lichts, die zu den beleuchteten Objekten gehört, auch wenn die Lichtquelle selbst nicht sichtbar ist. Für das normale Auge hat die Helligkeit die wichtige Funktion, die genaue Position eines Objekts zu bestimmen. Unser Auge und unser Gehirn sind so eingerichtet, dass sie erkennen können, dass etwas Dunkleres weiter entfernt und etwas Helleres näher ist.

Diese Voreinstellung wurde von all jenen Malern (insbesondere der italienischen Renaissance) geschickt ausgenutzt, die einen eher weniger hellen Hintergrund benutzten und darauf den Umriss einer Form mit einem Bleistift oder mit schwarzer Kreide (jedenfalls erheblich dunkler als der Hintergrund) abstuften. Dann bearbeiteten sie die am stärksten beleuchteten Teile mit weißer Kreide.

Die Allegorie des Überflusses von Sandro Botticelli ist ein hervorragendes Beispiel für diese Art der Darstellung, da diese Technik zeigt, dass Helligkeit immer relativ ist und als Indikator für die in einer bestimmten Umgebung herrschende Gesamthelligkeit fungieren kann.

Nachfolgend will ich eine kurze Phänomenologie der Leuchtkraft und der Helligkeit zusammenfassen:

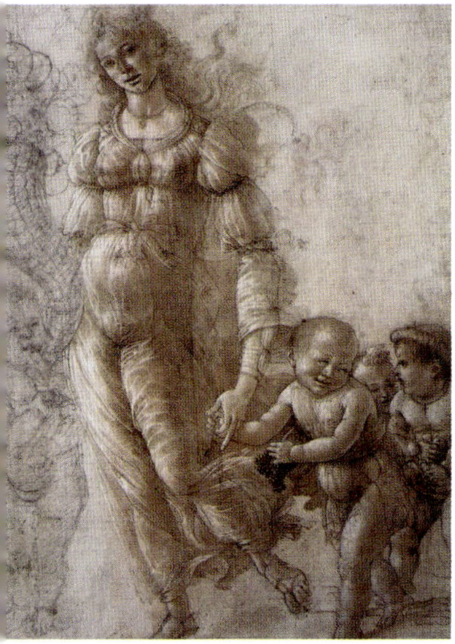

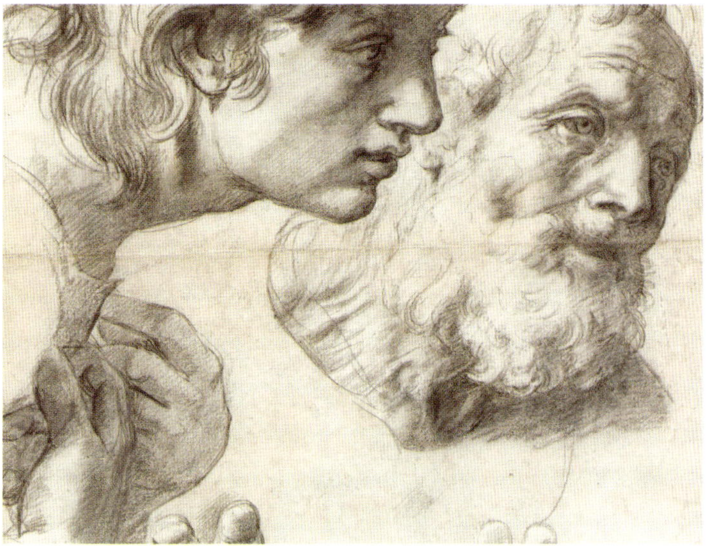

Links: **Sandro Botticelli,** Allegorie des Überflusses, 1480–1485. British Museum, London.
Rechts: **Raffael,** Gesichterstudien in Helldunkel, 1519–1520. Ashmolean Museum, Oxford.

1) Helligkeit ist nur ein typischer Indikator für eine bestimmte Beleuchtung;
2) Helligkeit bezieht sich immer auf den Teil des Raums, der an ein Dunkelfeld angrenzt;
3) Helligkeit indiziert eine räumliche Position: etwas Helleres ist näher am Auge des Betrachters und umgekehrt.
4) durch tonale Abstufung leistet Helligkeit eine Auszeichnung des Volumens;
5) das Verhältnis der Helligkeits- und Dunkelheitswerte einer beleuchteten Form ist das sichtbare Zusammentreffen oder der Zusammenstoß der Immaterialität des Lichts mit der Materie;
6) das Auge sieht das Licht nur als materielle, konkrete Form; folglich erfassen wir es in seiner Evidenz, wenn es in einen wohldefinierten Raum eindringt;
7) das Filmstill eines Schwarz-Weiß-Films ist wie eine Erinnerung an eine farbige Welt.

Jede Darstellung einer Form – beispielsweise einer einfachen Zeichnung – die von einer Fläche zur Suggestion eines Volumens führt, wird durch deutliche Sprünge auf der Helligkeitsskala in die Dreidimensionalität gedrängt. Außerdem können solche Sprünge, wenn sie auf einer kleineren repräsentativen Fläche zusammenkommen, steilere Übergänge in der räumlichen Tiefe schaffen. Für unsere Augen ist der Eindruck einer Wölbung dann am deutlichsten, wenn der Übergang von Hell zu Dunkel schnell erfolgt, während ein allmählicher und gleichmäßiger

Übergang, der sich über eine größere Fläche verteilt, einen weniger ausgeprägten Reliefeffekt erzeugt.

Das Phänomen der vom Auge im Verhältnis zu den angrenzenden Bereichen wahrgenommenen Helligkeit machten sich viele Künstler ganz verschiedener Epochen zunutze, um einfache Linienführungen, Schattierungen und Farbabtönungen zur Geltung zu bringen. Nachfolgend einige Beispiele:

Aubrey Vincent Beardsley (1872 Brighton – 1898 Menton) ließ sich durch verschiedene Quellen inspirieren. Sein berühmter linearer, aufs Wesentliche beschränkter Stil kommt von weit her: von der aufmerksamen Betrachtung der Werke Andrea Mantegnas und Sandro Botticellis, aber auch vom Interesse am Orientalismus eines James Whistler.

Gerade die Entdeckung der Werke Whistlers erlaubte es Beardsley, die Merkmale der Einfachheit, Linearität und Asymmetrie, die den japanischen Stil ausmachen, kennen und schätzen zu lernen. Beardsley war sich des Wertes einer klaren Linie bewusst, die eine Figur von absoluter Helligkeit definiert und als eindeutiger Index eine gleichmäßige Lichtverteilung markiert.

In dem Gemälde *Dame mit Hut und Federboa* (1909) von Gustav Klimt (1862 Wien – 1918 Wien) (S. 70) kommt uns der durchscheinende, lediglich auf den Wangen leicht gerötete Teint der Frau fast durchsichtig und sehr hell vor, weil wir die Helligkeit immer und instinktiv im Verhältnis zur angrenzenden dunkleren Fläche wahrnehmen.

Unser Auge hat eine natürliche Tendenz, Helligkeit einem Sichtfeld zuzuordnen, das sich nahe beim Betrachter befindet, und Dunkelheit in der Ferne zu verorten, vor allem, wenn der gesamte Sehvorgang in einem geschlossenen Raum erfolgt. Das liegt daran, dass das menschliche Auge zur Entropie neigt, also dazu, eine gewisse Spannung in Richtung des minimalen Aufwands aufzulösen, besonders wenn es einer Lichtquelle ausgesetzt ist.

Viele Maler und Illustratoren nutzen diese Veranlagung, um eine geschlossene, doch in ihrer Tiefe unbestimmte Räumlichkeit zu beschreiben. Natürlich gibt es eine entgegengesetzte Modalität, die des Gegenlichts, oder die Fixierung eines oder mehrerer dunkler Sujets im Vordergrund, wie dies die *Opiumraucherinnen* von Gaetano Previati veranschaulichen, doch in diesem Fall wird die Helligkeit in der Ferne als plötzlich auftauchendes Licht imaginiert, das die Figuren in einem dem Betrachter nahen Feld einschließt.

Nachdem er die dramatische Dunkelakzentuierung als stilistisches Markenzeichen seiner ersten Gemälde hinter sich gelassen hatte, hellte Giovanni Battista Piazzetta (1682 Venedig – 1754 Venedig) seine Farbpalette auf, bevorzugte den Zusammenklang von Gelb- und Ockertönen und verlieh seinen Figuren Helligkeit. Zahlreiche Zeichnungen des Künstlers, die er zu kommerziellen Zwecken anfertigte, sind dennoch

Gegenüberliegende Seite:
Aubrey Beardsley,
Die Augen des Herodes, Illustration zu dem Drama *Salome* von Oscar Wilde, 1893, London.

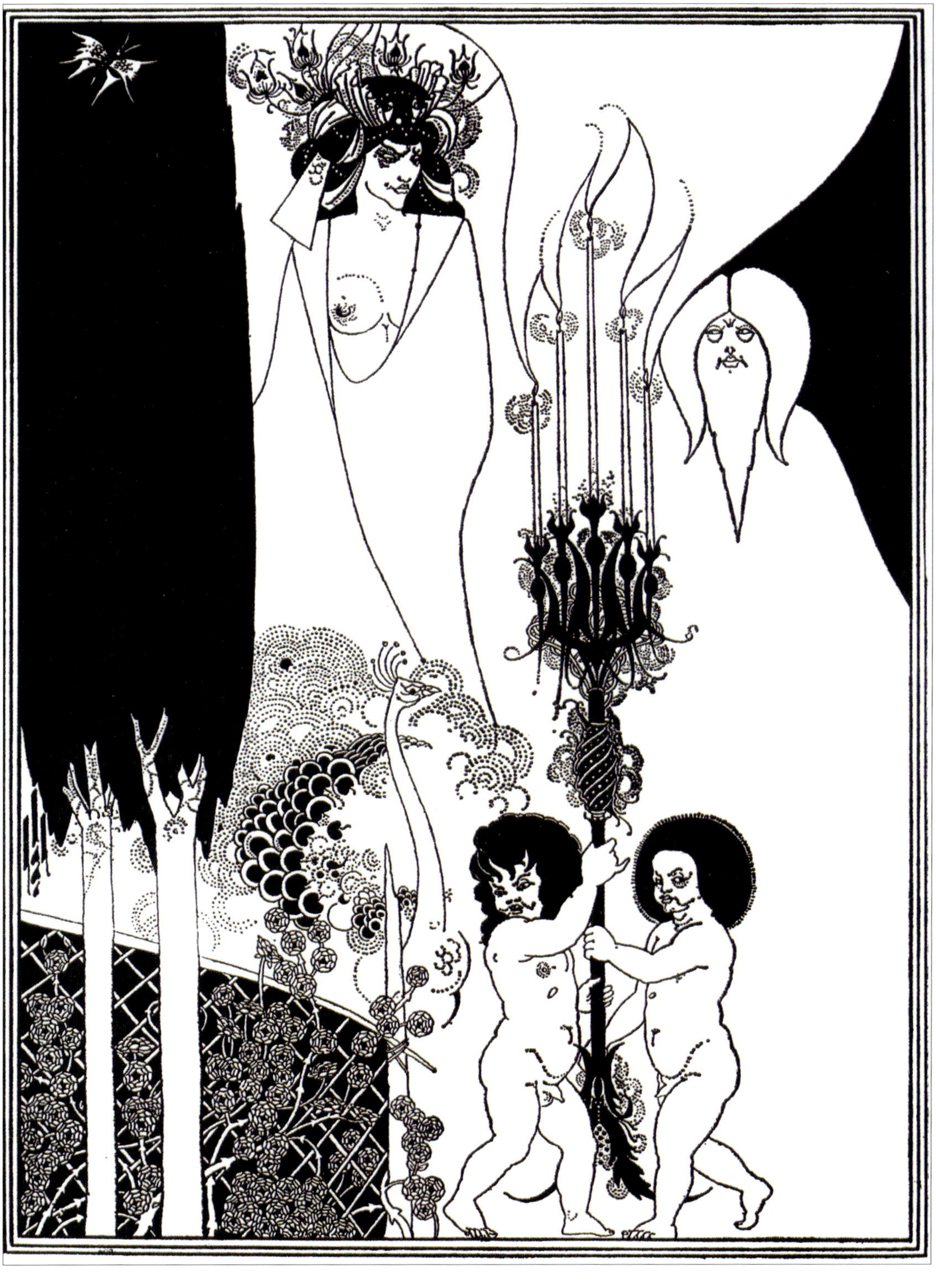

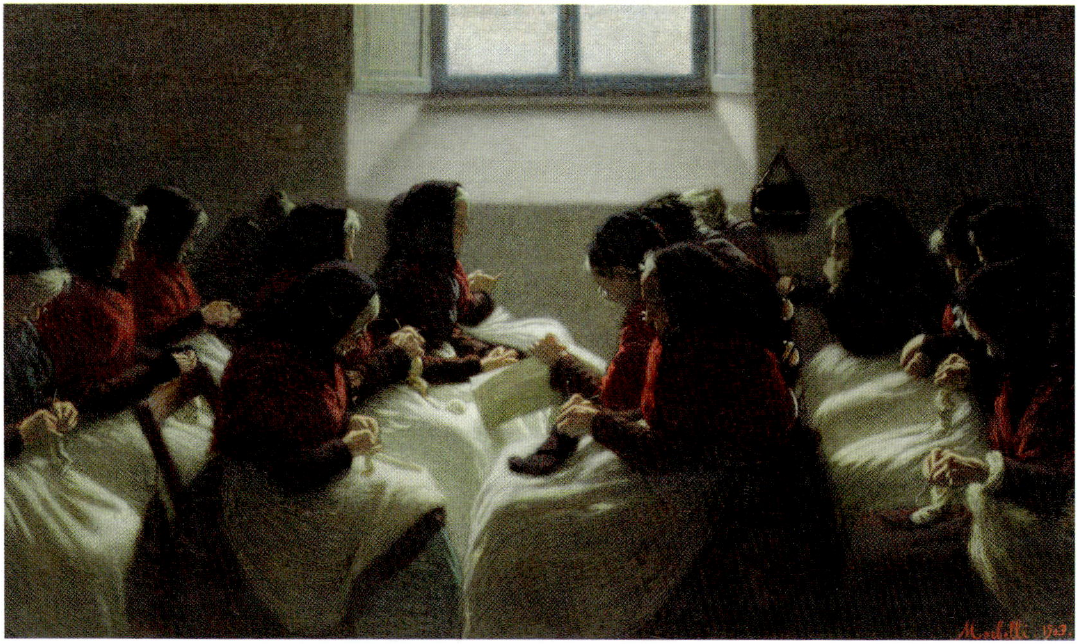

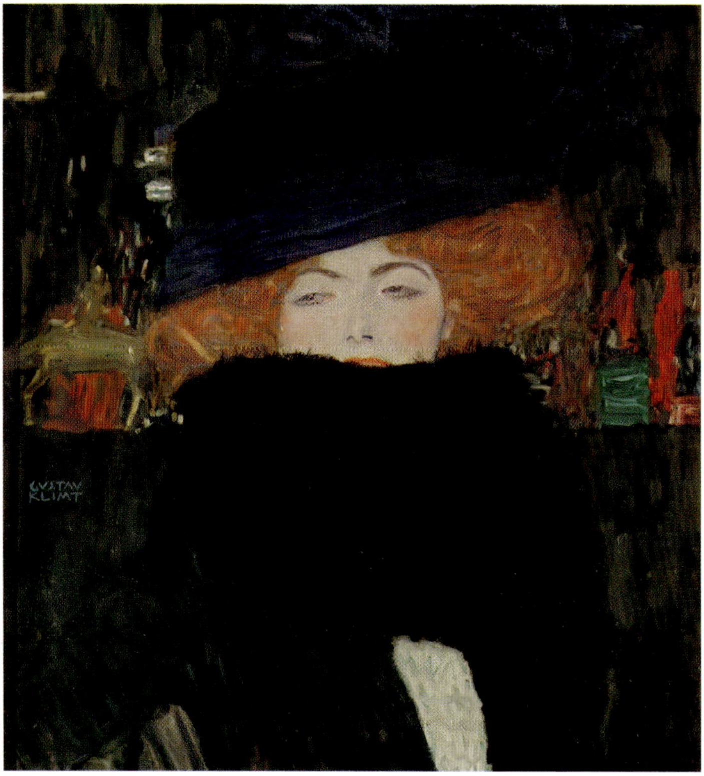

Angelo Morbelli,
Alte Socken, 1902–1903. Collezione Cornèr Banca, Lugano.

Gustav Klimt,
Dame mit Hut und Federboa, 1909. Privatbesitz.

Giovanni Battista Piazzetta,
Porträt eines Jungen mit erhobener rechter Hand, 1740–1745. Albertina, Wien.

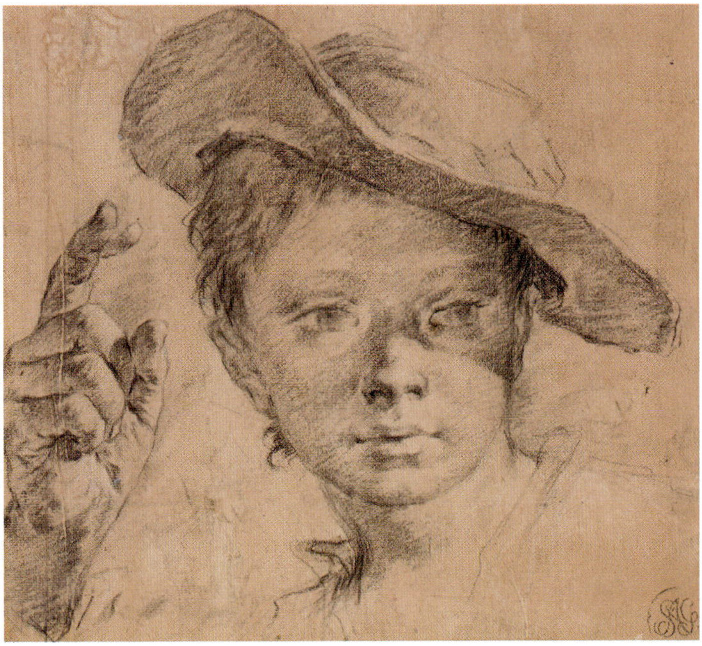

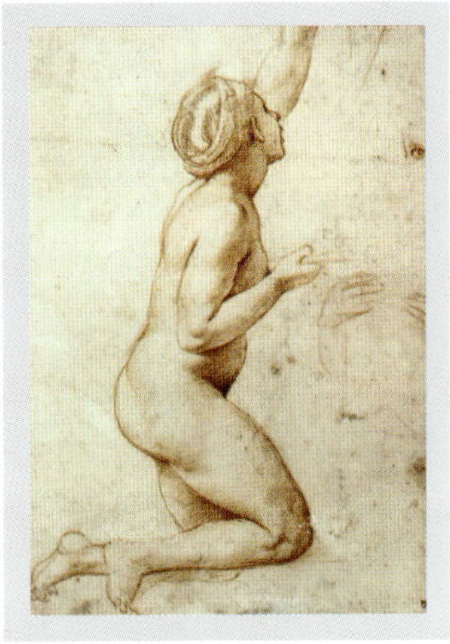

Raffael,
Studie einer knienden nackten Frau (mit erhobenem linken Arm), 1511–1512. National Galleries of Scotland, Edinburgh. Die Abstufung der Töne (in der Praxis eine exakte Visualisierung des Übergangs von Dunkel nach Hell) wurde von unzähligen Malern und Zeichnern genutzt, um die Illusion eines volumetrischen Reliefs zu vermitteln.

sehr qualitätsvoll und mit so feinem Strich gezeichnet, dass bei einer dem Licht ausgesetzten Form durch das sorgfältig abgestimmte Verhältnis der Helligkeits- und Dunkelheitswerte eine kraftvolle Plastizität des Reliefs erreicht wird.

Die Tonwertmalerei ist eine Darstellungsmodalität, die unter maximaler Beachtung der Farb- und Helligkeitseffekte und des Verhältnisses zwischen dominanten und sekundären Lichtquellen erreicht wird. Dies führt zu einer maximalen Nutzung des Tonwerts einer Farbe, die nicht die Reinform der Farbe ist, sondern eine Variante davon, entsprechend ihres Verhältnisses von Hell und Dunkel.

Dieses Hell-Dunkel-Verhältnis wird deutlich bei einem Schwarz-Weiß-Bild (oder einem Filmstill), das sich unseren Augen als eine direkte Erinnerung oder Bezugnahme auf die farbige Welt darbietet, die uns schon immer umgibt.

Bei Abb. 1 auf S. 73 sind wir aufgefordert, uns ein ziemlich deutliches volumetrisches Relief vorzustellen, weil die mittlere Variation des Hell-Dunkel-Gegensatzes des Schattens auf einer ziemlich kleinen Fläche erfolgt. Die Wölbung eines Volumens ist, wie wir wissen, kaum wahrnehmbar, wenn sich unser Blickwinkel in einer Achse mit dem Punkt der Form befindet, der im Verhältnis zu unseren Augen am meisten hervortritt. In der flächigen Darstellung entspricht dieser Bereich, also der Bereich relativ geringer Wölbung dem Abschnitt (1), während das schnelle Abgleiten in die Tiefe, also der volumetrische Aspekt, der

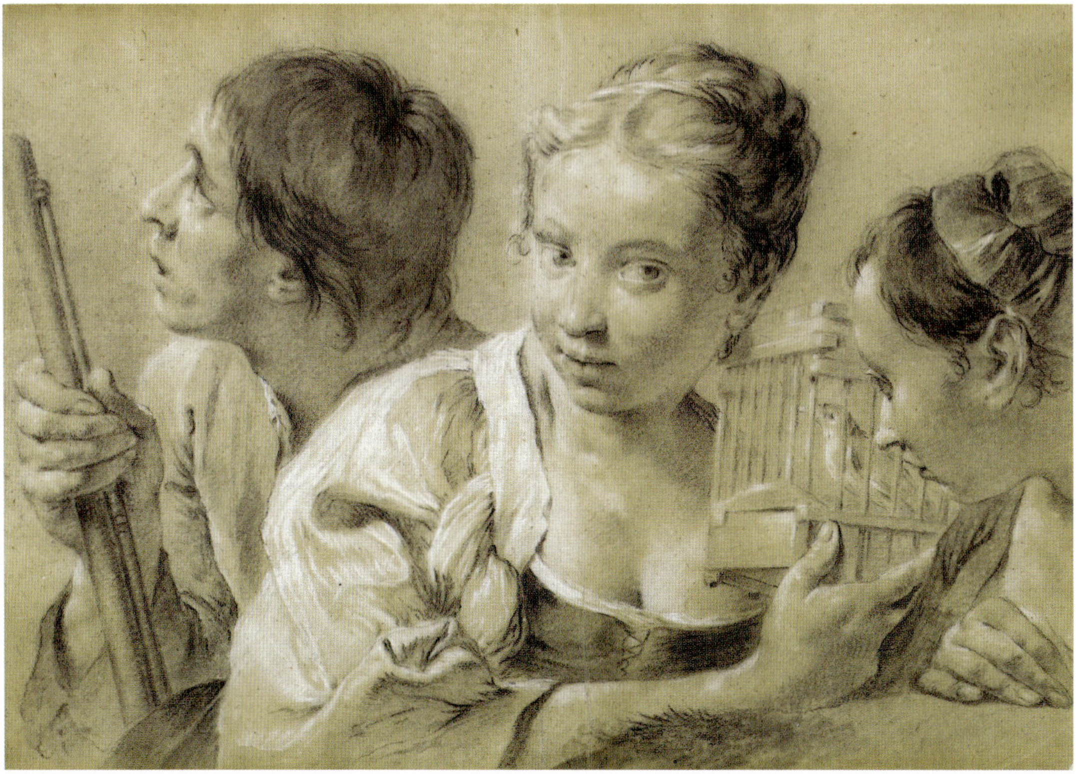

Giovanni Battista Piazzetta,
Porträt von drei jungen Leuten, um 1743.
Privatsammlung.

sich unserem Blick eher entzieht, am Rand der Wölbung und durch die Vertiefung des Schattens in Abschnitt (2) auf einer sehr begrenzten Fläche gut visualisiert wird, da unser Blickwinkel hier gewissermaßen parallel zum steilen Abfallen der Form verläuft. Der noch schmalere Abschnitt (3) suggeriert das Volumen der Gesamtform, weil unser Blickwinkel hier eine vollkommene Tangente zum gewölbten Volumen bildet; außerdem enthält er die Information über die minimale, doch intensive Lichtreflexion der Umgebung.

In Abb. 2 nehmen wir den dreidimensionalen Aspekt schwächer wahr, denn der mittlere Dunkelwert, Abschnitt (5), ist hier ausgedehnter, was uns gegenüber Abb. 1 keinerlei formalen Zugewinn bringt. Die relative Gleichheit von heller (4) und dunkler (5) Zone, angeordnet auf der repräsentativen Fläche, gibt uns die Beleuchtung des gewölbten Körpers nicht angemessen wieder.

Durch die Verbreiterung von (6), der Reflexion der von der Lichtquelle abgewandten Seite, gewinnen wir nichts an Formsuggestion, weil die Helligkeit auf dieser Seite nicht durch die einzige Lichtquelle gerechtfertigt wird.

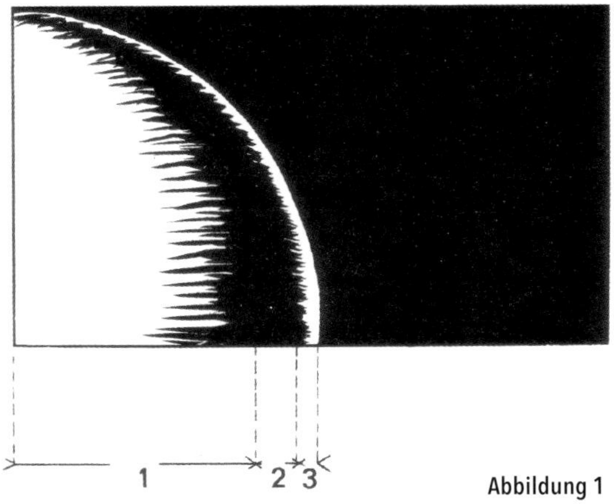

Abbildung 1

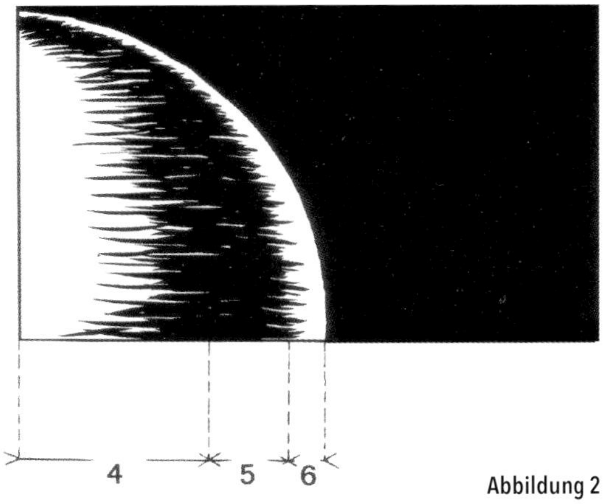

Abbildung 2

Zwei schematische Zeichnungen des Autors über die Wahrnehmung geringer (Abb. 1) und stärkerer Wölbung (Abb. 2) eines Volumens anhand des Hell-Dunkel-Verhältnisses.

Giambattista Tiepolo (1696 Venedig – 1770 Madrid) (Seite 74) war ein Meister der Lichtdurchflutung des Raums, sodass wir in vielen seiner Fresken selbst die Luft um die Figuren herum zu spüren meinen.

In fast wissenschaftlicher Manier führt uns der Künstler das bereits oben beschriebene Prinzip der Dreidimensionalität vor, das durch eine genaue Tonwert-Abstufung hervorgerufen wird. Wir brauchen uns nur die Details 1 und 2 (Seite 75) aus *Der Triumph von Zephyr und Flora* (1732) anzusehen. Bei der Schattierung auf Floras Brust (links vom Betrachter) ist das Verhältnis von Eigenschatten und Schattenwurf in so präziser Abstufung gemalt, dass wir uns dank der kalkulierten Tonwertdifferenz deren üppige Rundung genau vorstellen können. Das Detail 2 vermittelt uns durch die Abstufung der Rot-Orange-Töne die Duftigkeit des Stoffes von Floras Gewand. Der Widerschein der Farbe auf ihrem Knie begründet die Luftigkeit, von der die ganze Figur umhüllt ist; so als ob ihr Körper eine farbige Wolke wäre. Darüber hinaus leuchtet das Knie des sie von unten stützenden Puttos in relativer Helligkeit und steht damit in perfekter Balance zur relativen Dunkelheit in seinem ganzen Sichtfeld.

In seiner Genialität verzichtete Caravaggio in seinen Bildern auf ein allgemeines diffuses Licht, also auf eine entsprechend gleichmäßig verteilte Helligkeit auf der Bildfläche der bemalten Leinwand. Er nutzte vielmehr einen einzigen, die Szenerie schräg beleuchtenden starken Lichtstrahl. Auf diese Weise wird die räumliche Anordnung der Figuren vereinfacht und gleichzeitig das einfallende Licht hervorgehoben, das den Blick des Betrachters dramaturgisch auf den Brennpunkt des Interesses der Szene lenkt.

Daraus ergibt sich eine schräg verlaufende, sehr schnelle Abstufung zwischen Vorder- und Hintergrund, wie man beispielsweise sehr gut

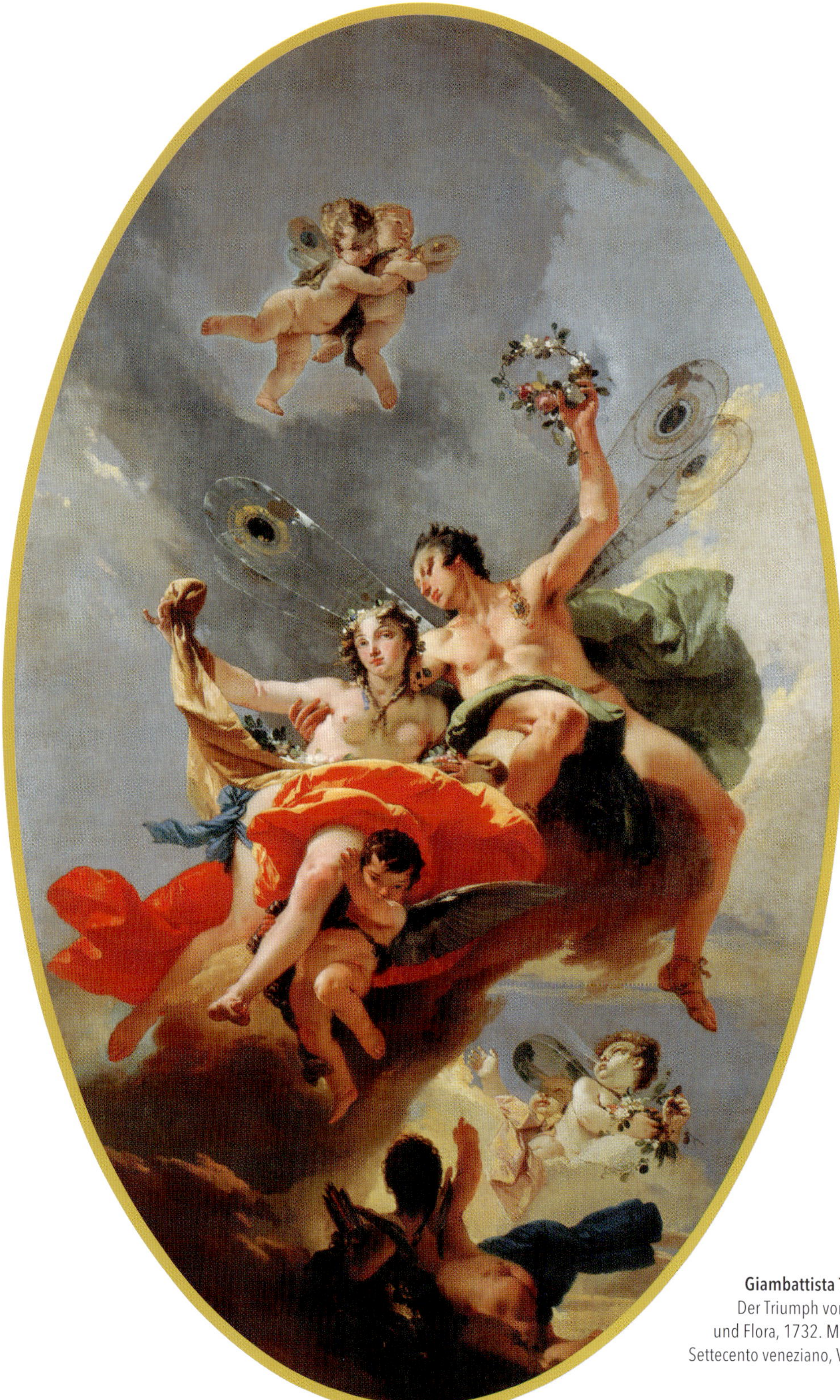

Giambattista Tiepolo,
Der Triumph von Zephyr und Flora, 1732. Museo del Settecento veneziano, Venedig.

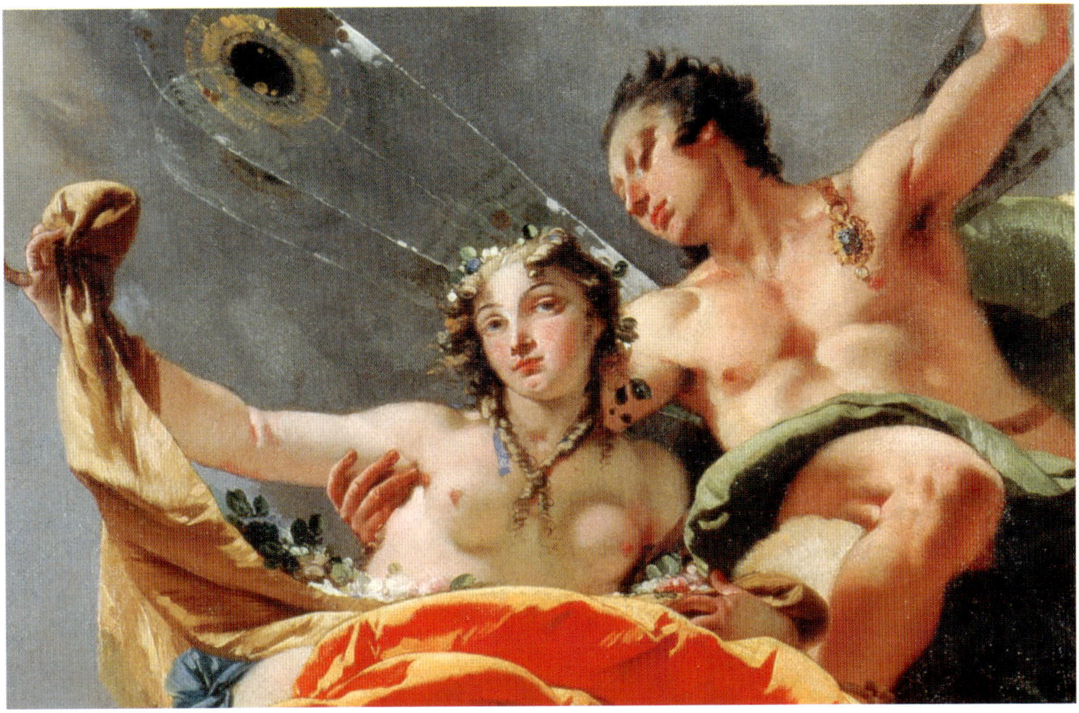

Giambattista Tiepolo,
Der Triumph von Zephyr und Flora, Detail 1.

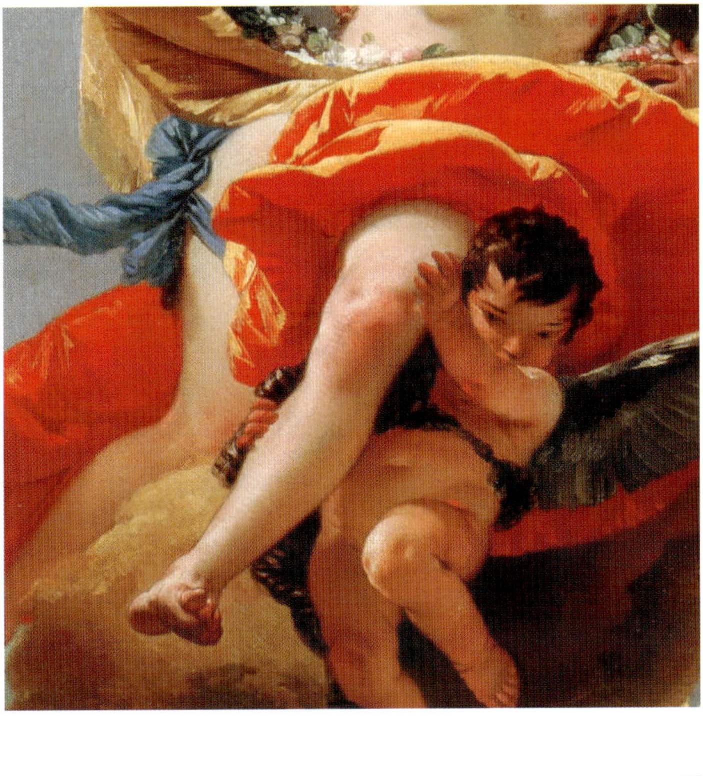

Giambattista Tiepolo,
Der Triumph von Zephyr und Flora, Detail 2.

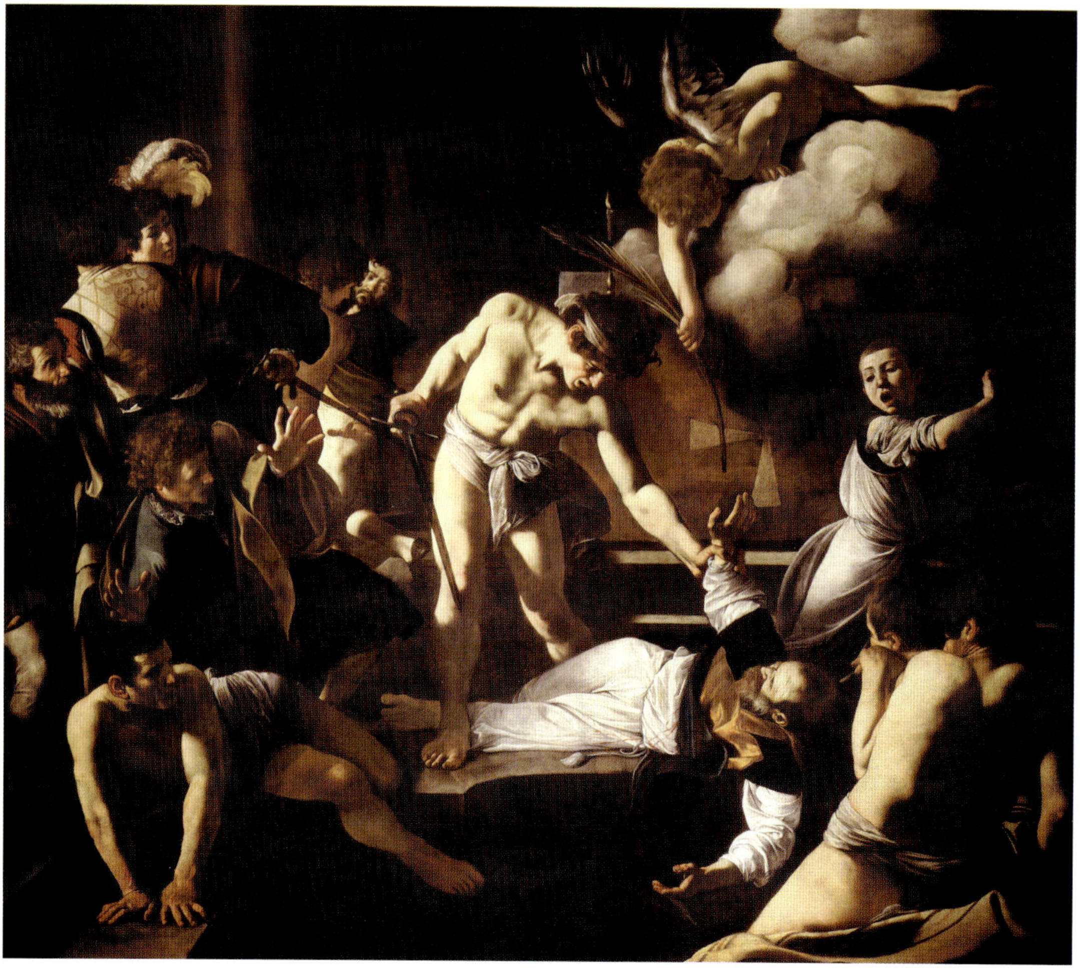

Caravaggio,
Martyrium des Evangelisten Matthäus, 1599–1600. Contarelli-Kapelle, Kirche San Luigi dei Francesi, Rom.

am *Martyrium des Evangelisten Matthäus* sehen kann, wo das, was wir als einen schräg einfallenden Lichtstrahl wahrnehmen, die Figuren jäh verkleinert bzw. vergrößert, je nachdem, ob sie sich vom Auge des Betrachters – einer Art Kameraobjektiv *avant la lettre* – entfernen oder sich ihm nähern.

So sei kurz nochmals in aller Deutlichkeit zusammengefasst, dass Licht im Sichtfeld alle Positionen der Personen und Dinge, die Präsenz von Widerschein und Lichtreflexen realisiert und potenziert. Deren Verteilung ist ein starker Indikator für die Räumlichkeit und Komplexität der umgebenden Welt. Darüber hinaus manifestiert sich das Aufeinandertreffen zwischen dem leuchtend Immateriellen und dem materiell Konkreten auch im Verhältnis dessen, wie glänzend oder matt etwas ist. Diese Werte sind zwar nicht identisch mit Glätte

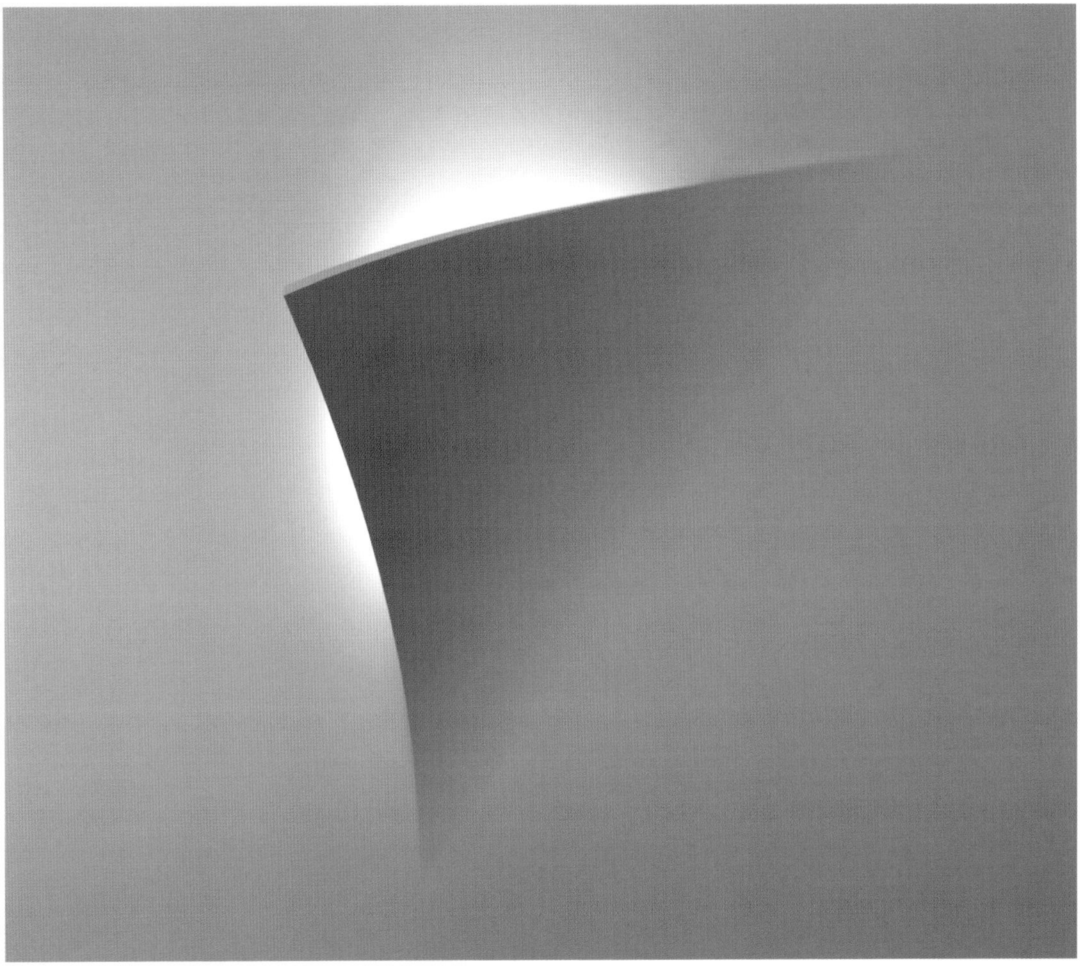

Andrea Sensoli,
Leaf, Einbauleuchte der italienischen Firma Buzzi & Buzzi.

und Rauheit, sprechen jedoch über die perzeptive Vorstellung auch unseren Tastsinn an, den das Phänomen des Lichts auf jeden Fall berührt.

Diese moderne Einbauleuchte wurde als Lampe beworben, die eine neue Wirklichkeit schafft, eine exklusive Dekoration darstellt und sich gleichzeitig harmonisch mit der Wand verbindet, auf die sie montiert wird; ein konkretes und gelungenes Beispiel dafür, wie das moderne Innendesign eine Lichtquelle nutzt, um den angrenzenden Raum plastisch zu bearbeiten und zu gestalten.

Die Faszination der Gemälde Jan Vermeers besteht immer wieder in seiner Fähigkeit, für den Betrachter durch seine minutiöse malerische Beschreibung von Details wie etwa Rissen im Mauerwerk, eines schimmernden Kupfergefäßes oder der groben Kruste von Brotkanten,

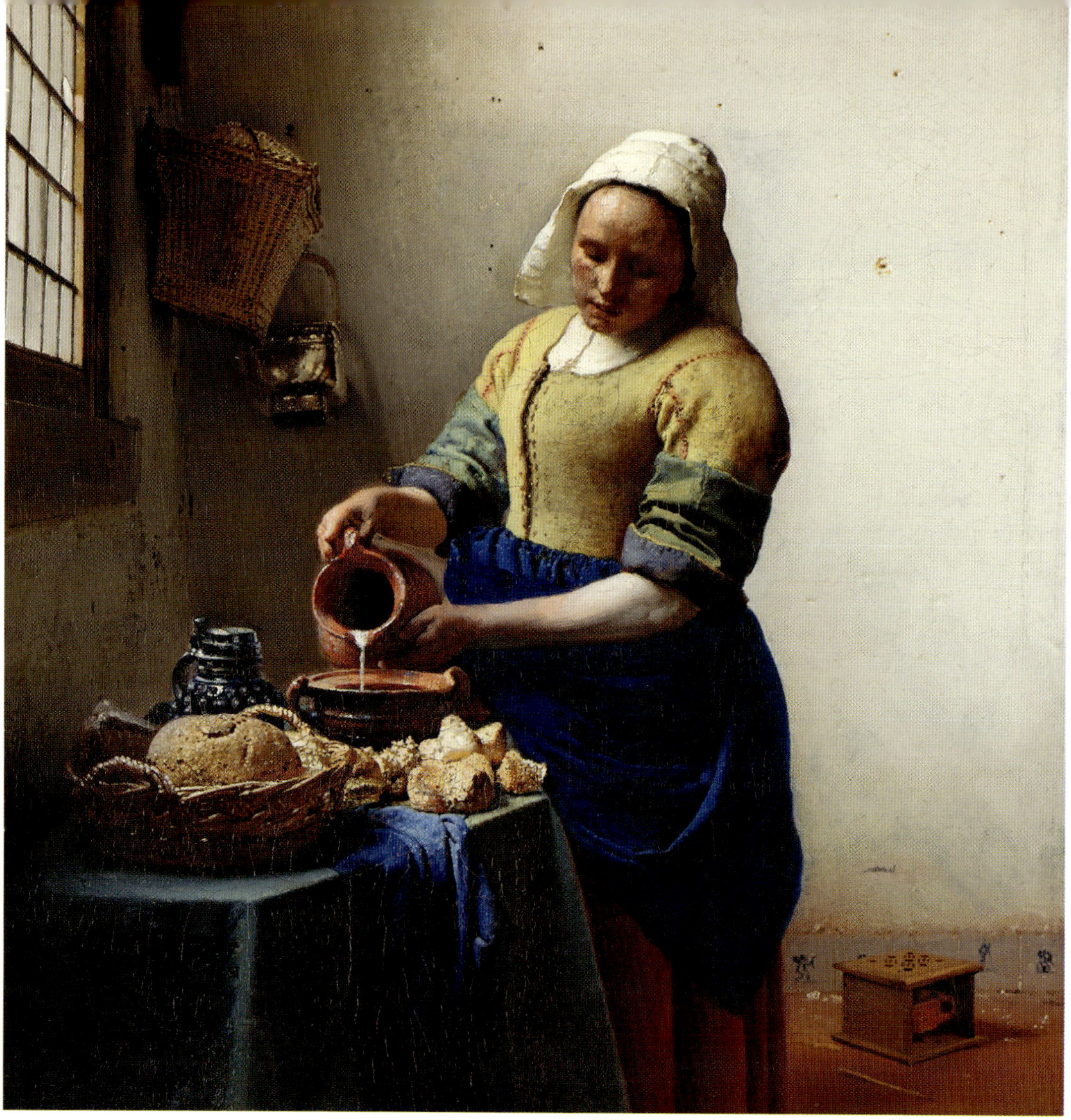

Jan Vermeer,
Dienstmagd mit Milchkrug, um 1658–1660.
Rijksmuseum, Amsterdam.

eine Ansammlung, ja Konstellation von Lichtpunkten zu schaffen, die uns wie mit dem Tastsinn sehen lassen.

Wenn eine Lichtquelle intensiv leuchtet, erleben wir das wie einen Rhythmus, wie eine lebendige Schwingung eines qualitativ anderen Wesens. Da unser Auge nicht in der entsprechenden Zeit auf die Emission der Quelle reagieren kann, werden wir geblendet. Dagegen ist in einem gleichmäßig dunklen Feld die optische Verarbeitung unseres Sehens langsamer, weil wir für die visuelle Adaptation und die Bewertung der Form mehr Zeit benötigen.

Für unsere Augen besteht ein Zusammenhang zwischen Steuerungsgrößen wie Lichtintensität und -verteilung einerseits und der mehr oder weniger intensiven Emission einer Quelle andererseits. Eine Rückstrahlung in Verbindung mit einer starken Lichtintensität, hart an der Schwelle zur Blendung, bringt eine sofortige Reaktionszeit mit sich, die den Gegenstand unsichtbar bzw. ziemlich schwer erkennbar macht.

So ist Unsichtbarkeit (die Suggestion von etwas Unkörperlichem) also die Eigenschaft einer Barriere, an der zwei Formen des Verbergens aufeinandertreffen: durch Undurchsichtigkeit und durch Blendung. Zwischen diesen beiden Modalitäten tut sich ein Raum für Visualisierung auf, in dem man Zeit benötigt, um das jeweilige Lichtphänomen zu realisieren und die volle Sichtbarkeit wiederherzustellen, um also erkennen und identifizieren zu können, was da sichtbar wird bzw. sichtbar werden könnte.

Die verschiedenen Figuren, die nach und nach auftauchen und die wir uns in einem Feld mit gleichmäßig verteilter Beleuchtung vorstellen, beispielsweise Wolken am Himmel, gewellte, umrissene Flächen und all jene Strukturen, die unter die Rubrik des Sichtbaren fallen, machen die Lichtstrahlung der Umgebung und ihre Begrenzung sichtbar. Symbolisch bringen sie den ewigen Konflikt zwischen Konkretheit und Abstraktion zum Ausdruck bzw. die Präzisierung der Form und ihre Erscheinung, die in verschwimmende Farben umgesetzt werden will.

Zum Beispiel beschäftigt sich das Werk Gustave Courbets (1817 Ornans – 1877 Tour-de-Peilz), einem der größten Vertreter des französischen Realismus in der Malerei des 19. Jahrhunderts, nicht ausdrücklich mit dem Thema des Lichts, legt er doch in einigen seiner Landschaften – und besonders bei den Seestücken – eine außerordentliche Fähigkeit an den Tag, den Kontrast zwischen einer diffusen Beleuchtung und der Konkretheit von dunkler Materie wiederzugeben.

Auf diese Weise erlaubt uns das Licht die unwillkürliche Einschätzung einer Umgebung. Es lässt uns durch Körperlichkeit Räumlichkeit erkennen, aber auch Trübung, Verschwommenheit, Unschärfe oder Durchsichtigkeit. Es vermittelt uns den Eindruck von Flüssigem und Undurchsichtigkeit als konsequente Volumetrie.

Mit der konsequenten Volumetrie sind wir beim Massiven angelangt. Dessen Modellierung führt uns zur Dimension der Darstellung und zur Figürlichkeit, in der Praxis der Malerei in sehr vielen Fällen die glaubwürdige Visualisierung eines menschlichen Körpers. Dieser abbildend-figürliche Aspekt bezieht sich direkt auf die Fähigkeit des Betrachters, alle Merkmale des Erscheinungsbildes von Menschen und Dingen, die er in seinem Gedächtnis bewahrt, leicht zu erkennen.

LEUCHTENDE SPUREN

Ein Punkt markiert eine Position auf einer Fläche oder im Raum, er bezeichnet eine Einheit und unterscheidet sie von der Umgebung. Die Linie hat einen Verlauf, der eine Form darstellen kann oder nur eine Richtung angibt, einen Weg beschreibt.

Eine Fläche ist, auch ideell, eine Unterlage, die unsere Umgebung abschneidet oder durchtrennt. Eine Fläche impliziert ein Oben und ein

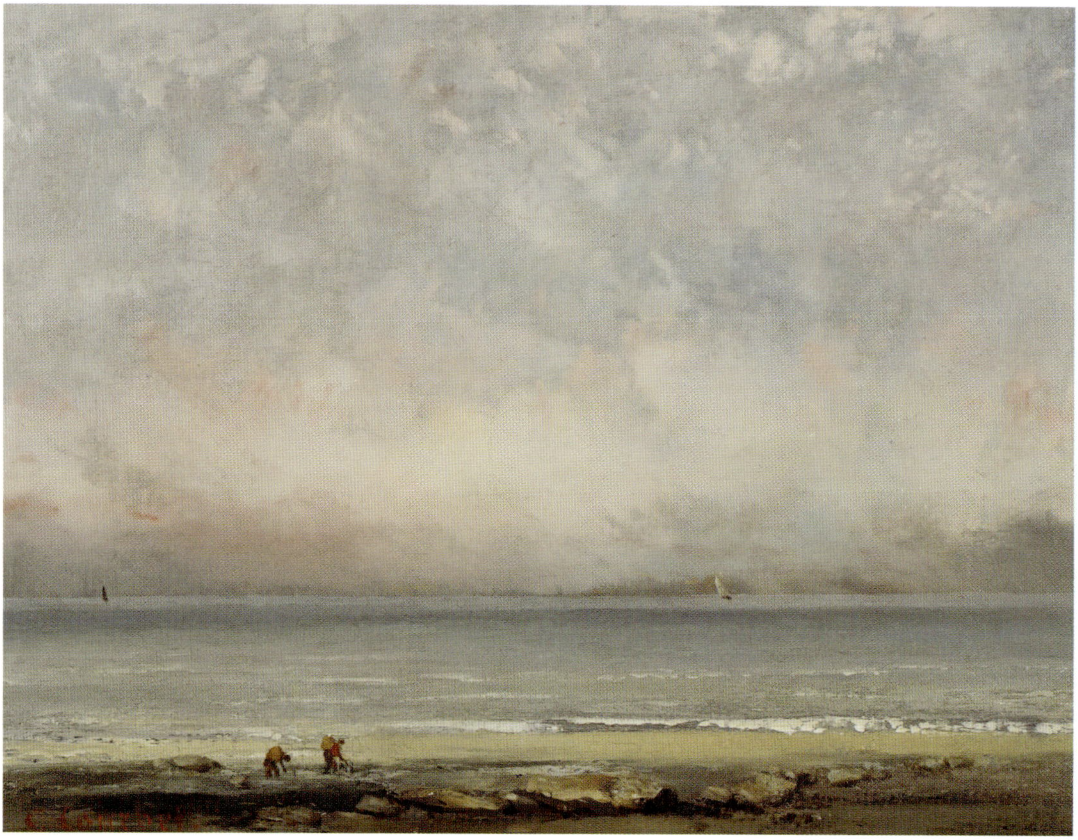

Gustave Courbet,
Der Strand von Trouville, 1866.
Privatsammlung.

Unten. Der Raum ist tief, weil man Zeit braucht, um von hier nach dort unten zu gehen. Zusammen mit der Zeit ist der Raum die fundamentale Dimension unseres Lebens. Wenngleich von verschiedenen Gesichtspunkten aus beziehen sich Punkt, Linie, Fläche und Raum doch auf eine Identität, die ein Innen und ein Außen voraussetzt. Für das Licht sind das keine angemessenen Modalitäten. Es kennt kein Innen und kein Außen, sondern macht lediglich einen Punkt, eine Linie, eine Fläche und ein räumliches Gebilde sichtbar. Tatsächlich ist Dunkelheit nicht das Gegenteil von Licht, sondern dessen Abwesenheit. Ein Schatten wird das Licht niemals auf immer und ewig vertreiben, er kann das nur vorübergehend und stets im Verhältnis zum Licht. Der Schatten stellt sich dem Licht entgegen und lässt jede Form in ihrem volumetrischen Relief hervortreten. So ist das Licht die erste notwendige Bedingung für eine korrekte Sichtbarkeit, auch die eines Schattens. Die Wissenschaft versichert uns, dass das Licht sich in unserer Dimension mit größtmöglicher Geschwindigkeit ausbreitet. Folglich würde, wenn wir uns mit ihm bewegten, die Zeit stillstehen und hätte für uns Menschen keine Bedeutung mehr. Licht und Zeit, beide mit unseren Sinnen nicht exakt als Gegensatz von Innen und Außen zu fassen, bilden für das Sehen ein seltsames Paradox.

Um visuell in die in einem Gemälde vorgetäuschte Tiefe einzutauchen – oder die verschiedenen Folgezustände einer Handlung einzuschätzen – brauchen wir eine gewisse Zeit, auch wenn wir diese nicht genau festlegen müssen, da die grafisch-bildnerischen Elemente eine signifikante Spur darstellen können.

Den Eindruck von Wasser in Bewegung vermitteln in der Malerei die Seestücke. Der italienische Maler Pompeo Mariani (1857 Monza–1927 Bordighera) hielt in seinen Bildern mit gekonnter Farbgebung eine Vielzahl dieser Sujets fest: von Ansichten eines Parks in Monza bis zum Hafen von Genua, von der sturmgepeitschten See in Bordighera bis zu den ausgedehnten grünen Wasserlandschaften des Flusses Ticino.

Zwar kann seine Kunst den Einfluss des französischen Impressionismus ebenso wenig leugnen – die Kunstkritik bezeichnete ihn als italienischen Impressionisten – wie die Darstellungskonventionen der Belle Époque, aber seine besondere Aufmerksamkeit für die Licht- und Farbgebung, wie etwa der irisierend-fließende *Abschied der Matrosen* oder die schillernden Modellierungen menschlicher Figuren bei den *Die Straßenmädchen* zeigen, ist unstrittig.

Pompeo Mariani,
Der Abschied der Matrosen, 1897.
Galleria d'arte moderna, Genua.

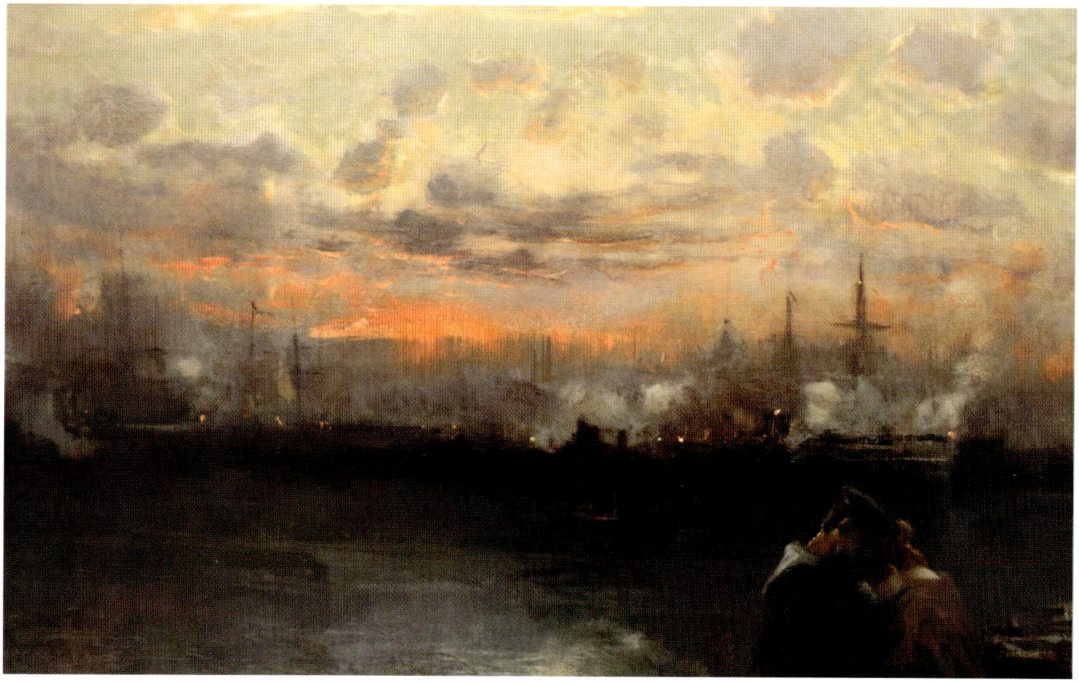

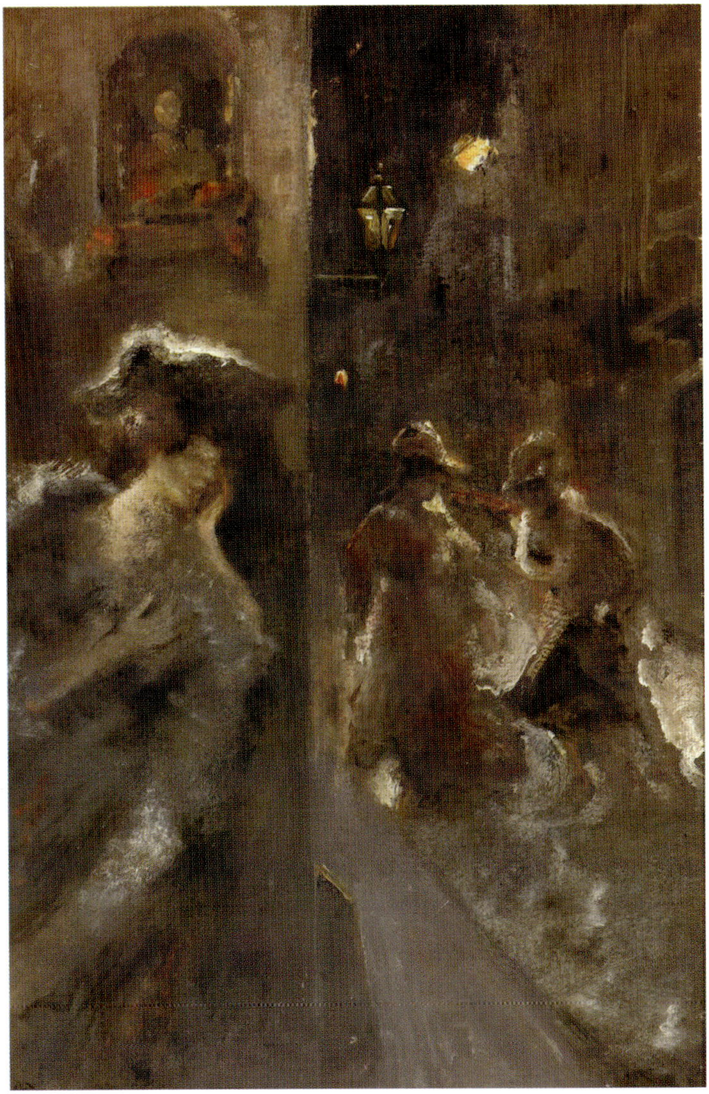

Pompeo Mariani,
Die Straßenmädchen, 1890. Kunstgalerie Enrico, Mailand.

Wenn sich das nicht zu greifende, immaterielle Licht auf einer Bildfläche konkretisiert, kann es schneller als die Zeit sein (oder sich jedenfalls asymptotisch zu ihr verhalten) und augenblicklich einen Raum erleuchten, den wir uns als von einer konsequenten Zeitlichkeit durchdrungen vorstellen. Es kann aber auch sehr weit hinter der unübertroffenen Lichtgeschwindigkeit zurückbleiben und die Spur einer relativ langsamen Bewegung darstellen, die das normale Auge eines Betrachters erfassen kann.

Daher kann die Darstellung der Grundbedingung jedes Sehens, die Darstellung des Lichtphänomens, eine Erweiterung der Einschätzung der konstitutiven Elemente unserer Dimension ermöglichen.

Außerdem zeichnet das Licht die Farbe aus und wird durch die Farbe unterschieden. Die gängigste Lösung, die Farbe vom Licht loszulösen, ist der Ton, also der Grad der Dunkelheit im Gegensatz zur Helligkeit. Dieser überzieht jede Form, um sie aus dem Reich der Schatten hervortreten zu lassen und so kann auch die Form das Licht durch die Farbe in sich selbst in einem Umriss einschreiben, der zwar definiert ist, aber nicht klar nachgezeichnet werden kann. Diese Darstellung, die ihr vorausgeht und sie konstruiert, ist die sogenannte Vorzeichnung, der Entwurf, also gewissermaßen die Vor-Kunst.

Der Widerspruch und Gegensatz zwischen Farbe und Form stammt aus der antiken Philosophie. Er verbreitete sich in den neuplatonischen Vorstellungen der gesamten Renaissance und gab der Malerei nützliche Werkzeuge an die Hand. Diese entwickelten sich zu echten Kategorien der Wahrnehmung, die das Sehen in einzelne Schritte untergliederten und durch die unübertroffenen Meisterwerke der Malerei bis in unsere heutige Zeit gelangten. Diese Kategorien sind: Form, Proportion, Komposition, Perspektive, Bewegung, Farbe und Licht.

Sobald das Licht auf der Bildfläche eines Gemäldes dargestellt werden soll, hört es auf, die Bedingung allen Sehens zu sein, sondern wird zum Bestandteil einer visuellen Inszenierung. Vielleicht lehren uns die verschiedenen Stile in der Malerei genau das: Es gibt kein himmlisches oder anderes Licht, kein ursprüngliches oder reflektiertes, kein intaktes oder abgeleitetes, sondern nur das plötzliche Sichtbarwerden von Einheiten, die sich aus dem absoluten Dunkel lösen; dem absoluten Dunkel, das aber auch ewig zum Licht strebt. Nachfolgend möchte ich mithilfe einiger Beispiele aus der Malerei das oben Gesagte veranschaulichen. Das erste Gemälde (Seite 85) ist *Verlang nicht mehr* von Lawrence Alma-Tadema aus dem Jahr 1906. Es zeigt zwei Liebende umhüllt von Sonnenlicht in einem hellen Sichtfeld. Wenn er dann zu ihr sagt, „meine Leidenschaft verlangt nach mehr" und sie dann von der Aufrichtigkeit der männlichen Gefühle überzeugt ist, wird sich das Paar vielleicht an einen diskreteren Ort zurückziehen. Seit Anbeginn der Welt üben Liebende gebührende Zurückhaltung und bevorzugen, den Schein des blassen Mondes gegenüber dem Sonnenlicht. Noch heute vermag das kalte – weil indirekte – Licht des Mondes trotz seiner Kälte viele Herzen zu erwärmen und den Blick bzw. ein Wahrnehmungsvermögen zu verschärfen, die weit über das einfache Unterscheiden aller Dinge hinausgehen.

Wie man an Alma-Tademas Gemälde feststellen kann, nehmen die hellen Bereiche viel mehr Platz ein als die dunklen, sodass man sagen könnte, die Szene spiele sich in einer diffus beleuchteten Umgebung ab. Diffuses Licht steht hier synonym für Umgebungslicht, denn es durchdringt und umhüllt alles. So wird ein Sehen ermöglicht, das einen Raum umfasst, in dem sich die Schatten direkt an die vorhandenen Formen heften, ohne sich groß von ihnen zu entfernen.

Daher ist die Verwendung einer Umrisslinie die unmittelbarste Methode zur Angabe einer Form. Eine präzise Zeichnung ist die Grundlage für klares Sehen, bei dem sich jedes Element vom umgebenden Raum abhebt. Eine schwarze Linie auf weißem Grund unterscheidet Innen und Außen bei jeder beliebigen Form, ist aber nicht in der Lage, das Licht zu umreißen – nicht einmal als ideales Surrogat. Vor dem Gemälde von Alma-Tadema kommen wir uns ein wenig wie Spione vor. Hier sind wir, wenig diskret, in den Raum zweier Liebender eingetreten, denn wir befinden uns in demselben Licht, welches uns und ihnen erlaubt, zu sehen. Wir und sie befinden sich in einem Außenraum, im Freien und haben voll und ganz Teil an der Sonne als wichtiger Lichtquelle. So gibt es in diesem Fall kein Innen und Außen von entgegengesetzter Helligkeit. Unser Blick unterscheidet alles, was vor sich geht, klar mithilfe der linearen Kontur der Formen, die alles – Mann, Frau und Landschaft – von einem relativ hellen Hintergrund abhebt. Jedes bildliche Element ist in seinem eigenen Feld so angeordnet, dass es zu einer Aufteilung in äußere und innere Räumlichkeit kommt.

Folglich würde auf einer überwiegend hell grundierten Fläche jede Hinzufügung dunkler Farbe in einem offenen Kontrast zur Klarheit der Gesamtszene stehen. Hätte der Maler etwa die Eingebung, den Hintergrund – gewöhnlich eine weite Fläche – mit einer dunklen Farbe abzutönen, würde sich die Ansicht dessen, was die Figuren im Vordergrund umgibt, radikal verändern. Das ist immer dann der Fall, wenn in einem großen offenen Raum das Licht der Hauptarchitekt der räumlichen Konstruktion ist. Als erste Schlussfolgerung können wir daher festhalten, dass eine Darstellung in einem hellen Feld mehr von der Linearität Gebrauch macht, um die Formen vom Hintergrund abzuheben. Dem volumetrischen Aspekt wird mit Schraffuren, mehr oder minder Kreuzschraffuren, oder auch mit graduellen, nicht allzu kontrastreichen Farbübergängen Rechnung getragen. In diesem Fall überwiegt die lineare gegenüber der malerischen Struktur, in dem Sinne, dass die Linearität, die die Formen abgrenzt, auch die lokalen Farben umgibt, ohne sie zu fragmentieren. Sie fasst sie in freien und lockeren Pinselstrichen zusammen, sowohl in Bezug auf die Bewegung als auch auf die Resonanzen der Umgebung. Der Fall einer grundierten Darstellung mit klarer tonaler Leuchtkraft bestätigt, dass die Gesamtansicht ein völlig relatives Phänomen ist. Dieses ist fraglos direkt mit der als leuchtend gemalten Lichtquelle verbunden, aber auch damit, dass unser Auge die Fähigkeit hat, sich in ein Bild hineinzubegeben und automatisch immer versucht, ein harmonisches Gleichgewicht zwischen dem, was im Licht und dem, was im Dunkeln

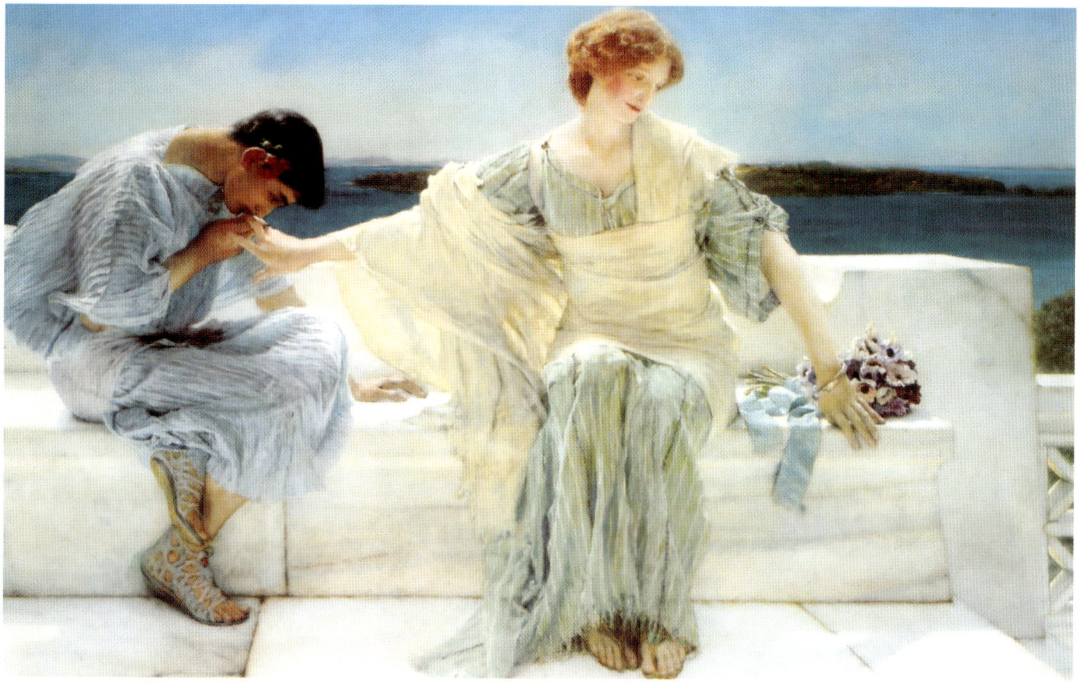

Lawrence Alma-Tadema,
Verlang nicht mehr, 1906. Privatsammlung.

liegt, herzustellen. Die Bewertung der Helligkeit durch unser Auge impliziert immer eine Beziehung zum Dunkeln, aber darum geht es bei der nächsten Abbildung.

Im Bild von Gaetano Previati (1852 Ferrara – 1920 Lavagna) auf der folgenden Seite überwiegen die dunklen Anteile gegenüber den helleren Bereichen, die kontrastreich beleuchtet sind. Dieses Mal haben die beiden Verliebten einen privateren Ort für ihre Zusammenkunft gewählt. Der romantische Winkel, beleuchtet von silbernem Mondlicht, wirkt wie aus dem Drehbuch eines Hollywoodfilms. Hier zeichnen sich alle hellen Formen, die im Widerschein des Fensters exponiert sind, kraftvoll gegen die Dunkelheit ab. Der Eindruck des plastischen Hervortretens der beiden Gestalten, die etwa gleich weit vom Betrachter entfernt sind, wird noch durch die Lichteinwirkung verstärkt, die ihnen den gleichen Helligkeitsgrad verleiht.

Der Mann und die Frau sind zwischen der Lichtquelle und dem Auge eines idealen Betrachters positioniert, der sie auf diese Weise im Gegenlicht sieht. Obwohl die dunklen Bildpartien gegenüber den hellen überwiegen, ist der Effekt des plastischen Reliefs beeindruckend. Das liegt daran, dass die weißen Flächen einer formalen Modulation unterliegen, die den Raum in die drei Bereiche – nah, mittel und fern – unterteilt. All diese Rasterungen sind durch die einzige Lichtquelle, das

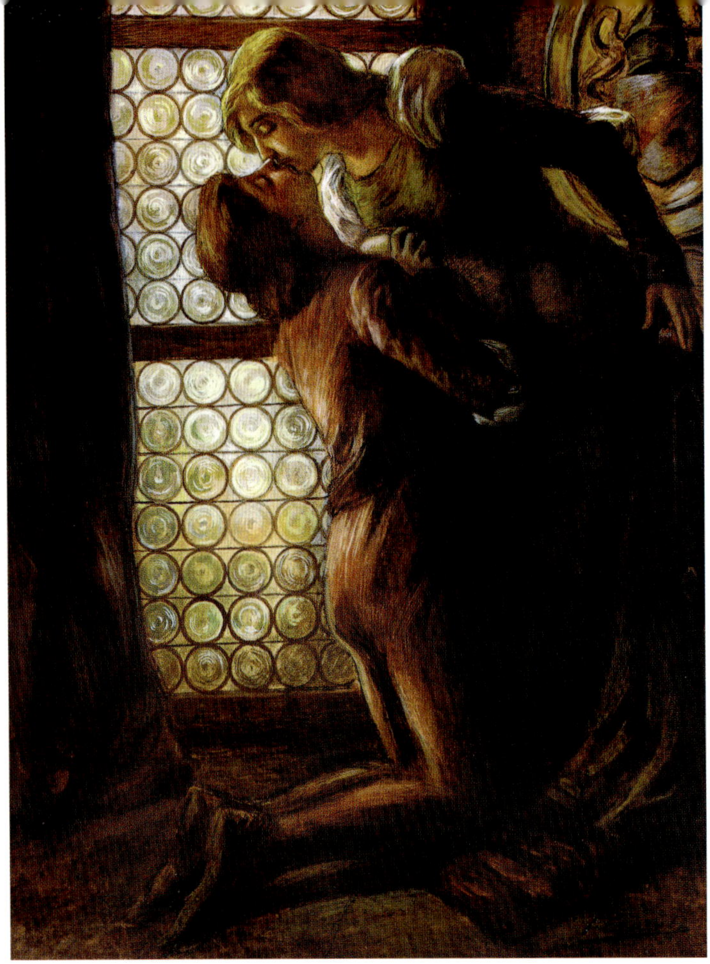

Gaetano Previati,
Der Kuss, um 1889–1890. Privatsammlung, Mailand.

Fenster, hinter dem wir einen offenen, weiten Raum vermuten, miteinander verbunden.

Dieses Phänomen führt uns zu der wichtigen Überlegung, dass es nämlich dem Licht, trotz seiner immensen Ausbreitungsgeschwindigkeit gelingt, den Eindruck von Entfernung visuell zu vermitteln, wenn einige, als Hindernisse auftauchende Formen, seinen Weg, also den direkten Zugang zum Auge des Betrachters, markieren.

Um die Wichtigkeit eines jeden Ereignisses festzustellen, wie die Intensität der Lichtquelle es nahelegt, sucht unser Auge in einer Umgebung immer instinktiv nach dem hellsten Punkt. Handelt es sich um eine Gefahr oder um eine willkommene Überraschung? So bildet die Anordnung sämtlicher abgestufter Zwischentöne für uns eine Art Maßstab, um den Abstand der hellsten Bereiche zur Lichtquelle zu bewerten.

Aus all dem geht hervor, dass der Beleuchtungsgrad einer Szene nicht direkt ihre klare Lesbarkeit bedeutet; allerdings ist das genau dann der Fall, wenn die Lichtquelle und das Auge des Betrachters richtig angeordnet sind. Die richtige Anordnung für beide (Auge und Lichtquelle) erhält man dann, wenn man die wichtigen Formen einer Umgebung in den Fokus nimmt; in diesem Fall die beiden Verliebten.

Ihre räumliche Positionierung in der Zimmerecke im Verhältnis zur Lichtquelle offenbart die Bedeutung der Szene.

Bei dem Gemälde von Gerard van Honthorst (1592 Utrecht – 1656 Utrecht) (Seite 89) befindet sich die Lichtquelle innerhalb des dargestellten Raumes. Hier bilden wir uns ein, das Licht komme von der teilweise verdeckten Kerze. Es wirkt intensiver auf uns als Previatis *Kuss*, nicht weil es stärker leuchtet, sondern weil es näher am Blickpunkt des Betrachters liegt. Die Gesamtszene wirkt hier relativ stark beleuchtet, deutlich mehr als bei dem Werk von Previati, in dem das Licht von einem Fenster kommt.

Die Lichtausstrahlung der von Gerard van Honthorst gemalten Kerze zerreißt die Dunkelheit der Umgebung. Sie betont die Formen, die von ihrem Licht erfasst werden, während die Umgebung, vor allem der Mann, der im Vordergrund im Gegenlicht zu sehen ist, durch den Durchmesser ihres Strahlkreises beinah linear umgrenzt wird.

Hier haben wir es mit einem interessanten, ja kuriosen Phänomen zu tun, einem jener Fälle, bei dem es dem Betrachter gelingt, sich die starke Lichterscheinung vorzustellen, die von einer Kerze ausgeht. Dies ist möglich, weil sich der Blickwinkel des idealen Betrachters vollkommen außerhalb der Gesamträumlichkeit befindet, die das Gemälde suggeriert. Das Auge, das van Honthorsts Gemälde betrachtet, ist weder solidarisch mit dem normalerweise helleren Ambiente etwa einer Gemäldegalerie, in der sich der Betrachter wahrscheinlich befindet, noch ist es in eine fast vollkommene Dunkelheit – wie in die des Gemäldes – getaucht.

Möglicherweise ist für die beiden Liebenden die Figur der Kupplerin links gar nicht zu erkennen, nicht weil sie Besseres zu tun haben, sondern weil sie vom nahen Kerzenlicht geblendet sind. Für sie ist die alte Megäre nicht deutlich zu sehen, während sie der Betrachter, der sich vor dem Gemälde, fern der Kerze, befindet, mit hinlänglicher Genauigkeit wahrnimmt.

Das bedeutet, dass unser Auge sich auf einen Wechsel der Dimensionen einstellt, auf das Überwiegen des ganz Hellen im Verhältnis zum ganz Dunklen, und dass es das Phänomen des Lichts immer durch den Vergleich der Abstufungen der Leuchtkraft sieht.

Obwohl in Previatis Bild das Fenster als Lichtquelle ein breiteres Feld einnimmt als die Kerze bei van Honthorst, erscheint uns seine relative Helligkeit schwächer. Wäre die Helligkeit der beiden Lichtquellen gleich gemalt, erschienen sie uns nicht glaubwürdig, denn bei gleicher Lichtstärke würden sie sich für ein normales Auge auf derselben Fläche, also gleich weit vom Auge des Betrachters entfernt, befinden.

Das ist hier jedoch schlechterdings nicht möglich, denn das nächtliche Licht, das mit natürlicher Stärke durch ein Fenster dringt, ist nicht mit dem einer Kerze in nächster Nähe zum Betrachter vergleichbar. Außerdem erscheint der durch das Kerzenlicht beleuchtete Bereich am Rand diffuser und im Verhältnis zum dunklen Feld deutlich abgesetzt zu sein.

Das Licht, das man poetisch als konkrete immaterielle Abstraktion bezeichnen könnte, hat die Eigenschaft, die scharfen Kanten, die das plastische Relief bestimmen, zu zerstören, sie in sich selbst zu absorbieren und aufzulösen; so wie es bestimmten Sternen widerfährt, wenn sie von einem schwarzen Loch verschluckt werden.

Durch das Licht herrscht Intensität über Identität und das Unscharfe – das fraglos dem Bereich des Dunklen angehört – erweist sich als ein Merkmal, das mit einer blendenden Quelle zusammenhängt. Jede Form und ihre relative Anordnung im Raum lassen sich für unsere Augen durch eine gemeinsame Hintergrundfläche definieren, auf der wir immer die betreffenden Positionen und Entsprechungen festlegen können. Dieses Phänomen ist wohlbekannt. Es wird von jedem Maler genutzt, der bei der Darstellung eines Objekts eine größtmögliche Tiefe erzielen will und sich deshalb eines starken Kontrasts zwischen hellen und schattierten Bereichen bedient, die im neutralen Feld visualisiert sind.

Bei van Honthorst gehört der stärkste Kontrast zum Kerzenlicht, das die Dunkelheit aufreißt und uns die Illusion eines entschiedenen Formreliefs vermitteln kann, da die jeweiligen Bereiche von Licht und Dunkelheit nicht homogen oder neutral sind.

Wie durch Zauberhand öffnet sich das Fenster des Zimmers, in dem sich die Liebenden auf Previatis Bild befinden, und wir können sehen, was sich draußen tut: Die Welt feiert, nimmt Anteil am Schicksal des Paares: das glückliche Ende einer Liebesgeschichte … Fortsetzung folgt.

Die Lichter des Festes, das sich auf dem Bild das Ippolito Caffi (1809 Belluno – 1866 Lissa) in Venedig abspielt (S. 90), sind unerwartet und intensiv. Auch wenn sie weit weg erscheinen, sorgen sie für einen überraschenden Widerschein in der Umgebung. Viele Gemälde dieses Malers bereicherten die venezianische Farbtradition mit ihren Erkundungen von Lichteffekten. Caffi begann damit in seiner macchiaiolischen Phase mit einer poetischen, emotionalen Leuchtkraft durch pastose Farben, strahlende Weißtöne und orange glühende Rottöne, die eine erstaunliche Romantik zum Ausdruck bringen.

Die unendliche Geschwindigkeit des Lichts hinterlässt auch dann noch eine Spur in unseren Augen, wenn der Lichtspender sich nicht mehr in seiner anfänglichen Position befindet. Daher ist die Bewegung eines Feuerrads – einer Art von Feuerwerk – sehr viel langsamer als die des Lichts, das sich sofort auf seiner Bahn sammelt. Das Licht, abstrakt und unmittelbar, wird zum Punkt, zur Linie und zum Schnörkel, wenn sich sein eigenes Aufscheinen im homogenen dunklen Feld der Nacht abzeichnet. Auf diese Weise ist das Licht nicht mehr Bedingung für eine

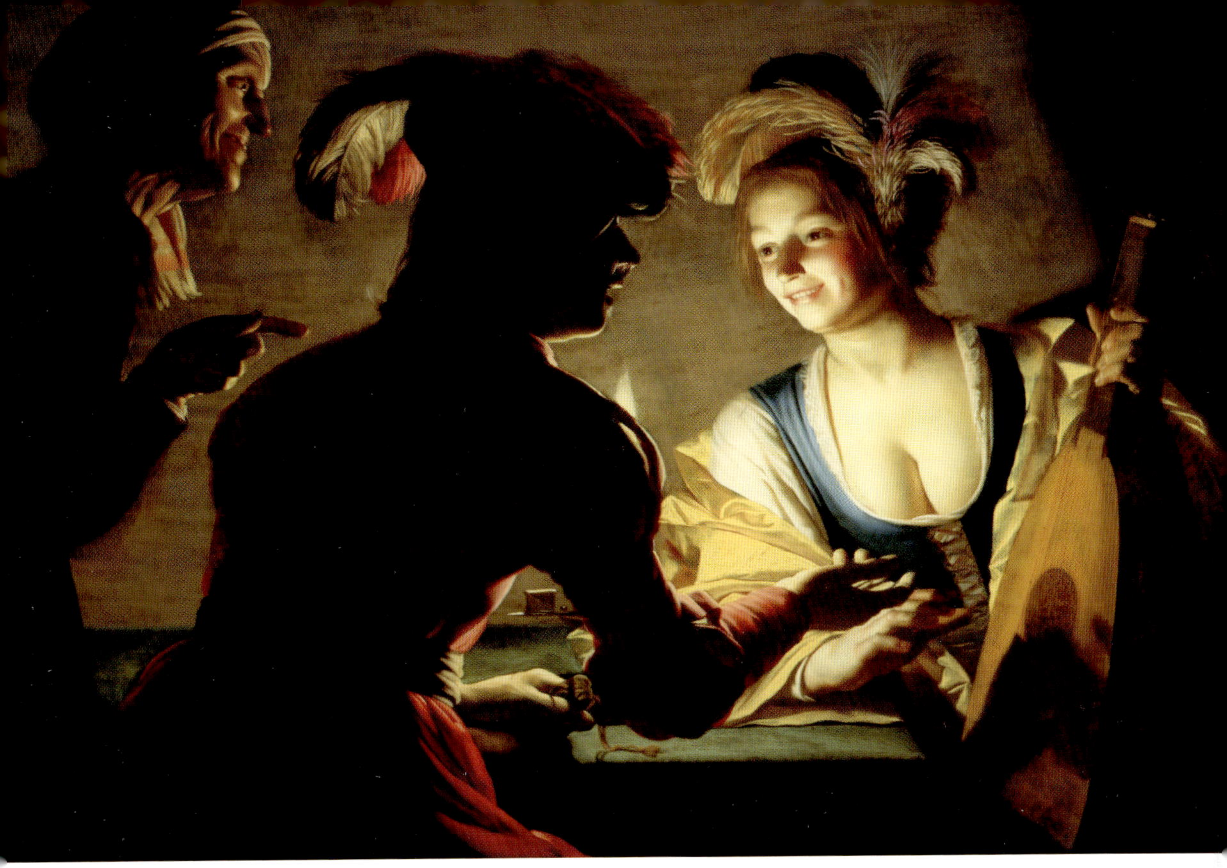

Gerard van Honthorst,
Die Heiratsvermittlerin, 1625. Centraal Museum, Utrecht.

volle Sichtbarkeit, sondern vielmehr selbst Indikator einer magischen Erscheinung, die es konkret in ihrer Bewegung nachzeichnet.

Beim Licht eines Feuerrads oder eines Feuers als Festbeleuchtung liegt es in der Natur, dass es heftig, doch vergänglich ist, es verbrennt seine Intensität im Nu, und in seiner Umgebung scheint die grelle Beleuchtung gelegentlich sogar zu blenden. Damit sind wir bei einer weiteren Eigenschaft des Lichts, nämlich dem Fortbestehen seiner Quelle, sowohl im Sinne einer auftretenden Intensität als auch einer anhaltenden Lokalisierung.

Wollte man die Aspekte des Lichts klassifizieren, könnte man in einer ersten Unterteilung von sichtbarem und unsichtbarem Licht ausgehen. Mit sichtbarem Licht meine ich die Dreidimensionalität, die es annimmt, obwohl es keine substantielle Form hat. Wenn es also, ausgehend von seiner Quelle, in einen Strahl, einen Kegel, eine Bahn, also in alle möglichen Ausschnitte des Raums kanalisiert wird.

Bei unsichtbarem Licht ist die Würdigung der Lichterscheinung anhand ihrer Effekte möglich.

Die Beziehung zwischen sichtbarem und unsichtbarem Licht impliziert einen bestimmten Standpunkt: den des Betrachters.

Hier sind zwei Fälle zu unterscheiden:

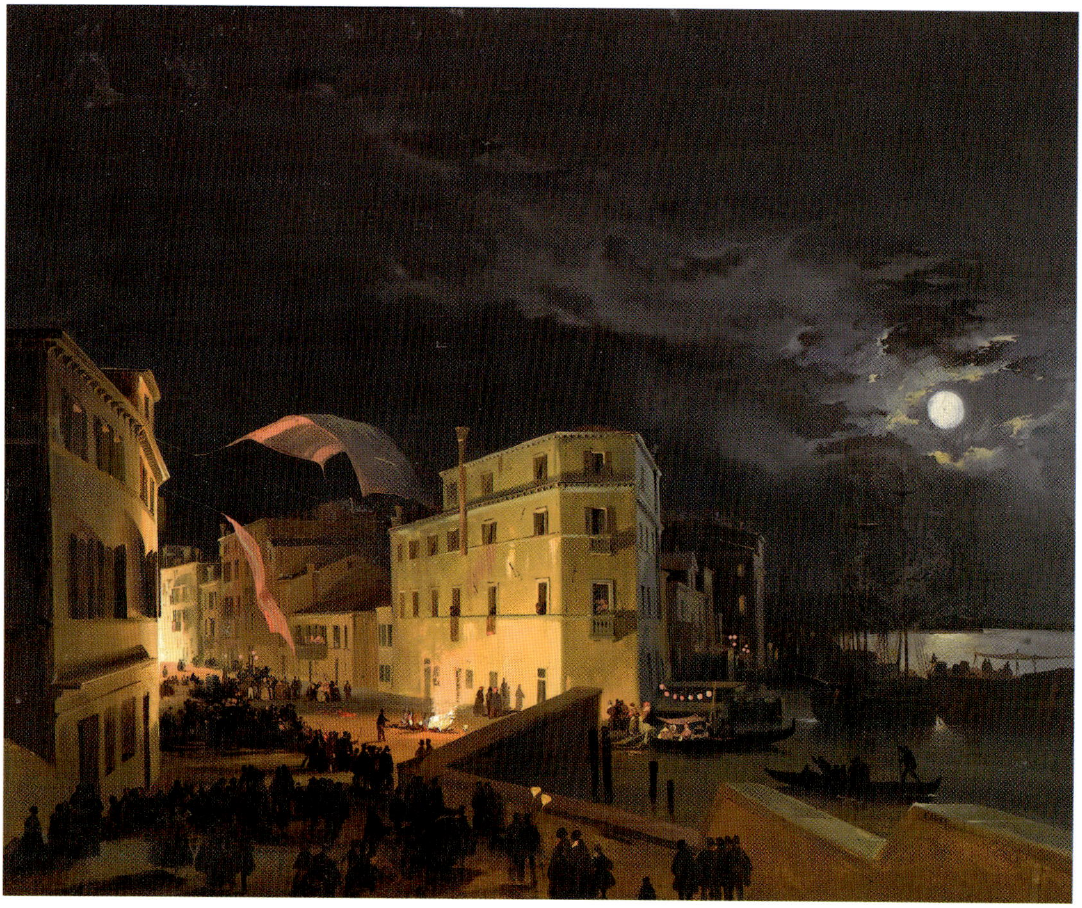

Ippolito Caffi,
Venedig, nächtliches Fest in der Via Eugenia, 1840. Privatsammlung.

1) Der Betrachter befindet sich in einer dunklen Umgebung, die von einer externen Quelle beleuchtet wird. Hier hat das sichtbare Licht seinen Auftritt, denn der Betrachter ist in der Lage, die Leuchterscheinung als Lichtstrahl, -bündel, oder -zylinder etc. zu sehen bzw. sich vorzustellen.

Dazu gehören:

1a) Es gibt einen einfallenden Lichtstrahl. Der Betrachter befindet sich im Dunkeln, das Licht dringt von einer unsichtbaren äußeren Quelle ein.

1b) Es gibt viele unterschiedliche Lichtquellen, die in unterschiedlicher Intensität leuchten. Die stärkste davon schränkt die Wirkung der anderen ein und lenkt die Hauptschatten.

1c) Die Lichtquelle bewegt sich über ein weniger helles Feld. Beispiele: ein Brand, eine Explosion, ein Feuerwerk oder ein Blinklicht.

1d) Die Art des Materials. Verschiedene Materialien können besondere Lichterscheinungen hervorrufen wie z. B. Glänzen, Aufleuchten, Reflektieren, Durchscheinen.

2) Der Betrachter befindet sich in einer einheitlich beleuchteten Umgebung, dem Moment des unsichtbaren Lichts, denn er erfasst das Licht als eine Emanation der Umgebung. Er sieht eine farblich abgestufte Welt, in die er eingetaucht ist.

Dazu gehören:
2a) Die Unermesslichkeit der Quelle, die den umgebenden Raum mit dem Blick des Betrachters vereint. Ein Beispiel ist das natürliche Sonnenlicht.
2b) Die Verteilung des Lichts, ausgestrahlt von einer einzigen, wichtigen Quelle, die leuchtet, aber das Licht in einem großen dunklen Raum verteilt. Ein Beispiel dafür ist der Mondschein.
2c) Schwache Lichtintensität in einem begrenzten Raum führt zu einem partiellen Verschließen oder einer Störung des Auges des Betrachters.
2d) Die Farbe, Farbkontraste deuten auf einen bestimmten Beleuchtungsgrad hin.

All diese Phänomene, die ich hier oben ziemlich pedantisch aufgelistet habe, sind in der malerischen Praxis mit großer Anmut, Leichtigkeit und gebührendem Staunen umgesetzt und visualisiert worden, was in kunstwissenschaftlichen Publikationen mitunter gern zu kurz kommt. Genau dieses Thema wird nun im dritten Teil dieses Buches behandelt.

DAS LICHT IN DER KUNST

DER SICHTBARE LICHTSTRAHL

Nach Plinius dem Älteren entstand die Malerei in Griechenland dank einem Mädchen, das „aus Liebe zu einem jungen Mann, der in die Fremde ging, bei Lampenlicht an der Wand den Schatten seines Gesichtes mit Linien umzog“.

Joseph Wright,
Die korinthische Jungfrau, 1782–1784.
National Gallery of Art, Washington D. C.

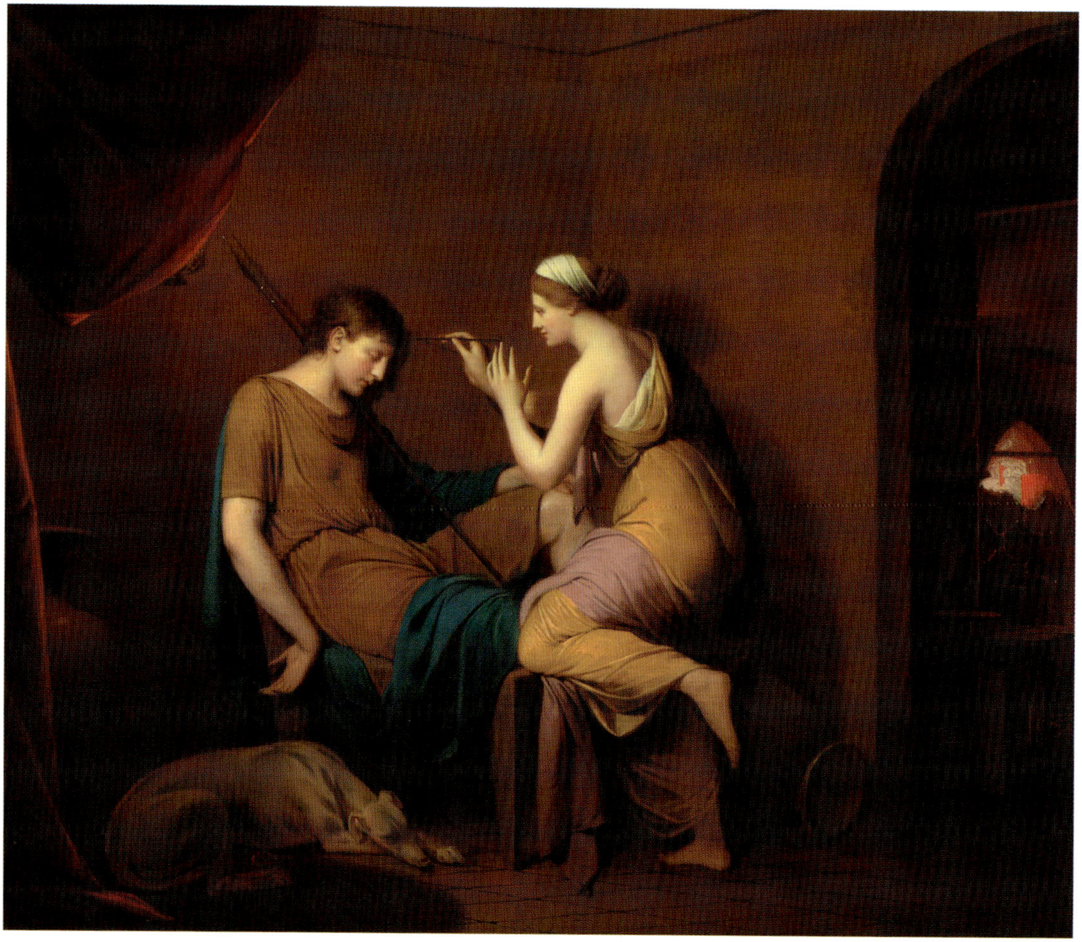

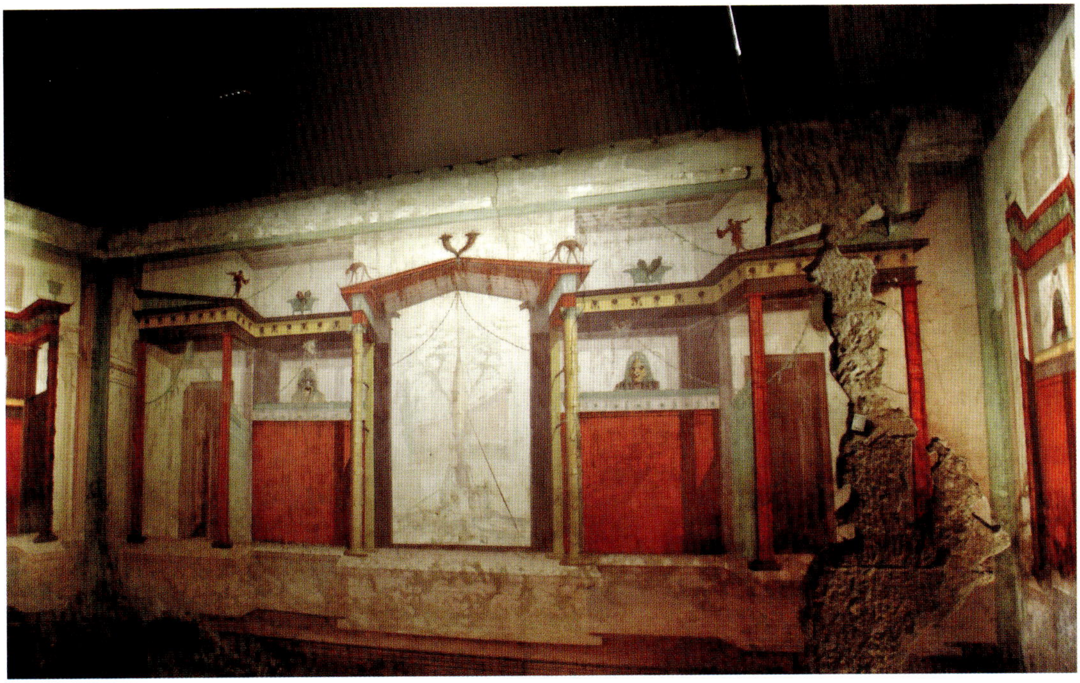

Haus des Augustus,
Maskenzimmer, um 30 v. Chr.
Palatin, Rom.

Von diesem Tag an bis heute haben die Vorstellungen von Schatten und Licht die Entwicklung der darstellenden Kunst begleitet – ob als Mittel zur getreuen Reproduktion der sichtbaren Wirklichkeit oder als plastische Manifestation der Form. Die Erzählung von der Geburt der Malerei beweist, wie eng diese Kunst mit Licht und Schatten verknüpft ist. Dabei ist die Darstellung der Lichter und der Schatten natürlich kein instinktiver Vorgang. Vielmehr verändern sich die Verfahren der Maler zur Darstellung des Phänomens Licht, des Umgebungslichts, der Schatten, der Reflexe usw. im Lauf der Geschichte der bildenden Kunst.

Die visuellen Effekte des Lichts waren bereits vor den Römern, also vor Christi Geburt bekannt. Die Ausstatter des Hauses des Augustus auf dem Palatin in Rom nutzten die Schatten zur Erzeugung und Verstärkung eines illusionistischen Raumeffekts.

Doch zu dieser Zeit waren die Gesetze der Schattenprojektion noch nicht wissenschaftlich untersucht, viele von ihnen auch noch nicht stimmig erfasst, und die Lichtstreuung im Raum war nicht berücksichtigt. Dennoch ist die Tiefenwirkung dieses Bildes für die damalige Epoche bewundernswert.

Mit der Verfeinerung der Malkunst erhielt das Licht eine ganz neue Rolle, denn durch den Schatten, der im Gegensatz zu ihm stand, wurde erst die dreidimensionale Wahrnehmung der Tiefe möglich. Das gemalte Licht hatte zudem die Funktion, die besonderen Eigenschaften der

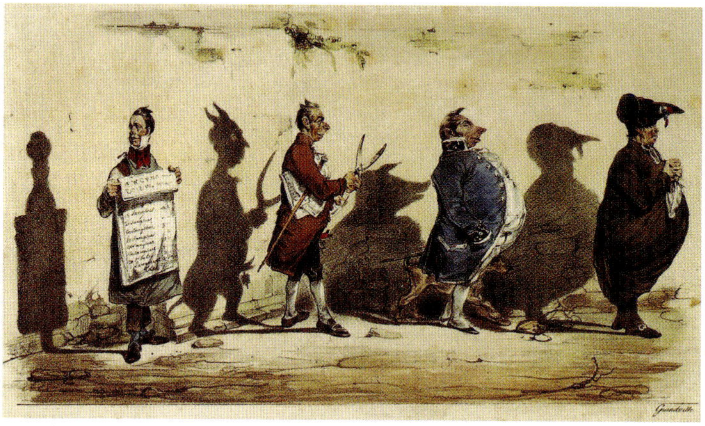

Jean Ignace Grandville,
Die Schlagschatten, um 1830.
Museum of Fine Arts, Houston.

jeweiligen Oberflächen herauszuarbeiten: Reflexe verliehen den Gegenständen Glanz, winzige Texturen, Einsprengsel oder Abschürfungen wurden besser sichtbar.

Durch die Position der Lichtquelle im Verhältnis zum Gegenstand oder zur beobachteten Umgebung wurden Hell-Dunkel-Effekte geschaffen, die bei einer seitlichen Positionierung der Lichtquelle die Plastizität einer Figur entweder betonten oder bei Gegenlicht beinahe aufhoben.

Die Darstellung des Lichts in seiner lokal begrenzten oder ausgedehnten Reichweite kann gedämpfte oder brillante, zarte oder grelle Bereiche hervorbringen, die einem Gemälde eine besondere Anmutung verleihen können. Durch die jeweils vorherrschende Farbigkeit – vorwiegend warm bei natürlichen Lichtquellen und kalt bei künstlichen – steigert sie die Wahrnehmung der Plastizität jedes Gegenstandes. Die Art und Weise der Darstellung des Lichts ist eine Grundbedingung der Malerei, durch die wichtige Perioden in der Geschichte der Kunst initiiert wurden.

Eugène Delacroix (1798 Charenton-Saint-Maurice – 1863 Paris) gilt als einer der bedeutendsten Vertreter der französischen Romantik. Viele seiner weiblichen Figuren sind eine Neuinterpretation der Erotik des Venusmythos aus der Perspektive des 19. Jahrhunderts. Die hervorstechendste Qualität des hier seitlich abgebildeten Gemäldes ist die Sinnlichkeit des in seiner Ganzheit eingefangenen nackten Mädchens, sein lichtüberfluteter Körper und seine irisierende Haut.

Wichtig ist, dass das Auge des Betrachters das Licht als Emanation der Umgebung wahrnimmt. Er sieht eine schrittweise farbig werdende Welt, weil er darin eintaucht; sein Blick wird also in das Innere des Gemäldes versetzt. Es ist kein Zufall, dass Delacroix' Studien zu den optischen Effekten, die sich mit Hilfe der Farben erzielen lassen, die Arbeit der Impressionisten beeinflussten.

In anderen Bereichen kommt das Licht von außen. So etwa in der Architektur oder bei der Skulptur, wo der Künstler Volumen und Oberflächen eigens gestaltet, um eine bestimmte Wirkung der Lichtquelle auf den Betrachter zu erzielen, der sich in der Nähe des Werks befindet.

In der Malerei dagegen ist das Licht ein Element innerhalb der Komposition selbst, in der konzentrierte oder diffuse Lichtquellen erscheinen können: Lichteffekte wie Reflexe, Widerspiegelungen und Glanzlichter, aber auch Brechungen, Färbungen von mannigfaltiger Intensität und Sättigung sowie vibrierende Farb-Licht-Phänomene wie z. B. das Schimmern.

Das von außen kommende Licht spielt bei der Malerei für die Wahrnehmung der Farben, z. B. aber auch für die Oberflächenreflexe bei Glasfenstern und Mosaiken, eine wichtige Rolle.

Die römischen Künstler erfassten die Modifikationen des Lichts genau und wussten sie bei der Figurendarstellung durch unterschiedlich getönte Farbpigmente umzusetzen.

Sie waren in der Lage, realistische Szenen so kunstvoll auf die Wände zu bringen, dass sie ganz natürlich wirkten. Sie verstanden es, durch den abwechselnden Einsatz unterschiedlicher Intensitäten derselben Farbe auf einer verputzten Mauer einen Gegenstand erscheinen zu lassen, der auf der einen Seite vom Licht getroffen wird und auf der Gegenseite im Schatten liegt.

In der römischen Architektur ist die Gliederung von Innen- und Außenvolumen häufig durch ein Spiel mit dem Licht gekennzeichnet, das durch den Kontrast zwischen massiven Körpern und Hohlräumen

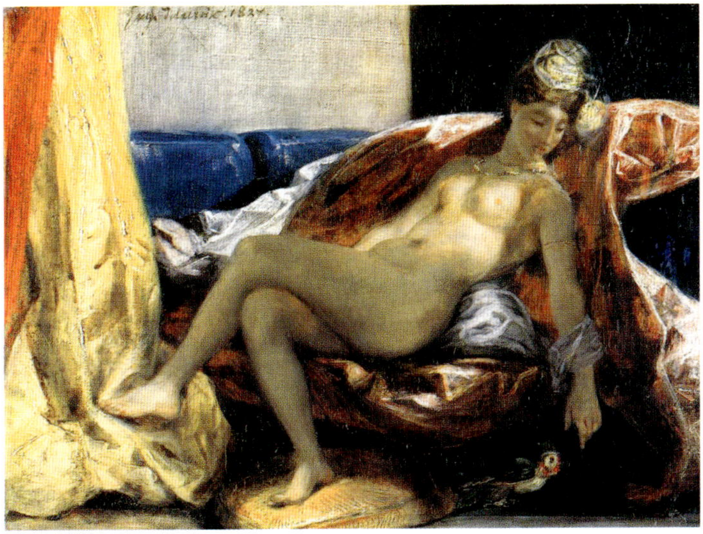

Eugène Delacroix,
Frau mit Papagei, 1827. Musée des Beaux-Arts, Lyon.

oder durch Maueröffnungen (Fenster, Portale und runde Deckenöffnungen) hervorgerufen wird.

Besondere Aufmerksamkeit galt dem Mosaik, einer sehr alten Schmucktechnik, bei der kleine Steine aus hartem, buntem und reflektierendem Material verwendet wurden. Die ältesten Mosaike bildeten ein Gittermuster und waren nach dem Einfallswinkel der Sonne angelegt, um optimale Brechungs- und Reflexionseffekte zu erzielen und damit den sie umgebenden Raum in eine ideale Architektur zu verwandeln.

Denn auf diese Weise erschien der Raum um das Mosaik wie entmaterialisiert, erschaffen durch eine Vielfalt leuchtender, reflektierender Mosaiksteine. Der Zauber der Mosaikkunst bestand darin, die Materie von ihrer Schwere zu befreien und sie in eine von der Erde losgelöste Idealität zu verwandeln.

In den römischen Mosaiken der Kaiserzeit, also im 1. und 2. Jahrhundert n. Chr. tauchen bisweilen deutlich erkennbare Formen auf,

Benjamin Constant,
Liegende Odaliske, 1870.
Musée d'Orsay, Paris.

Der englische Maler Benjamin Constant verbrachte lange Zeit in Spanien und Marokko, wo er Werke im Stil des Orientalismus schuf, die sich als Fantasierekonstruktionen verstanden.
Bei einer vergleichenden Betrachtung der Gemälde von Constant und Delacroix wird deutlich, wie sich beide – trotz ihrer unterschiedlichen Darstellungsabsicht – des Lichts bedienen, um die weiblichen Formen zu verherrlichen.

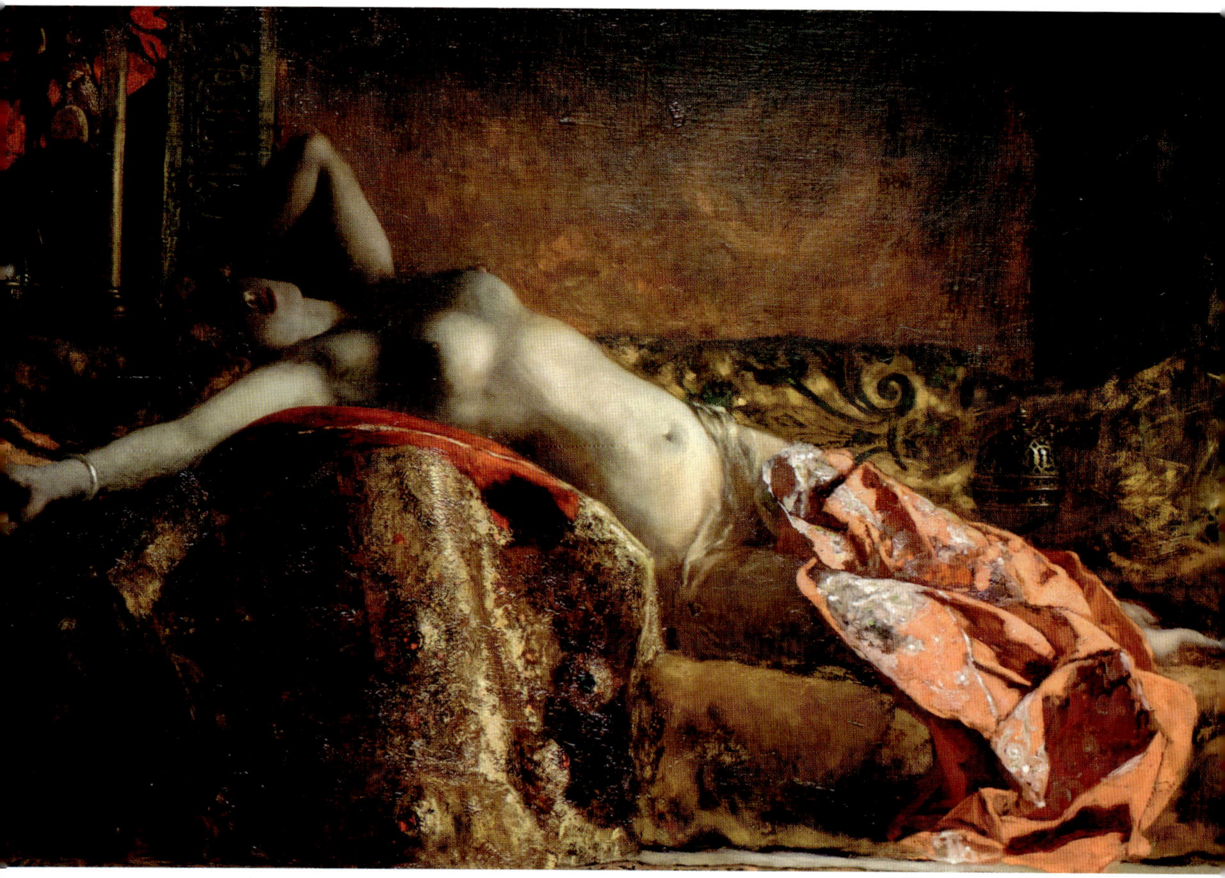

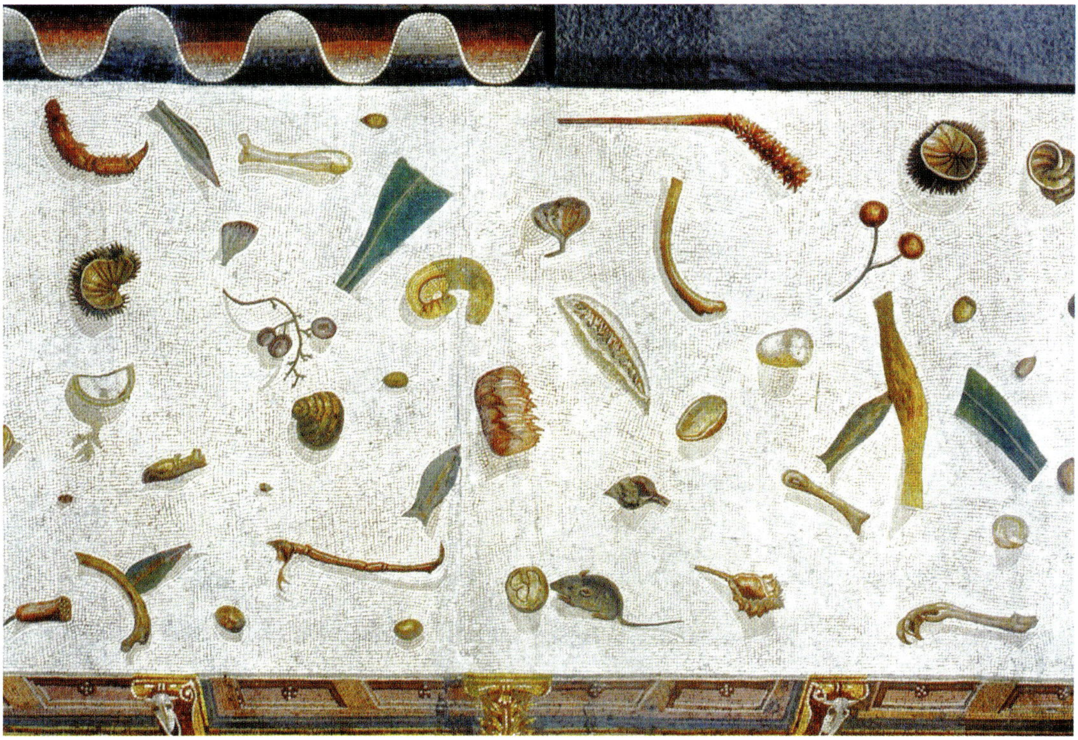

Ungefegtes Speisezimmer, Detail des Mosaikfußbodens, 2. Jh. n. Chr. Vigna Lupi, Rom.

und im *Asarotos oikos* (ungefegten Zimmer) aus der Hadriansvilla (Musei Vaticani) glaubt man Speisereste zu sehen, die nach einem Bankett auf dem Boden liegengeblieben sind.

Erfinder dieses Genres war der griechische Künstler Sosos (2. Jh. v. Chr.), den Plinius in seiner *Naturalis historia* als den berühmtesten Schöpfer von Fußböden erwähnt. Er gestaltete in Pergamon aus Steinen in genau ausgewählten Formen und Farben seinen *Asarotos oikos* und schuf damit einen Fußboden, der den Eindruck erweckt, als ob darauf noch die Überbleibsel der Tafel und andere Abfälle liegen würden, die üblicherweise weggefegt werden. Tiefe und einen dreidimensionalen Raum in der Malerei zu schaffen bedeutet aber nichts anderes, als sich mit der Wirkung des Lichts in der Atmosphäre aus einem bestimmten Blickwinkel auseinanderzusetzen.

Das Fußbodenmosaik des ungefegten Zimmers ließe sich als „Domus-Art" bezeichnen, die wir durch einen großen Zeitsprung von rund 2000 Jahren direkt mit der aktuellen „Street-Art" zusammenführen können. In unseren Tagen hat Kurt Wenner, ein außerordentlich subtiler (nicht nur Straßen-)Künstler das Thema aufgegriffen. Er zeigt uns einen alles andere als leergefegten, vielmehr geradezu durchlöcherten Fußboden, aus dem unheimliche Figuren auftauchen. Mit seiner

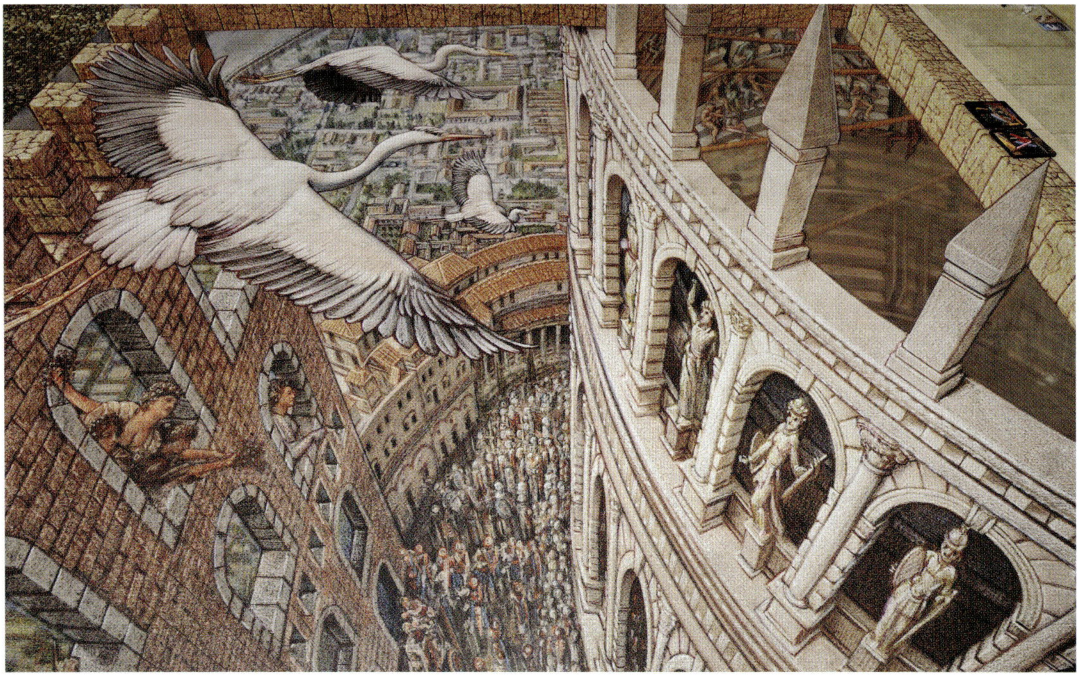

Kurt Wenner,
Amphitheater von Modena, Palazzo Carandini, 2017. Modena.

Darstellung schafft er Tiefe und Dreidimensionalität, und durch die Lichtführung wird uns die Illusion von Körperlichkeit vermittelt, so dass uns unter dem normalen Fußboden eines Innenhofs die Figuren unseres Unbewussten aufzulauern scheinen.

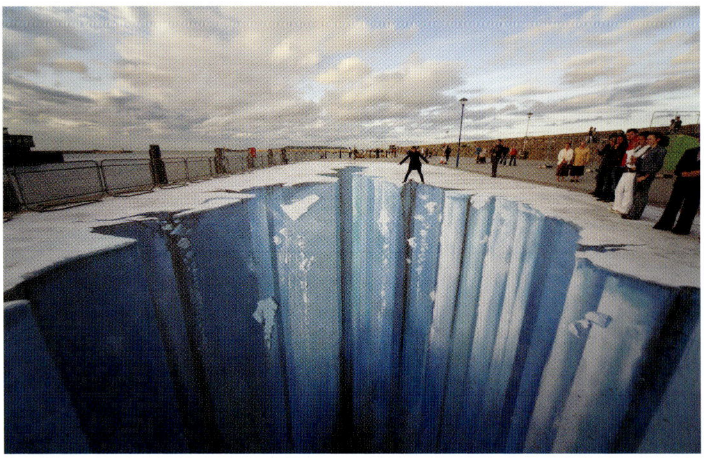

Edgar Mueller,
The Crevasse (Die Gletscherspalte), 2008. Dun Laoghaire, Ireland.

In der gotischen Architektur treten Vertikalität und Schwerelosigkeit der Strukturen in einen lebhaften Dialog mit der natürlichen Lichtquelle. Ermöglicht wird dies durch großdimensionierte Öffnungen wie Fenster und Rosetten in Verbindung mit der prachtvollen Farbigkeit der Glasfenster, die für die mystischen Impulse der Gotik charakteristisch sind.

Wie seinerzeit die Gläubigen bewundern heute die Touristen die leuchtende Polychromie dieser Fenster. Bei der Betrachtung von innen wird der Filter des Bildes – gewöhnlich eine religiöse Darstellung – durch den Einfall des Sonnenlichts durchdrungen und aufgelöst.

Das farbige Glasmaterial bildet gleichsam eine Falle für das natürliche Licht. Der Betrachter wird dazu verführt, die flache Füllung der aneinandergefügten, von Bleiumrandungen eingefassten Stücke zu übersehen und stattdessen nur noch jene glaubhaften transzendenten Erscheinungen wahrzunehmen, die ihm das Fenster im Gegenlicht darbietet.

Wenn wir es recht betrachten, finden wir heute die glaubhaften mystischen Erscheinungen der alten Fenster in der abstrakten Kunst wieder, dem modernen Recycling einer pragmatischen Immaterialität. Sie ist, dem Anschein nach, wenig religiös. Zum Beweis mag ein Zitat aus Kasimir Malewitschs *Drei Vorlesungen über das Licht und die Farbe* (1922–1927) dienen: „Ausgehend von der malerischen Arbeit zur Offenbarung sehen wir, dass der Versuch, das Licht zu offenbaren, eine Vielzahl von Erfahrungen mit sich brachte, die am Ende zu einem besonderen Begriff oder Wissen geführt haben, wonach das Licht nur Erkenntnis sein kann (was auch immer das Leuchtende der Farbe oder

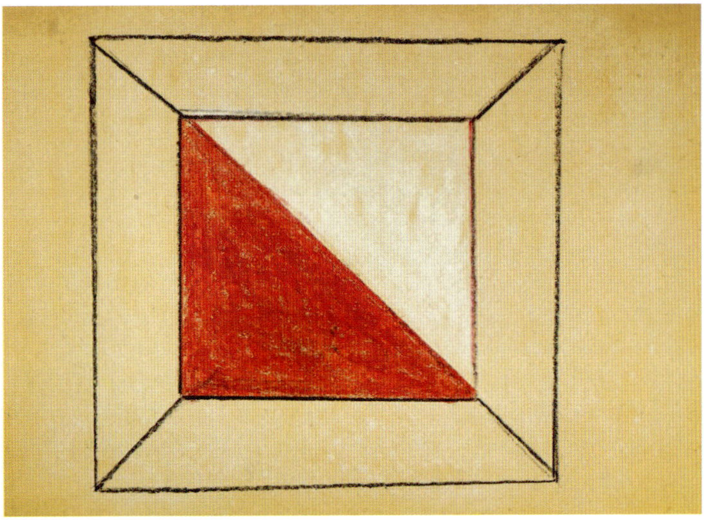

Kasimir Malewitsch,
Abstrakte Komposition, um 1913.

des Lichtes sein mag, klar und leuchtend wird es nur mit der Erkenntnis). Das Licht zu offenbaren bedeutet, dem Phänomen eine formale Verfasstheit zu geben, die Sonne und die Erde zu erhellen, nicht das Licht auf der Leinwand mit einem Lichtstrahl darzustellen. Das malerische Bewusstsein hat das Problem immer weiter vertieft, und im Maße seiner Vertiefung ist das Licht als etwas Autonomes von der Palette verschwunden und hat auf der Leinwand oder auf der Palette nur die Gegebenheiten hinterlassen, die es hervorbringen, das heißt die einzelnen Bestandteile des Farbspektrums."

„Eine Vielzahl von Erfahrungen (...), wonach das Licht nur Erkenntnis sein kann",[15] wie es bei Malewitsch heißt, kann nicht absehen von der malerischen Praxis, die dazu dient, das Licht zur Erscheinung zu bringen. Die Auflistung dieser Erfahrungen wäre, kurz gesagt, ein historischer Katalog der Maltechniken.

Die Temperamalerei hat ihre Wurzeln in den Kulturen des alten Indiens, Chinas und Japans. In Italien nahm sie vor und während des Mittelalters eine beherrschende Rolle ein. Später, um das 15. Jahrhundert, wird sie unter dem Einfluss des Erfolgs der flämischen Meister durch die Öltechnik ersetzt; allerdings war diese bereits seit der Antike bekannt, denn schon Vitruv und Plinius der Ältere berichten davon.

Die Temperamalerei erreichte ihren Höhepunkt mit den leuchtenden und majestätischen Gemälden Sandro Botticellis (1445 Florenz–1510 Florenz).

Vor ihm lassen sich in Italien drei große Stränge der Temperatechnik unterscheiden. Der erste (1200–1300) ist gekennzeichnet durch übereinandergelegte einheitliche Farbschichten. Wenn ein Künstler diese Arbeit beendet hatte, arbeitete er anschließend die Bereiche, auf die es ihm ankam, mit einer Schraffur aus feinsten Pinselstrichen heraus, um Körperlichkeit zu erzeugen. Helligkeit wurde also als ein Attribut der Formen betrachtet.

In der zweiten Periode der Temperamalerei (1300–1400) diente der erste Farbauftrag nicht mehr dem Aufbringen flächiger Farbe, sondern modellierte die Figur durch abgestufte Tonwerte vor, beginnend vom Dunkelsten bis zum Hellsten. Man fing an, formal wie symbolisch, das Licht als Relief zu denken. Giotto ist hierfür das bekannteste Beispiel.

Zu Beginn des 15. Jahrhunderts verfasste der Florentiner Maler Cennino Cennini (1370 Florenz–1440 Florenz) mit seinem *Libro dell'Arte* ein berühmtes Traktat über die Malerei, in dem er das Auftragen der Schattierungen und des Lichts als eine der wichtigsten Grundlagen bei der Ausbildung des Malers betrachtete.

Cennini thematisierte hier die Fertigkeit, Körperschatten und beleuchtete Partien malerisch umzusetzen, um Volumen und Tiefe zu erzeugen: hell im beleuchteten Bereich, mittelstark in der Übergangszone und dunkel im verschatteten Bereich.

Zur Realisierung von Schlagschatten gab Cennini allerdings keine Anweisungen, sondern überließ es den Malern seiner Generation, dafür intuitiv Lösungen zu finden. Dieser spezielle Lichtkontrast wurde vielfach einfach durch dunkle Flecken unter den Füßen der Figuren erzielt. Da diese Flecken in keinem präzisen Bezug zu der Form standen, die den Schatten hervorrief, verliehen sie den Körpern eine unnatürliche Schwere.

In der dritten Periode der Temperamalerei, nach der Mitte des 15. Jahrhunderts, erfolgte der Farbauftrag durch Lasuren, die aufgrund ihrer Transparenz der darunterliegenden Farbe eine gewisse Körperlichkeit verliehen. Damit erfuhr das Licht räumliche Tiefe und konnte als etwas erscheinen, das von außen, in bestimmten Fällen aber auch aus dem Inneren eines Gegenstands kommt. Die Form wurde damit zur Trägerin eines transzendenten Leuchtens.

Grundsätzlich betrachtet, nimmt das *Geistige in der Kunst* seinen Ausgang von der christlichen Kultur. Ein Beweis dafür ist die Ikone, die mit ihrem Bildnis der für jeden Gläubigen wichtigsten Figuren – Jesus, die Madonna und die Heiligen – eine lichthafte Transzendenz evoziert.

Die Ikonen (vom griechischen Wort *eikón*, Bild) entstanden als kleine tragbare Darstellungen, die auf einer Holztafel in unterschiedlicher Technik ausgeführt wurden, vor allem in Tempera, aber auch als Mosaik. Die Malweise war dabei stark durch die deutliche Veranschaulichung der Sakralität der gezeigten Figuren geprägt. Diese Figuren mussten frontal und unbeweglich dargestellt werden, um voll erkennbar zu sein. Häufig wurden die Bildnisse auch mit einer Kontur versehen, um die Figur flach und gleichzeitig abstrakt erscheinen zu lassen – also jenseits der menschlichen Realität.

Um die Farben zum Glänzen zu bringen, schuf der Maler zum Schluss den goldenen Hintergrund und trug auf der Basis von Leinöl eine Firnisschicht auf. In der byzantinischen Periode der christlichen Kunst war der Gebrauch von Gold weit verbreitet, weil es das wichtigste Symbol in der Wahrnehmung eines überweltlichen Lichts darstellte. Aus diesem Grund wählten die Maler der Ikonen den schimmernden Glanz des Goldes für ihre Hintergründe. Die Materialität der hauchdünnen Blättchen dieses Elements macht die dargestellten Figuren verehrungswürdig; sie scheinen aus einem Stoff zu bestehen, der sich der Berührung entzieht und einer zeitlosen Dimension angehört. Ihre philosophische Grundlage konnte die Praxis der Ikonenmalerei in Plotins *Enneaden* finden.

Vor dem 15. Jahrhundert werden auf Ikonen Lichtquellen höchst selten realistisch dargestellt. Das Sujet selbst ist in seiner Heiligkeit oder Göttlichkeit eine Quelle des Lichts und wird durch den Goldgrund noch einmal erhöht. Der Ikonenmaler war sich bewusst, dass das von ihm dargestellte Licht nicht das Licht der sinnlichen Welt war, sondern Emanation und Symbol des göttlichen, paradiesischen Lichts.

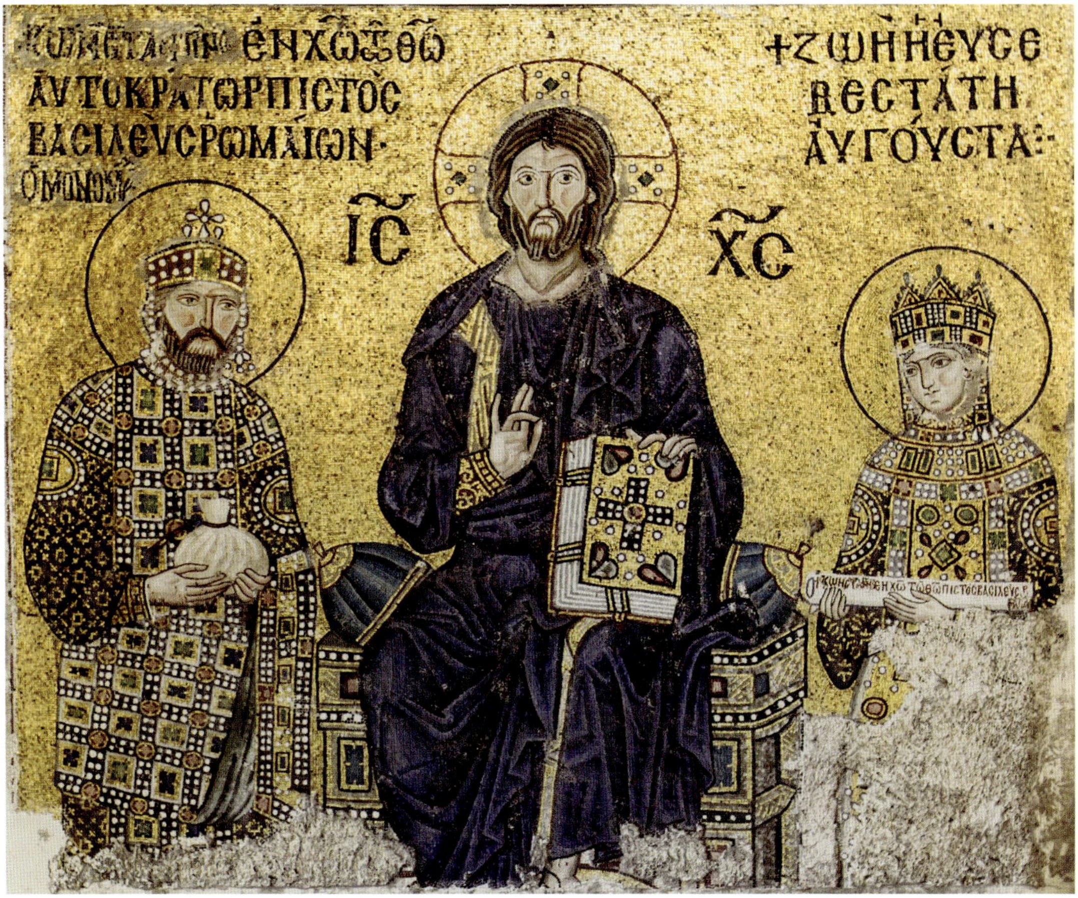

Mosaik in der Basilika Hagia Sophia in Istanbul, Christus Pantokrator mit Kaiser Kontantin IX. und dessen Gattin Zoe, um 1200.

Der heilige Bonaventura schreibt: „Wie das Licht, so ist Gott die Schönheit aller Dinge. Denn eigentlich ist Gott selbst das Licht, und jene Dinge, die sich am meisten zu ihm hinwenden, besitzen am meisten von der Natur des Lichts."

Diese transzendente Dimension des Lichts findet sich in jeder Kultur, und die Maler aller Epochen setzen sich mit ihr auseinander.

In manchen Strömungen der Moderne wurde die Funktion des Goldes wiederentdeckt, nun allerdings nicht mit religiöser, sondern gänzlich säkularer Konnotation. Erinnert sei nur an Klimts *Danae* (Öl auf Leinwand, 1907–1908) und den häufigen Gebrauch dieses Materials im Jugendstil.

Masaccio (1401 San Giovanni Valdano – 1428 Rom) malte um 1422 in den Fresken der Brancacci-Kapelle in Florenz als Erster wahrheitsgetreue Körper- und Schlagschatten, indem er sich der neuen Regeln der perspektivischen Darstellung bediente.

Simone Martini,
Verkündigung mit der heiligen Margarete und dem heiligen Ansanus, Mitteltafel, 1333. Galleria degli Uffizi, Florenz.

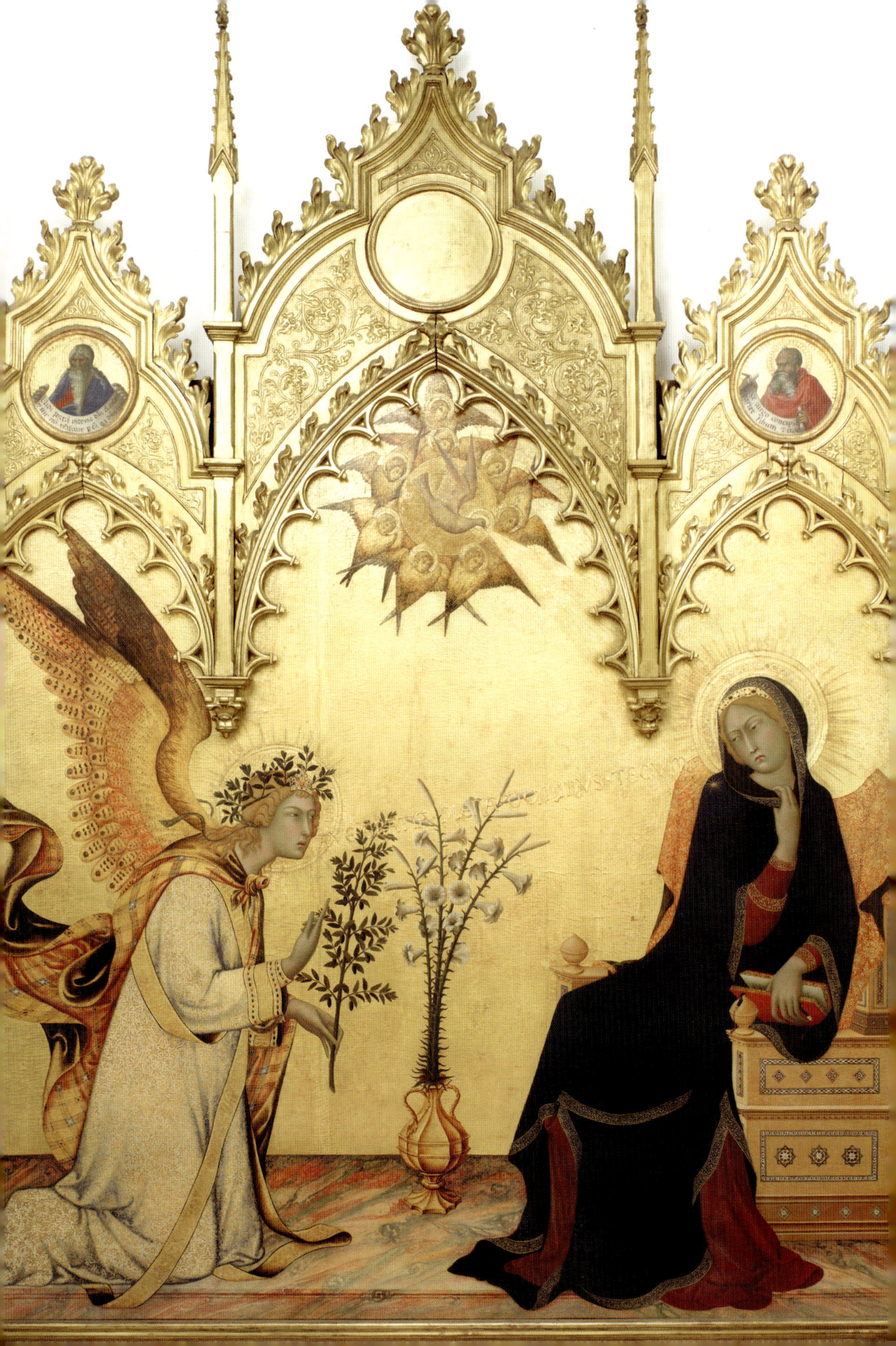

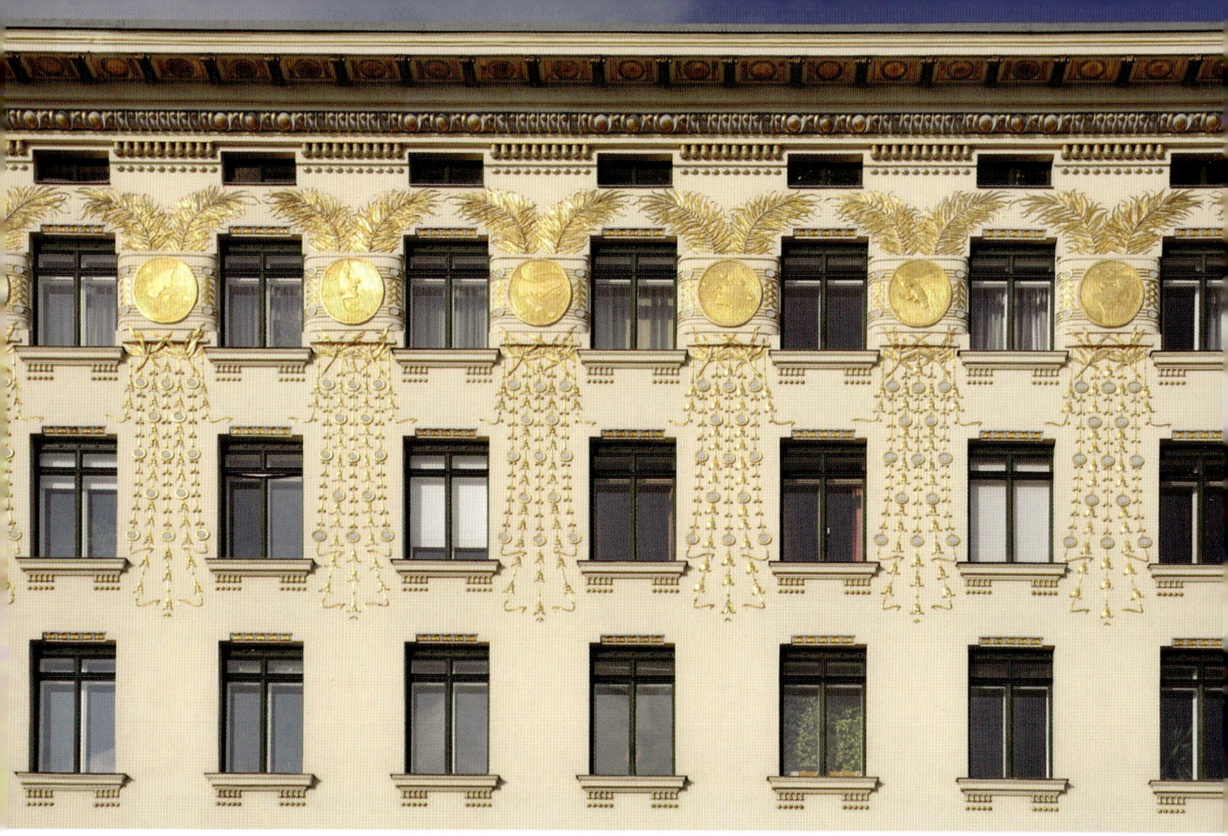

Otto Wagner,
Jugendstilfassade mit Ornamenten von Koloman Moser, vergoldete Palmblätter, stilisierte Pfauenfedern und goldene Medaillons, 1898–1899. Wienzeile 38, Wien.

Diese Serie von Fresken ist in Wahrheit Frucht seiner Zusammenarbeit mit Masolino da Panicale. Masaccio war es allerdings, der den Schatten, den die Personen auf den Boden werfen, besondere Aufmerksamkeit widmete. Dabei vernachlässigte er bisweilen die Schatten der Gebäude und den Schattenwurf auf vertikalen Flächen. Seine Malerei war innovativ, denn die Körper erhielten Gewicht und Festigkeit dank der Fähigkeit des Malers, ihren Schatten darzustellen.

Ab 1440 entschlossen sich viele Künstler zu einem freieren Gebrauch der Farbe. In Florenz bildete sich daher zwischen 1440 und 1465 mit der „Pittura di Luce“, der „Licht-Malerei“, eine neue Strömung der Renaissancemalerei heraus. Ihre bekanntesten Vertreter waren Domenico Veneziano, Andrea del Castagno, Fra Angelico, Paolo Uccello und Piero della Francesca. Der erste Bildhauer, der das Licht als substanziellen Bestandteil seiner Werke betrachtete, war Donatello mit seinen Basreliefs. Er erfand die Form des „rilievo stiacciato“ (wörtl. des „gequetschten Reliefs“), um sich das Licht zunutze zu machen.

Beim *stiacciato* handelt es sich um eine skulpturale Technik, mit der ein Relief durch minimale, bisweilen nur Millimeter messende Abweichungen gegenüber der Grundfläche realisiert wird. Dabei kann die jeweilige Darstellung erhaben oder vertieft ausgeführt werden. Um dem Betrachter die Illusion von Tiefe zu vermitteln, verringert sich die Dicke des Reliefs vom Vordergrund bis zum Hintergrund allmählich.

Beim *Gastmahl des Herodes*, einem vergoldeten Bronzerelief für das Taufbecken des Baptisteriums in Siena (1425–1427), ist der Raum in mehrere verschiedene Tiefenschichten gegliedert, obwohl der Höhenunterschied auf der Bronzetafel nur wenige Zentimeter beträgt. Auf diese Weise trifft das Licht gleichzeitig auf vorspringende wie zurücktretende Formen und spielt gleichzeitig auf den verschiedenen Ebenen des Vorder- wie des Hintergrunds.

Unseren Augen, die durch eine alles nivellierende Modernität verdorben sind, mag diese vergoldete Tafel als eine Antiquität unter tausend anderen erscheinen. Doch es ist in der Tat gerade die unterbliebene millimetergenaue Nivellierung der Bildebenen des Reliefs, die die wundervolle Illusion einer großen Tiefe schafft, auch wenn es sich in Wirklichkeit nur um minimale Höhenunterschiede handelt. Außerdem steigert die Vergoldung den Glanz der am meisten hervortretenden Partien, sobald Licht auf die Tafel trifft. Hier erfüllt das Gold eine gänzlich andere Funktion als beim Goldgrund der Ikonen oder im auffälligen Prunk des Jugendstils.

Donatello,
Kassette 6, Gastmahl des Herodes, 1425–1427. Tafel am Taufbecken des Baptisteriums in Siena.

Im 15. Jahrhundert wurden die Schlagschatten mit großer Finesse ausgeführt. Generationen von Malern stellten sie gekonnt dar, so etwa

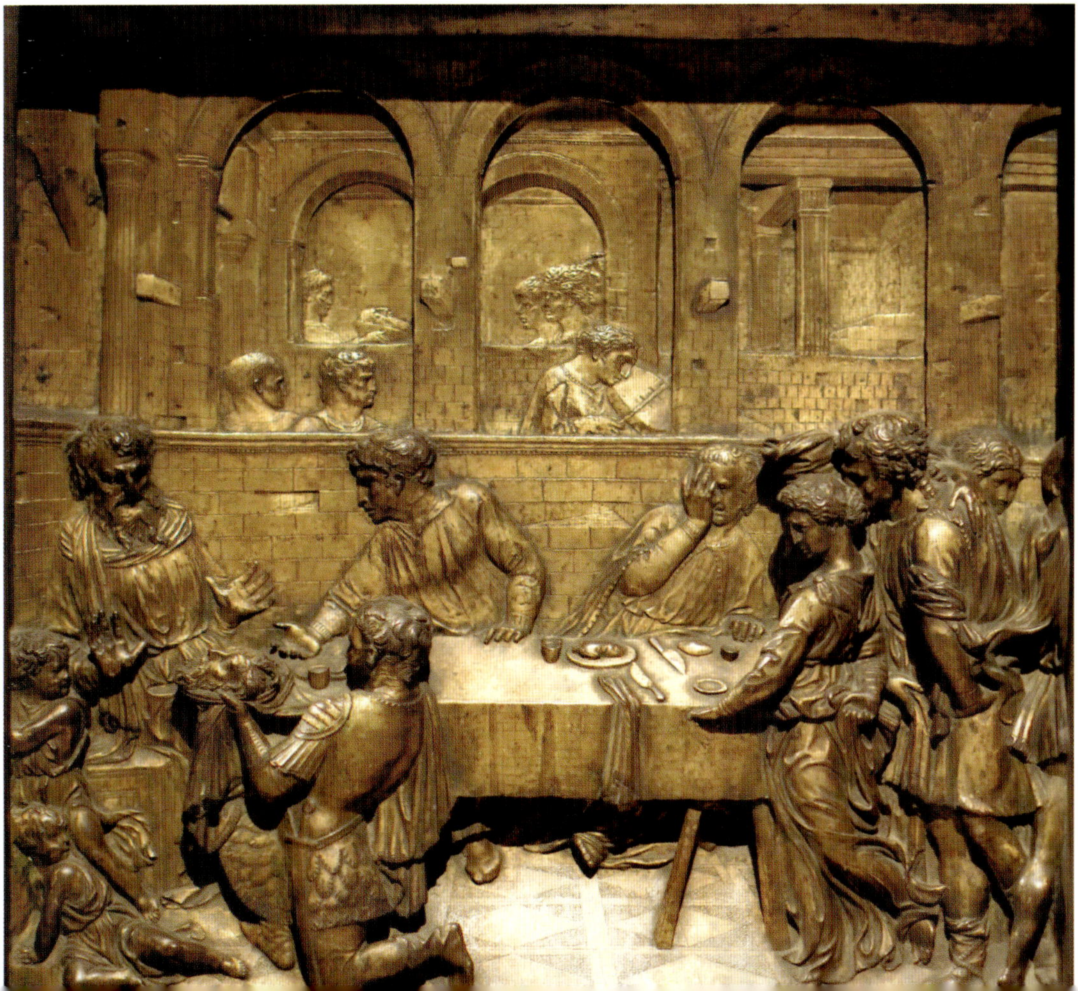

Fra Angelico im Kloster San Marco in Florenz. Wir sehen dort die außerordentliche Wirkung der leichten Schatten, die das auf die Wandkapitelle fallende Licht hervorruft (Detail der *Verkündigung* auf dem Nordkorridor). Es vergingen rund siebzig Jahre, während derer die großen Meister der Renaissance lebten und starben (Piero della Francesca 1492, Leonardo 1519 und Dürer 1528) – und die Schlagschatten verloren allmählich an Bedeutung, ja es wurde sogar geradezu von ihrer Verwendung abgeraten.

Einige der größten Künstler der Renaissancemalerei scheinen die Darstellung der Schlagschatten in ihrem Werk bewusst ignoriert zu haben. Selbst in Gemälden, die zu Meilensteinen in der Geschichte der Naturdarstellung wurden, sehen wir eine unnatürliche Welt, weil in ihr die Schatten, die die Gegenstände werfen, fehlen.

In diesen Werken finden wir eine jahrhundertealte Erfahrung in den mannigfaltigen Farbschattierungen zur Darstellung der Hell-Dunkel-Kontraste, der Tiefe und des Volumens, ohne dabei sonderliches Gewicht auf die Schatten zu legen, die die Hauptfiguren auf die Umgebung werfen.

Im Jahr 1401, mit dem die Geschichtsbücher die Renaissance beginnen lassen, wird ein Maler namens Tommaso geboren – sein Name wird später in Tommasaccio und schließlich Masaccio abgewandelt (in Anspielung auf sein zerstreutes Wesen und seine Nachlässigkeit). Im Alter von vierundzwanzig Jahren vollendet er 1425 das Fresko *Der Heilige Petrus heilt die Kranken mit seinem Schatten* in der Brancacci-Kapelle in Florenz: ein Thema, bei dem er nicht umhin konnte, sich mit der Darstellung der Schlagschatten zu beschäftigen.

Das Fresko illustriert die Verse 5, 12–15 der Apostelgeschichte. In der kunsthistorischen Literatur finden wir Aussagen wie diese: „In der Brancacci-Kapelle begegnen uns die ersten Schlagschatten in der Geschichte der Malerei.“ Erstaunlicherweise schuf aber bereits ein Jahrzehnt zuvor der flämische Maler Robert Campin mit seiner zur damaligen Zeit sehr geschätzten Werkstatt einige Werke, in denen die Schlagschatten mit äußerster Präzision – beinahe wie auf einer modernen Fotografie – ausgeführt wurden. Hingewiesen sei nur auf den Schatten des an die Kaminwand gelehnten Schürhakens auf dem Bild der *Madonna mit Kind in einem Zimmer* (S. 108) oder auf die komplexe Artikulation des Raums durch das Licht im *Mérode-Triptychon* (S. 109).

Das *Mérode-Triptychon* würde eine ausführliche und detaillierte Untersuchung in Hinblick auf das komplexe Zusammenspiel von Farbe und Licht verdienen, das darauf angelegt ist, drei Räume und ihre Bewohner zu definieren. Ich will an dieser Stelle nur darauf aufmerksam machen, wie Robert Campins malerische Umsetzung das Auge des Betrachters auf drei Raumkonfigurationen lenkt, die in unterschiedlicher Weise

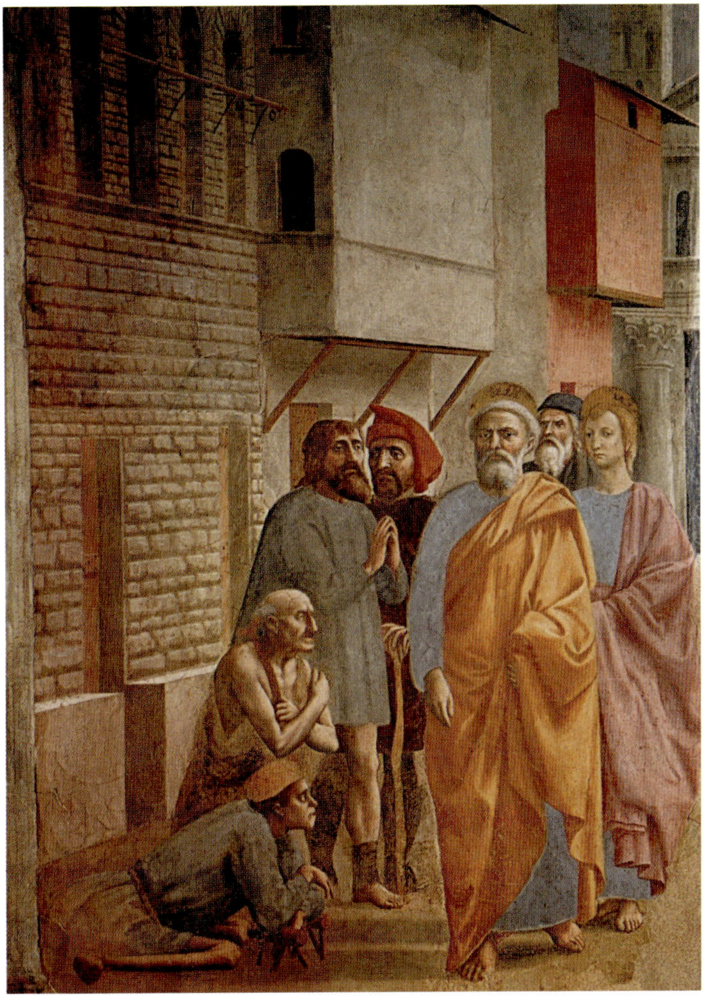

Masaccio,
Der Heilige Petrus heilt die Kranken mit seinem Schatten, Fresko der Brancacci-Kapelle in der Kirche Santa Maria del Carmine, 1425–1427. Florenz.

durch das Phänomen Licht modelliert werden. Die ersten beiden Tafeln werden gleichmäßig durch ein unsichtbares, diffuses Licht erhellt, dessen Quelle nicht deutlich erkennbar ist. Die dritte Tafel vermittelt dem Betrachter hingegen den Eindruck, dass er sich im Halbschatten in einem ausgewogenen Hell-Dunkel-Gleichgewicht befindet und die Beleuchtung von einer ganz bestimmten externen Quelle kommt; hier haben wir ein sichtbares Licht.

In der Malerei der Renaissance fällt dem Licht die Aufgabe zu, jeden Gegenstand mit fast schon wissenschaftlicher Genauigkeit erscheinen zu lassen. Aus diesem Grund versetzt diese Kunst das Auge des Betrachters in ein diffuses Licht, das vor allem durch die abgestufte und weiche Umgebungsbeleuchtung geschaffen wird, die Volumen und

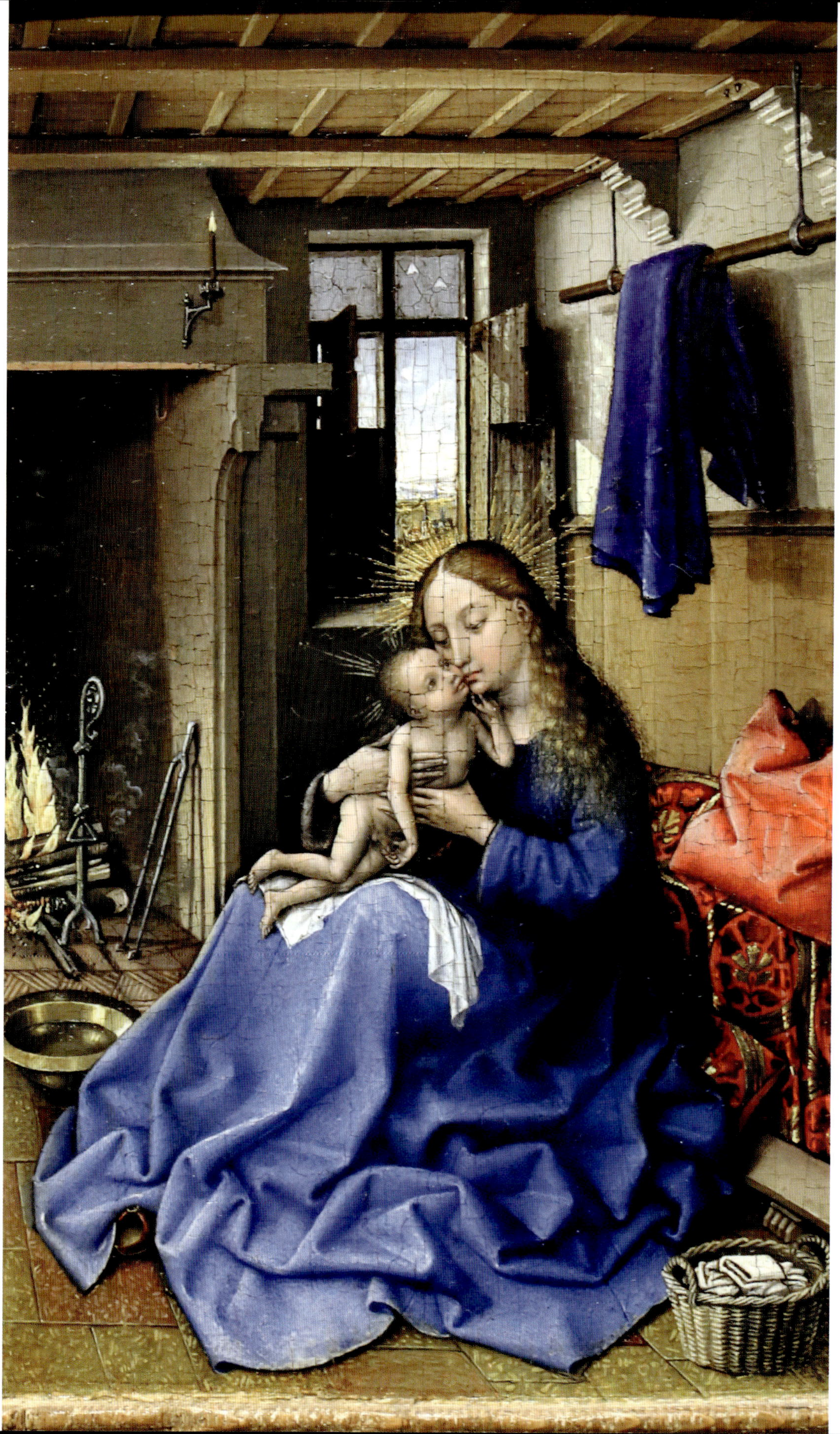

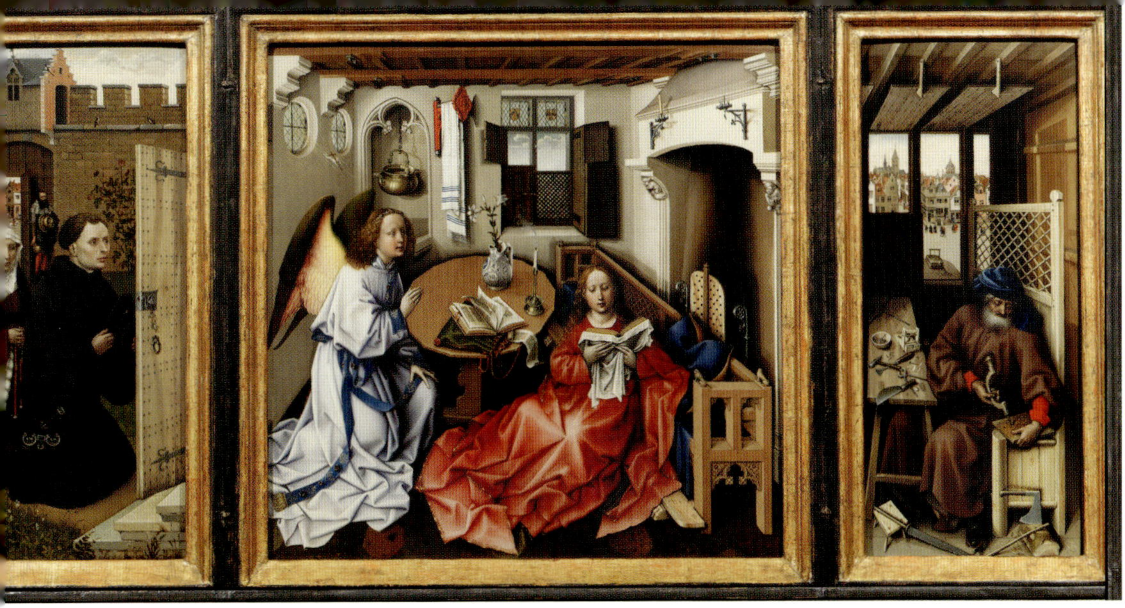

Robert Campin (Werkstatt),
Mérode-Triptychon, 1427–1428.
Metropolitan Museum of Art, New York.

Oberflächen herausarbeiten soll. Es ist ein beleuchtetes und leuchtendes Universum, wie etwa bei Piero della Francesca, der seine Untersuchungen der Perspektive mit Farbtonwerten verbindet, um auf diese Weise eine außerordentliche Natürlichkeit bei der Darstellung des Lichts zu erreichen.

Die Maler der Renaissance trugen die Farbe gewöhnlich in mehreren Schichten (Lasuren) auf. Durch diese Technik wurden die Formen nicht gezeichnet, sondern mittels eines Farb-Licht-Verlaufs geformt, der sich in feinen Hell-Dunkel-Partien entfaltete. Giovanni Bellinis *Madonna im Grünen* (S. 110) ist ein Beispiel für dieses Verfahren. Zudem besitzt die Farbe bis ins 16. Jahrhundert hinein einen symbolischen und funktionalen Charakter, der mit dem spezifischen Wert der Materialien verbunden ist, mit denen sie ausgeführt wurde.

Bei Michelangelos Kopie von Masaccios Fresko *Der Zinsgroschen*, einer Feder- und Rötelzeichnung auf Papier (S. 111), ist deutlich zu sehen, dass die Hell-Dunkel-Wirkung durch eine wohlbekannte Technik erzielt wird, nämlich die Schraffur. Erstaunlich ist das Entstehungsdatum dieser Zeichnung – Michelangelo war erst zwischen 13 und 14 Jahren alt, als er sie schuf. Doch nicht allein dieser Umstand ist bemerkenswert, vielmehr weist die Schraffur auch eine durchaus ungewöhnliche Besonderheit auf. Üblicherweise verwendeten die Künstler dieser Zeit eine Kreuzschraffur oder auch eine modulierte Schraffur, um den Verlauf einer Form wiederzugeben.

Diese Verfahren bestanden darin, regelmäßige Linien in schrittweise zunehmender Dichte zu setzen, ohne dabei jedoch je bis zum vollkommenen Schwarz zu gelangen, denn dadurch hätte die fertige Zeichnung zu starke Kontraste aufgewiesen und wäre leblos erschienen. In seiner Kopie des *Heiligen Petrus* verwendet Michelangelo die Kreuzschraffur, zugleich aber auch die modulierte Schraffur, die jedoch unregelmäßig erscheint; bisweilen folgt sie der einen Richtung, oft einer

Robert Campin (Werkstatt),
Madonna mit Kind in einem Zimmer, 1432.
National Gallery, London.

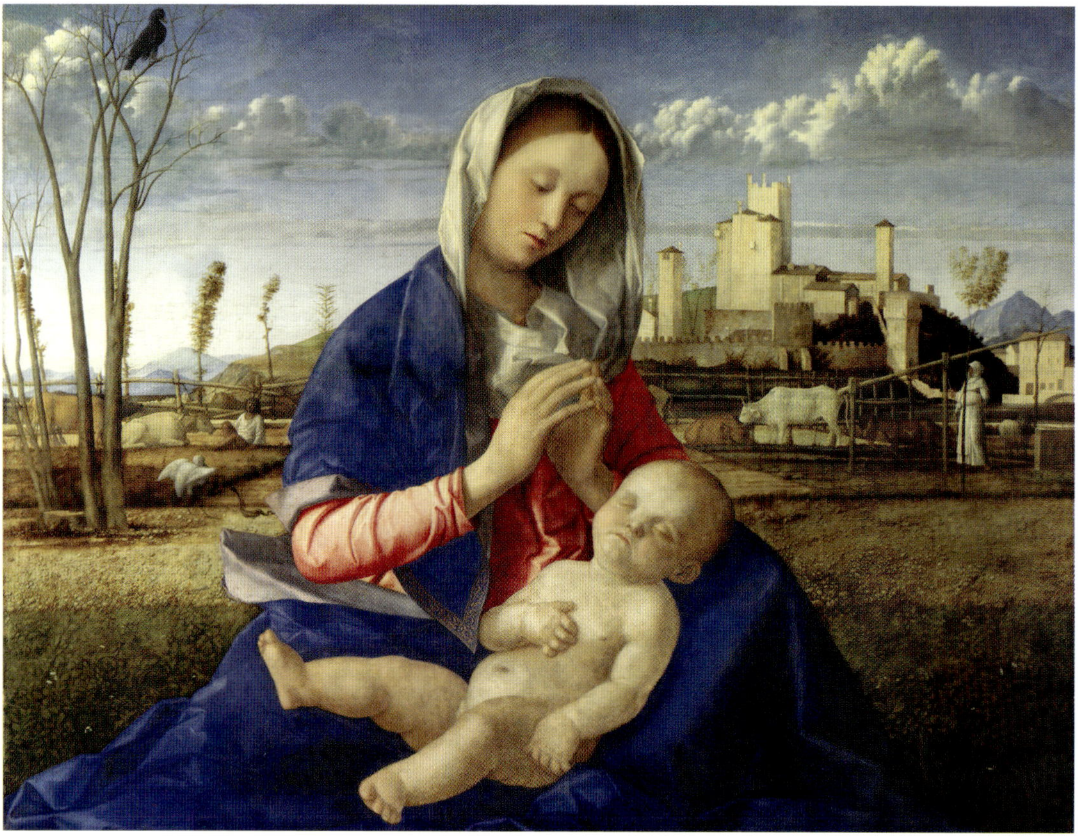

Giovanni Bellini,
Madonna im Grünen, um 1505.
National Gallery, London.

anderen, geradezu entgegengesetzten – besonders deutlich zeigt sich dies bei dem im Schatten liegenden Teil des Ärmels oder den dunkelsten Gewandpartien unten links. Die Vermischung von Kreuzschraffur und modulierter Schraffur ist keine Unsicherheit des jungen Künstlers, denn in etliche Jahre später entstandenen Zeichnungen wie der *Studie zu einem Männerkopf* wiederholt Michelangelo diese Technik, wenn auch weniger offensichtlich. Wir müssen bedenken, dass Buonarroti ein sehr vielseitiger Künstler war: Maler, Bildhauer und Architekt. Deshalb wird bei ihm sogar eine beliebige Studienzeichnung zum Bild, zur Skulptur und zur Architektur einer Formidee. Für Michelangelo ist die Kreuz- und modulierte Schraffur von Anfang an eine sichtbare und berührbare Materie.

Eine andere Art der Hell-Dunkel-Darstellung ist das *sfumato*, durch das eine äußerst suggestive Wirkung erreicht wird. Durch das Pulver eines Bleistifts, eines Stücks Zeichenkohle oder Kreide wird der Hell-Dunkel-Übergang weniger auffällig als bei der Schraffur mit der Feder. Das Endergebnis ist von außerordentlicher Weichheit und gibt den

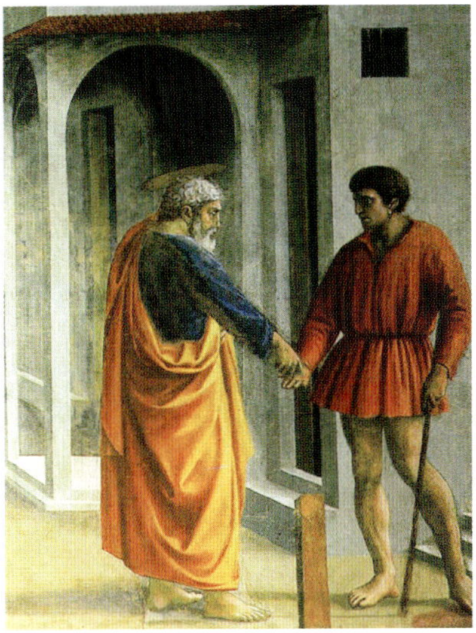

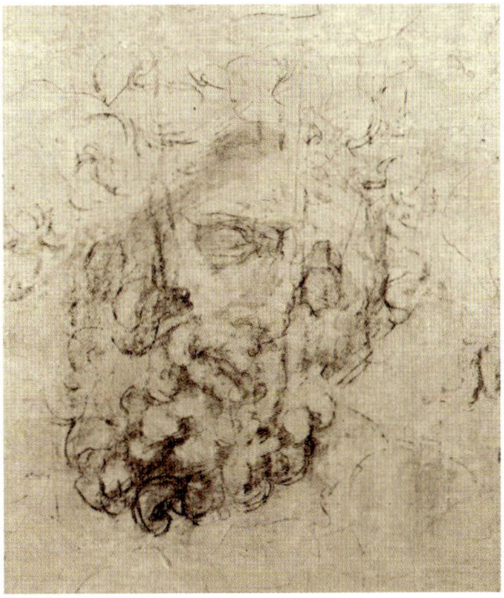

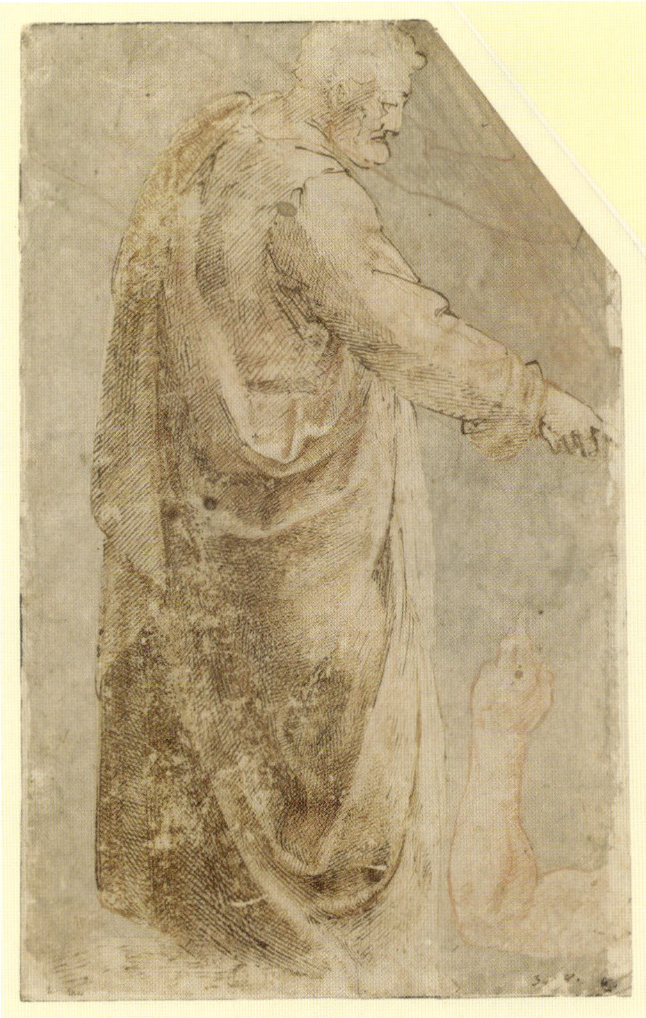

Links oben: **Masaccio,** Der Zinsgroschen, 1424–1428. Fresko in Santa Maria del Carmine, Florenz. (Ausschnitt)
Rechts oben: **Michelangelo,** Detail einer Kopie des Heiligen Petrus von Masaccio (Vorlage links oben), um 1493. Staatliche Graphische Sammlung, München.
Links unten: **Michelangelo,** Studie zu einem Männerkopf, 1529. Medici-Kapellen, Basilica di San Lorenzo, Florenz.

Schliff der Form vollendet wieder. Erst mit Leonardos *sfumato* öffnet sich die volle Sichtbarkeit des Lichts einer modernen Auffassung.

Denn sein berühmtes *sfumato* ist die malerische Umsetzung der Dichte des Lichts, seiner Nuancierung durch den Filter der Atmosphäre, fast wie bei einer Fotografie, mit harmonischen Hell-Dunkel-Abstufungen und Farbverläufen. Für Leonardo ist das Licht ein bestimmendes Element des Bildes. Mit Hilfe eines raffinierten Einsatzes von Tönungen dosiert er es in seinen Gemälden sehr präzise, denn „zuviel Licht wirkt grell“, wie der Künstler in seinem *Trattato della pittura* (*Traktat über die Malerei*) festgehalten hat.

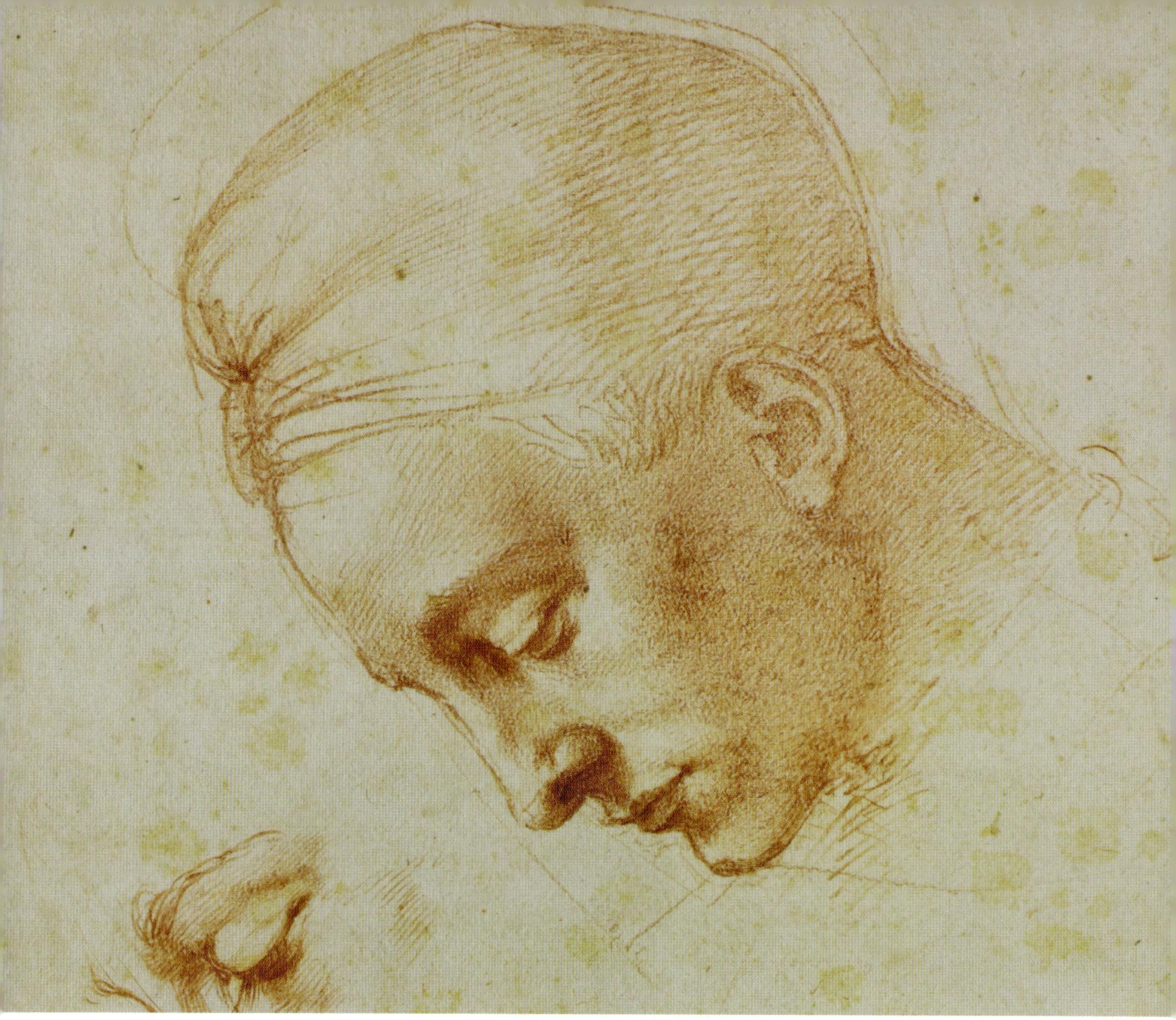

Michelangelo,
Studie zu Leda mit dem Schwan (Ausschnitt), um 1530. Casa Buonarotti, Florenz.

Leonardos Überlegungen gelten des Weiteren der Rolle des Lichts in der Luftperspektive und der Beziehung, die dabei zwischen dem Licht und der Erdatmosphäre in ihrer jeweiligen Dichte besteht. Aus dieser Interaktion ergibt sich der Eindruck räumlicher Tiefe. Tiefe und Dreidimensionalität in der Malerei zu schaffen bedeutet eine Auseinandersetzung mit der Wirkung des Lichts in der Atmosphäre von einem bestimmten Blickpunkt aus (diese Gedanken sind Leonardos *Libro della pittura* entnommen, inbesondere dem zweiten Teil, Abschnitt 239: „Wo das Blau der Luft herrührt").

Leonardo gibt ausführliche Anweisungen. So empfiehlt er in diesem Fall für Szenen unter freiem Himmel die Verwendung von Nebel oder transparenten Wolken, um scharfe Figurenschatten zu vermeiden.

Leonardo war ein Wegbereiter, und obwohl er auf ganzen 67 Seiten des *Codex Urbinas* die Wirkungen von Licht und Schatten erörtert, misst er den Schlagschatten kaum Bedeutung zu: „Das allzu deutlich durch die Schatten durchschnittene Licht wird von den Malern aufs höchste getadelt."

Jedenfalls stellte man in den Werkstätten der Meister des Cinquecento keine großen Überlegungen zu den Schlagschatten an. Vielleicht deswegen, weil man sich dort mehr auf die Effekte konzentrierte, die eine einheitliche, intensive Lichtquelle hervorruft: die Sonne als Ursprung eines diffusen Lichts. Man beschäftigte sich also vor allem mit den verschiedenen Farb-Licht-Abstufungen, die durch eine Lichtquelle entstehen, die wiederum durch ihre Auswirkungen sichtbar wird.

Erst bei Caravaggio wird das Licht zu etwas sichtbar Konkretem werden, zu einer Materie, die das Auge des Betrachters in eine vollkommen im Schatten liegende Zone an der Grenze zwischen Licht und Dunkel versetzt.

Doch zunächst seien noch einige Beispiele für das Licht bei Michelangelo: Um die Oberflächen seiner Skulpturen zu beleben, bediente sich der Künstler auch der Technik des *Non-finito* und nutzte geschickt die Möglichkeiten des Lichts zur Steigerung der sinnlichen Qualität seiner Marmorskulpturen. Bei diesen Werken finden wir abwechselnd polierte Oberflächen, an denen das Licht weich entlanggleitet (wie zum Beispiel beim *Leuchterengel* der Arca di San Domenico und raue, unregelmäßige, eben nicht-vollendete Oberflächen, auf denen das Licht ein stimmungsvolles Vibrieren erzeugt, wie bei der Figur der *Abenddämmerung* (1524–1534).

Die interessantesten Resultate erzielt der Künstler aber bei vielen Figuren in den Lünetten der Sixtinischen Kapelle, auf die der Maler ein Licht fallen lässt, als seien sie Skulpturen. Häufig weisen sie (besonders die Kleidung) seltsame, unnatürliche Farben auf, die sämtlich nach dem Prinzip des Gegensatzes der Komplementärfarben angeordnet sind. So wird beispielsweise bei der Lünette mit der Figur des

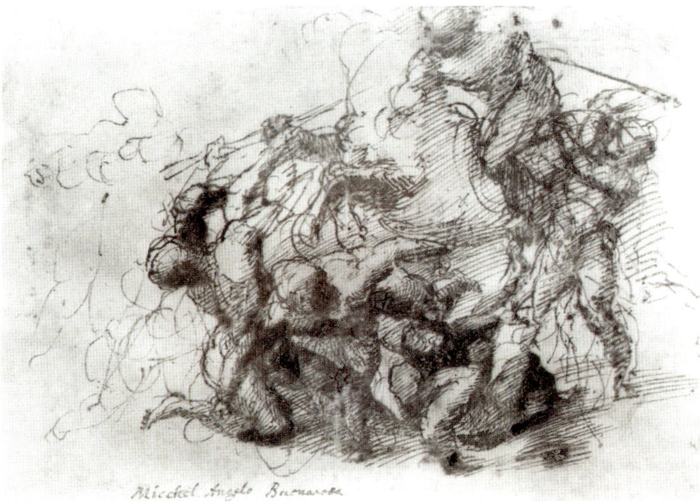

Michelangelo,
Schlachtszene, Federzeichnung mit brauner Tinte, um 1504. Ashmolean Museum, Oxford.

Bei dieser Studie zeigt sich, wie Michelangelo mittels der Schraffur rasch eine Gesamtszene entwirft – im Gegensatz zum sorgfältig ausgeführten *sfumato* bei der Figur der Leda. Dieser große Künstler war in der Lage, mit jedem Strich das gewünschte Resultat hervorzurufen.

Amminadab das Paar Rot-Orange / Grünlich-Grau nicht durch die *sfumato*-Technik verschmolzen; vielmehr setzt Michelangelo hier mit kräftigen Pinselstrichen von fast reiner Farbe die gegensätzlichen Töne nebeneinander, um den Effekt eines energiegeladenen Irisierens zu erzielen.

Das Irisieren ist ein Phänomen, bei dem durch den Lichteinfall das Chroma (die relative Farbwirkung) in vibrierende Bewegung versetzt wird und sich der Effekt eines Farbwechsels ergibt. Buonarroti war der erste, der von diesem malerischen Mittel Gebrauch machte. Das hatte bei ihm keine symbolische Bedeutung, sondern diente ihm nur dazu, eine Ansicht zu beleben, die ihm zu statisch erschien. Diese Konzeption Buonarrotis fand in der Folgezeit große Aufmerksamkeit bei den manieristischen Malern.

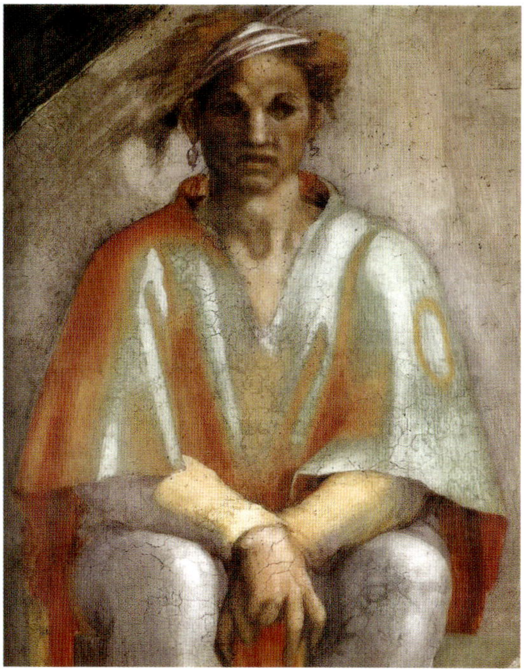

Michelangelo,
Lünette des Amminadab, 1511–1512, Sixtinische Kapelle, Vatikanstadt.

Auch Matthias Grünewald (1470 Würzburg – 1528 Halle/Saale), alles andere als ein Manierist, hat bei der *Auferstehung Christi* (S. 115) auf den Lichteffekt des Irisierens zurückgegriffen. Sein Grabtuch verbindet mit seinem bläulichen Schimmer wie ein vibrierendes Gerüst die Dunkelheit der Umgebung mit dem strahlenden Leuchten im Zentrum, das das Antlitz Jesu zu verschlingen scheint.

In der Spätrenaissance wird mit Jacopo Robusti das Licht zu einem machtvollen Gestaltungsmittel der Bildkomposition. Von hier aus nimmt der spektakuläre Gebrauch des Lichts in der Kunst des Barock seinen Anfang und die Barockkünstler setzten das Licht ein, um die Dynamik und emotionale Wirkung ihrer Werke zu steigern.

Damit sind wir bei Caravaggio angelangt. Michelangelo Merisi da Caravaggio ignoriert die Farboszillationen als Lichteffekt vollkommen. Sein Auge sucht all jene Aspekte des Sichtbaren hervorzuheben, die das Bild einer lebensechten, harten, oft grausamen Realität vermitteln.

Sicherlich ist sein berühmter einfallender Lichtstrahl sein bekanntestes Kennzeichen. In der *Berufung des Heiligen Matthäus* beispielsweise dringt das Licht in das Bild ein, indem es diagonal das gesamte Gemälde teilt; es streift zunächst das Gesicht und die Hand Jesu, um dann die um den Tisch sitzenden Figuren zu beleuchten.

Bei Caravaggio wird das Licht zum Mittel, alle Elemente eines starken Realismus in Szene zu setzen. Doch eigentlich malt Caravaggio gar nicht das Licht, sondern das Dunkel.

Alle seine Formen sind im Grund ein Auftauchen aus der Dunkelheit, das durch eine unsichtbare Lichtquelle akzentuiert wird. Diese befindet sich außerhalb des Blickfelds, wird von uns aber als einfallendes

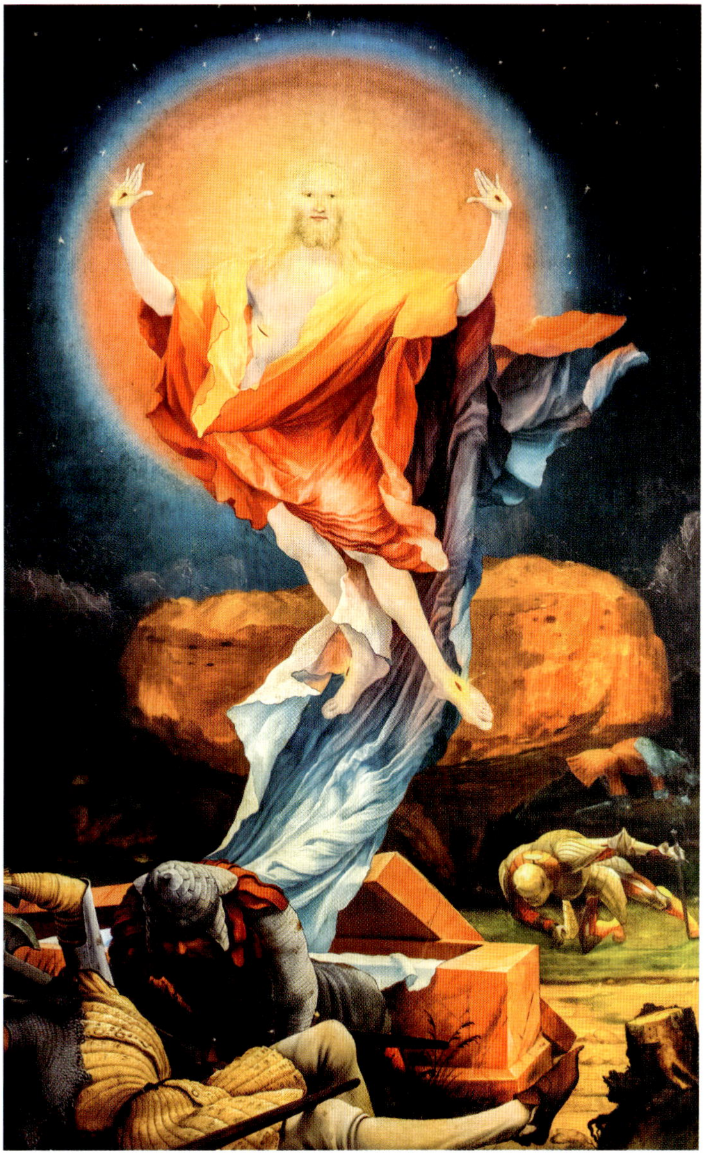

Matthias Grünewald,
Auferstehung Christi, Isenheimer Altar, 1512–1515. Musée d'Unterlinden, Colmar.

Licht wahrgenommen. Es scheint, als würde der Maler die Szene wie herausgemeißelt auf eine Theaterbühne stellen, so wie sie sich einem Zuschauer vom Parkett aus darstellen würde und dabei konsequent alles abdunkeln, was er für seine Bilderzählung nicht benötigt.

Er setzt zudem, ebenfalls wie auf dem Theater, zahlreiche andere Mittel ein, um seiner Darstellung realistische Glaubwürdigkeit zu verleihen: Details wie Fingernägel mit Schmutzrändern, dreckige Füße,

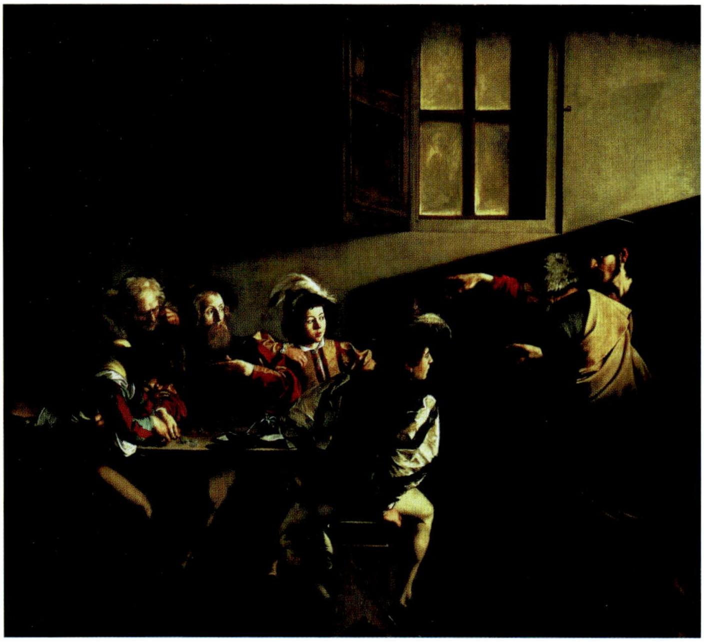

Caravaggio,
Berufung des Heiligen Matthäus, 1599–1600. Kirche San Luigi dei Francesi, Rom.

Runzeln, Falten und Risse in der Haut. Das alles wirkt so, als sei etwas geschehen und werde nun für alle Ewigkeit so weiter gehen – ein Standbild in einem Film, wie wir heute sagen würden.

Caravaggio hatte keine Schüler, aber zahlreiche Bewunderer und Anhänger. Bei vielen Barockmalern finden sich dunkle Hintergründe, die denen Merisis gleichen. Doch die Darstellung fällt bei ihnen nicht derart gewaltig aus wie bei dem lombardischen Meister; vielmehr wird oft eine alltägliche Normalität eingefangen, bei der das Licht einer einzigen Kerze die alleinige Lichtquelle ist. Ein wunderbares Beispiel dafür findet sich bei Georges de La Tour.

IN DER LEHRE BEI MEISTER MERISI

Im Barockzeitalter vollzieht sich ein radikaler historischer Wandel der ästhetischen Wertungen: Die Achse verschiebt sich vom Ideal einer ruhigen und genauen Wahrnehmung hin zu einem Illusorisch-Wunderbaren. Nur wenige Zeitgenossen erkannten damals, was hier geschah. Vielleicht war sich nicht einmal Caravaggio selbst, der große Interpret dieser Revolution in der Malerei, der prophetischen Bedeutung seiner Kunst bewusst. Aber jedes seiner Werke bezeugt, dass damit jede frühere Art von Malerei – und auch die seiner Zeitgenossen – überwunden war. Bereits bei seinem *Obstkorb* (1594/1598) hat der Maler den Mut, uns einen wurmstichigen Apfel vorzuführen, ein Spektrum heller und dunkler Trauben, deren Blätter vertrocknet und von Insekten zerfressen sind. Welche Erfahrung will Caravaggio uns vermitteln, wenn wir seine Bilder betrachten? Dass jedes Gemälde nicht etwas ist, das sich wie ein Schleier des Sichtbaren über unsere Augen legt, sondern dass es eine eigene taktile Qualität besitzt. Dass in den Schichten der Malerei eingefangene Farb-Licht-Spektrum will uns verführen, die uns entrückte Bildoberfläche zu berühren, anzufassen, zu streicheln … beinahe jedenfalls. Die zeitgenössischen Kunstkenner und auch viele Maler der Epoche verstanden sehr wohl, welche Lektion Caravaggio ihnen erteilte. So beispielsweise Giacomo Ceruti (1698 Mailand – 1767 Mailand), der mit seinen verblüffenden Stilleben dieses Genre zu unübertroffener Höhe führte. Seine Malerei ist an jeder Stelle von wunderbarer Intensität. Die Köpfe, Gefieder, Pfoten, Gemüse, Kupfergeräte, Zinngeschirre, Keramikgefäße werden vom Künstler unablässig bis in jedes Detail differenziert und mit sicheren kurzen Pinselstrichen auf die Leinwand gebracht. Auf diese Weise gelingt es ihm, die physische Konkretheit jedes Objekts in seiner Fülle zu erfassen und die vielfältigen Variationen des Lichts zu materialisieren. Das taktil-malerisch-Lichthafte ist das eigentliche Thema von Cerutis Stillleben.

Caravaggio hat nicht viele Bilder gemalt, vierzig lassen sich mit Sicherheit seiner Hand zuweisen, und so stellt sich spontan die Frage: Wenn er nicht unter mysteriösen Umständen im Alter von 39 Jahren

Caravaggio, Obstkorb, 1594–1598. Pinacoteca Ambrosiana, Mailand.

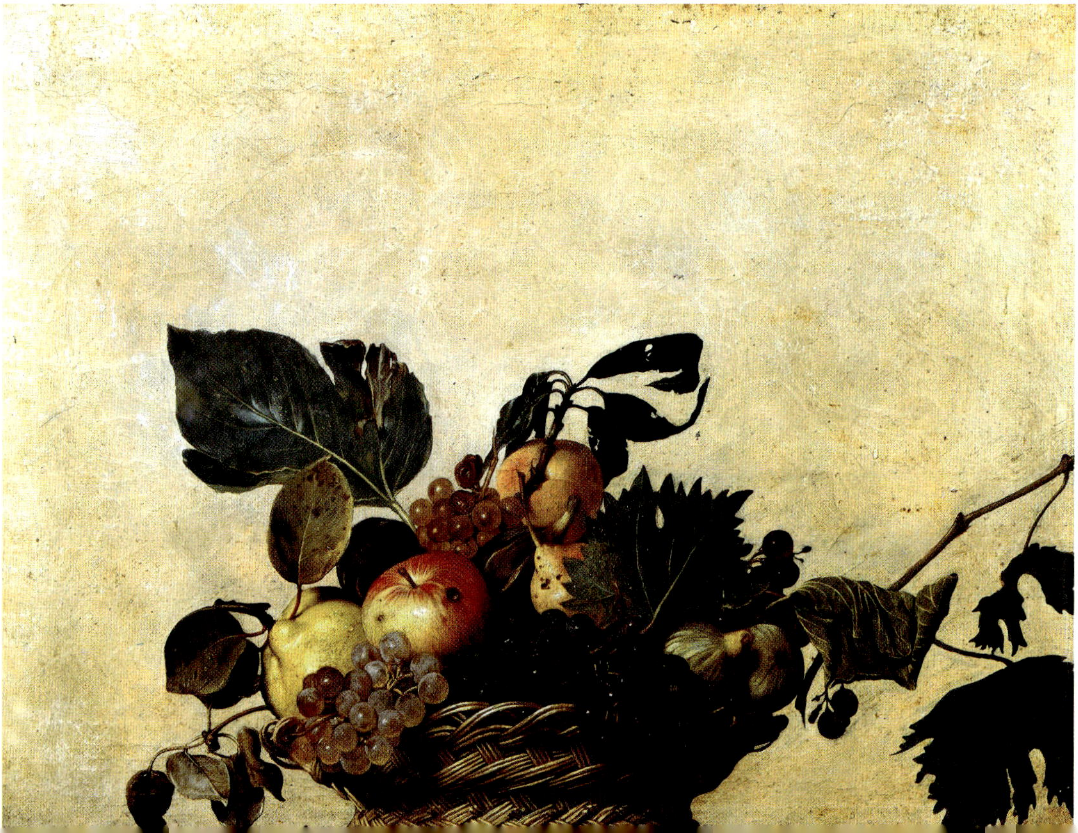

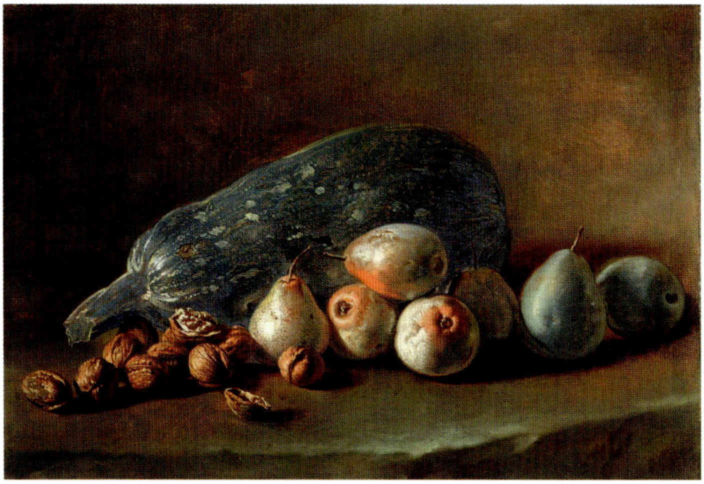

Giacomo Ceruti,
Stillleben mit Kürbis, Birnen und Walnüssen, 1750. Pinacoteca di Brera, Mailand.

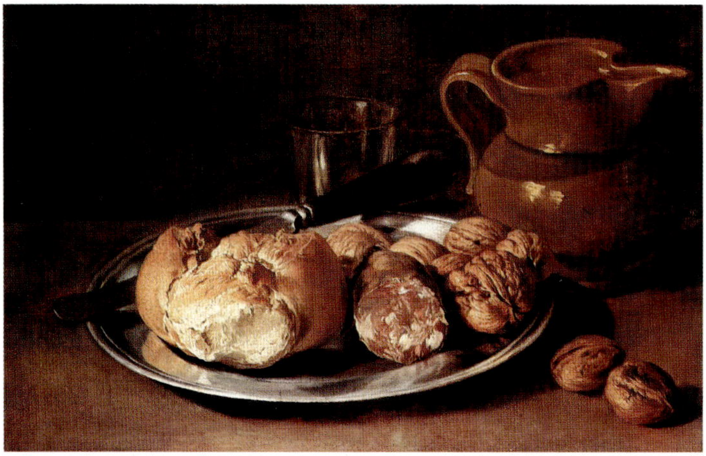

Giacomo Ceruti,
Stillleben mit Brot, Nüssen und Wein, um 1750. Privatsammlung.

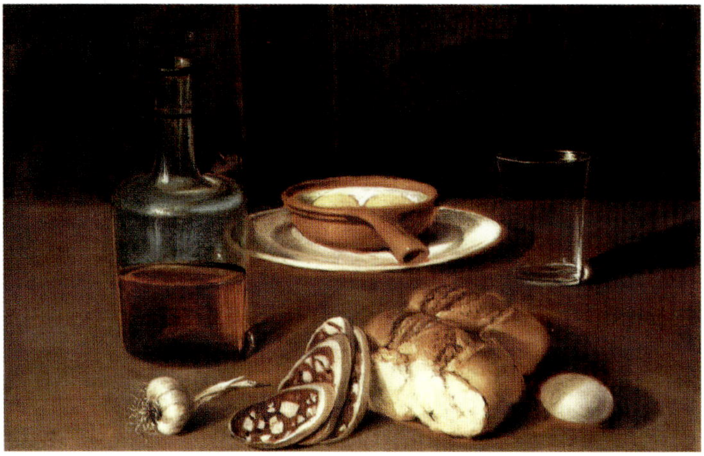

Giacomo Ceruti,
Stillleben mit Eiern, Salami, Brot, Wein und Knoblauch, um 1750. Privatsammlung.

in Porto Ercole ums Leben gekommen wäre – welchen Weg hätte seine Malerei dann eingeschlagen? Eine mögliche Antwort formulierte der große Kunsthistoriker Roberto Longhi in seinem Buch über Caravaggio. Ihm zufolge wären Ribera, Vermeer, La Tour und Rembrandt ohne Caravaggio niemals möglich gewesen, und die Kunst von Delacroix, Corbet und Manet hätte gänzlich anders ausgesehen.[16] Longhi beantwortete diese Frage also mit der These, dass die Fortsetzung von Caravaggios Malerei die moderne Kunst ist.

Viele Kunstwissenschaftler sind der Auffassung, dass Merisis Revolution in der avanciertesten Darstellung des Lichts seiner Zeit bestand, seine Werke sind eine Vorwegnahme unserer Sehweise. Sie sind quasi die Prophezeiung des modernen fotografischen Blicks, der darauf abzielt, den Hell-Dunkel-Kontrast hervorzuheben und ein Ereignis als Lichtphänomen in Szene zu setzen.

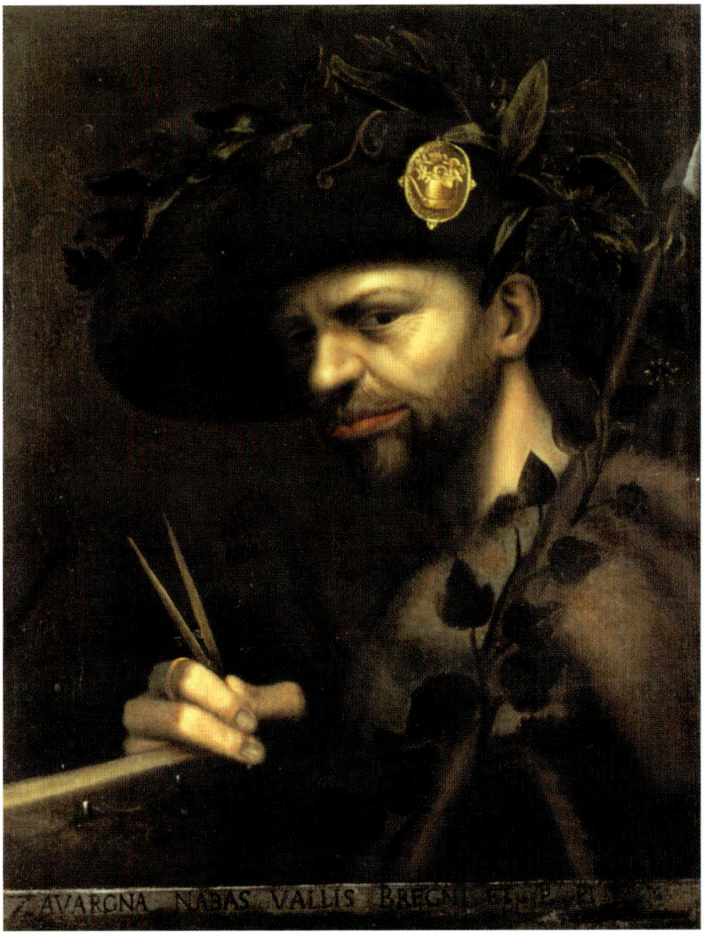

Paolo Lomazzo,
Selbstbildnis als Abt der Accademia della Val di Blenio, 1568. Pinacoteca di Brera, Mailand.

Doch wie und warum ist Caravaggio zu diesem Konzept von Malerei gelangt? Die Antworten der Gelehrten auf diese Frage fallen nicht sonderlich ausführlich und klar aus, wie man wohl sagen muss. Eine Quelle berichtet, Merisi habe Paolo Lomazzo gelesen und studiert. Dieser große Theoretiker seiner Epoche war ein einzigartiger Maler, erblindete aber bereits als junger Mann. Von ihm stammt das *Traktat über die Kunst der Malerei, Bildhauerei und Architektur* (1584).

Dennoch setzte Lomazzo auch aus der Nacht seiner Blindheit heraus seine Arbeit fort. Seine Behinderung bezeichnete er als einen neuen Schlüssel zum Verständnis der Arbeit des Künstlers, der mit dem Geist und dem inneren Auge sieht. Er war davon überzeugt, dass ein Blinder, der nicht sehen kann, insbesondere ein Maler, ein gesteigertes Gefühl für Körperlichkeit entwickelt und die Gegenstände in vielfacher Intensität wahrnimmt. Vielleicht machte Caravaggio Lomazzos Lehre für sich fruchtbar und gelangte mit der Zeit zu der Auffassung, dass der Maler im Dunkel sehen und zugleich das ursprüngliche Entstehen der erscheinenden Formen imaginieren könne. Von seinen ersten Arbeiten an könnte Caravaggio Paolo Lomazzos Ideen in Malerei verwandelt haben. Mit der Anordnung der Szenen, der Haltung seiner Figuren und der räumlichen Tiefe, die er ohne Rückgriff auf die Perspektive

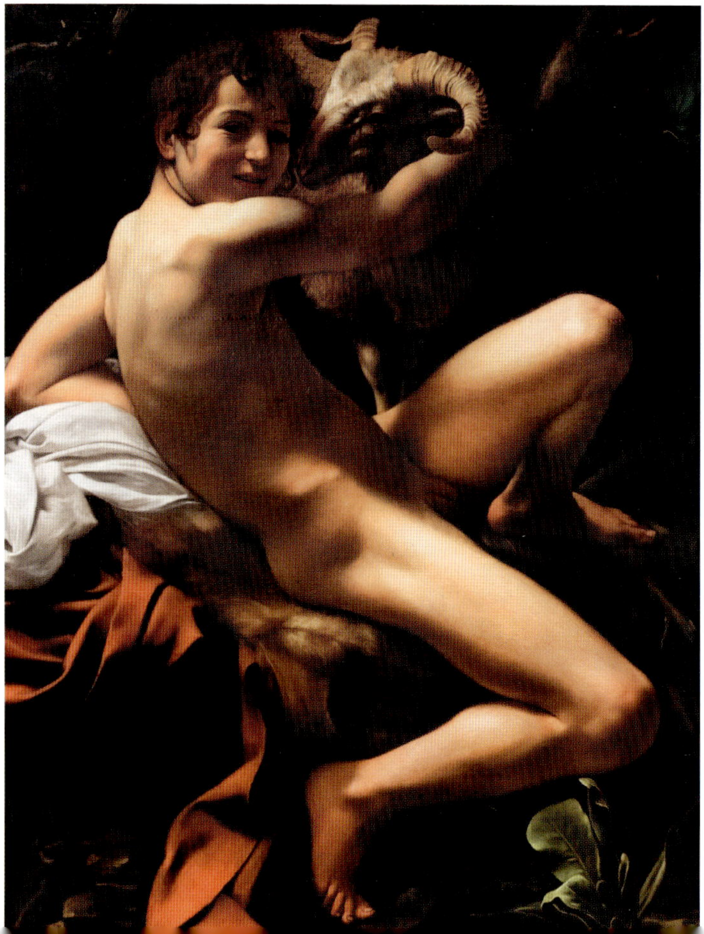

Caravaggio,
Johannes der Täufer (Jüngling mit dem Widder), 1602. Musei Capitolini, Rom.

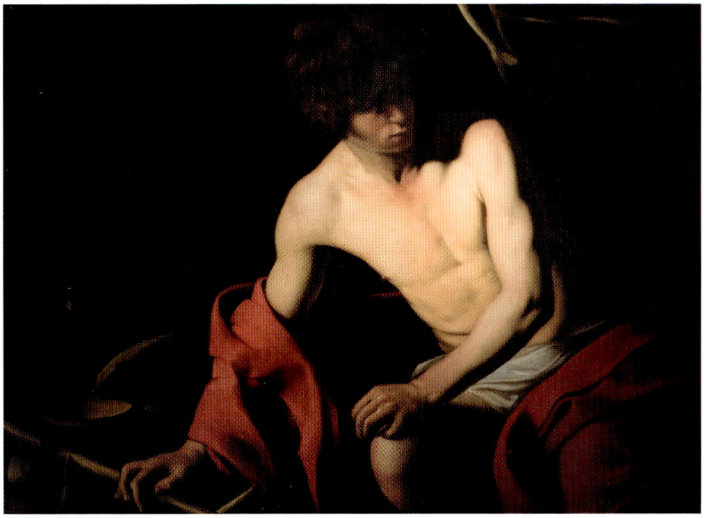

Caravaggio,
Johannes der Täufer, 1605–1606. Galleria Corsini, Rom.

erzeugt, wäre es ihm – ausgehend von einer Dimension der Blindheit, des konkreten und totalen Dunkels – gelungen, einem nicht-blinden Betrachter die berührbare Seite des Lichts zu zeigen.

Johannes der Täufer ist ein häufiges Thema in Merisis Malerei, achtmal hat er sich mit diesem Sujet in unterschiedlichen Perioden auseinandergesetzt. Bei der bisweilen auch als *Jüngling mit dem Widder* bezeichneten Johannes-Darstellung (S. 120) sehen wir die für Caravaggio typischen Hell-Dunkel-Kontraste, wobei die Gesamtbeleuchtung des Bildes hier das Gesicht des Jünglings in seinen klar erkennbaren Formen herausarbeitet. Diese Darstellungsweise evoziert die Vorstellung eines inneren Lichts der Figur, das sich ringsum verbreitet, ganz so, wie Augustinus die Heiligkeit auffasst. Die Helligkeitsnuance, in der die Figur gehalten ist, steht jedenfalls in einem Zusammenhang mit ihrer Umgebung. Diese Darstellungsweise vermittelt den Eindruck, dass das Phänomen in direktem Bezug zu einer Lichtquelle steht (wie im Kapitel *Leuchtende Spuren* angedeutet), sodass dem Betrachter der Eindruck einer umfassenden Harmonie vermittelt wird. Das Licht, das wir bei diesem Heiligen Johannes wahrnehmen, ist sozusagen „didaktisch", denn es stellt in bewundernswerter Präzision die Szene vor: einen Heiligen neben einem Widder. Alle symbolischen Bedeutungen, die sich mit dem Lamm verbinden, sind präsent; natürliches und göttliches Licht fallen zusammen.

Bei der anderen Johannes-Darstellung – diesmal ohne Widder – geht Caravaggio ein Wagnis ein, ein riskantes malerisches Experiment. Er verstößt gegen die Grundregel, das Gesicht der Hauptfigur in vollem Licht, gänzlich dem Blick des Betrachters ausgesetzt, darzustellen. Hier ist die Physiognomie des Heiligen in Dunkelheit getaucht, während sein Brustkorb hervorragt und sich noch über seinen eigentlichen Umfang hinaus auszudehnen scheint. Unser Blick dringt beim Betrachten in das Bild ein wie die Hand eines Blinden, der tastend eine Vorstellung davon zu gewinnen sucht, was sich vor ihm befindet. Das Auge unserer Hand erfasst dabei zunächst die mittlere, vom Brustkorb eingenommene Zone und wagt sich dann zum Gesicht vor. Hier wurde Caravaggio – wie Paolo Lomazzo – wahrhaftig zum blinden Maler und vollzog die revolutionärste Neuerung in der Malerei seiner Zeit. In vielen seiner Gemälde ist das Dunkel so beredt wie das Licht, das doch ein Symbol des Göttlichen ist.

Rembrandt (1606 Leiden – 1669 Amsterdam) ist sicherlich kein Caravaggist – wenn man darunter jemanden versteht, der sich nach Rom begab, um Merisis Werke mit eigenen Augen zu sehen. Er war eine autonome Künstlerpersönlichkeit, originell und von außerordentlicher Bedeutung. Dennoch sind viele Wissenschaftler davon überzeugt, dass er sich mit Caravaggios Botschaft auseinandersetzte.

In seinem Bild *Lesender Mönch* kommt das Licht von einem unbestimmten Punkt von oben. Das Gesicht des Mönchs wird durch die Kapuze verschattet, doch durch den Widerschein der Papierbögen in seinen Händen, der für die Komposition entscheidend ist, werden seine Züge schwach erhellt. Es ist typisch für viele Spätwerke des Malers, nur einige Partien des Bildes zu beleuchten, die vor einem vollständig dunklen Hintergrund stehen. Damit erzeugt er den Eindruck verschiedener Stufen der Entfernung vom Auge eines idealen Betrachters, ohne die Perspektive zu Hilfe nehmen zu müssen. Es scheint, als habe Rembrandt in diesen Gemälden den säkularen Geist, den wir in manchen Werken Caravaggios bereits erkennen, ins Extrem treiben wollen. So, als wolle er uns sagen, dass in jeder Schöpfung von Anfang an Licht und Schatten unlösbar miteinander verbunden sind.

Georges de La Tour könnte als Caravaggist bezeichnet werden, da er sich wohl während seiner Lehrzeit in Rom aufhielt, obwohl seine eigenständige künstlerische Prägung außer Frage steht. Vermutlich war er auch ein überzeugter Gläubiger, denn er nutzte das Licht, um bildhaft darzustellen, wie das Göttliche in die einfache Alltagsrealität eindringt. Dafür fand er eine äußerst originelle Lösung: Das Licht einer Kerze wird teilweise von einer Hand abgeschirmt.

Dadurch finden sich in seinen Gemälden unterschiedliche Phänomene des Lichts: Streuung, Transparenz, Reflex, Gleißen. Entscheidend für die Wahrnehmung dieser Bilder ist aber vor allem die partielle Sichtbarkeit der Helligkeitsquelle. Der Blick des Betrachters springt dadurch ständig von der primären Quelle des Lichts (häufig eben tatsächlich eine einfache Kerze) zu ihren Wirkungen, die sich vor dem dunklen Hintergrund abzeichnen.

Rembrandt,
Lesender Mönch, 1661. Sinebrychoff-Kunstmuseum, Finnische Nationalgalerie, Helsinki.

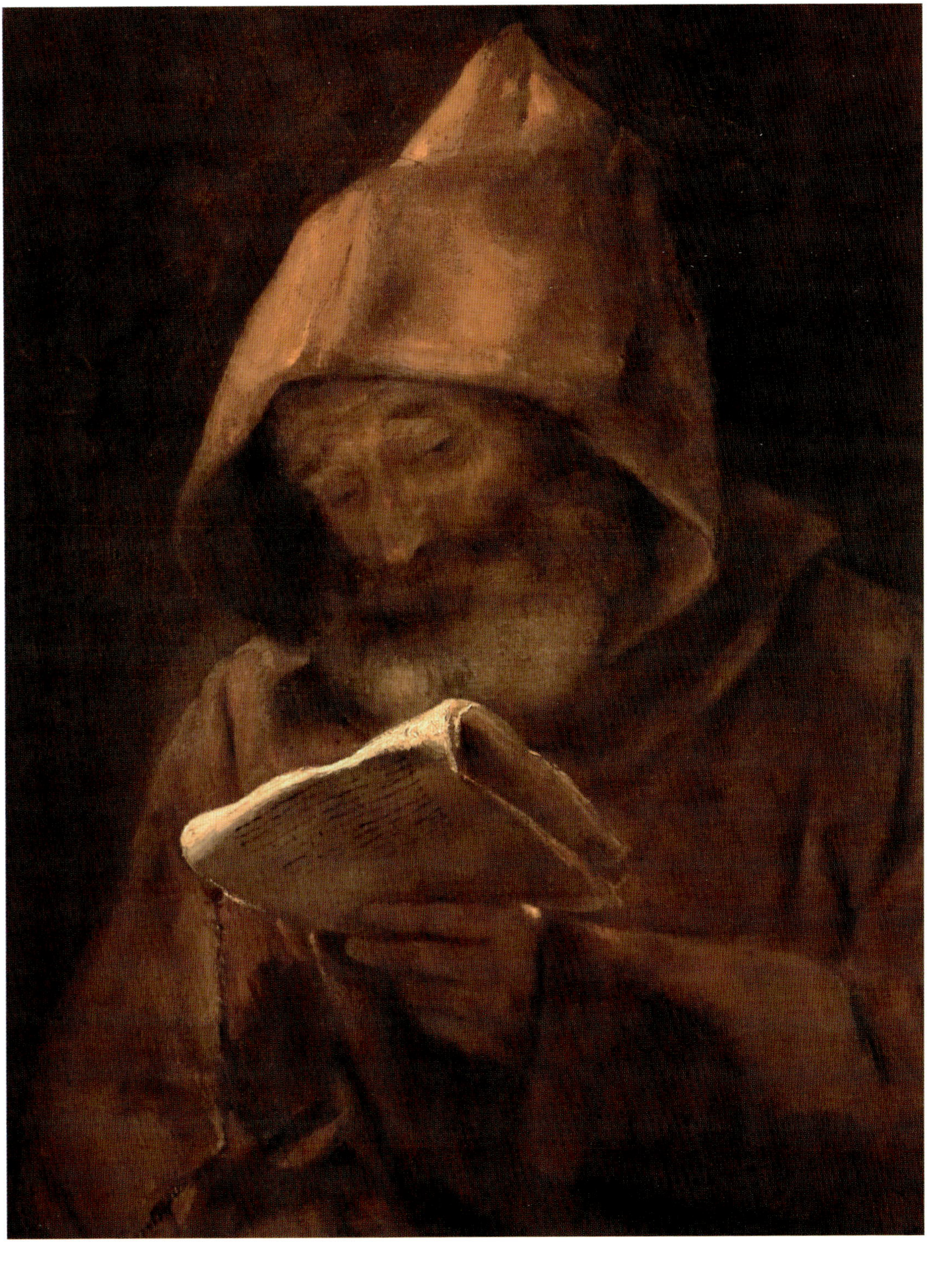

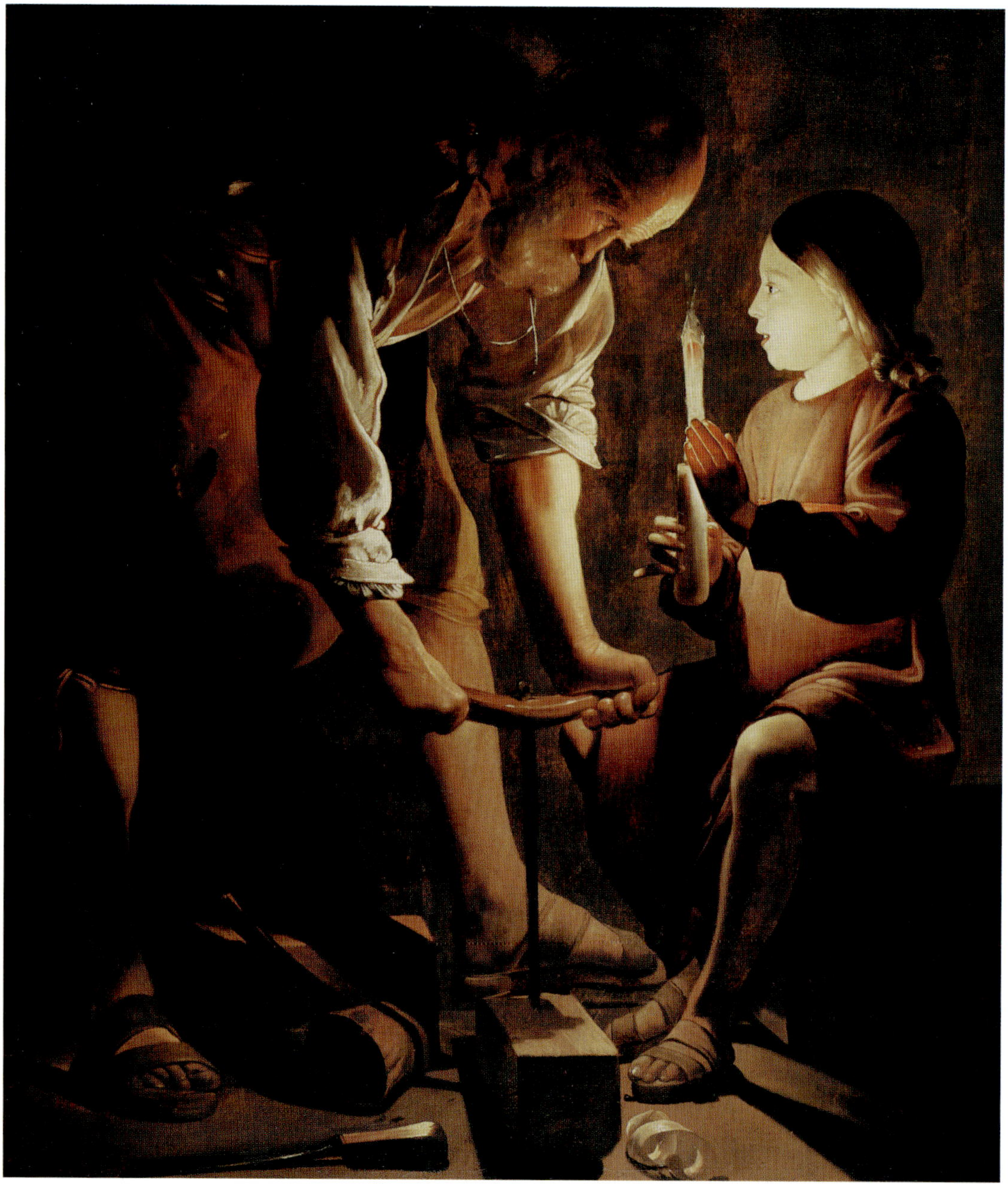

Georges de La Tour,
Joseph als Zimmermann mit dem Jesusknaben, um 1642. Louvre, Paris.

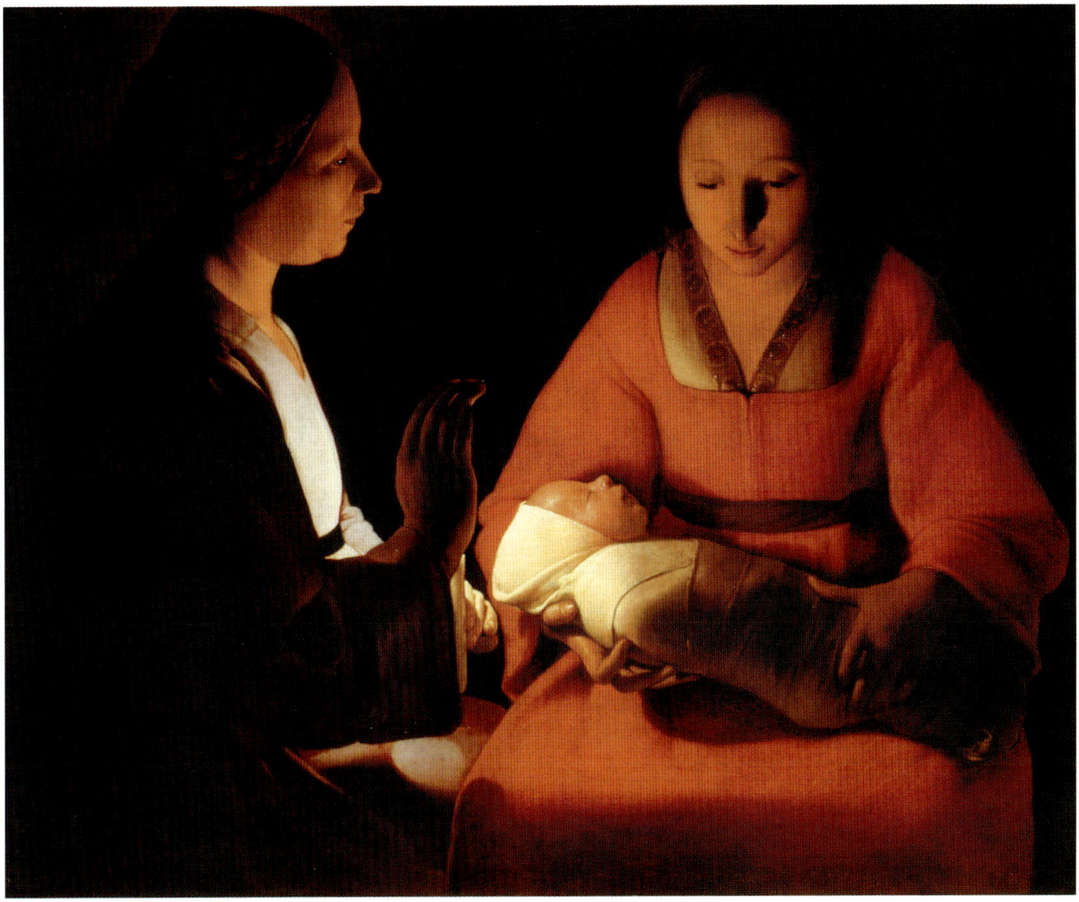

Georges de La Tour,
Das Neugeborene, um 1648.
Musée des Beaux Arts, Rennes.

DAS LICHT IN DER MALEREI VOM BAROCK BIS ZUM IMPRESSIONISMUS

Der Semiotiker und Kunsttheoretiker Omar Calabrese war ein scharfer Beobachter unserer Gegenwart. Sein 1992 erschienenes Buch *L'età neobarocca* („Das neobarocke Zeitalter") benennt bereits mit seinem Titel eine eigentümliche Ausdrucksform unserer Zeit. Der Autor sieht in dieser Haltung eine geistige Fortsetzung der Barockepoche, denn in zahlreichen formalen Aspekten – wie der auffälligen Manifestation der Grenze und der Zurschaustellung der Grenzüberschreitung – zeigen sich Ähnlichkeiten mit den Leitideen der Kultur des 17. und frühen 18. Jahrhunderts.

Aus meiner Sicht bildet auch der Einsatz der Beleuchtung in bestimmten Filmen oder erfolgreichen Werbespots hier keine Ausnahme. Mit einer gewissen Unbefangenheit könnte man die modernen

Techniken der Verwendung des Lichts auf Filippo Baldinucci zurückführen, der in seinen 1681 in Florenz erschienenen *Notizie de' professori del disegno da Cimabue in qua*, einer biografisch angelegten Geschichte der Kunst seit Cimabue, über Rembrandt schreibt:

„Wie dieser Maler in Bezug auf seine Lebensführung einen ganz anderen Kopf hatte als andere Männer, so war er auch in seiner Malweise höchst ungewöhnlich. Er entwickelte eine Manier, die man als seine völlig eigentümliche bezeichnen kann: ohne Kontur oder innere wie äußere Umrisslinien, alles mit wilden, wiederholten Pinselschlägen gemacht, mit einer in seiner Weise großen Stärke der dunklen Partien, doch ohne tiefes Dunkel. Worin dieser Künstler sich wahrhaft auszeichnete, war die höchst sonderliche Manier, welche er sich hatte einfallen lassen, um Kupferradierungen zu schaffen. Auch diese Art war ganz ihm eigen, von niemandem sonst gebraucht und nicht mehr gesehen: mit bestimmten Strichen und Strichlein, mit unregelmäßigen Zügen und ohne Konturen, aber so, dass das Ganze ein Helldunkel voller Tiefe und Kraft ergab.“[17]

In seinem Lexikon der Terminologie der Künste (*Vocabolario toscano dell'arte del disegno*, 1681) analysiert Baldinucci den Begriff „Schatten“ und stellt fest: „… in der Sprache der Maler werden drei Stufen des Schattens unterschieden, nämlich Schatten, Halbschatten und Wurf.“ Der erstere nennt sich heute Eigen- oder Körperschatten; mit letzterem ist der Schlagschatten gemeint, den Baldinucci so erklärt: „(…) das ist der Schatten, der auf dem Boden oder einer anderen Stelle der Darstellung entsteht; er entspricht der Dunkelheit, welche die Körper außerhalb von sich in die Richtung werfen, die der beleuchteten Seite entgegengesetzt ist.“[18]

Heute werden die Lichttechniken des Helldunkels (Modellierung und Schattierung) auf den verschiedensten Feldern (einschließlich der digitalen Grafik) untersucht und erprobt, was ohne die frühere Auseinandersetzung mit den Meisterwerken der abendländischen Kunst nicht möglich wäre.

Eigenschatten sind ein unverzichtbares Handwerkszeug eines jeden Malers, auch wenn sich je nach Epoche und Region unterschiedliche Ausprägungen in Geschmack und Ausführungsweise feststellen lassen. Die Schlagschatten haben dagegen eine wechselhafte Geschichte hinter sich, die enger mit dem individuellen Stil eines Malers verknüpft ist. Ihre Realisation ist diskontinuierlich, dem Zufall unterworfen, sie sind labil, als wollten sie uns sogar eine Ortsveränderung mitteilen – als würde ein idealer Betrachter sich innerhalb der dargestellten Szene bewegen und sein Auge der Bewegung des Lichts folgen.

Samuel van Hoogstratens Gemälde *Die Pantoffeln* wirft ein Licht auf die alltäglichen Arbeiten in einem Haushalt während des Goldenen Zeitalters der niederländischen Malerei. Dieser Künstler gilt als Virtuose in der Darstellung ungewöhnlicher perspektivischer Effekte.

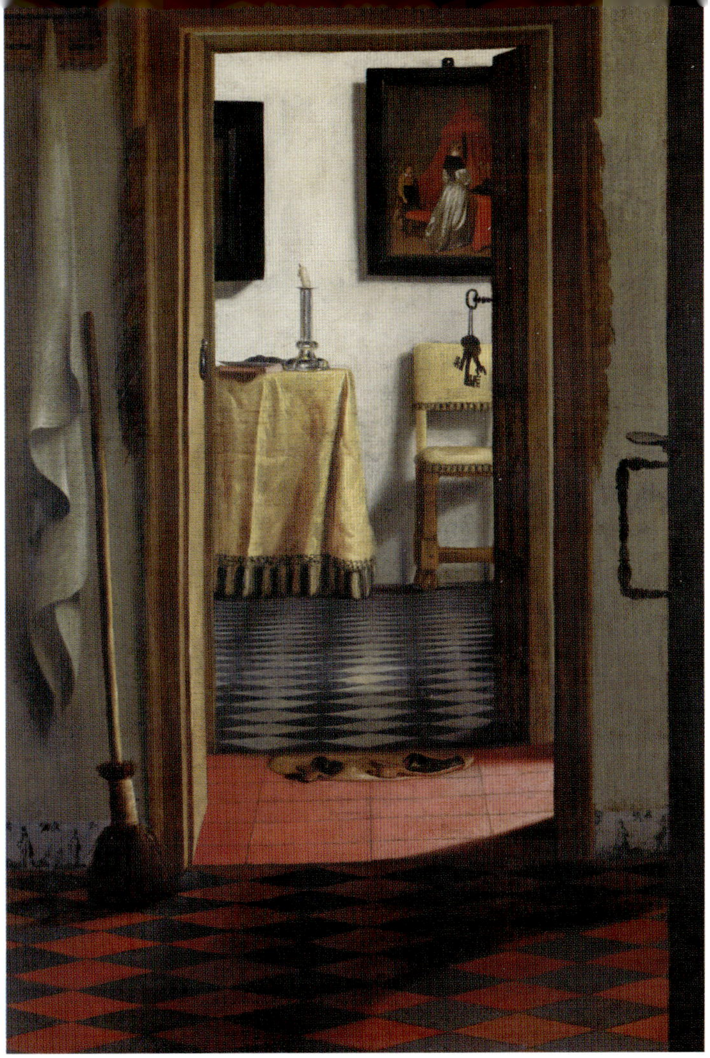

Samuel van Hoogstraten,
Die Pantoffeln, um 1654–1662.
Louvre, Paris.

In diesem um die Mitte des 17. Jahrhunderts entstandenen Bild (die genaue Datierung ist ungewiss) können wir aus einem Korridor heraus, der zu verschiedenen Zimmern führt, das reinliche Innere eines Hauses bewundern. Verstärkt wird der Eindruck räumlicher Tiefe durch das Rautenmuster der Fliesen und das Spiel von Licht und Schatten. Das gesamte Gemälde scheint, zumindest auf den ersten Blick, von der Ikonographie einer friedlichen Konventionalität bestimmt.

Bei genauerer Beobachtung und Überlegung könnte einem aufmerksamen Beobachter jedoch die ein oder andere Ungereimtheit auffallen. Offenkundig fehlt etwas in diesem Bild, genauer gesagt: jemand. Denkt man an Jan Vermeers Kompositionen mit der ernsten Feierlichkeit ihrer Figuren, dann wird diese Abwesenheit deutlich sichtbar. Wir haben den Verdacht, dass in diesen Räumen eine geheimnisvolle Person lebt. Wer? Sherlock Holmes würde antworten: „Elementar, mein lieber Watson, der Besitzer oder vielmehr die Besitzerin der Pantoffeln." Der Beweis: Die Schuhe, die dem Werk seinen Titel gegeben haben, stehen im Zentrum des Bildes. Stehen sie denn etwa zufällig dort? Die Antwort ist ja und nein zugleich. Ja, denn sie wurden dort wahrscheinlich einfach vergessen. Nein, denn von einem äußeren Licht beleuchtet, wirken sie ja geradezu herausgestellt und stellen das wesentliche Element in diesem Gemälde dar; seinen bewusst komponierten Mittelpunkt.

In diesem blankgeputzten Korridor, der das Werk einer vom Sauberkeitswahn befallenen Magd zu sein scheint, sind die mit verräterischer Nachlässigkeit auf dem Fliesenboden zurückgelassenen Pantoffeln eine Irritation. Was Hoogstratens Perspektive hier ins Licht rückt, ist nicht nur virtuose Darstellungskunst oder die Laune eines herausragenden Künstlers, der hier sein Können zur Schau stellt, sondern zugleich auch eine Geschichte voller Andeutungen. Dem scharfen Auge von Sherlock Holmes würden nämlich einige weitere Ungereimtheiten nicht entgehen: der achtlos an die Wand gelehnte Besen und ein Schlüsselbund, der im Türschloss steckengeblieben ist, vielleicht aufgrund einer plötzlichen Eile … Ein weiteres aufschlussreiches Indiz ist das Licht: genauer gesagt, seine Anwesenheit und das gleichzeitige Fehlen von Licht. Vor der Wand an der Stirnseite erkennen wir eine rauchende Kerze, die offenbar kurz zuvor gelöscht wurde. Nun wird der hintere Raum nur noch durch eine unsichtbare äußere Lichtquelle erleuchtet. Dort ist ein nur teilweise sichtbares Bild, das sich von der hellen Wand deutlich abhebt, erkennbar.

Bei diesem Gemälde handelt es sich um die – nicht ganz genaue – Kopie eines tatsächlich existierenden Werks. Das Bild, das bei Hoogstraten hier am Ende der Zimmerflucht an der Wand zu sehen ist, malte Gerard Ter Borch 1654. 111 Jahre später fertigte der Kupferstecher Johann Georg Wille davon eine Reproduktion unter dem Titel *Instruction paternelle* („Die väterliche Ermahnung“) und damit nahmen die Geschicke des Gemäldes einen etwas komplizierteren Verlauf. Willes Stich war in ganz Europa äußerst populär. Auch Goethe sah einen Abzug davon; in seinen *Wahlverwandtschaften* dient die Szene als Vorlage für ein lebendes Bild. Goethe erwähnt zwar Ter Borch als Schöpfer des Gemäldes, seine Deutung des Inhalts ist aber klar von dem Titel beeinflusst, den Wille seinem Stich gab: „Einen Fuß über den anderen geschlagen, sitzt hier ein edler, ritterlicher Vater und scheint seiner vor ihm stehenden Tochter ins Gewissen zu reden.“

Doch bei aufmerksamerer Betrachtung des Gemäldes zeigen sich einige Unstimmigkeiten: Die sitzende Frau, in der man üblicherweise die Mutter vermuten würde, scheint wesentlich älter zu sein als der Mann, der ihr Gatte sein müsste. Gänzlich unpassend wirkt es auch, dass gerade sie ein schlechtes Beispiel abgibt und in dem Moment einen Becher Wein zum Munde führt, als ihr mutmaßlicher Ehemann der Tochter eine Moralpedigt hält. Als Wille 1765 seinen Kupferstich anfertigte, reproduzierte er sämtliche Details des Originals von Ter Borch,

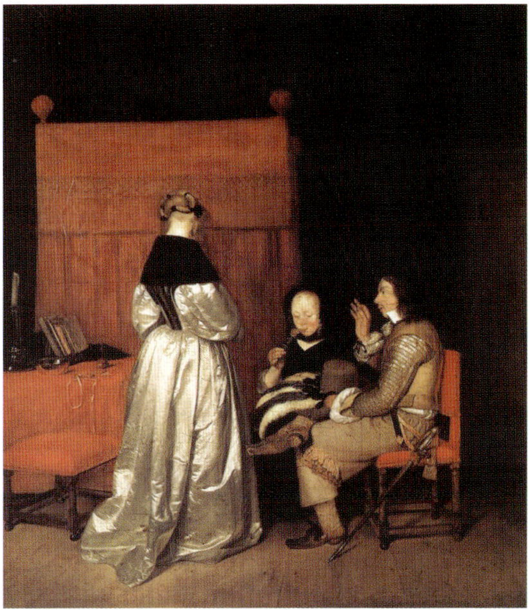

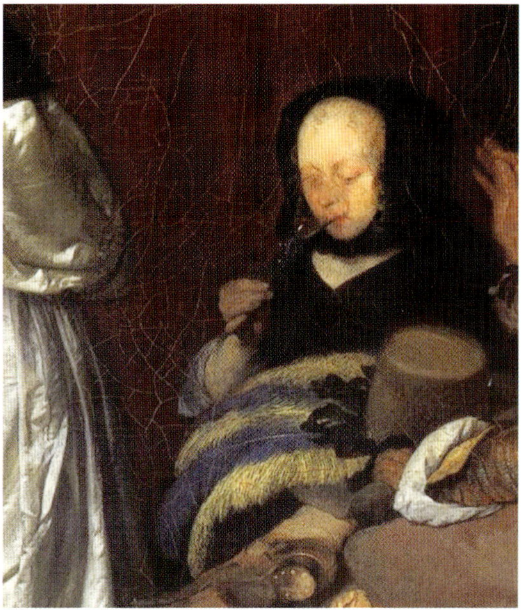

Gerard Ter Borch,
Die väterliche Ermahnung (und Ausschnitt), 1654. Rijksmuseum, Amsterdam.

außer einem: einer Goldmünze, die der Mann in der ursprünglichen Fassung des Gemäldes zwischen Daumen und Zeigefinger emporgehalten haben soll. Ohne dieses Detail scheint es, als tadle er die junge Frau. In Wahrheit gehörte Ter Brochs Bild nämlich zum Genre der sogenannten *bordeeltjes*, also Darstellungen von Kuppelszenen, die die Auswirkungen des Lasters und der Ausschweifung anprangern sollten.

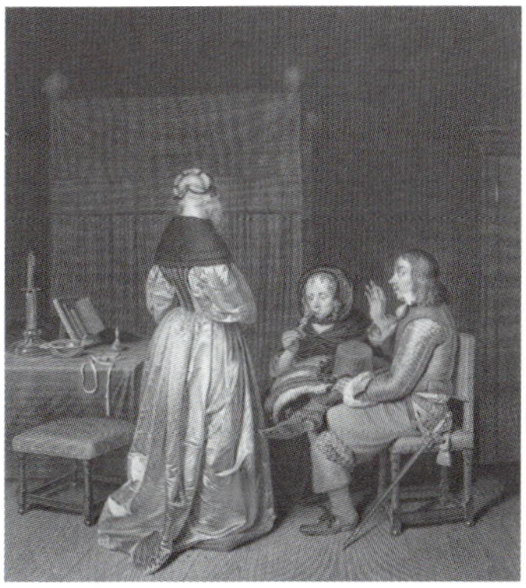

Johann Georg Wille,
Väterliche Ermahnung (Kupferstich), 1765. Civica Raccolta delle Stampe Achille Bertarelli, Mailand.

Doch zurück zu Hoogstraten. Hier hat Holmes die Lösung des Rätsels parat: „Elementar, mein lieber Watson: Die Dame des Hauses (oder die Magd) wurde zu einer galanten Begegnung eingeladen. In der Eile hat sie die Schlüssel in der Tür vergessen, den Besen an der Mauer stehenlassen und ihre Pantoffeln ausgezogen, um keine Trittspuren im angrenzenden Zimmer zu hinterlassen, denn offenbar ist sie eine fanatische Anhängerin von Ordnung und Reinlichkeit."

Watson: „Aber die erloschene Kerze?"

Holmes: „Sie spielt eine wichtige Rolle, denn auf dem Tisch liegt ein Buch: Hier war nicht die Frau, aber der Hausherr mit Lektüre beschäftigt, während kein Licht von außen in den Raum eindringen konnte. Dann öffnete die Dame des Hauses (oder die Magd) nach dem Aufräumen das Fenster, um zu lüften. Im natürlichen Licht konnte der Mann die weibliche Anmut bewundern, legte das Buch beiseite, blies die Kerze aus, und nun ist er mit seiner Geliebten im Zimmer nebenan."

Die Pantoffeln Samuel van Hoogstratens (bekannt auch durch seine *Peepshow with Views of the Interior of a Dutch House*, 1655–1660, eine faszinierende Installation mit einer in Öl bemalten Holzkiste) sind nicht nur ein malerisches Virtuosenstück, sondern auch eine moralische Erzählung: Das Licht, das uns das Innere eines Hauses (nicht nur eines holländischen) präsentiert, kann manche sittlichen Schattenseiten eines allzu reinlichen Heims verbergen.

Die niederländische Barockmalerei entfaltete sich im Wesentlichen während des 17. Jahrhunderts. Die flämischen Künstler dieser Zeit widmen sich Porträts, Genreszenen, Landschaften, Seestücken und Stillleben. Die Aufmerksamkeit, die sie dem Phänomen Licht entgegenbringen, schlägt sich in der konkreten Manifestation des Lichts in ihren Werken nieder, der eigentlichen künstlerischen Neuerung dieser Periode. Das war eine große ästhetische Revolution. Wenn die Maler zuvor den Gegenständen und dem dargestellten Raum Farbe verliehen, verhielten sie sich, als sei das Licht überall und würde nicht aus bestimmten Quellen entspringen. Als ob es also den Raum nicht in differenzierter Weise beleuchten und dadurch helle und gegensätzliche dunkle Zonen schaffen würde.

Die italienischen Maler, die das Chiaroscuro, die Hell-Dunkel-Malerei, vervollkommnet hatten, benutzten das Licht, um den Körpern einen deutlichen Eindruck von Dreidimensionalität zu verleihen. Doch im Grund war das eine sehr abstrakte, sehr platonische Art, das Licht zu denken. Die flämischen Maler erkannten, dass das Licht seine Qualitäten und Eigentümlichkeiten besitzt und dass sie durch die Beleuchtung der Gegenstände Bilder schufen, die immerzu veränderlich blieben.

In der italienischen Kunst erfolgt die Anfertigung eines Gemäldes in der Regel auf diese Weise: zunächst Konstruktion einer Form mittels einer wohlüberlegten Zeichnung, dann Kolorierung von Figuren und Gegenständen durch einen in Bezug auf das Objekt überzeugenden Ton, der der natürlichen Farbe ähnelt.

Der wesentliche Unterschied zu Caravaggio besteht darin, dass die flämischen Maler direkt den Gesamteindruck eines beleuchteten, aber nicht auf dem Gegensatz Licht/Dunkel beruhenden Ganzen beobachten und malen. Sie sind sich sehr wohl dessen bewusst, dass das Licht eine unabdingbare Rolle für die korrekte Sichtbarkeit spielt, aber in mancher Hinsicht ist ihre Haltung avantgardistisch und scheint bisweilen schon vom Impressionismus des 19. Jahrhunderts angehaucht zu sein, so etwa bei Frans Hals.

Es ist kein Zufall, dass im sogenannten Goldenen Zeitalter der niederländischen Malerei die dargestellte Szene meistens in einem geschlossenen und eingegrenzten Raum angesiedelt ist: das Innere eines Zimmers, wo das Licht notwendigerweise durch ein Fenster einfällt. Der Raum wird dann nicht durch ein einheitliches Licht beleuchtet, sondern durch ein Streiflicht, das einem präzisen Punkt außerhalb entspringt.

Dadurch ergeben sich Zonen größerer Helligkeit und Schattenzonen. Doch auch die Art, wie das Licht die Gegenstände trifft und beleuchtet, unterscheidet sich vom üblichen Helldunkel. Es entstehen viele Bereiche mit starken Reflexen, weshalb die Gegenstände, gleich welcher Farbe, sorgfältig mit weißen Lasuren modelliert werden. All diese Elemente verleihen der flämischen Malerei eine gleichsam fotografische Wirkung.

Traditionell ist ein Bild in dieser Zeit die Darstellung einer Öffnung auf eine Wirklichkeit (das Fenster zur Welt, wie Leonardo es nennt) aus einem bestimmten Blickwinkel heraus. In der flämischen und spätgotischen Malerei der damaligen Zeit erscheinen in den Bildern stattdessen eine Reihe einander ergänzender Öffnungen, deren Perspektiven faszinierende Verzerrungseffekte erzeugen. An den Maßstäben der Renaissancemalerei gemessen, sind sie nicht wirklich präzise, aber sie vermitteln dem Auge des Betrachters ständig den Eindruck einer latenten Bewegung.

Diese Technik einer dynamischen Verwandlung des Blickpunkts wird durch die friedliche Atmosphäre eines häuslichen Innenraums verstärkt und verleiht der Szene eine geheimnisvolle Aura. Unbewusst fragen wir uns: Was geht in diesem bürgerlichen Interieur vor sich? Alles scheint in Ordnung zu sein, die Personen tun nichts Böses, sind anständig angezogen, bewegen sich mit normalen Gesten, sprechen, lesen, schenken sich ein Getränk ein – warum nur gibt sich in diesem Moment eine Lichtquelle die Mühe, mein Blickfeld aufzuteilen und alle Erscheinungen durch den Gegensatz von Beleuchtetem und Dunklem in Bewegung zu setzen? Welches Geheimnis steckt hinter dieser theatralischen Inszenierung?

Eine solche nicht-religiöse Symbolik des Lichts, seine sichtbare Konkretheit findet in der Malerei ihren großartigsten Ausdruck in Rembrandts Werken. In ihnen gelangen Licht, Farbe, Form und materiale Dimension zu völliger Identität.

Die Wirkung der Beleuchtung in seinen Gemälden ist so stark, dass die Bilder selbst auf wundersame Weise Licht auszustrahlen scheinen und in erhabener Immaterialität erstrahlen. Rembrandt erhöht diese Lichtwirkung, indem er an Punkten größter Helligkeit auf die exakte Wiedergabe von Details verzichtet. Er verleiht den Oberflächen dadurch jene Unbestimmtheit, die sie leuchtender und strahlender als ihre Umgebung erscheinen lässt.

In Relation zu ihren bisweilen vergleichsweise bescheidenen Maßen eröffnen die Gemälde dieses Künstlers ein enormes Blickfeld. Oft vermitteln sie dem Betrachter den Eindruck, in sie eintreten zu können, mitten in ihren illusorischen Raum, der in Wirklichkeit so begrenzt ist.

Rembrandts Farbgebung, die sich vor einem sienabraunen Grund entfaltet, erzeugt eine warme, goldene Atmosphäre. Das Licht in seiner

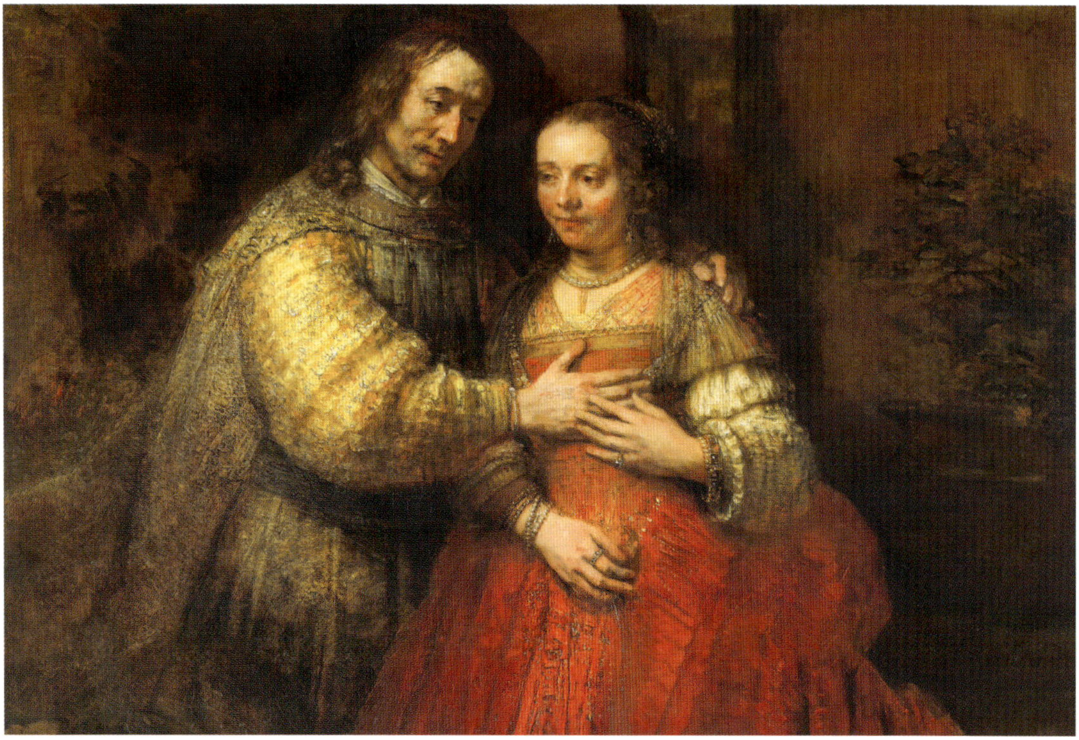

Rembrandt,
Die jüdische Braut, 1665–1669.
Rijksmuseum, Amsterdam.

Kunst ist lebendig und beseelt, während die Schatten die körperhafte Schwere überwinden, die sie bei Caravaggio besaßen; sie scheinen beinahe Abkömmlinge des Lichts zu sein und besitzen eine besondere Lebendigkeit. Alle diese Qualitäten zeigen sich im Gemälde *Die jüdische Braut*. Hier ist die männliche Gestalt in ihrem goldenen Gewand eine Lichtquelle, während die weibliche Figur, gehüllt in ein spirituelles Zinnober-Scharlachrot, ihr Licht vom Ärmel des zukünftigen Gatten zu empfangen scheint.

Während Leonardo Da Vinci in seiner Malerei eine eingegrenzte Renaissance-Szenerie darstellt, wird für Rembrandt der Raum ganz zum inneren Raum. Der niederländische Maler zeigt uns, dass das Dunkel warm sein kann, und er stellt es in einer Weise dar, dass der Betrachter sich mit der Vorstellung einer nicht angsteinflößenden Finsternis anfreunden mag.

Auch Tizian bediente sich des Verfahrens, das Licht durch ein Fenster einfallen zu lassen. Das zeigt sich bei seiner *Venus*, bei der er von außen eine beträchtliche Menge von Licht auf die weibliche Figur fallen lässt, so dass der Eindruck einer großen Öffnung an der Frontseite entsteht.

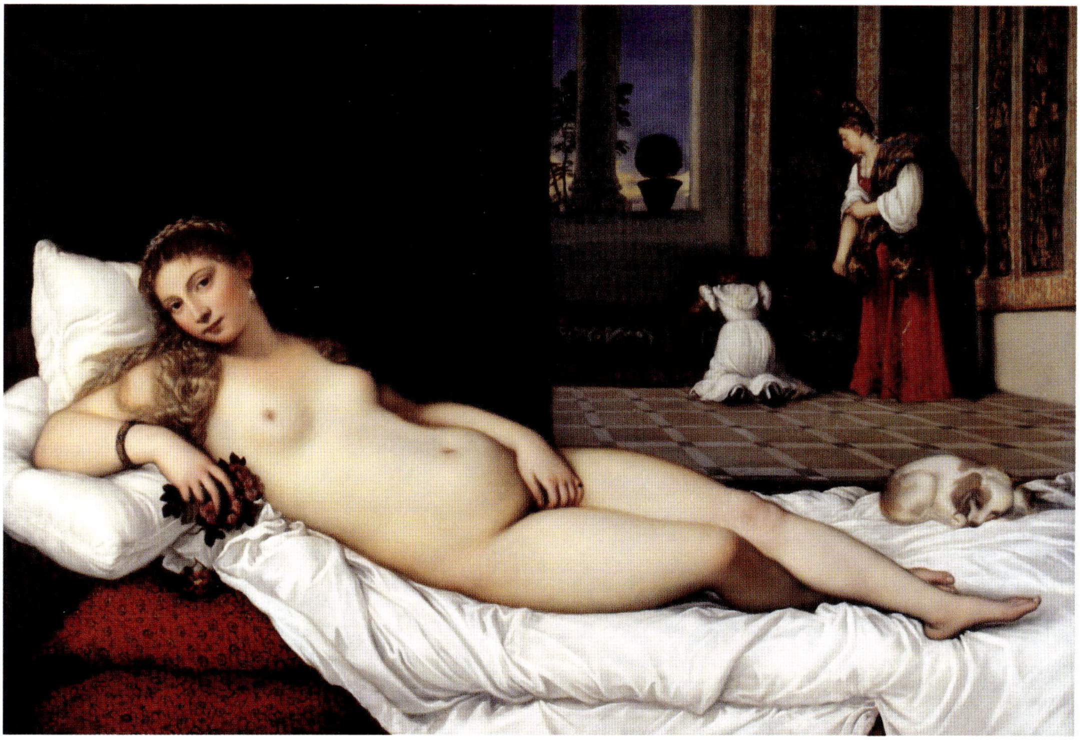

Tizian,
Venus von Urbino, 1538.
Galleria degli Uffizi, Florenz.

Caravaggios barocke Innovation bestand darin, die Position der primären Lichtquelle völlig zu vernachlässigen (mit Ausnahme des Gemäldes *Die sieben Werke der Barmherzigkeit*). Infolgessen erscheinen alle beleuchteten Bereiche als unabhängige Lichtquellen, als eine erregte Materie, die durch ihr Aufstrahlen in gesteigerter Präsenz hervortritt. Auch wenn sich Merisi in einem Fall die Mühe macht, mit einem Fenster ein Außen anzudeuten (in der *Berufung des heiligen Matthäus*), so scheinen hier die Glasscheiben verschmutzt und staubig und ihrerseits von einem Lichtstrahl erhellt, der durch eine unsichtbare Öffnung auf sie fällt.

Sowohl Caravaggio als auch Rembrandt malten ein *Abendmahl in Emmaus*, beide mit einer überraschenden und sehr persönlichen Interpretation des Lichts. Merisi arrangiert eine Theaterszene von großer Intensität. Die beleuchteten Personen treten aus dem dunklen Hintergrund hervor, das Licht modelliert ihre Physiognomien und beschreibt sorgfältig ihre Mienen. Wie auch sonst in Caravaggios Bildern, wird das Licht erst durch seine Wirkungen sichtbar. Das Auge des Betrachters wird unmittelbar in einen Raum ewiger Dunkelheit hineingezogen, der seine Lichtquelle nicht preisgibt.

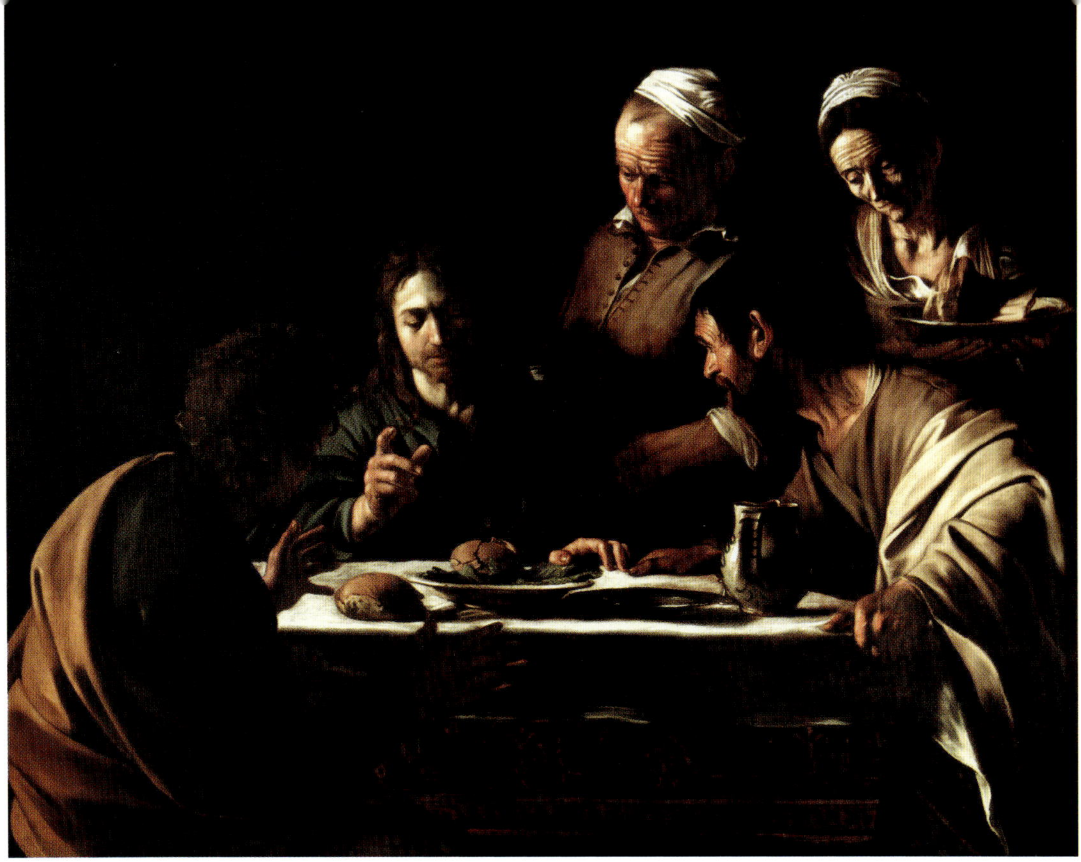

Caravaggio,
Abendmahl in Emmaus, um 1606.
Pinacoteca di Brera, Mailand.

In einer der Fassungen von Rembrandts *Abendmahl in Emmaus* begegnet uns ein Licht, das durch seinen energischen Kontrast zum Dunkel sichtbar wird. Seine Quelle bleibt uns jedoch verborgen. Das erlaubt dem Maler eine Steigerung des Hell-Dunkel-Gegensatzes, der die Figuren formt, und eine Betonung der Schatten auf Brottuch, Teller und Krug. All dies trägt zum Eindruck eines realistischen, glaubwürdigen Bühnenbildes bei.

In Merisis Version sind die Personen etwa zur Hälfte beleuchtet, mit Ausnahme des Apostels links im Vordergrund, der dem Maler beinahe als Kulisse dient. Worauf es Caravaggio ankommt, ist die Dunkelheit als Raum, der die im Licht erscheinenden Volumen hervorhebt.

Rembrandt entscheidet sich für eine sehr kühne Komposition, indem er Jesus als dunkle Silhouette malt. Sonst wird der Erlöser fast immer als eine Quelle von Licht dargestellt, der niederländische Meister aber zeigt ihn als dunklen Schatten. Die beiden Lichtquellen sind mit großer Sorgfalt innerhalb der Szene positioniert. Im Hintergrund links erkennen wir im Widerschein einen Wirt, der wohl in der Küche arbeitet, um das Essen zuzubereiten. Das Licht hinter der Christusfigur dient dem Maler dazu, das Erstaunen des Tischgenossen neben ihm zu beleuchten. Eine höchst originelle Lösung, die uns die Gestalt Christi nicht in Einzelheiten erkennen lässt, sondern die Wirkung malt, die sie auf den Betrachter im Bild ausübt.

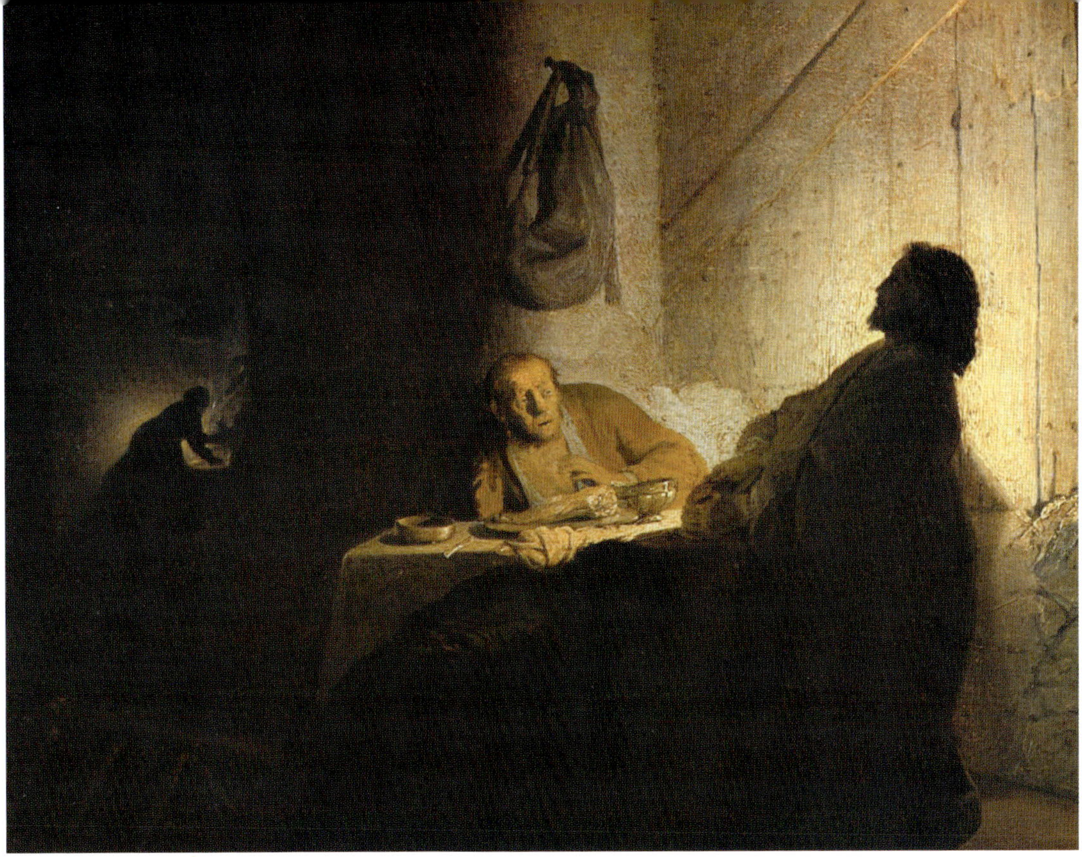

Rembrandt,
Abendmahl in Emmaus, 1628–1629.
Musée Jacquemart-André, Paris.

Für Rembrandt ist das Licht blendend und nicht ein Relief des Dunkels, wie für Caravaggio; es ist ein überraschendes Wunder, ein momentanes Aufblitzen innerhalb des Gesichtsfelds, in dem auch das Unsichtbare sichtbar wird: die überirdische Figur des Erlösers.

Man gewinnt den Eindruck, dass Caravaggio und Rembrandt das Thema *Abendmahl in Emmaus* formal in unterschiedlicher Weise gestaltet haben, beide jedoch mit dem Bewusstsein für die Bedeutung, die dem Licht bei der Umsetzung ihrer Vision zukam. Auch ohne das moderne Internet und ohne persönlichen Kontakt kannten die unterschiedlichen Künstler und Werkstätten der damaligen Zeit die Stile und Themen ihrer Konkurrenten, und bisweilen ist die Verwandtschaft zwischen manchen Werken so nah, dass man kaum an einen Zufall glauben mag. Das zeigt sich beispielsweise beim Vergleich von Carlo Saracenis *Knabe von einem Flusskrebs gebissen* und Caravaggios *Knabe von einer Eidechse gebissen*.

Dies ist nicht der einzige Fall, bei dem die Ähnlichkeit fast den Charakter einer Kopie annimmt; auf einige andere Beispiele werde ich später noch eingehen. Dennoch handelt es sich hier nicht um ein schlichtes Nachahmen oder eine allzu offenkundige Bezugnahme. Vielmehr manifestiert sich hier der Umstand, dass die Bilder – alle Bilder – eine zweifache Bedeutung besitzen:

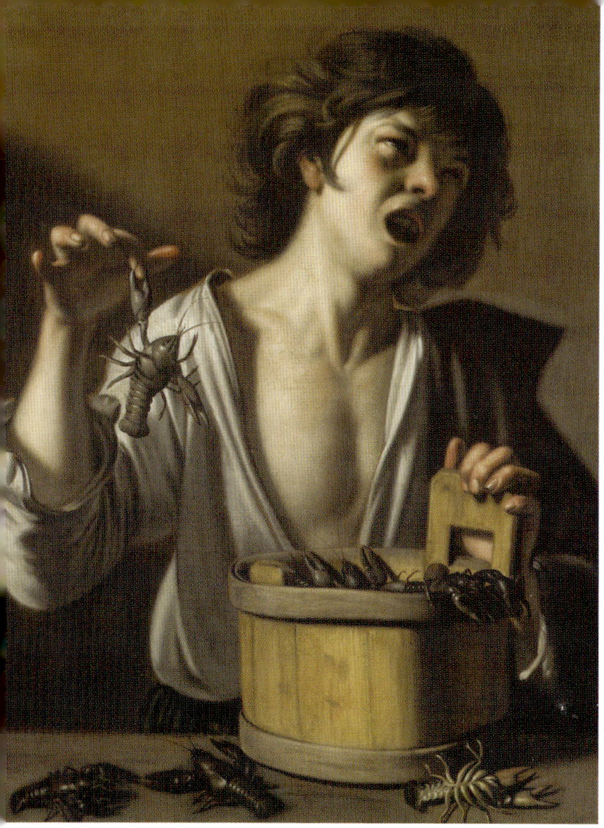

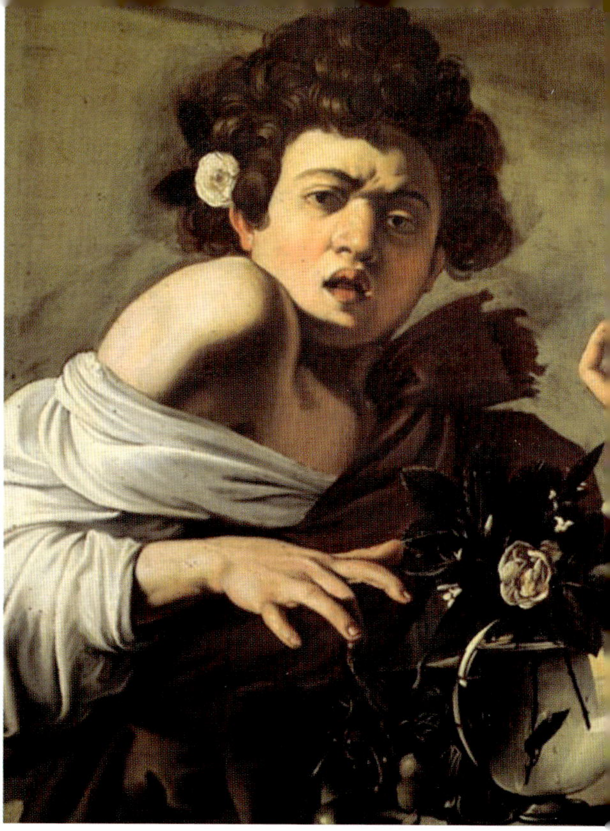

Carlo Saraceni,
Knabe von einem Flusskrebs gebissen, um 1590. Privatsammlung.

Caravaggio,
Knabe von einer Eidechse gebissen, 1595–1596. Fondazione Longhi, Florenz.

1) sie denotieren als Ensemble von Formen, Personen und Ereignisse visuell und
2) sie verkörpern Konnotationen, die sich aus der Tradition der abendländischen Kunst ergeben.

Die Begriffe Denotation und Konnotation betreffen zwei Aspekte der Bedeutung eines Wortes. Die Denotation ist die direkte Beziehung zwischen dem Wort und der Sache, die es bezeichnet. Die Konnotation dagegen ist die verborgene (metaphorische) Bedeutung eines Wortes und steht dadurch mit der poetischen Dimension in Zusammenhang.

Dieser Mechanismus von Denotation und Konnotation gilt auch für die Bilder. Eine Taube beispielsweise denotiert eben diesen einen besonderen Vogel; gleichzeitig konnotiert sie jedoch Ostern, den Frieden, den Heiligen Geist usw. Allerdings beruhen Konnotation und Denotation bei den Bildern, anders als dies bei den Worten der Fall ist, nicht auf einer kodifizierten Beziehung. Vielmehr evoziert der Anblick einer Taube bei einem einigermaßen gebildeten Betrachter Vorstellungen von Ostern, dem Frieden, dem Heiligen Geist. Ein Bild eröffnet einen Raum, der mit der Vorstellungswelt, mit dem Imaginären verbunden ist, so wie die Psychoanalyse die Traumsymbolik entschlüsselt, in der ein Bild anstelle eines anderen steht.

Um es wieder an einem Beispiel zu illustrieren: Wenn ich von einer Taschenuhr mit Kette geträumt habe, steht dieser Gegenstand möglicherweise indirekt für meinen Großvater, während es rein sprachlich

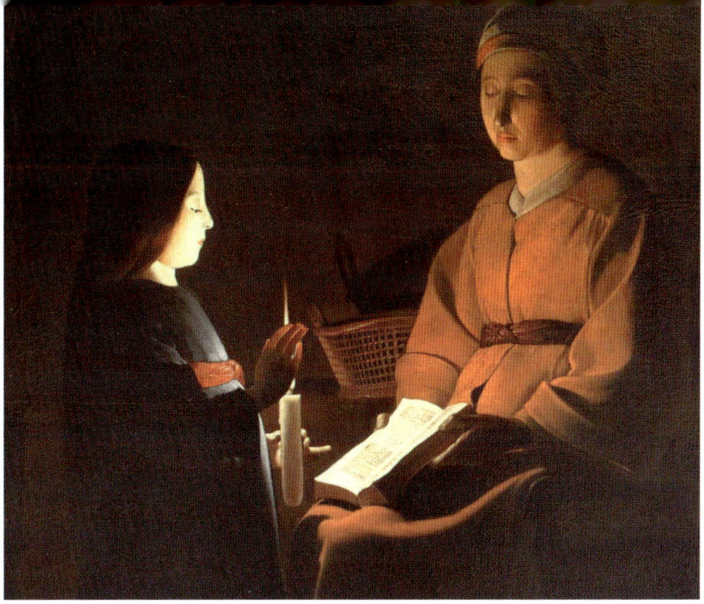

Georges de La Tour,
Die Erziehung der Jungfrau Maria, 1650. Louvre, Paris.

zwischen einer Uhr und meinem Großvater keinerlei Zusammenhang gibt. So ist mit dem Anblick eines Bildes zugleich der Blick auf andere Bilder und deren räumliche und zeitliche Komposition gegeben.

Die Tradition der Künstler und Werkstätten hat also durch den Einsatz invarianter formaler Mittel – Licht, Perspektive und Farbe – die Bilderzählung bestimmter biblischer oder historischer Episoden entwickelt (Denotat), um in ihnen die menschlichen Leidenschaften zu inszenieren (Konnotat).

Hier einige Beispiele für auffällige Ähnlichkeiten in Werken verschiedener Künstler.

El Greco, Schöpfer wundervoller Nachtstücke, spielte auch mit dem künstlichen Licht. Wir finden es in seinen Genrebildern, beispielsweise dem auf S. 137 abgebildeten. Beide Fassungen bezeugen, dass das vollendete Werk Ergebnis einer geschickten Maltechnik, aber zugleich auch einer bestimmten narrativen Konnotation ist, ähnlich der *Erziehung der Jungfrau Maria* von Georges de La Tour.

El Greco,
Links: Allegorie mit einem Knaben, der eine Kerze entzündet, in Gesellschaft eines Affen und eines Narren, 1587–1596. Museo del Prado, Madrid.
Rechts: Knabe mit Span und Kerze, 1571–1572. Museo Nazionale di Capodimonte, Neapel.

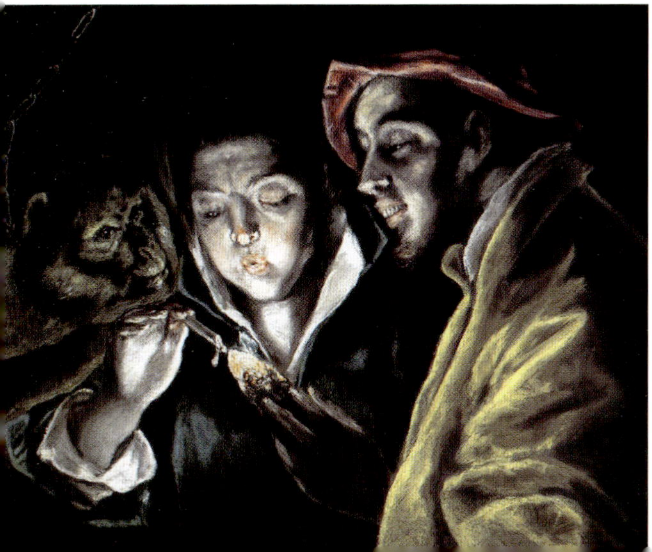

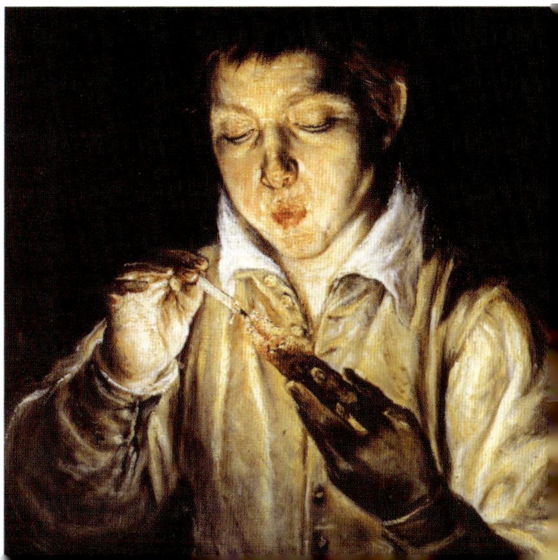

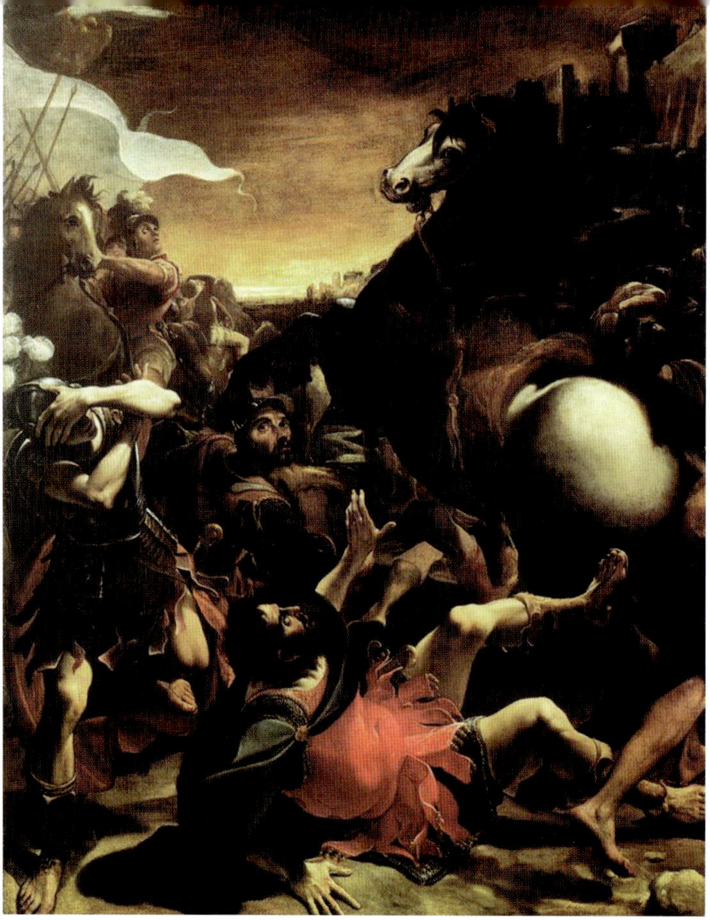

Ludovico Carracci,
Bekehrung des Paulus, 1587–1588.
Pinacoteca Nazionale, Bologna.

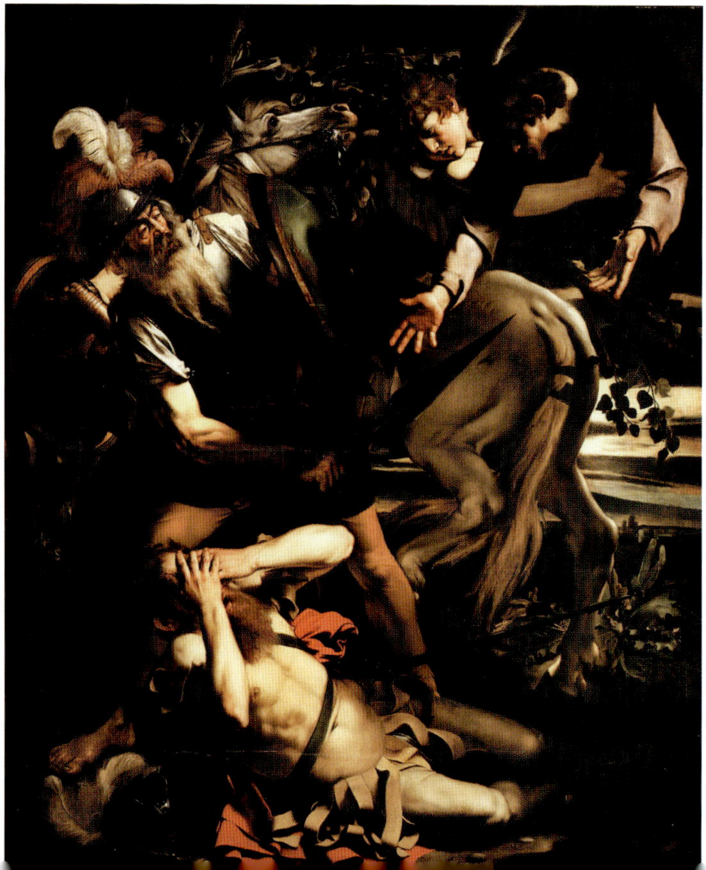

Caravaggio,
Bekehrung des Paulus, erste Fassung, 1600–1601. Privatsammlung Odescalchi-Balbi, Rom.

Seite gegenüber:
Caravaggio,
Bekehrung des Paulus, zweite Fassung, 1600–1601. Cerasi-Kapelle, Basilika Santa Maria del Popolo, Rom.

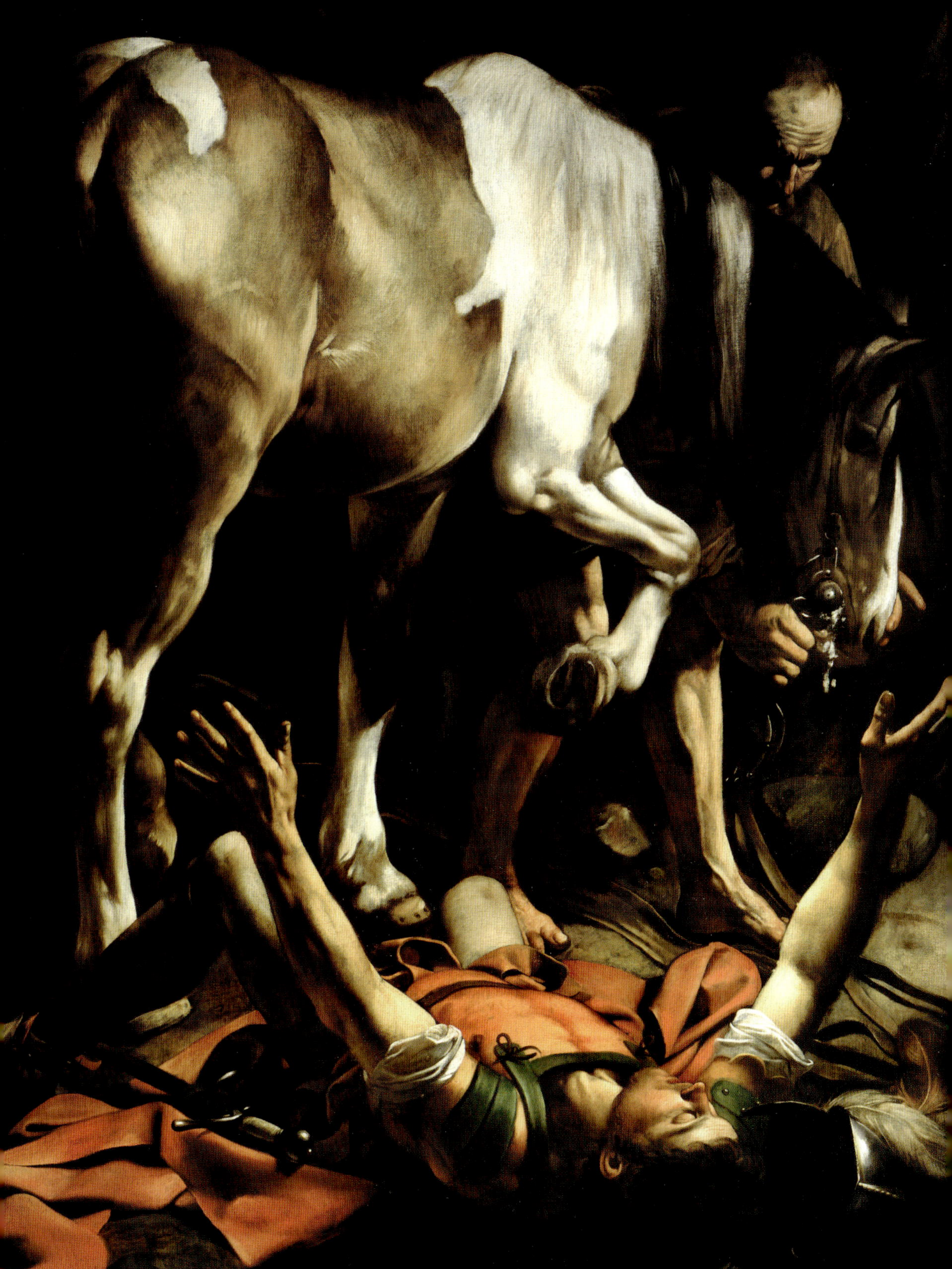

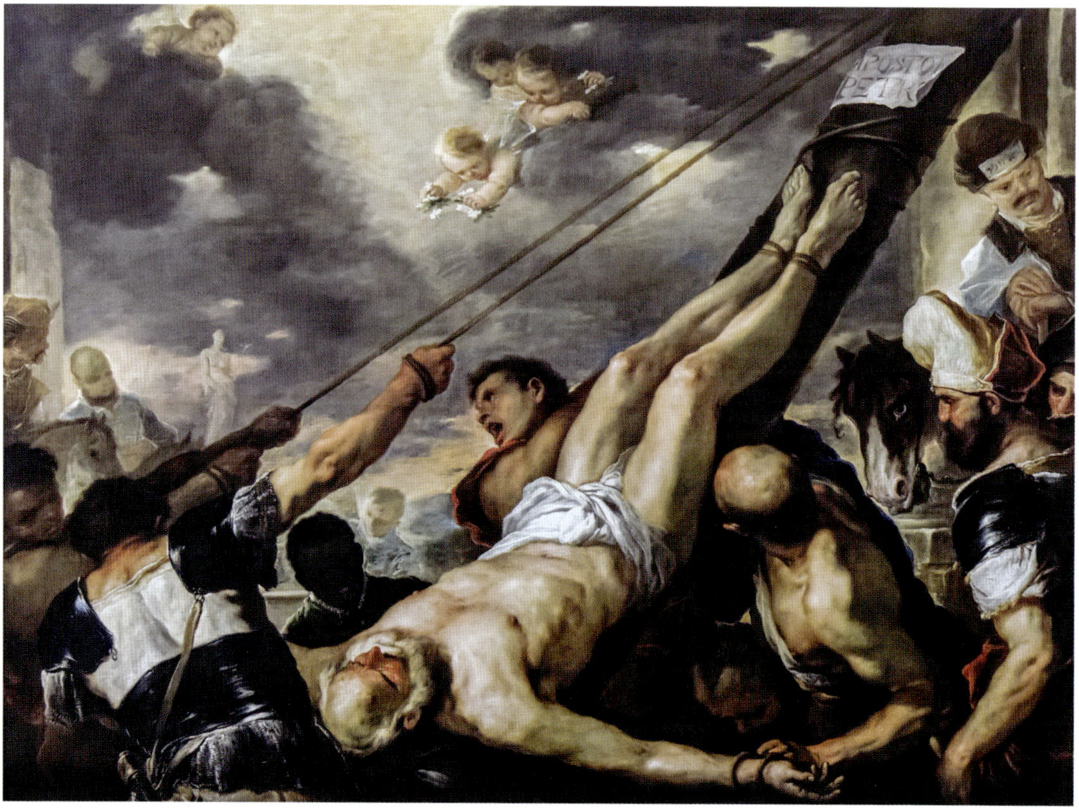

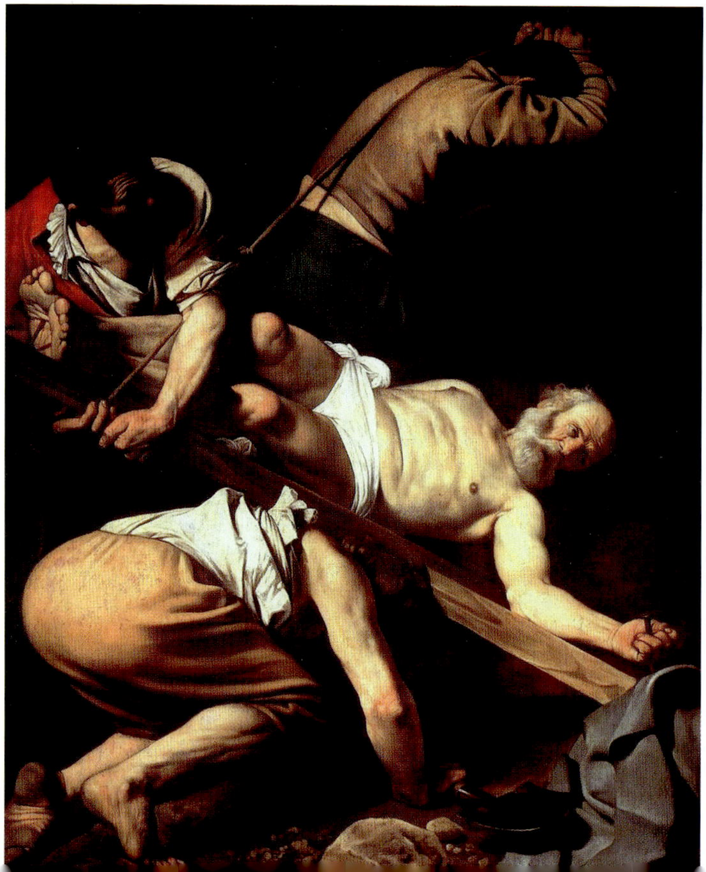

Luca Giordano,
Kreuzigung des Petrus, 1655–1660.
Gallerie dell'Accademia, Venedig.

Caravaggio,
Kreuzigung des Petrus, 1600–1601.
Cerasi-Kapelle, Basilika Santa Maria del Popolo, Rom.

Von Tiberio Cerasi erhielt Caravaggio am 24. September 1600 den Auftrag zu einer *Bekehrung des Paulus* (S. 138). Beim Vergleich mit Ludovico Carraccis Gestaltung desselben Themas zeigen sich etliche formale Ähnlichkeiten, etwa bei dem Lichtschein, der bei Carracci den Soldaten, bei Caravaggio die Gestalt des Paulus trifft. Die zweite Fassung von Caravaggios Gemälde (S. 139) weist dagegen deutliche Unterschiede auf.

Auch in der diagonalen Komposition von Luca Giordanos *Kreuzigung des Petrus* finden sich zahlreiche Übereinstimmungen mit der Darstellung des Themas durch Caravaggio (S. 140).

Die biblische Episode von *Susanna im Bade* wurde von vielen berühmten Malern aufgegriffen. Ihre individuellen Interpretationen zeigen, wie stark Denotation und Konnotation aufgrund der unterschiedlich geprägten Sensibilität des jeweiligen Künstlers divergieren können.

Tintoretto,
Susanna im Bade, 1557.
Kunsthistorisches Museum, Wien.

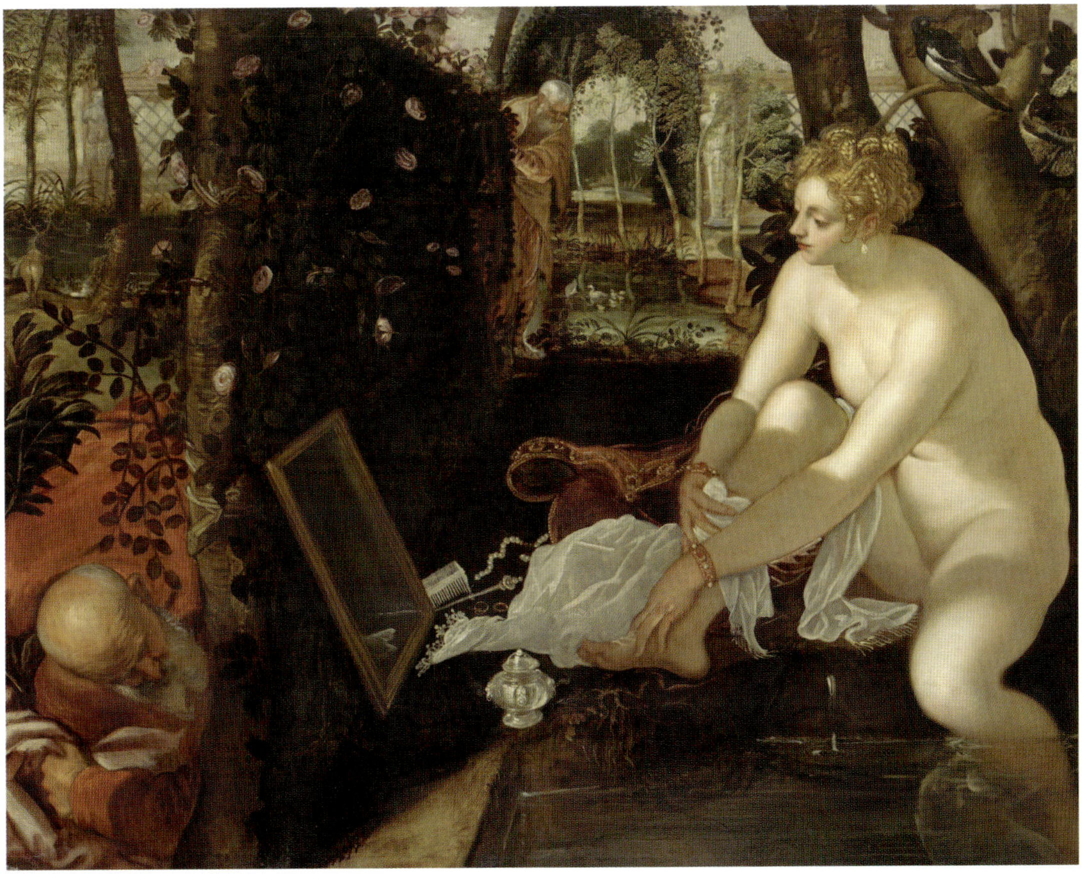

Obwohl es in allen Epochen Landschaftsmalerei gab, erfreute sich diese Gattung seit dem 15. Jahrhundert besonderer Aufmerksamkeit.

Die sanften Hügellandschaften der italienischen Meister und die Landschaftshintergründe der flämischen Madonnen führen das Auge des Betrachters aus einem Innenraum hinaus ins Freie und schaffen einen Gegensatz zwischen geschlossenem Raum und atmosphärischer Unendlichkeit. Die wichtigste technische Innovation wird dann Leonardo da Vincis Entwicklung der Luftperspektive sein, die besonders in der venezianischen Vedutenmalerei zahlreiche Nachfolger finden sollte.

Als Gründungsdatum der Landschaftsmalerei als eigenständiger Gattung gelten Leonardos *Flusslandschaft* und Albrecht Altdorfers *Landschaft mit Brücke*, auch wenn sie eher noch Studien oder tastende Versuche zu sein scheinen, die neuen Sehweisen zu erproben. Zu Beginn des 17. Jahrhunderts malt Annibale Carracci in Italien die *Flucht nach Ägypten*, bei der die zentrale Gruppe der Heiligen Familie wie ein Vorwand wirkt, um die Morgendämmerung über einer lichterfüllten Flusslandschaft darzustellen.

Das Landschaftsgenre setzt sich dann endgültig in den Niederlanden durch. Hier befreit sich das aufstrebende Bürgertum von der Bindung an kirchliche Auftraggeber. Kaufleute, Wohlhabende und Kleinbesitzer wollen die von ihnen aufgebaute Welt und sich selbst als deren Protagonisten sehen, ohne eines jenseitigen Segens zu bedürfen. Es ist der Triumph des alltäglichen Lebens, das entsprechend den Wünschen

Leonardo da Vinci,
Flusslandschaft, 1473. Gabinetto dei Disegni e delle Stampe degli Uffizi, Florenz.

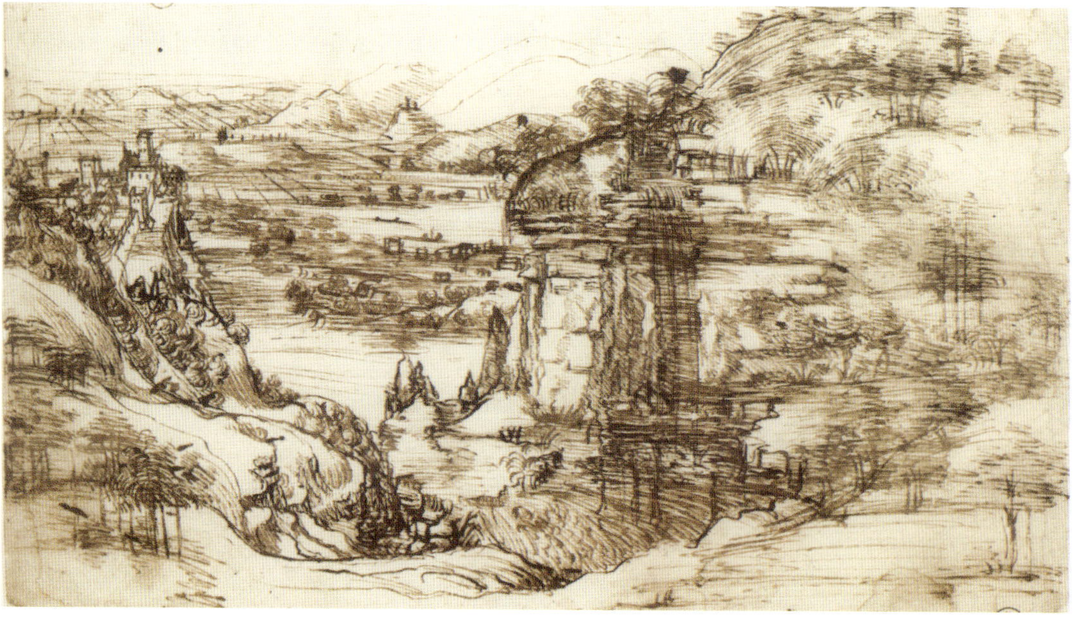

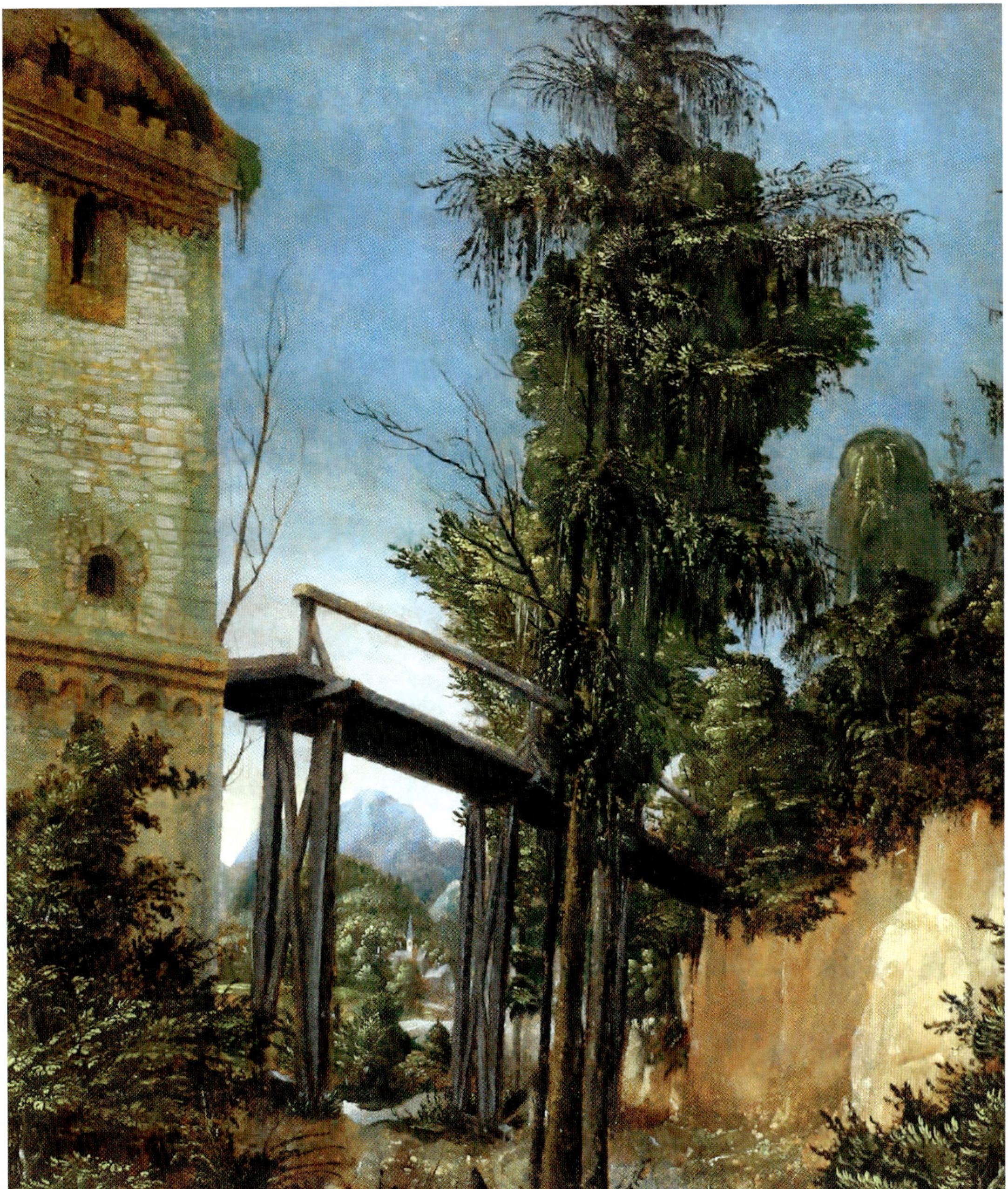

Albrecht Altdorfer,
Landschaft mit Brücke, um 1518.
National Gallery, London.

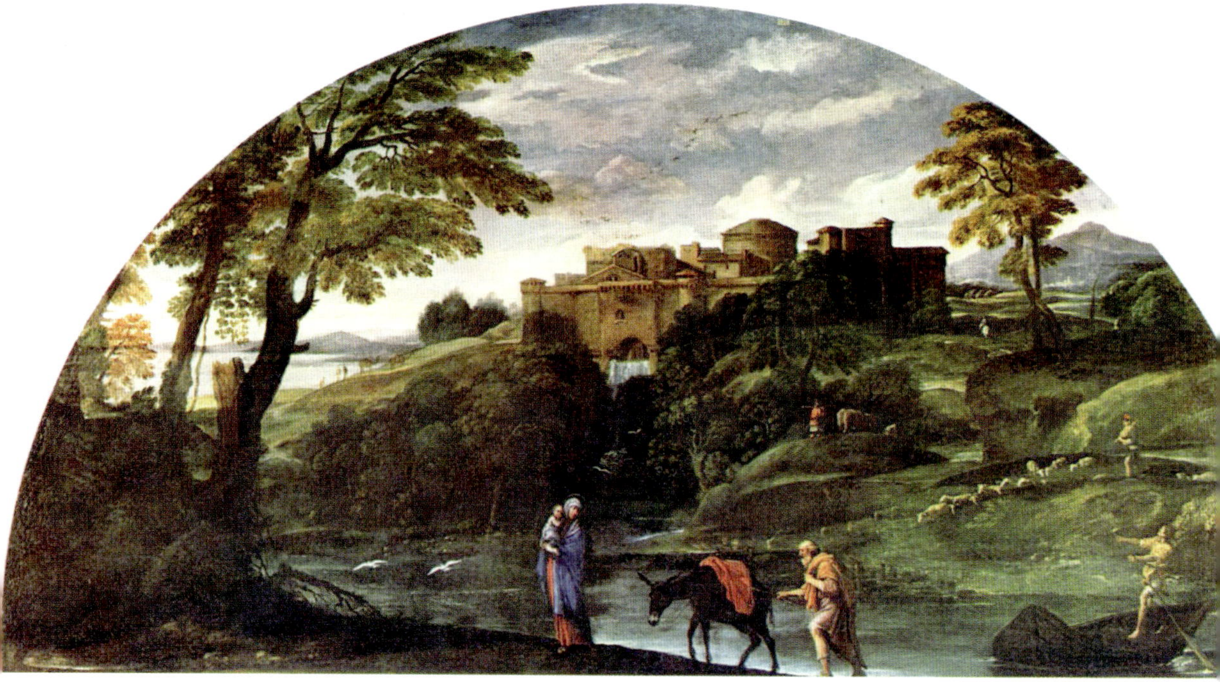

Annibale Carracci,
Flucht nach Ägypten, 1602–1604.
Galleria Doria Pamphilij, Rom.

der Auftraggeber poetisch dargestellt wird, oft genug auch in seinen prosaischsten Aspekten.

Das Licht steigt nun nicht mehr direkt aus dem Göttlichen nieder, wie das die kirchliche Lehre vorgeschrieben hatte, sondern durfte frei auf der Welt umherstreifen. Wohin? Durch eine Naturlandschaft, in der kein Mensch anwesend ist. Felder, Meeresufer, Stadt: Jetzt war das Auge eines Betrachters in der Lage, durch ein immanentes Licht alle möglichen Umgebungen zu erforschen. Die Blüte der spezialisierten Werkstätten garantierte eine kontinuierliche und nicht mehr nur gelegentliche Produktion von Landschaftsbildern.

Rembrandt schuf um 1630 einige Gemälde und Druckgrafiken mit Landschaftsthemen, bei denen er die Dramatik der Natur betonte. In ihnen erscheinen Bäume von unheimlicher Gestalt, die sich vor einem bedrohlichen Himmel im Hintergrund abheben.

Diese Darstellungsweise bildet das Bindeglied zwischen einem Licht, das sich einen Weg durch einen Innenraum bahnt, und einem Licht, das sich in einem Außenraum bewegt. In Rembrandts beiden Landschaften (S. 145) bekommen wir zum ersten Mal – wie dann in der nachfolgenden Malerei bis hin zum Impressionismus und Divisionismus einschließlich der Gruppe der Macchiaioli – eine Ahnung davon, dass Gott, wenn auch nicht tot, so doch auf dem Rückzug ist.

Vom 18. Jahrhundert an verbindet die Malerei das Licht – gewöhnlich das Sonnenlicht – mit einer lebhaften Skala von Farben, die jeden Schatten erhellen und bewegen.

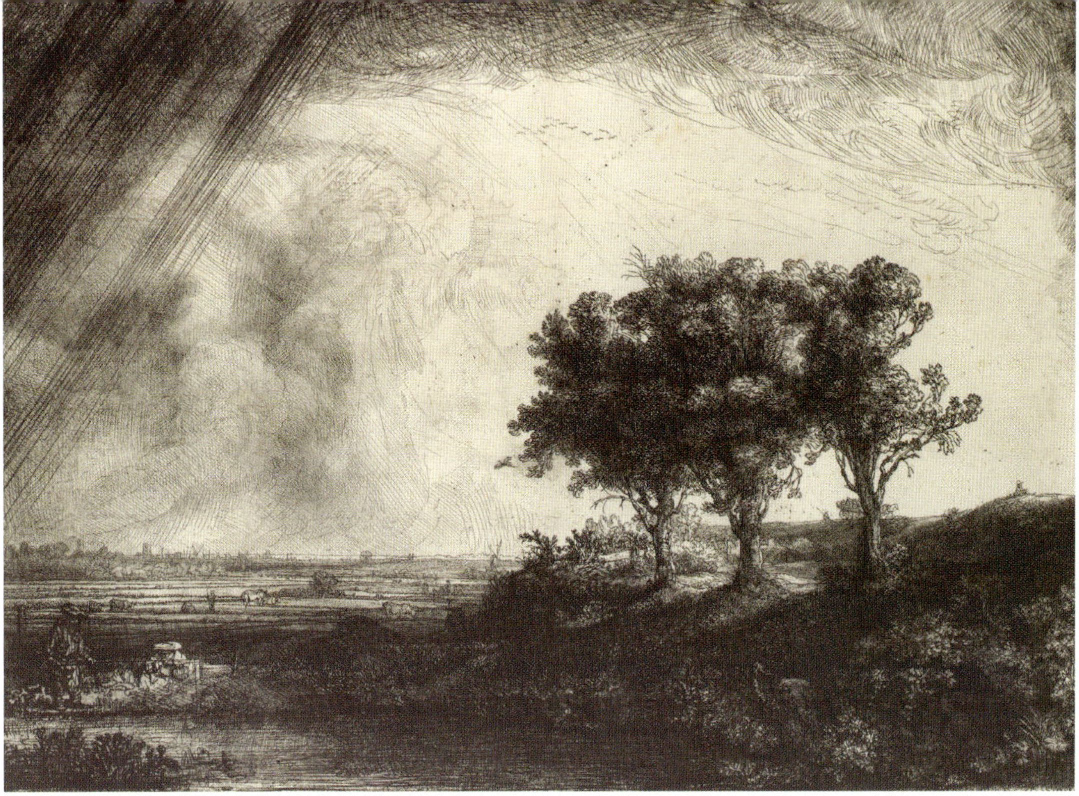

Rembrandt,
Die drei Bäume, Kupferstich und Kaltnadelradierung, 1643.
Gabinetto dei Disegni e delle Stampe degli Uffizi, Florenz.

Rembrandt,
Landschaft mit Steinbrücke, 1637–1639.
Rijksmuseum, Amsterdam.

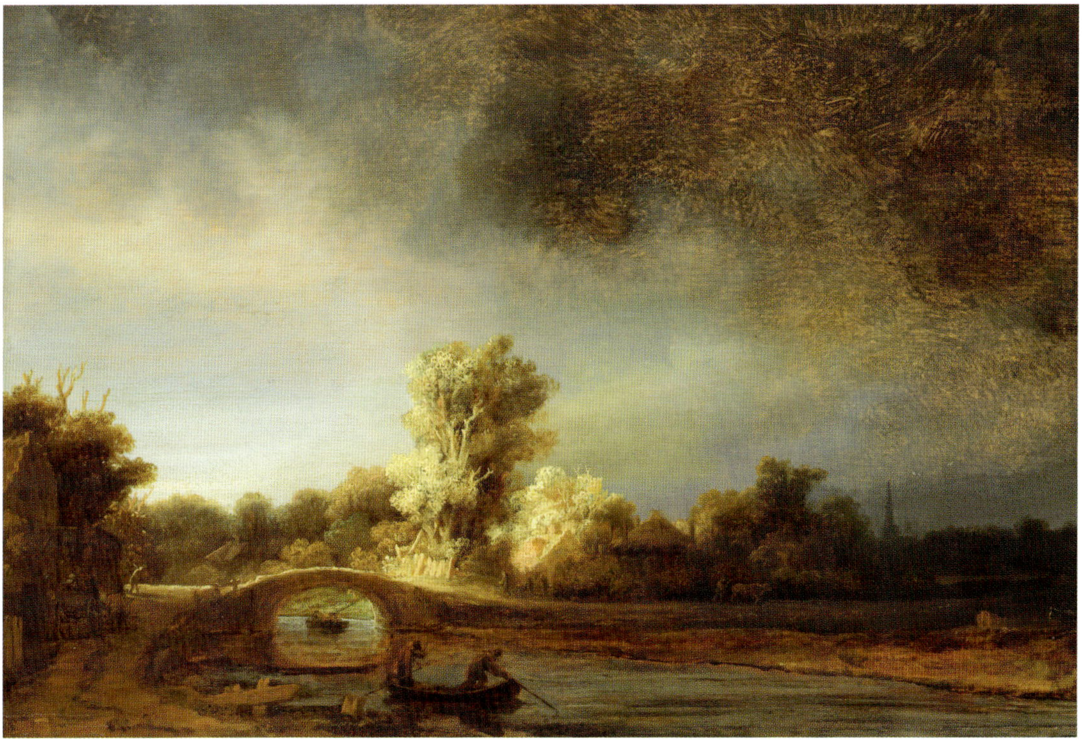

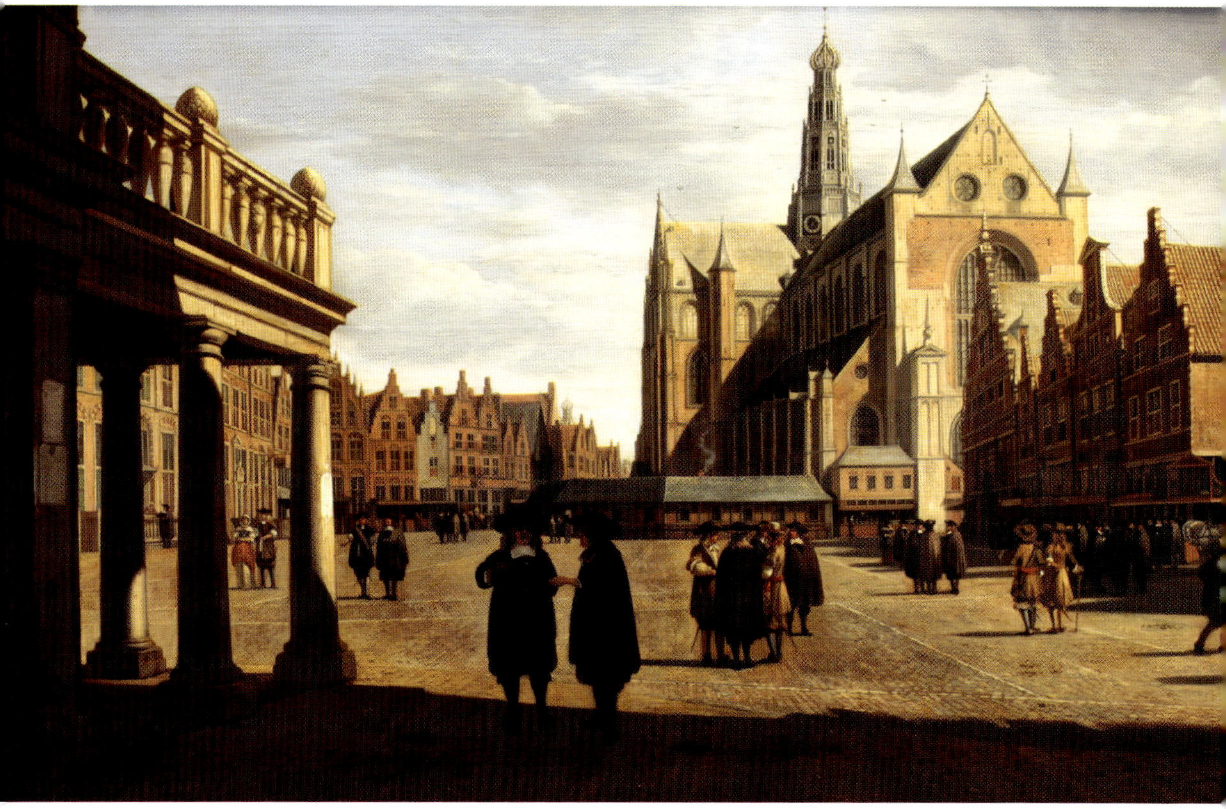

Gerrit Berckheyde,
Marktplatz und Grote Kerk in Haarlem, 1673. Musée des Beaux-Arts, Lyon.

Die große Malerei dieser Zeit wird dadurch zu einem detaillierten Katalog jeglicher Manifestation des Lichts, in dem sämtliche früheren Erfahrungen aufbewahrt sind. Zugleich ist sie in ein diffuses und zufälliges Umgebungslicht getaucht, das sich genau auf eine bestimmte Tageszeit, auf Morgen, Sonnenuntergang, Nachmittag, Abend usw. bezieht.

In der Aufklärungszeit (von der Revolution in England 1688 bis zur Französischen Revolution 1789) verbreitete sich von Venedig aus in ganz Europa die Strömung der Vedutenmalerei. Dieses Genre stellte die eindrucksvollsten Ansichten jener vielbesuchten Städte dar, zu denen die jungen Intellektuellen aus dem nördlichen Europa auf ihrer Bildungsreise, der sogenannten *Grand Tour*, aufbrachen.

Aus diesem Grund waren die Werke der Vedutenmaler kleinformatig und leicht zu transportieren, dabei von fast fotografischer Präzision, kurzum: handwerklich gefertigte Postkarten mit Unikatcharakter. Und tatsächlich bedienten sich die Künstler häufig der Camera obscura zur Realisation einer perfekten perspektivischen Ansicht. Dem Maler blieb nur noch die Aufgabe, dem Ganzen durch Farbe und Licht eine reizvolle Atmosphäre zu verleihen.

Gerrit Berckheydes *Marktplatz und Grote Kerk in Haarlem* und Francesco Guardis *Tor zum Arsenal in Venedig* stellen beide eine Fülle menschlicher Figuren vor einem architektonischen Hintergrund dar. Doch der Vergleich zwischen dem künstlerischen Resultat Gerrit Berckheydes, der im niederländischen Haarlem geboren wurde und lebte und Franceso Guardi, der Venedig vermutlich nie verlassen hat, ist aufschlussreich für den Übergang vom Licht des Hell-Dunkel-Gegensatzes zum Umgebungslicht in seiner Farbigkeit.

Bei einem genaueren Blick auf die Details wird deutlich, dass es auf beiden Bildern ungefähr gleich spät sein muss, wie sich an den Lichtverhältnissen zeigt. Die Schatten auf dem Boden weisen etwa die gleiche Länge auf, der Sonnenstand und damit die Tageszeit, dürften also identisch sein.

Dennoch vermittelt uns Guardis Vedute aufgrund des stärkeren farbigen Widerscheins der Figuren den Eindruck eines klareren und helleren Tages; wir haben die Empfindung einer intensiveren Streuung atmosphärischer Helligkeit. Diese Seh- und Malweise ist für das Auge des Betrachters ausgesprochen reizvoll. Welche Wirkung sie zu entfalten vermag, wird ein Jahrhundert später der Erfolg des Impressionismus beweisen, der den Gegensatz zwischen Licht und Dunkel endgültig auflöst.

Franceso Guardi,
Tor zum Arsenal in Venedig, 1777–1793.
Kunsthistorisches Museum, Wien.

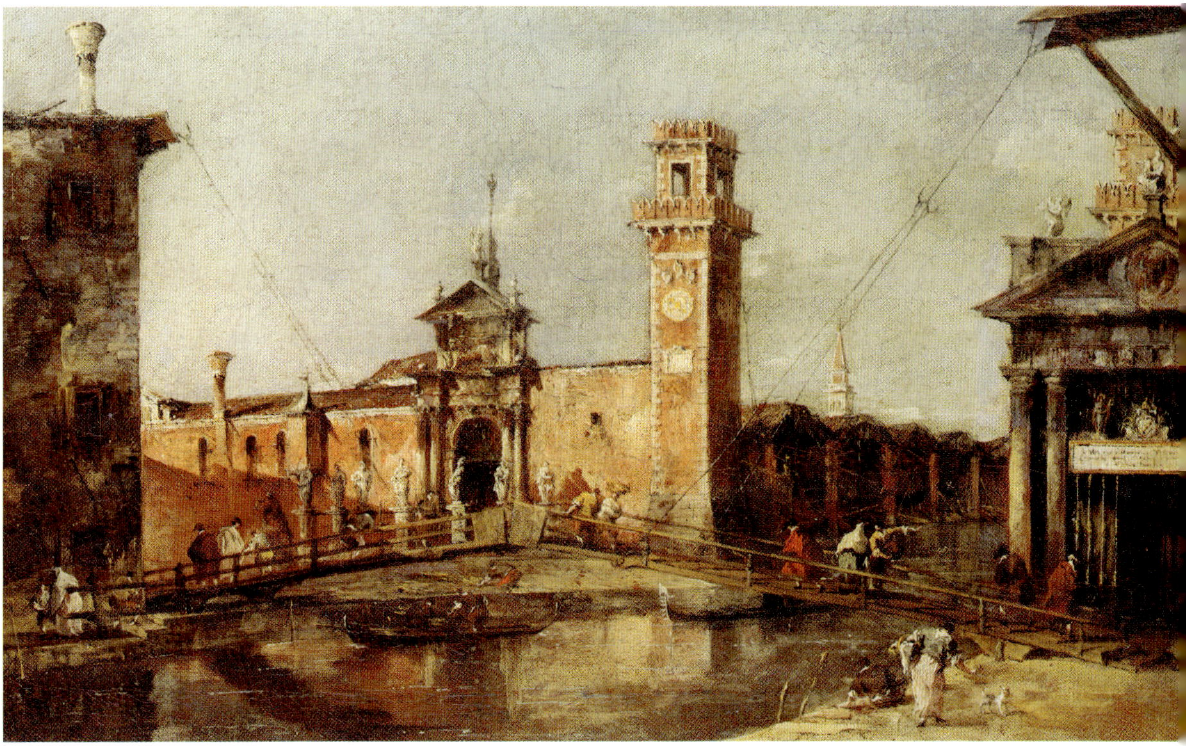

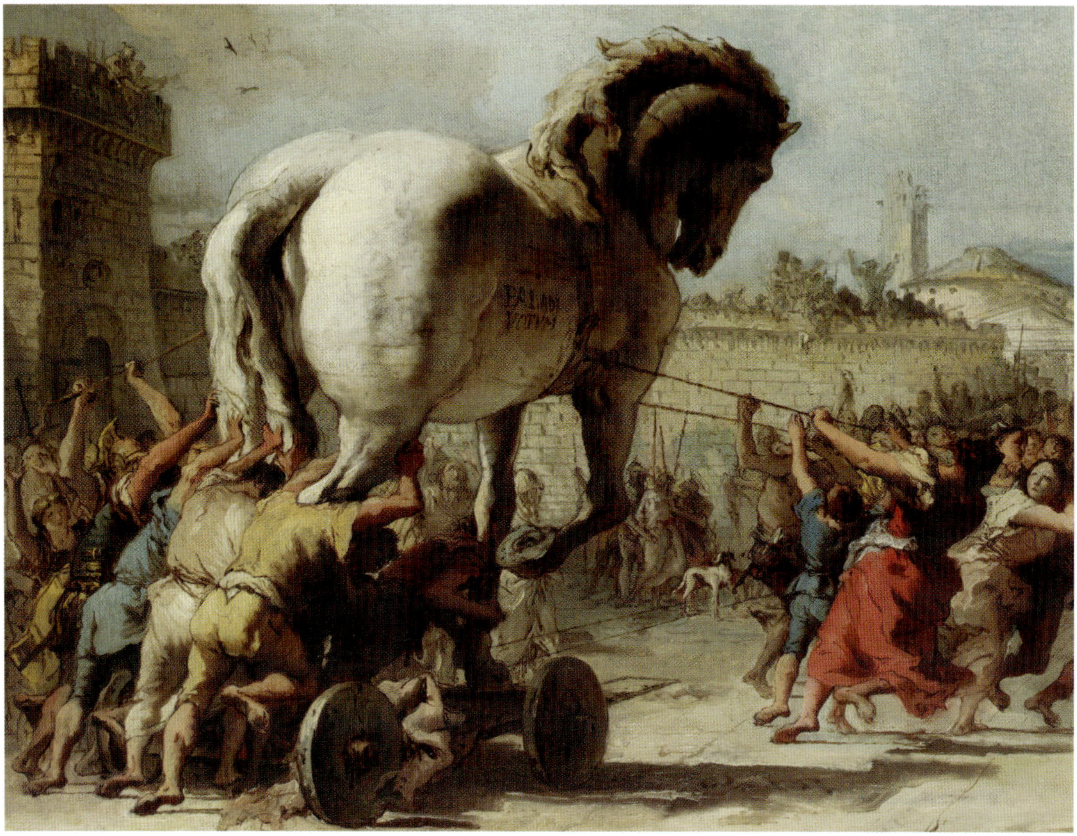

Giovanni Battista Tiepolo,
Die Prozession des Trojanischen Pferdes nach Troja, um 1760. National Gallery, London.

Ein weiteres Beispiel für diese Auffassung des Lichts, das allerdings nicht ins Umfeld der Vedutenmalerei für die Klientel der *Grand Tour* gehört, ist Giovanni Domenico Tiepolos *Prozession des Trojanischen Pferdes nach Troja*. Hier stehen die Schatten auf dem Boden in so starkem Kontrast zu den beleuchteten Partien und dem Rücken des Pferdes, dass ein Effekt des Glänzens entsteht.

Wie sich durch den Einsatz langgestreckter Schatten wirkungsvoll die Atmosphäre einer Morgen- oder Abenddämmerung erzeugen lässt, zeigt exemplarisch Claude Lorrains *Hafen mit der Einschiffung der heiligen Ursula*. Das Prinzip des Umgebungslichts basiert auf der simplen Mechanik des Fototropismus des Auges: Unser Sehapparat ist darauf eingerichtet, sich stets auf den hellsten Bereich zu fokussieren, da er von Natur aus durch Helligkeit angezogen wird.

Wenn wir also im Bild eine helle Form erkennen und der Bereich um sie dunkel ist, wird uns diese Zone normalerweise als Hintergrund erscheinen, der scheinbar zurücktritt. Lorrain verfährt in seinem Gemälde jedoch auf umgekehrte Weise: Er verlegt das helle Licht in den

Hintergrund, während die Schatten und das Dunkel in den Vordergrund treten. Ein geschickt eingesetzter Kunstgriff, um den Eindruck des Sonnenuntergangs, des Abgangs der Sonne von der Szene, hervorzurufen.

Nicht zufällig fand später ein Künstler vom Rang William Turners lobende Worte für die Werke Claude Lorrains. Er radikalisierte dessen Stil, indem er eine Sichtweise komplex zuspitzte und steigerte, die sogar über die romantische Auffassung des Erhabenen hinausgeht.

Mittels des fototropischen Prinzips lassen sich unterschiedliche Eindrücke und Stimmungen bildnerisch umsetzen: Regen, Sonnenschein, Dämmerung, Nebel usw., aber auch der Eindruck einer unerwarteten räumlichen Tiefe. Bei Adam Elsheimers Landschaftsbildern staunten die Kenner darüber, wie die Dimensionen seiner Werke durch den Einsatz mannigfaltiger Lichtquellen vergrößert erschienen. *Die Flucht nach Ägypten* ist ein ziemlich kleinformatiges Gemälde, aber es wirkt nicht so, weil die Lichtquellen durch den Kontrast zum dunklen Hintergrund die Aufmerksamkeit des Betrachters auf sich ziehen und eine Atmosphäre der Angst und Gefahr beschwören.

Claude Lorrain,
Hafen mit der Einschiffung der heiligen Ursula, 1641. National Gallery, London.

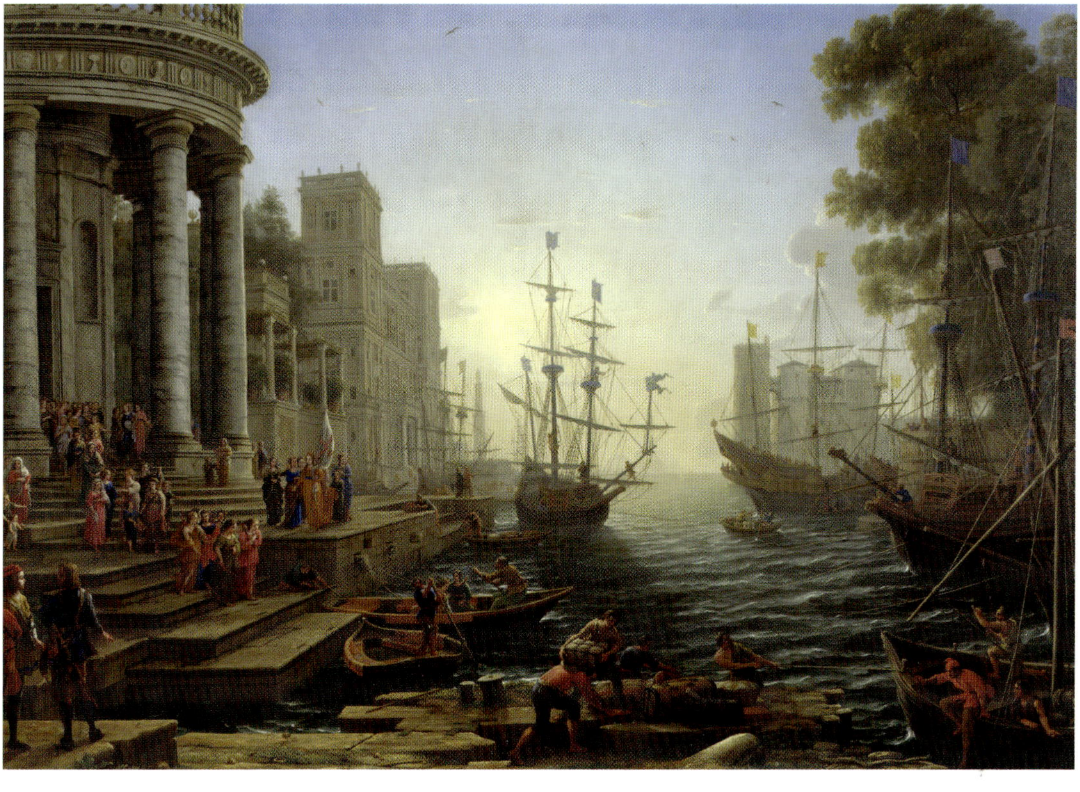

Auf der linken Seite erscheint inmitten der finsteren Vegetation eine ländliche Szene im Licht eines Lagerfeuers, dessen Funkensäule bis zu den Baumwipfeln hinaufreicht. Im Zentrum des Bildes beleuchtet eine von Joseph gehaltene Fackel sanft Maria mit dem Jesuskind auf dem Arm. Rechts spiegelt sich der durch die Wolken brechende Vollmond in einem See, erhellt das Firmament ringsum und verheißt eine glückliche Zukunft.

Einen originellen Beitrag zur Landschaftsmalerei bilden die Werke Philip Konincks. In seinem Schaffen zeigt sich der Einfluss von Hercules Seghers, dessen Bildtypus des weiträumig flächigen Panoramas er bis zur Vollkommenheit weiterentwickelte.

Vergleicht man die Abmessungen der Landschaftsbilder Konincks und Elsheimers, ergibt sich ein überraschender Befund. Obwohl wir uns das Format beider Werke ungefähr gleich vorstellen, verhält es sich in Wahrheit ganz und gar nicht so: Konincks Leinwand misst 92,5 × 112 cm, Elsheimers mit Öl bemalte Kupferplatte dagegen nur 31 × 41 cm.

Ich will mich nicht zu der Behauptung versteigen, dahinter könnte sich ein weiterer Beweis für Einsteins Relativitätstheorie verbergen – doch der Umstand, dass bei Elsheimers Bild die Lichter in der Ferne einen Raum suggerieren, der (auch im Vergleich zu Konincks

Adam Elsheimer,
Die Flucht nach Ägypten, 1609.
Alte Pinakothek, München.

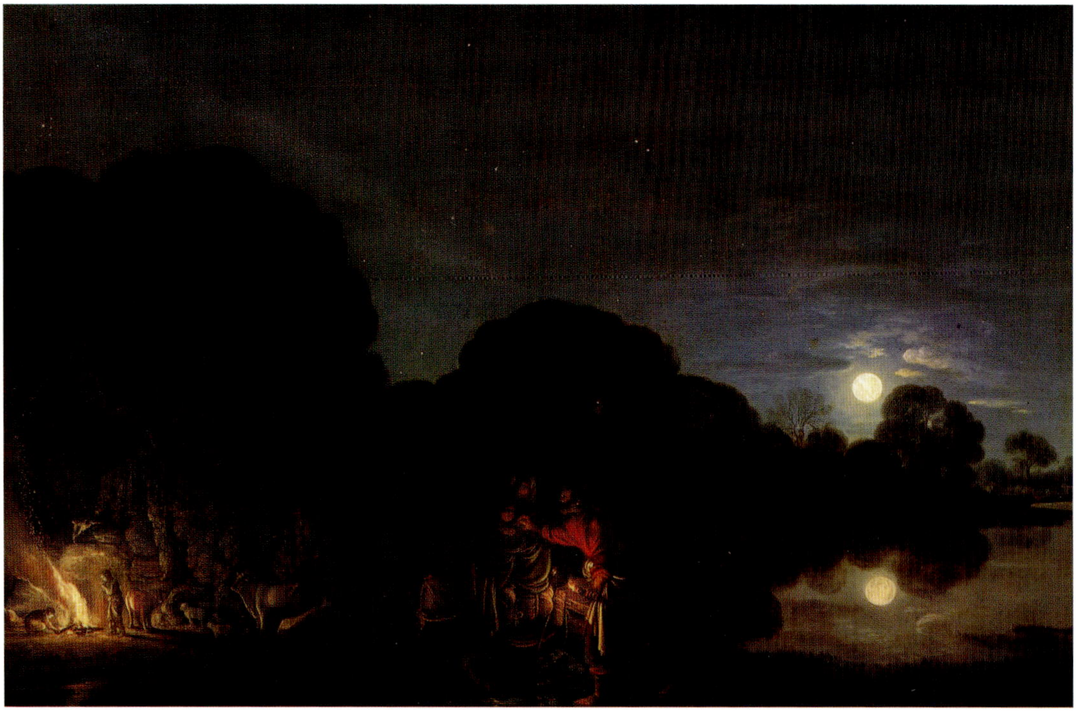

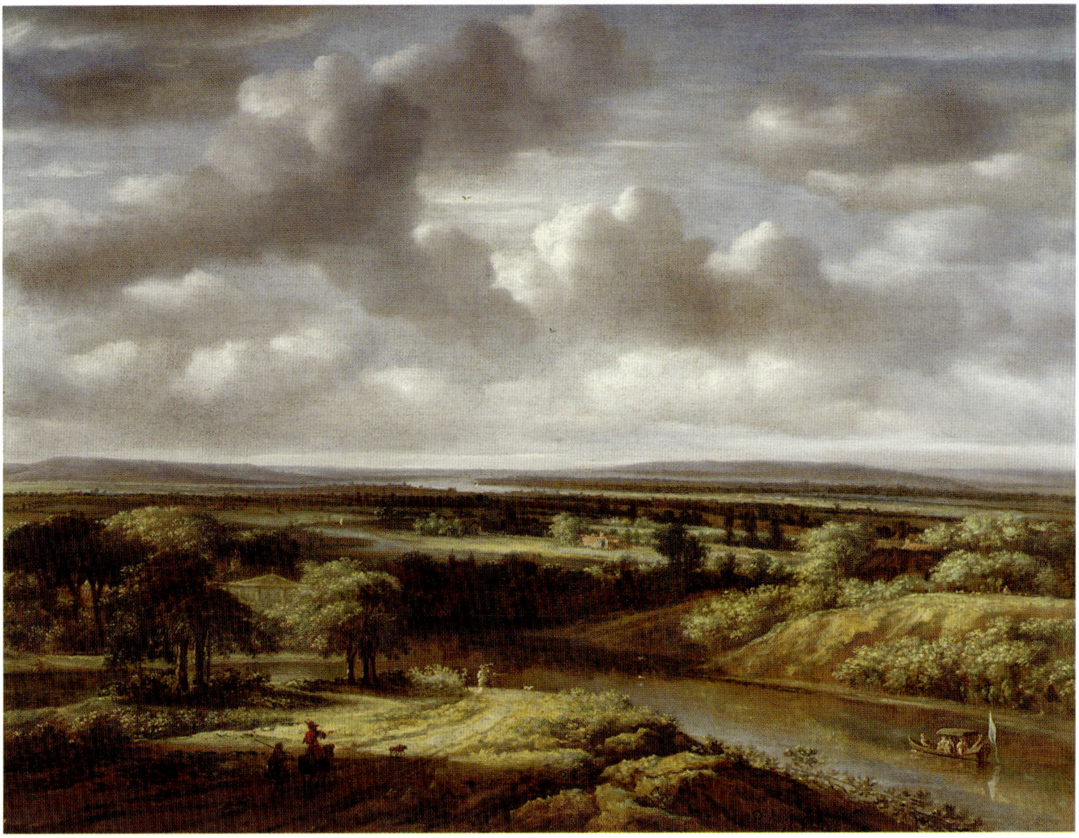

Philip Koninck,
Flusslandschaft, 1676.
Rijksmuseum, Amsterdam.

Werk) viel größer ist als die tatsächlichen Bildmaße, ist auf jeden Fall ein Beweis für die Relativität unserer Wahrnehmungen.

Die stimmungsvolle Landschaftsauffassung des 18. Jahrhunderts führte zu einer Fülle von Bilderfindungen, Capriccios, szenischen Rekonstruktionen und idealen Ansichten, die nicht selten wie ein gekünsteltes, um seiner selbst willen veranstaltetes Spektakel wirken. Es ist damit die Stunde des Pittoresken gekommen. Die erste ausdrückliche Formulierung dieser ästhetischen Kategorie findet sich in dem 1794 veröffentlichten *Essay on the Picturesque, As Compared with the Sublime and The Beautiful* des englischen Theoretikers Uvedal Price.

Das Pittoreske will das Angenehme in den Unregelmäßigkeiten und der spontanen Unordnung der Natur erfassen und darstellen. Die gesamte romantische Landschaftsmalerei behält diesen Charakerzug bei, die Wirkungen des Lichts sind dabei ein unabdingbares Element.

Alessandro Magnasco hat in seinem Werk die Ausdrucksmöglichkeit der *pittura di tocco*, der „Malerei durch Antupfen" (durch Farbtupfer und kurze Pinselstriche), so gründlich erforscht wie wenige andere. Der heute als einer der originellsten Maler im Italien des 18. Jahrhunderts geltende Künstler machte sich durch Bilder mit reichen Lichtkontrasten im volkstümlichen Genre einen Namen.

Diesem Künstler ist auch das Genre des Pittoresken nicht fremd, das – ich sagte es bereits – die Unregelmäßigkeiten und architektonischen Launen in der spontanen Unordnung der Natur darzustellen sucht. Das Licht in der *Landschaft mit klassischen Ruinen und Figuren* soll nicht enthüllen, sondern die Zufälligkeit der Präsenz von Menschen zum Ausdruck bringen.

Fast immer konstruiert Magnasco einen dunklen Raum, in dem fratzenhafte, nicht sonderlich vertrauenserweckende Figuren auftauchen, die den Geschmack der folgenden Jahrhunderte vorwegnehmen und geradezu an den expressionistischen Gestus gemahnen, wie der *Frevelhafte Diebstahl* zeigt.

In der Nacht des 6. Januar 1731 drangen mehrere Diebe in die Kirche Santa Maria di Campomorto in Siziano bei Pavia ein. Magnascos Gemälde schildert das gesamte Geschehen in allen Einzelheiten – den Einbruch, die makabre Erscheinung der Skelette, die mit Fackeln aus der Krypta aufsteigen, um ihre Kirche zu verteidigen, und schließlich die Erhängung der Übeltäter.

Magnasco widmet dem Fall ein großes Gemälde und gibt das Geschehen nach den Aussagen der geständigen Täter wieder. Auf diese Weise bietet er dem Betrachter eine dramatisch und emotional aufgeladene Darstellung, einen wahren Danse Macabre.

Das stimmungsgesättigte Licht in der Landschaftsmalerei des 18. Jahrhunderts mit ihren Capriccios, grotesken szenischen Rekonstruktionen und nicht auf platte Ähnlichkeit abzielenden Ansichten hat aus der Wirklichkeit das übernommen, was notwendig war, um ein inneres Bild zu erschaffen, das häufig im Gegensatz zum konventionellen Geschmack steht.

An dieser Stelle ist unbedingt das Werk Johann Heinrich Füsslis zu erwähnen. Obwohl er von der klassizistischen Landschaftsauffassung geprägt ist, stellte er die Qual nächtlicher Gesichte und Albträume dar, ein wundersames Inferno, erfüllt von beängstigender Spannung und Phantasmen. Füsslis Licht bringt keine Helligkeit, sondern lässt die Erscheinungen in einen dunklen Strudel sinken.

Füssli stellt in seinem *Traum des Schäfers* den ewigen Kampf zwischen Licht und Dunkel dar, bei dem die Finsternis den Sieg erringt. Die Figuren tanzen um einen dunklen Abgrund, aus dem nur für einen kurzen Moment eine Erinnerung an das göttliche Licht aufscheint.

Ein kleiner historischer Schritt, aber ein gewaltiger Sprung für die Kunstgeschichte ist das Werk William Turners. Mit seinen freien, unruhigen und leuchtenden malerischen Experimenten entzieht sich dieser große Künstler jeglicher Klassifizierung. Landschaften und Veduten, in

Oben:
Alessandro Magnasco,
Begräbnis eines Trappistenbruders, 1700–1710. Museo Civico, Bassano del Grappa.

Unten:
Alessandro Magnasco und Clemente Spera,
Bacchanal, 1720–1730. Puschkin-Museum, Moskau.

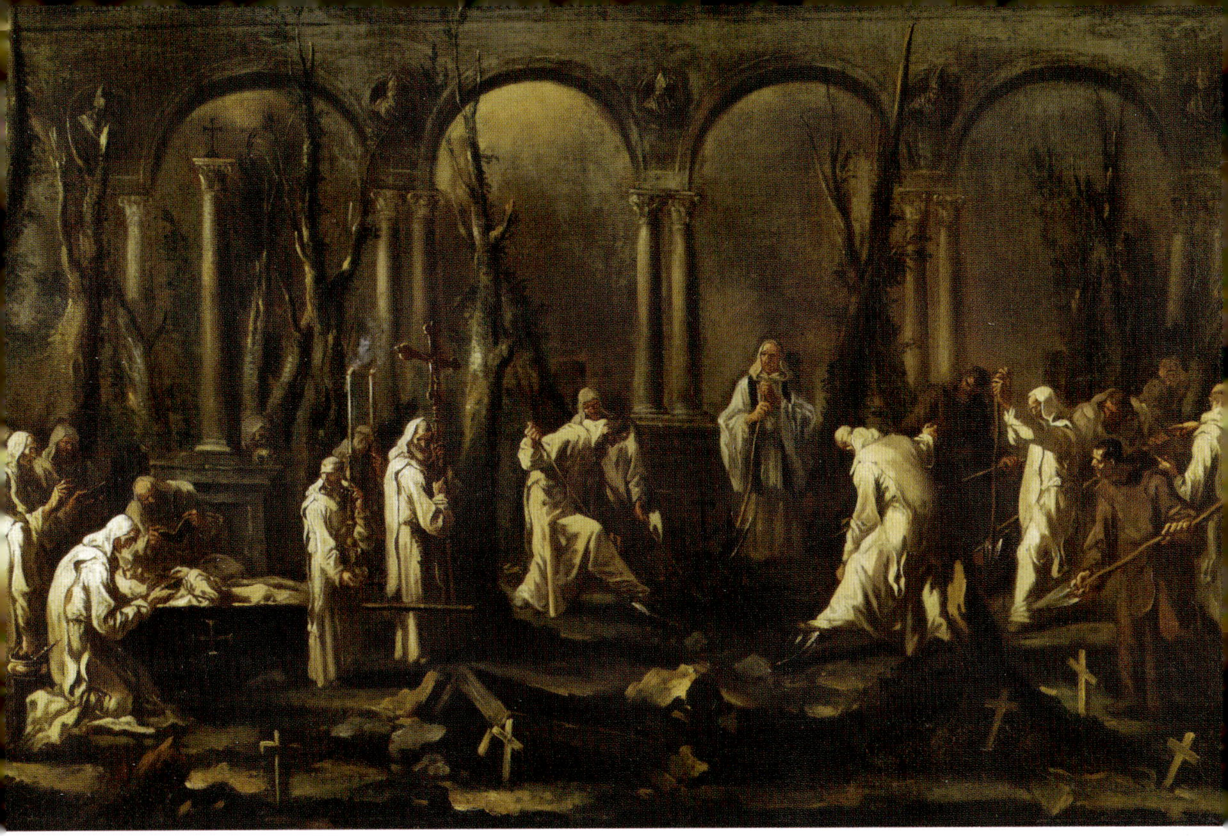

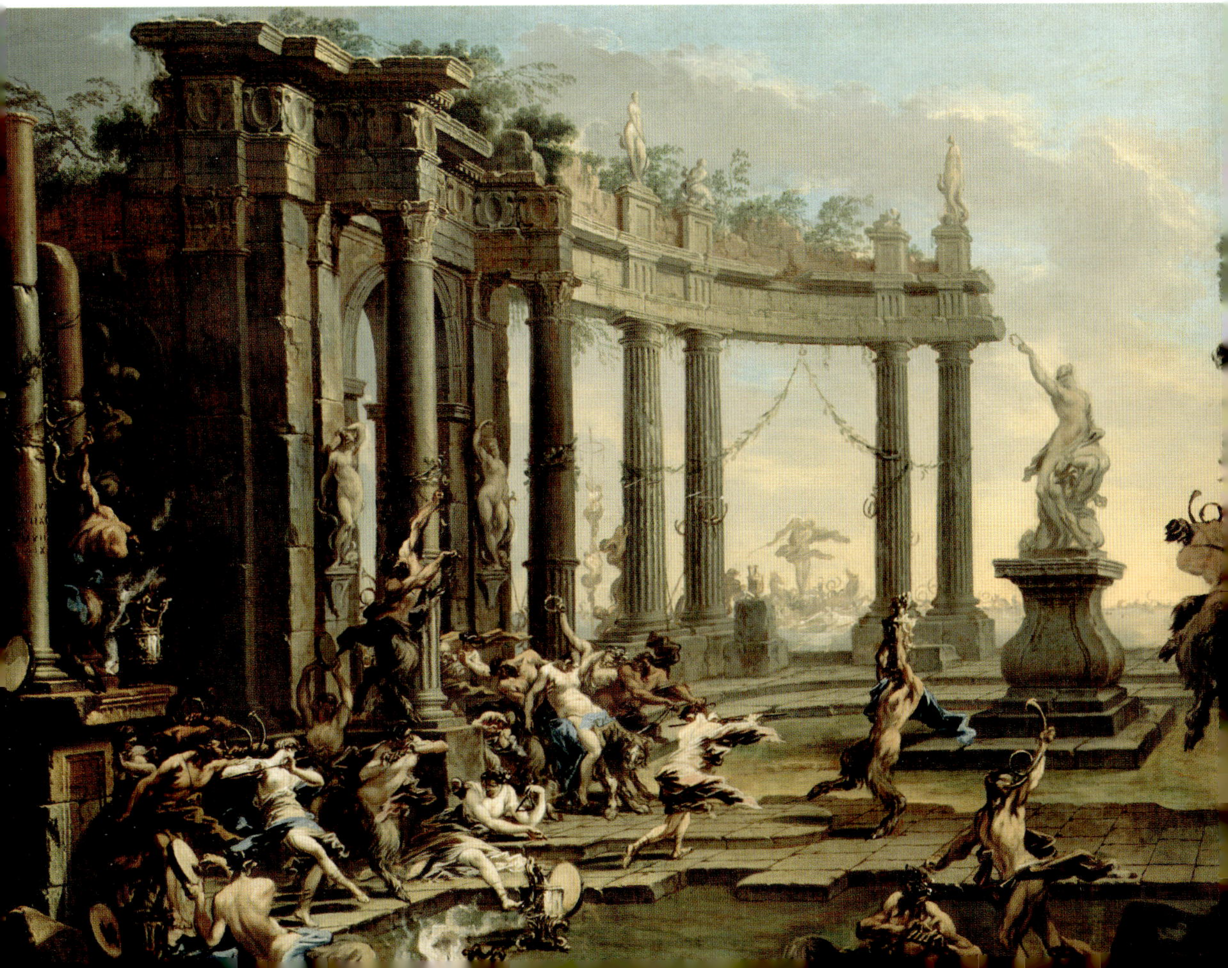

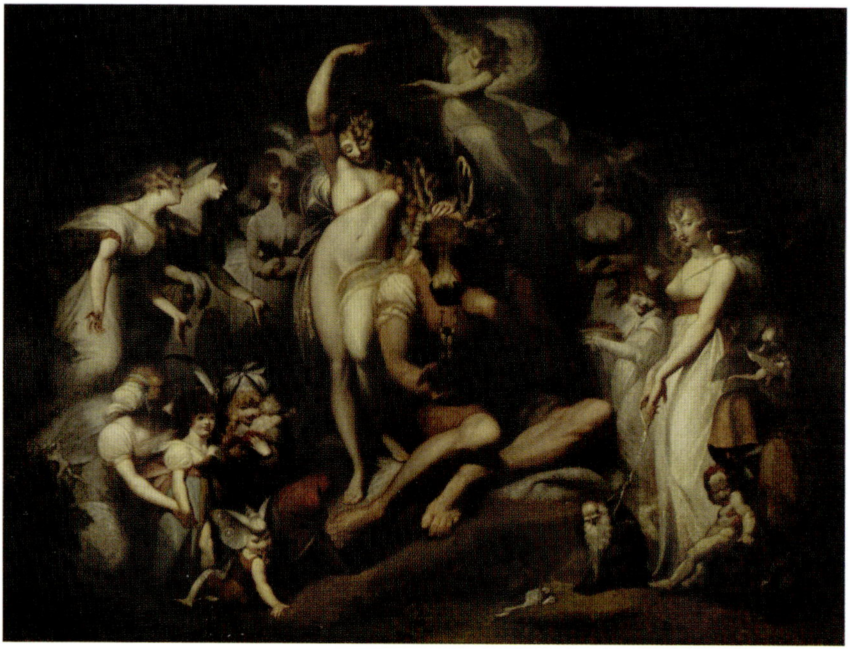

Johann Heinrich Füssli,
Titania und Zettel, 1790.
Tate Gallery, London.

Heinrich Füssli,
Der Traum des Schäfers, 1793.
Tate Gallery, London.

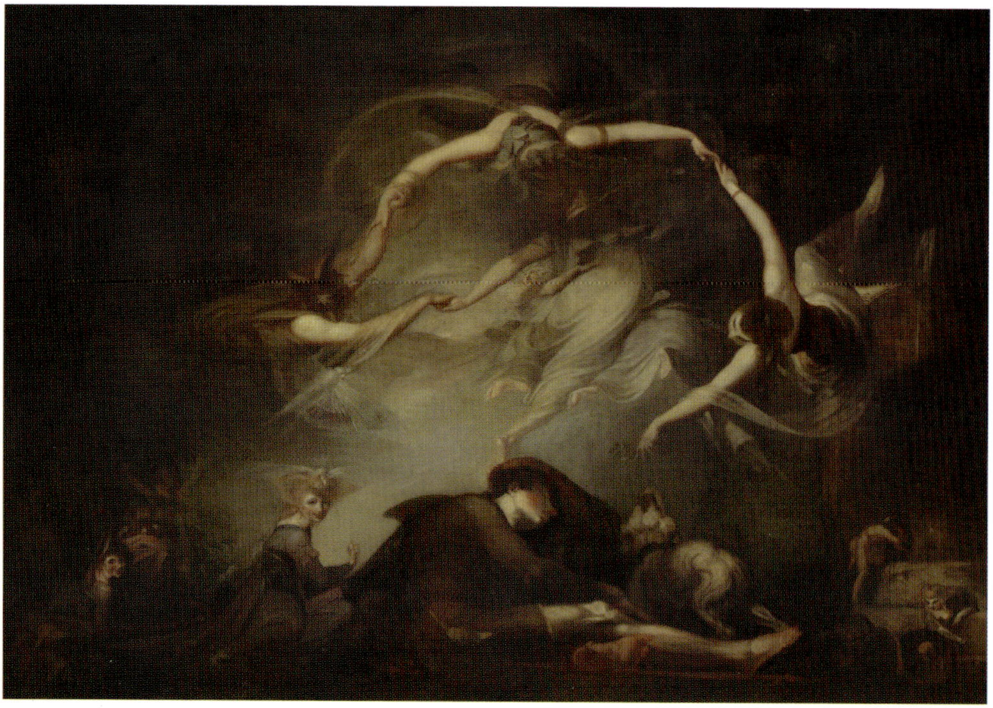

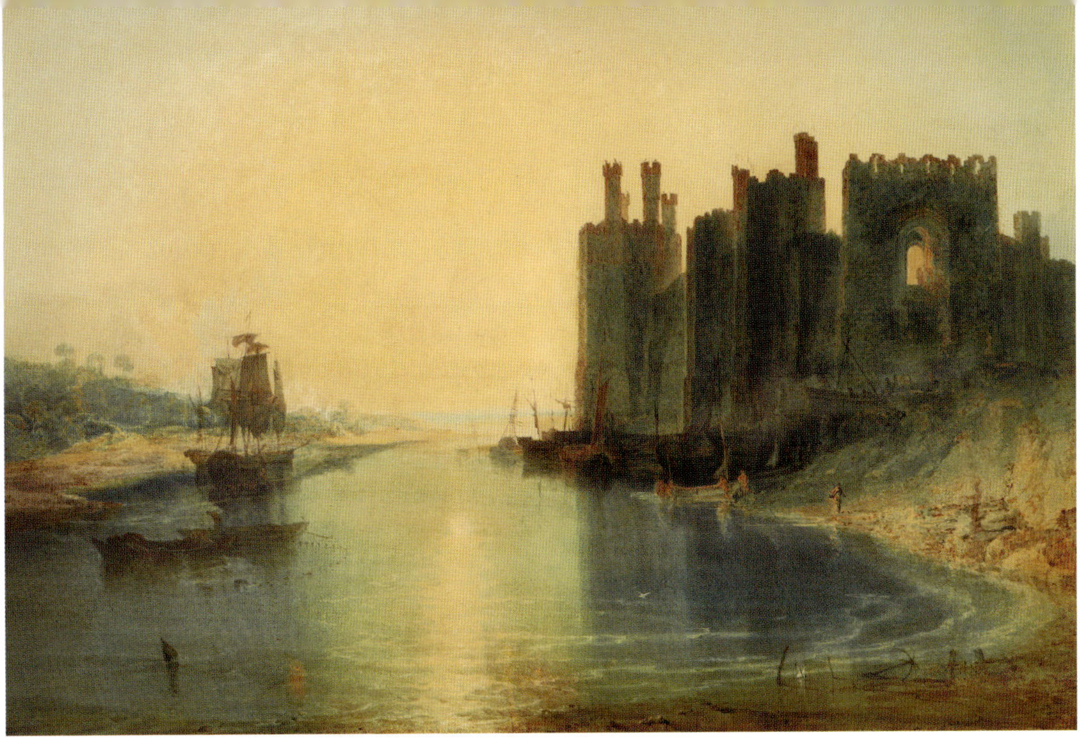

William Turner,
Caernarvon Castle, 1799.
Tate Gallery, London.

denen er das Erhabene sucht, bilden einen Vorwand für die Komposition erregender, zuvor kaum vorstellbarer Visionen, in denen entfesselte Schwingungen und Farbimpulse sich vereinen und miteinander kämpfen.

Dieser englische Maler ist impressionistischer als jeder Impressionist, verstörender als van Gogh und surrealistischer als die Surrealisten – wobei sich sein Surrealismus schon in einer realistischen Szene manifestiert.

Turner war angesichts der Schönheit von Claude Lorrains Gemälden bis zu Tränen gerührt und fürchtete, selbst nichts derart Schönes schaffen zu können. Gerade die Landschaften dieses französischen Meisters inspirierten ihn zur Komposition seiner Ansichten, in denen häufig die Sonne im Zentrum steht, wie dies etwa auch bei Lorrains *Hafen mit der Einschiffung der heiligen Ursula* der Fall ist (S. 149).

Entscheidend für Turners Kunst war seine Entdeckung des Lichts. Es wird bei ihm zum absoluten Protagonisten, erfüllt von einem zugleich stofflichen und geistigen Leuchten, das in seinen Gemälden die bloße Mischung von Farbpigmenten in sichtbare Emotion verwandelt.

Bei *Caernarvon Castle* ist der Bezug zu Lorrains Ästhetik offensichtlich, doch beim Vergleich mit dem Werk des französischen Meisters zeigt sich, dass in Turners Bild der Blick des Betrachters gleichsam im freien Fall auf die Lichtquelle zurast.

Während seiner ersten dokumentierten Italienreise füllte Turner dreiundzwanzig Skizzenhefte. Die meisten waren seinem Aufenthalt in Rom und dessen Umgebung gewidmet, etwa Tivoli. Aber er besuchte auch Como, Neapel, Pompei und Paestum.

Doch es war zweifellos die Begegnung mit Venedig, die seine revolutionäre Malerei zu einem Höhepunkt führen sollte. Der Himmel

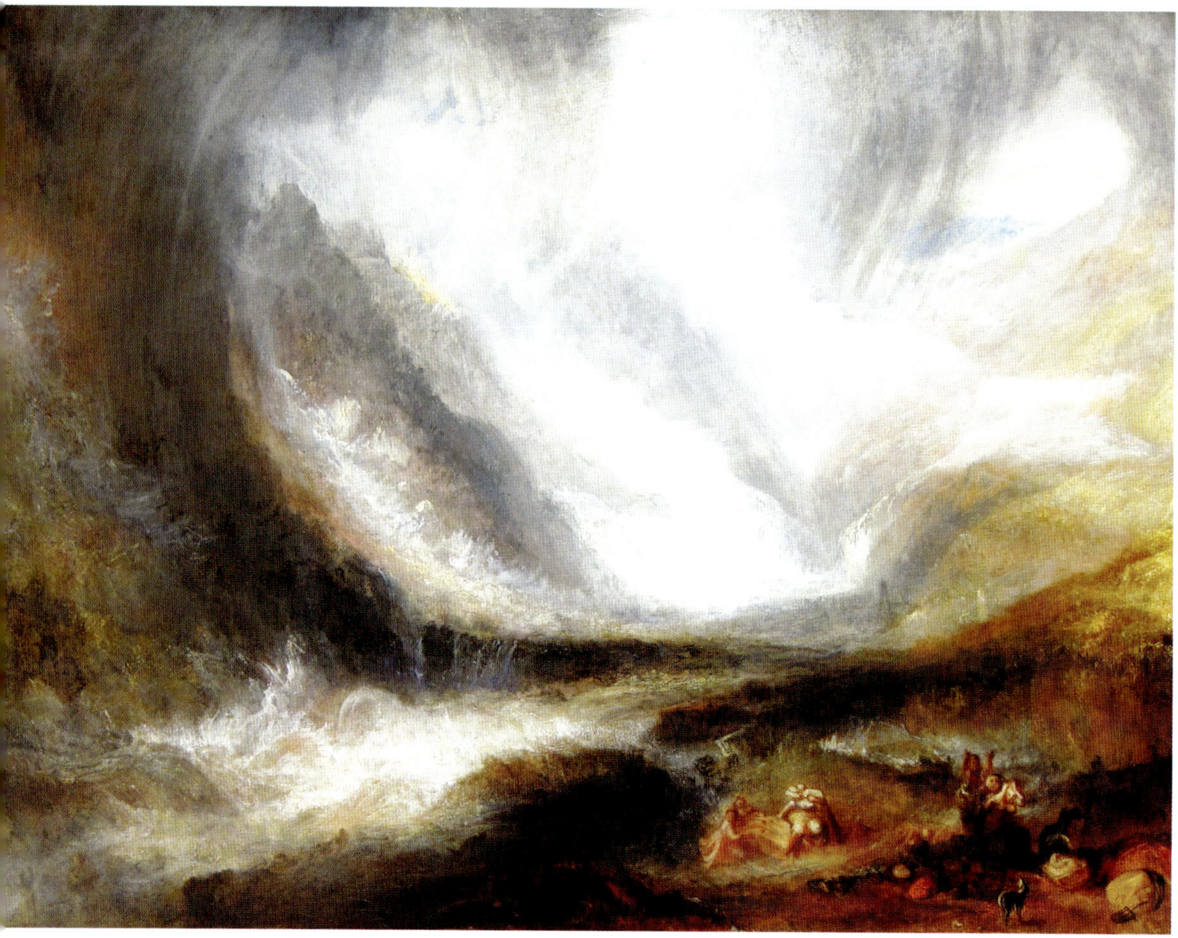

William Turner
Schneesturm, Lawine und Überschwemmung – eine Szene im oberen Aosta-Tal, Piemont, 1837. Art Institute, Chicago.

spiegelt sich in einem Kanal, die Perspektive vereint sich mit dem Licht, das häufig die geometrische Strenge in eine flüchtige Erscheinung verwandelt – hier werden die Farben wahrhaftig zu Taten und Leiden des Lichts und das Licht wird in einer Intensität dargestellt, als erblickten wir die erste Morgendämmerung der Welt.

In seinen venezianischen Aquarellen scheinen die Bilder wie Spiegelungen zu schweben, ein Effekt, der sich in einer Serie dort entstandener Studien zeigt. Jedes dieser Aquarelle ist in seiner malerischen Souveränität ein Meisterwerk und vermittelt mit einer höchst originellen Farb-Licht-Komposition und absolut wirkungsvoll die Begeisterung des Künstlers angesichts der italienischen Landschaft.

Wenn wir z. B. das ähnliche Aquarell Turners *San Giorgio Maggiore, von der Dogana aus gesehen* betrachten, meinen wir, tatsächlich in dem Moment des Sonnenuntergangs vor der venezianischen Insel zu stehen.

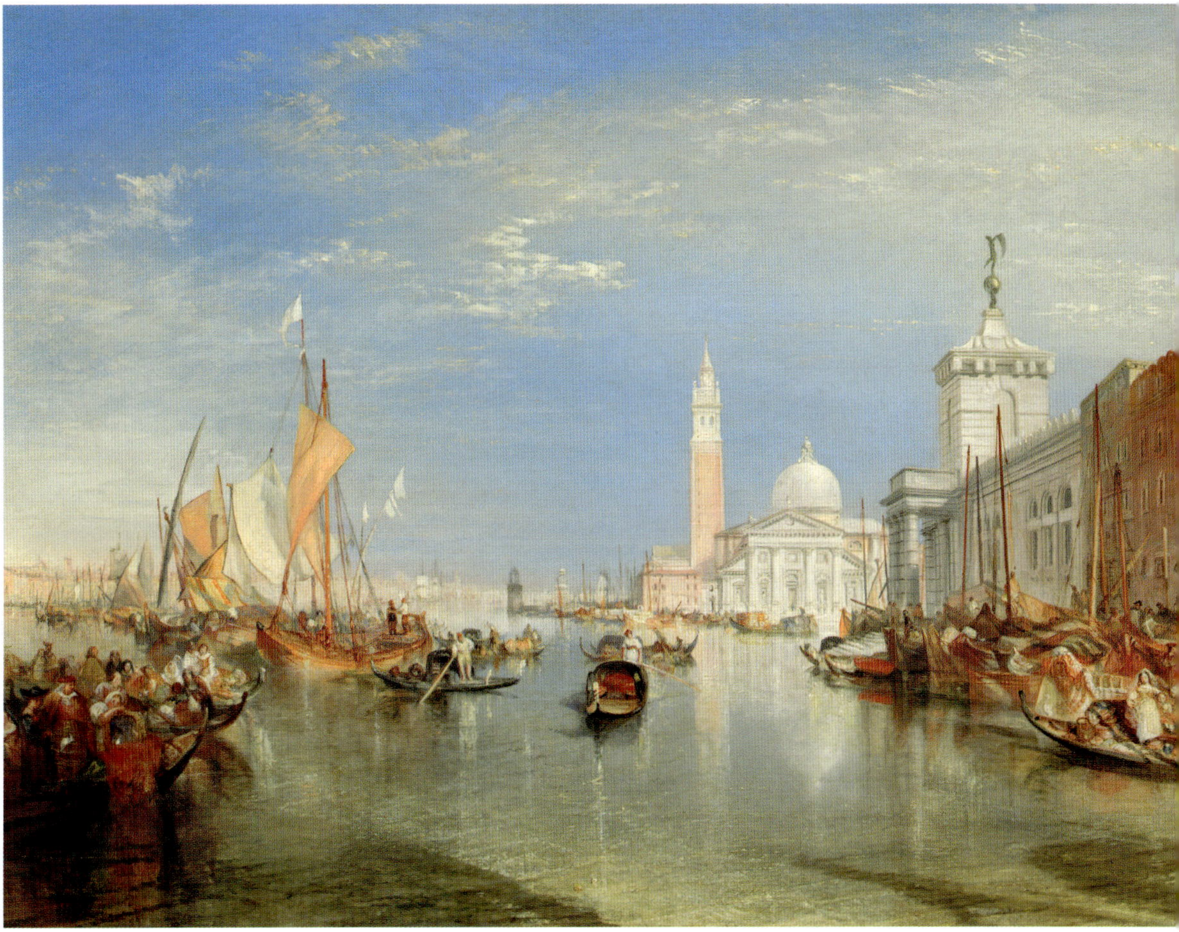

William Turner,
Venedig – Dogana und San Giorgio Maggiore (Ausschnitt), 1834. National Gallery of Art, Washington D.C.

In seinen letzten Kompositionen werden Turners Farben immer visionärer und scheinen ganz von ihrem emotionalen Gehalt bestimmt. Die Formen der Welt lösen sich auf, häufig reißt in diesen Bildern ein schwindelerregender Strudel den Betrachter mit hinein in einen Raum aus fließendem Licht.

Das Gemälde *Licht und Farbe (Goethes Theorie) – der Morgen nach der Sintflut – Moses schreibt das Buch Genesis* (S. 50) entstand 1843 und nimmt bereits in seinem ausführlichen Bildtitel Bezug auf Goethes Farbenlehre. Für Goethe sind warme Töne wie Gelb (die erste Farbe, die das Licht evoziert), Rot und Grün positiv, insofern sie den Eindruck von Wärme und Lebensfreude vermitteln. Turner bedient sich dieser Farben, um darzustellen, wie sich nach der langen Finsternis der Sintflut erneut das Licht verbreitet.

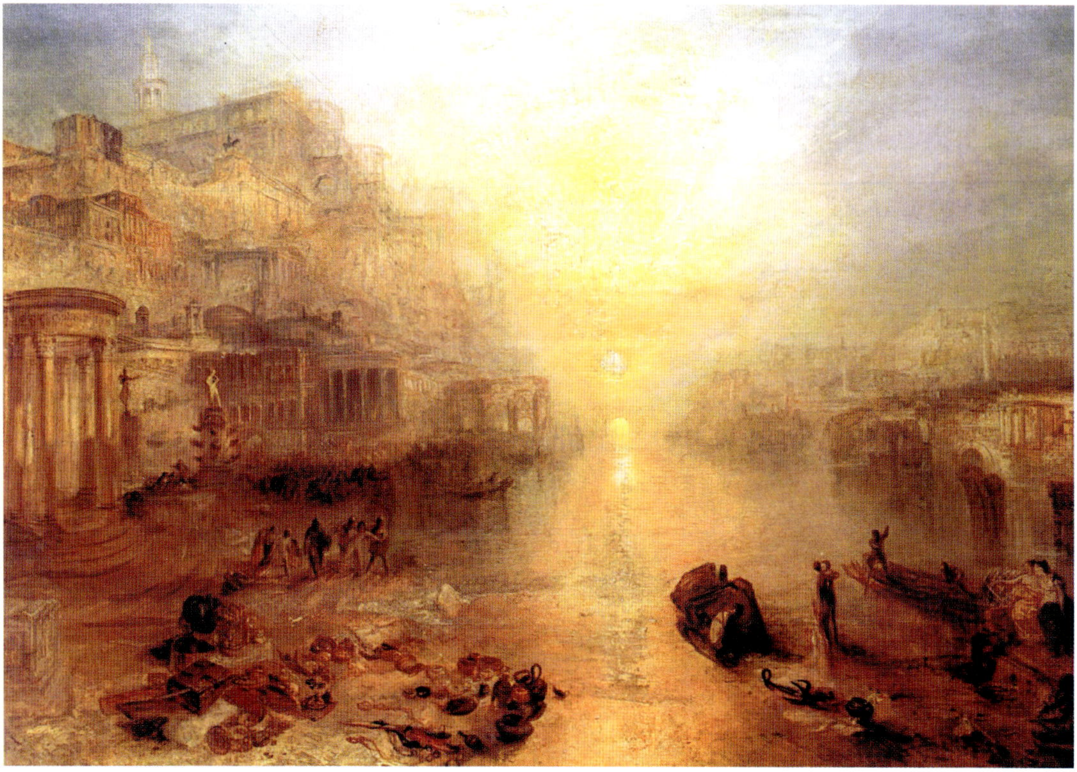

William Turner,
Altes Italien – Der aus Rom verbannte Ovid, 1838. Metropolitan Museum of Art, New York.

Turners Obsession für den wandelbaren Charakter des Lichts kennzeichnet einen Großteil seines Spätwerks. Er richtet seine Aufmerksamkeit auf den Moment, in dem das Licht die Welt formt und das menschliche Auge dieses Schauspiel erblickt. Seine Bilder sind die deutlichste Veranschaulichung von Goethes Theorie, bei der die Farben aus der Wechselwirkung von Licht und Dunkelheit entstehen.

Goethe hatte geschrieben: „Zunächst am Licht entsteht uns eine Farbe, die wir Gelb nennen, eine andere zunächst an der Finsternis, die wir mit dem Worte Blau bezeichnen." Goethes *Farbenlehre* erschien 1840 in englischer Übersetzung, und schon drei Jahre später malte Turner den *Morgen nach der Sintflut*. Noch nie zuvor wurde das Auge eines Kunstbetrachters in derartigem Maß verwirrt, desorientiert und verstört. Turners Farbwahl orientiert sich sorgfältig an den Anweisungen des deutschen Dichters: Rot und Gelb verkünden Hoffnung und eine positive Sicht, während die kalten Farben eine unterschwellige Angst zum Ausdruck bringen. Doch der Maler folgt hier nicht strikt einer Theorie, sondern schlingt alles im Strudel einer leuchtenden Vision ineinander.

Moses selbst ist fast nicht zu erkennen, denn für den Maler steht das uranfängliche Licht nicht auf einer Stufe mit unserem von der Zivilisation geprägten Sehen. Heute können wir von Turner lernen, dass wir besser sehen, wenn wir mit dem Auge unserer Emotionen schauen.

Unter den Impressionisten war es Claude Monet, der sich mit dem Phänomen Licht beschäftigte, noch bevor sich der Impressionismus durchsetzte. Dies zeigt eines seiner unbekannteren Werke aus dem Jahr 1864, in dem er nach Honfleur, eine kleine Gemeinde in der Basse-Normandie übersiedelte: Schiffe im Mondschein, ein faszinierendes Seestück, in dem tatsächlich das Licht des Mondes die Hauptrolle spielt. Die vorherrschenden dunklen Töne werden unterbrochen von hellen Strahlen; es ergibt sich ein malerisches Spiel von Korrespondenzen: Das Mondlicht und das Licht des Leuchtturms erhellen die Ränder der Wolken, die ihrerseits einen schimmernden Glanz auf die unruhige nächtliche Wasseroberfläche werfen.

Nachdem Monet nach London in die Arundel Street No. 11 gezogen war, schloss er Freundschaft mit Camille Pissarro. Gemeinsam erkundeten sie ausgiebig die Schätze der Londoner Museen. Hier entdeckte Monet das Werk Turners, das ihn begeisterte.

Er entschloß sich, das Parlamentsgebäude zu verschiedenen Tageszeiten darzustellen, um die Szene in stets wechselndem Licht einzufangen. Seine Bilder zeugen von der großen Sorgfalt des Malers beim Einsatz der Farben, die wirkungsvoll die Atmosphäre der jeweiligen Tagesstunde wiedergeben.

Die Kunst der Impressionisten beruht auf einer gemeinsamen Auffassung des Lichts: Für sie ist die Welt an sich bereits leuchtend und farbig, und deswegen stellen sie die Personen und Gegenstände nicht mit ganz deutlichen Umrissen oder präziser Zeichnung dar.

Auf einem impressionistischen Bild ist die Skala der Helligkeitsstufen im Vergleich zu den Dunkelheitsstufen etwas begrenzt: sie entfaltet sich vor allem innerhalb des Bereichs der hellen Farbtöne, während sie bei den dunkleren Farbtönen reduziert ist. Dadurch ist der Kontrast zwischen Licht und Schatten außerordentlich gering und das Kolorit löst sich in einen einzigen Farbverlauf auf.

Dieses Verfahren schließt die Vorstellung einer vorherrschenden Lichtquelle außerhalb des Blickfelds aus. Jeder Pinselstrich oder Punkt ist selbst eine Quelle des Lichts. Das Bild wird auf diese Weise gleichsam zu einem Sichtfenster voller Leuchtpunkte, die alle – gleichberechtigt und unabhängig voneinander – die Farb-Licht-Werte aussenden. Andererseits suchten die Impressionisten ihren Werken durch eine beinahe wissenschaftliche Erforschung des Lichts eine Grundlage zu geben und interessierten sich persönlich für die Naturphänomene, wie es für die zeitgenössische positivistische Philosophie typisch war.

Wenn Weiß und Schwarz keine Farben sind, wie Renoir sagt, dann färben die Impressionisten auch die Schatten nicht mehr traditionell

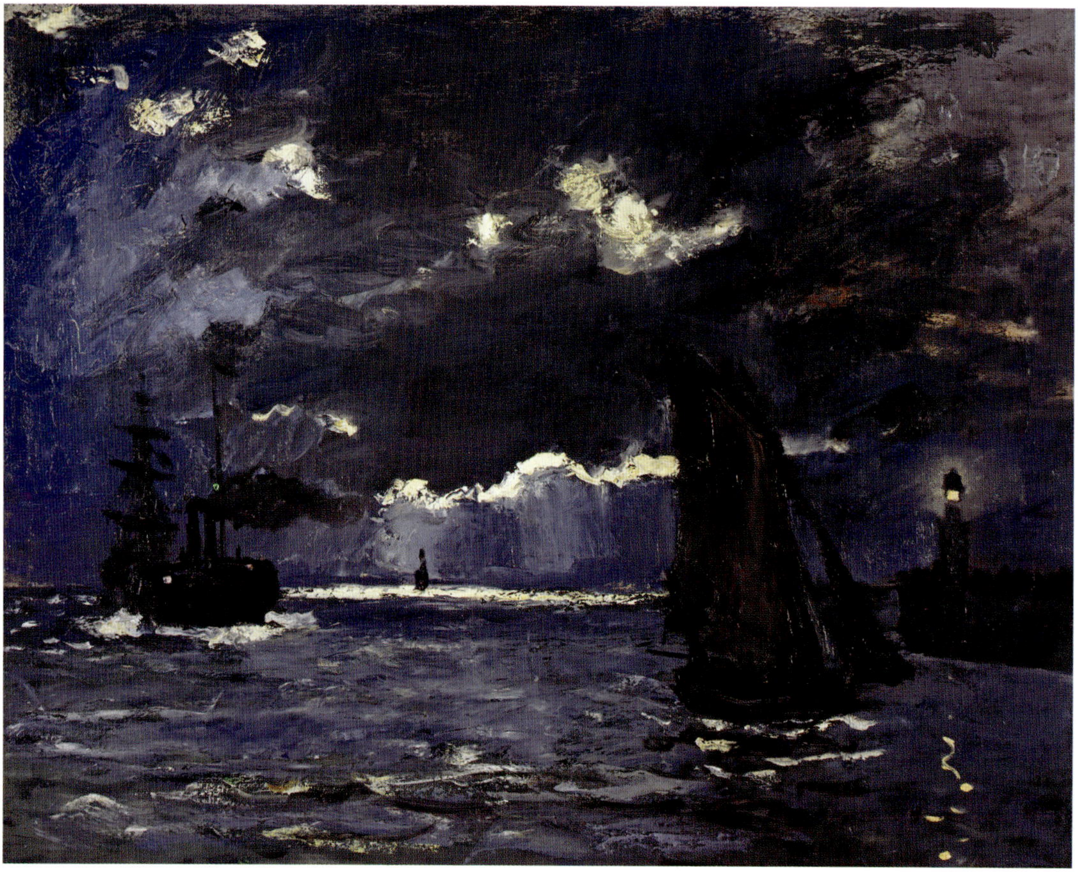

Claude Monet,
Schiffe im Mondlicht, 1864.
National Galleries of Scotland, Edinburgh.

dunkel, sondern hüllen sie in Komplementärfarben. Deren systematischer und wohlüberlegter Einsatz trägt zur reizvollen Lichterfülltheit ihrer Gemälde bei.

Angesichts seiner Palazzi, die in einem Spiegel aus Wasser und Licht zu schweben scheinen, bezeichnete Monet deswegen die unnachahmliche Schönheit des Lichts von Venedig folgerichtig als einen *Impressionismus in Stein*.

„Die Illusion eines endlosen Ganzen, eines Wassers ohne Horizont und ohne Ufer": so äußerte sich Claude Monet wörtlich zu seinen *Seerosen*, einem Werk, das vielen als die Sixtinische Kapelle des Impressionismus gilt. Dreißig Jahre lang stellte Monet seine Staffelei im Garten auf, um die wechselnden Rhythmen der Jahres- und Tageszeiten einzufangen. Die Kompositionen, die in seinem Garten in Giverny entstanden, lassen sich in zwei Gruppen aufteilen:

Claude Monet,
Das Parlament von London, 1900–1905.
Musée d'Orsay, Paris.

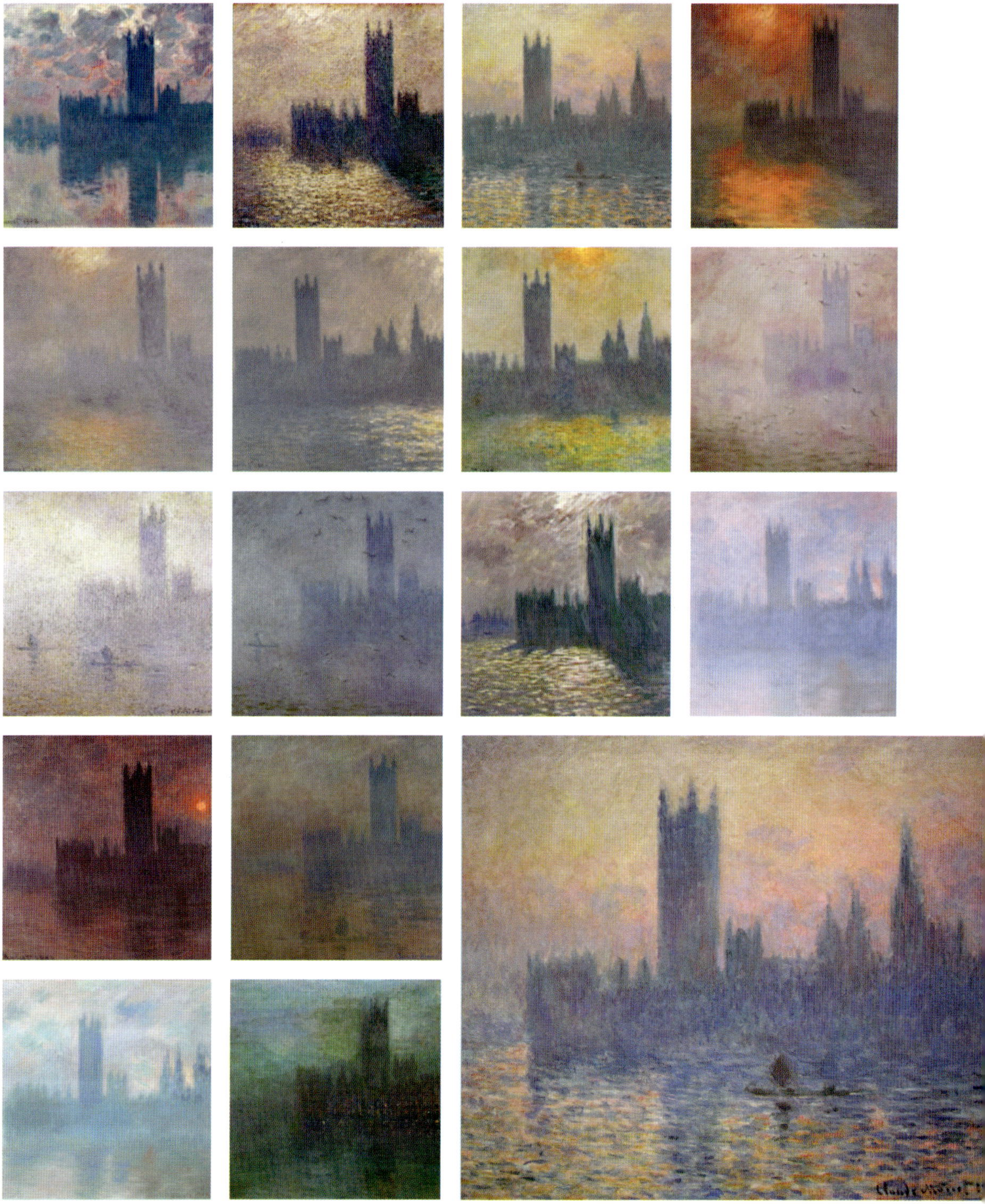

1) Darstellungen der Ufer, des Wasserspiegels und deren dichter Vegetation:
   - Seerosenbecken, 1899/1900
   - Japanische Brücken, entstanden in den Jahren 1895/1897 und 1899/1900.
2) Darstellungen allein des Wasserspiegels mit seinen Blumen und dem Spiel von Reflexen und Transparenz:
   - Wasserlandschaften, 1903/1908.

Interessant ist auch die Abwesenheit von menschlichen Figuren und von Perspektive, die fehlende Festlegung eines Horizonts, einer Höhe und einer Tiefe.

Monets *Seerosen* sind beispielhaft für die Poetik der Impressionisten, die in ihren häufig von Wiesen, Wolken, Nebeln, ländlichen Festen erfüllten Gemälden eine besondere Art des Lichts darstellen: den flüchtigen Augenblick – häufig im Frühling –, der festgehalten werden muss.

Letztlich ist das Licht des Impressionismus eine Summe frühlingshafter und anscheinend froher Momente. Seine literarische Entsprechung finden wir in Marcel Prousts *À la recherche du temps perdu* (1913), dieser Feier verlorener Augenblicke.

Über seinen Malerfreund Camille Pissarro sagte Cézanne: „Er ist wie ein Vater zu mir … fast wie der liebe Gott.“ Diese Aussage klingt einigermaßen seltsam angesichts des offenkundigen Abstands, der die Ansichten und Werke dieser Künstler voneinander trennt, auch wenn beide als Impressionisten bezeichnet werden.

Wir befinden uns an der Schwelle zum 20. Jahrhundert, Kritiker wie Publikum haben sich bereits daran gewöhnt, Impressionismus und Natur miteinander gleichzusetzen. Doch gegen Ende seiner künstlerischen Laufbahn schafft Pissarro Werke ganz anderer Art, die in völligem Gegensatz zu seinem Ruf als großer Interpret des Impressionismus stehen. Zwangsläufig überlagern und verdichten sich im Lauf der Zeit die Bilder: Auf den Gemälden der Impressionisten finden wir traditionell Szenen aus dem Leben eines glücklichen Kleinbürgertums, das sich choreographisch gekonnt in Pose setzt – umgeben von städtischem oder ländlichem Ambiente, von Blumengärten oder Straßen, die von Kutschen durchquert werden, deren Pferde so glänzend gestriegelt und sauber sind, dass sie niemals zu schwitzen scheinen. Zwangsläufig musste diese Bilderwelt in dem Augenblick fragwürdig erscheinen, als im späten 19. Jahrhundert die Bürgersöhne des Bürgertums auf der Bildfläche erschienen, die ihre neuartigen Automobile blankputzten, bis sich die Welt ringsum in ihnen in impressionistischer Manier spiegelte.

Der späte Pissarro widerspricht der impressionistischen Verklärung von Farbe und Licht. Er kritisiert die ikonographischen Moden einer vorgeblichen Moderne und überwindet mit seiner Lichtauffassung die Beschränkungen der impressionistischen Pleinairmalerei.

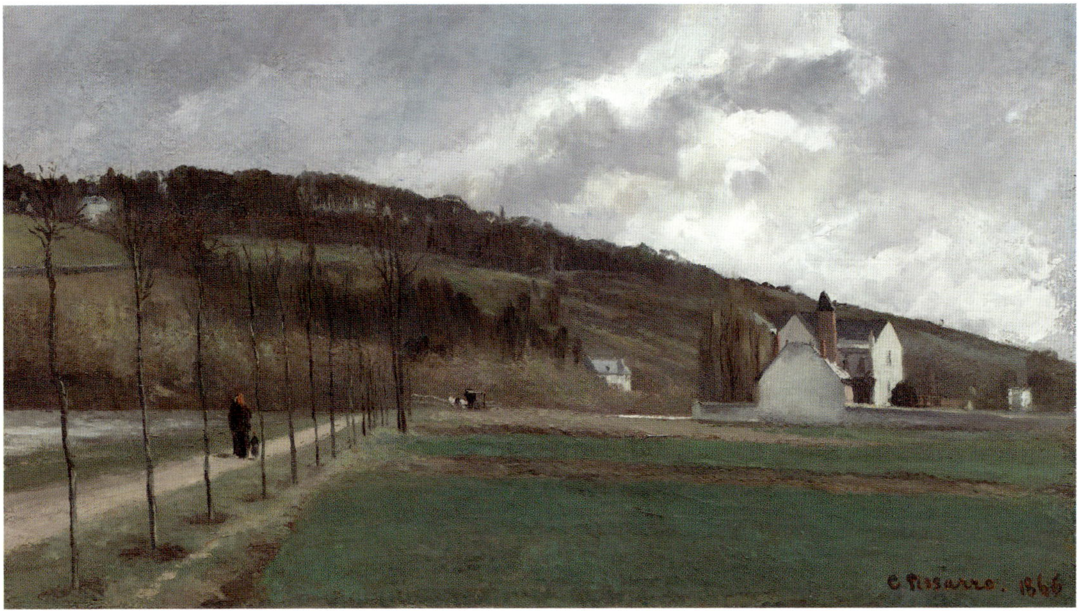

Camille Pissarro,
Ufer der Marne im Winter, 1866.
Art Institute, Chicago.

1866 malte der Impressionist Pissarro keine frühlingshafte Marnelandschaft, sondern das *Ufer der Marne im Winter*. Die Felder sind nicht mit bunten Blumen betupft, und das Licht des Himmels kündigt ein Gewitter an. Ich möchte auch noch darauf hinweisen, dass das Licht hier nicht beleuchtet, sondern Flecken setzt. Genau in dieser Weise fasste auch die italienische Künstlergruppe der Macchiaioli (macchia=Fleck), auf die ich gleich noch näher eingehen werde, die Farbwirkung des Lichts auf.

Am Schluss dieser Auseinandersetzung mit der friedlichen Ästhetik des Impressionismus mögen die Worte des Geografen und Anarchisten Elisée Reclus stehen. Er schlug einem Freund, der den Salon von 1904 nicht besuchen konnte, einen Spaziergang im Wald vor.

Was Reclus damit wohl sagen wollte: Wenn wir den Impressionismus wirklich als das Resultat einer Malweise betrachten wollen, die die Farben des natürlichen Lichts ausstellt, dann müssen wir mit neuen Augen sehen lernen, wenn wir den geschlossenen Raum des Museums verlassen, um zur Lichtfülle im Freien zu gelangen.

Zum Vergleich bietet sich hier vielleicht Giovanni Fattoris *Signora Martelli in Castiglioncello* an. Die Farbflecken, die das warme mediterrane Licht der Toskana widerspiegeln, sind fester als die kleinen Tupfer der Impressionisten. Sie erscheinen in vollen Tönen, ohne den Einsatz von Komplementärfarben (ein Verfahren, dessen sich die zeitgenössischen französischen Maler bedienten, um Lichtfülle und Frische zu erzeugen), geben das Licht mit klar voneinander abgesetzten Farben wieder.

Mit Hilfe eines grellen Lichts, das in den Raum zurückgeworfen wird, setzt hingegen Telemaco Signorini die *Tobsüchtigen im Spital San Bonifazio* (S. 166) dramatisch in Szene. Vor dem hellen Hintergrund zeichnen sich anonyme dunkle Figuren in verzerrten Haltungen ab – ein nicht nur visueller Kontrast.

Die 1856 entstandene Bewegung der Macchiaioli vertrat die Auffassung, dass es für das Auge gar keine reine Form gebe. Die Form entstehe vielmehr durch getrennte oder einander überlagernde Farbflecken („macchie"), denn das auf die Gegenstände treffende Licht werde nur als Farbe zum Betrachter zurückgeworfen.

Die Hell-Dunkel-Kontraste können dabei deutlich und ohne Zwischenstufen hervortreten, wodurch die beleuchteten Partien intensiver wirken und die im Schatten liegenden Zonen dunkler und tiefer erscheinen, wie etwa in Giuseppe Abbatis *Im Kreuzgang von Santa Croce* (S. 167). Adriano Cecioni, der führende theoretische Kopf der Bewegung, erklärte: „Die Kunst des Fleckens besteht darin, die Eindrücke der Wirklichkeit mit Hilfe der Flecken von Farbe, Helligkeit und Dunkel wiederzugeben."

Diese Aussage ergibt sich aus einer Theorie des Sehens, der zufolge ein Bild im direkten Moment seiner Wahrnehmung durch den Kontrast von Flecken aus Farbe und aus Helldunkel hervorgerufen wird, wie sie sich durch einen schwarzen bzw. rauchgeschwärzten Spiegel erkennen lassen, der die Hell-Dunkel-Kontraste hervorhebt.

Zweifellos befand sich die Kunst in Italien am Übergang vom 19. zum 20. Jahrhundert in einem Gärungszustand. Auf die Bewegung der Macchiaioli folgte rasch die Ästhetik des Divisionismus, und schon wenige Jahre später wird der Futurismus, dessen Malerei ihre Wurzeln im Divisionismus hat, die Avantgarde des Geschmacks und der Exzesse der Moderne bilden.

Die Bewegung des Divisionismus entstand aus dem neuen Bedürfnis heraus, die Wirklichkeit und die Wirkungen des Sonnenlichts darzustellen. Kennzeichend für dessen Malweise ist die Verwendung reiner, nicht abgetönter Farben, die mit kurzen faserigen Pinselstrichen auf die Leinwand aufgetragen werden.

Die bedeutendsten Vertreter dieser Richtung traten in den 1850er- und 1860er-Jahren in der Lombardei hervor. Dort verbreitete sich die Kunde von den Neuerungen des französischen Postimpressionismus und führte zu einem erneuten Nachdenken über typisch italienische Malweisen.

Im Gegensatz zum französischen Postimpressionismus verband sich beim italienischen Divisionismus eine bestimmte ästhetische Konzeption mit der engagierten Auseinandersetzung mit den gesellschaftlichen Unruhen der Zeit. Exemplarisch zeigt sich dies im Werk Giuseppe Pellizza da Volpedos.

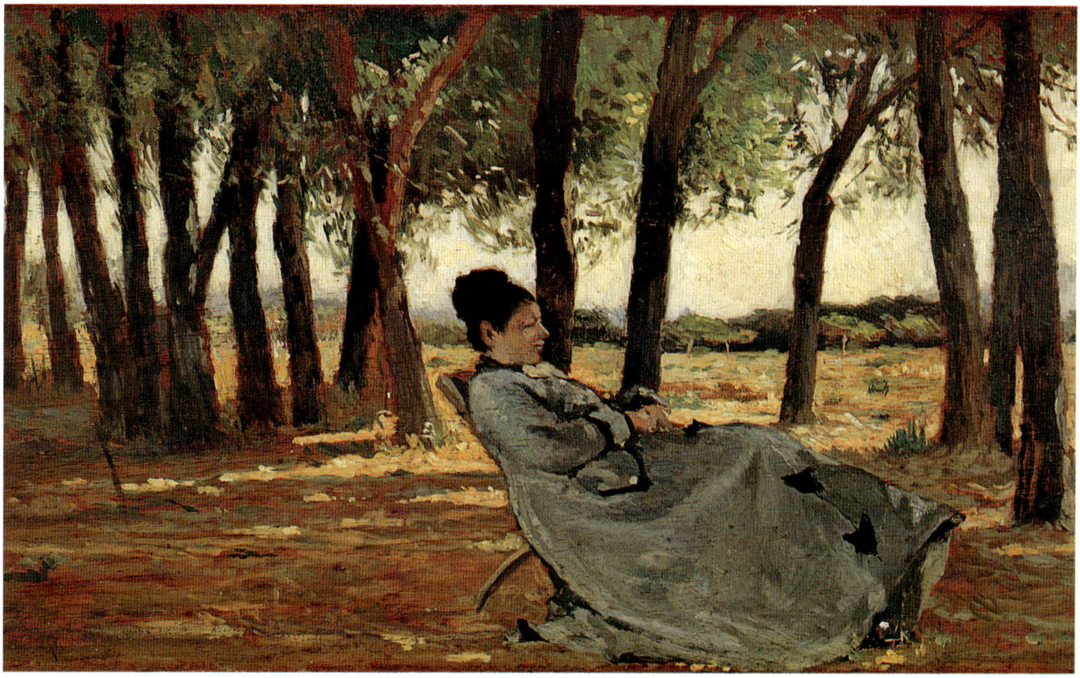

Giovanni Fattori,
Signora Martelli in Castiglioncello, um 1867. Museo Civico Giovanni Fattori, Livorno.

Einen bedeutenden Beitrag zur Verbreitung der Ideen des Divisionismus leistete nicht ein Maler, sondern der Bildhauer Medardo Rosso. In seinen faszinierenden Büsten gelang es ihm, sich von der Materie zu lösen und sich auf die Suche nach einem greifbaren Licht zu machen.

In jedem Werk Rossos scheint die materielle, skulpturale Form aus einer dunklen Konkretheit herauszutreten, um im umgebenden Raum in einem flirrenden Glanz zu erstrahlen, der von der Untrennbarkeit von Licht und Materie kündet.

Unsterbliche Gesichter in Gips, in Bronze, in schmiegsamem, leuchtendem Wachs: all diese Stoffe verwendet der Künstler, um die Momente des Lichts in Materie einzufangen und zu konkretisieren. Medardo Rosso, der Antirhetoriker, der Antiakademiker, gehört zu den Giganten, die die Moderne geformt haben; die Divisionisten liebten ihn, genauso wie später die Futuristen.

Boccioni schrieb, dass sein Werk höchst revolutionär und modern sei: „… hier tun sich keine Helden oder Symbole hervor, aber die Stirnfläche einer Frau oder eines Kindes zeugen von einer Befreiung in den Raum hinein, die in der Geistesgeschichte dereinst eine größere Bedeutung einnehmen wird, als ihre Zeit ihr zugestand."

Ich glaube, dass es noch nie eine Ausstellung gab, bei der die Werke Medardo Rossos in einem farblich wechselnden Streiflicht gezeigt wurden, um das Resultat zu fotografieren und das Bild anschließend

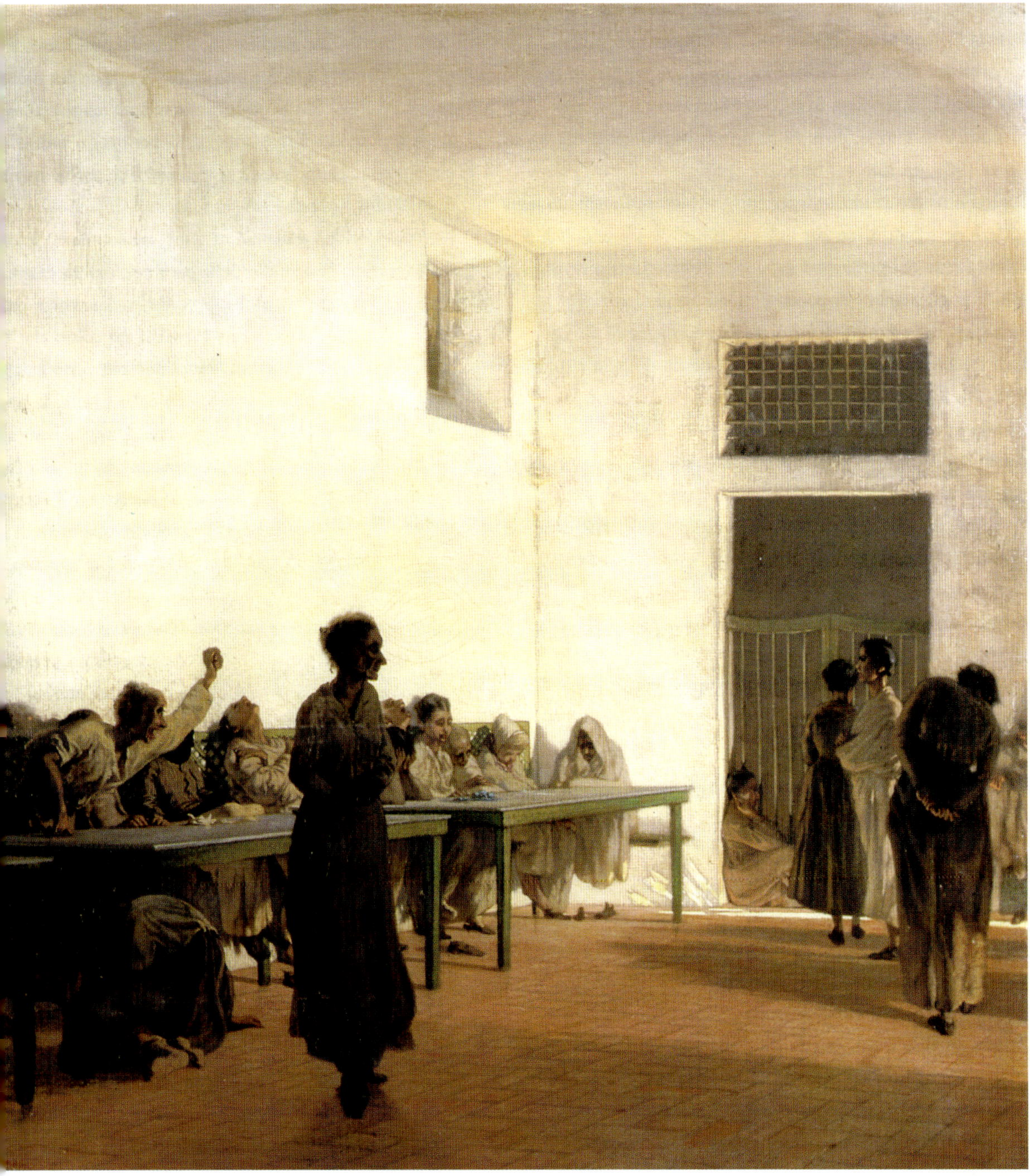

Telemaco Signorini,
Tobsüchtige Geisteskranke im Spital San Bonifazio, 1865.
Galleria d'Arte Moderna im Palazzo Ca' Pesaro, Venedig.

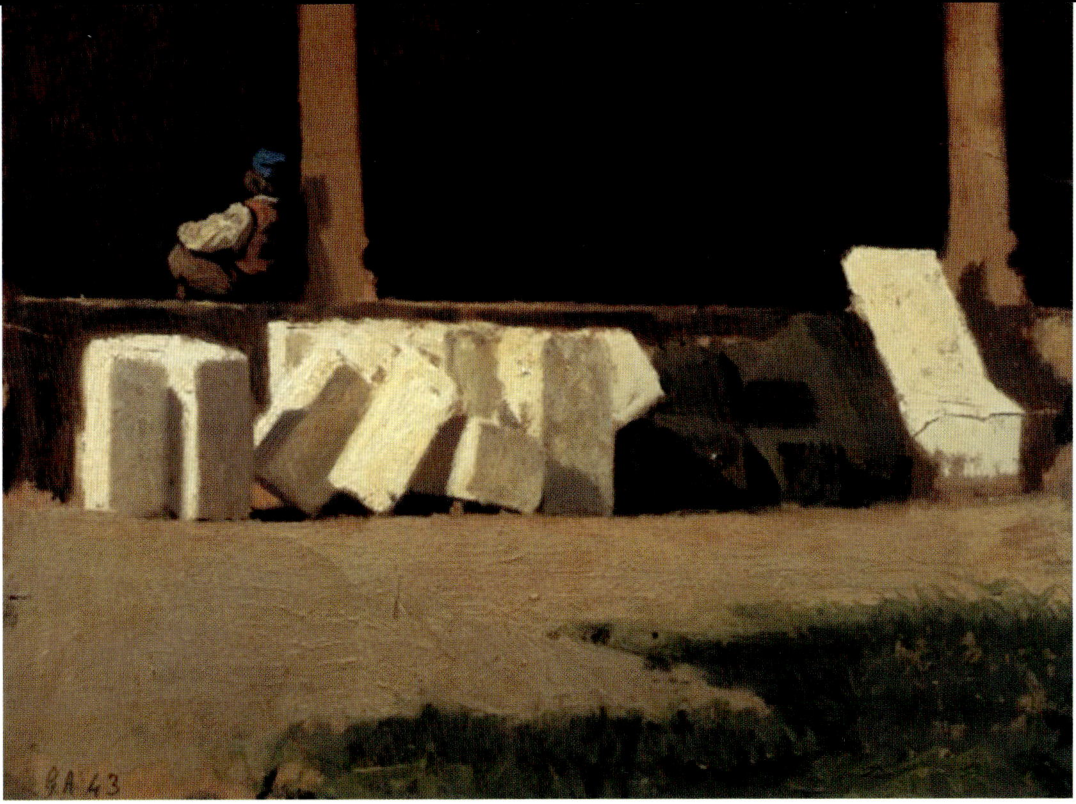

Giuseppe Abbati,
Im Kreuzgang von Santa Croce, 1861–1862.
Palazzo Pitti, Florenz.

Adriano Cecioni, Kitzeln, 1865.
Società di Belle Arti, Mailand.

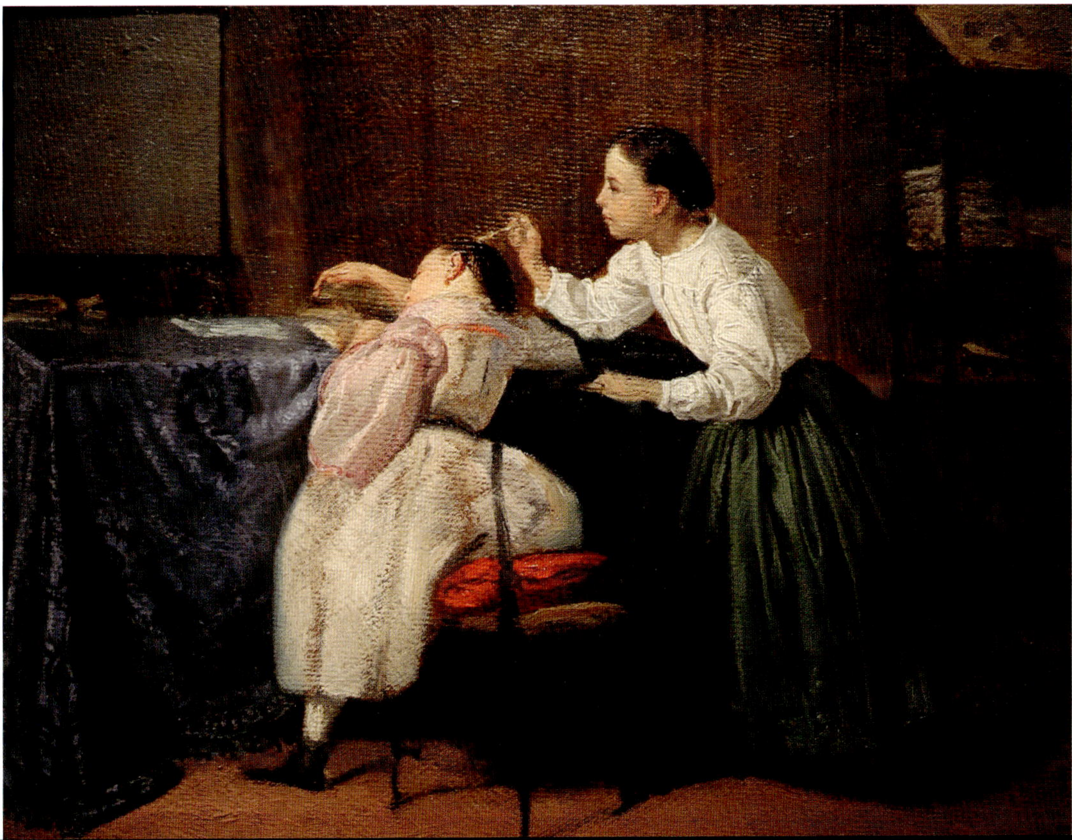

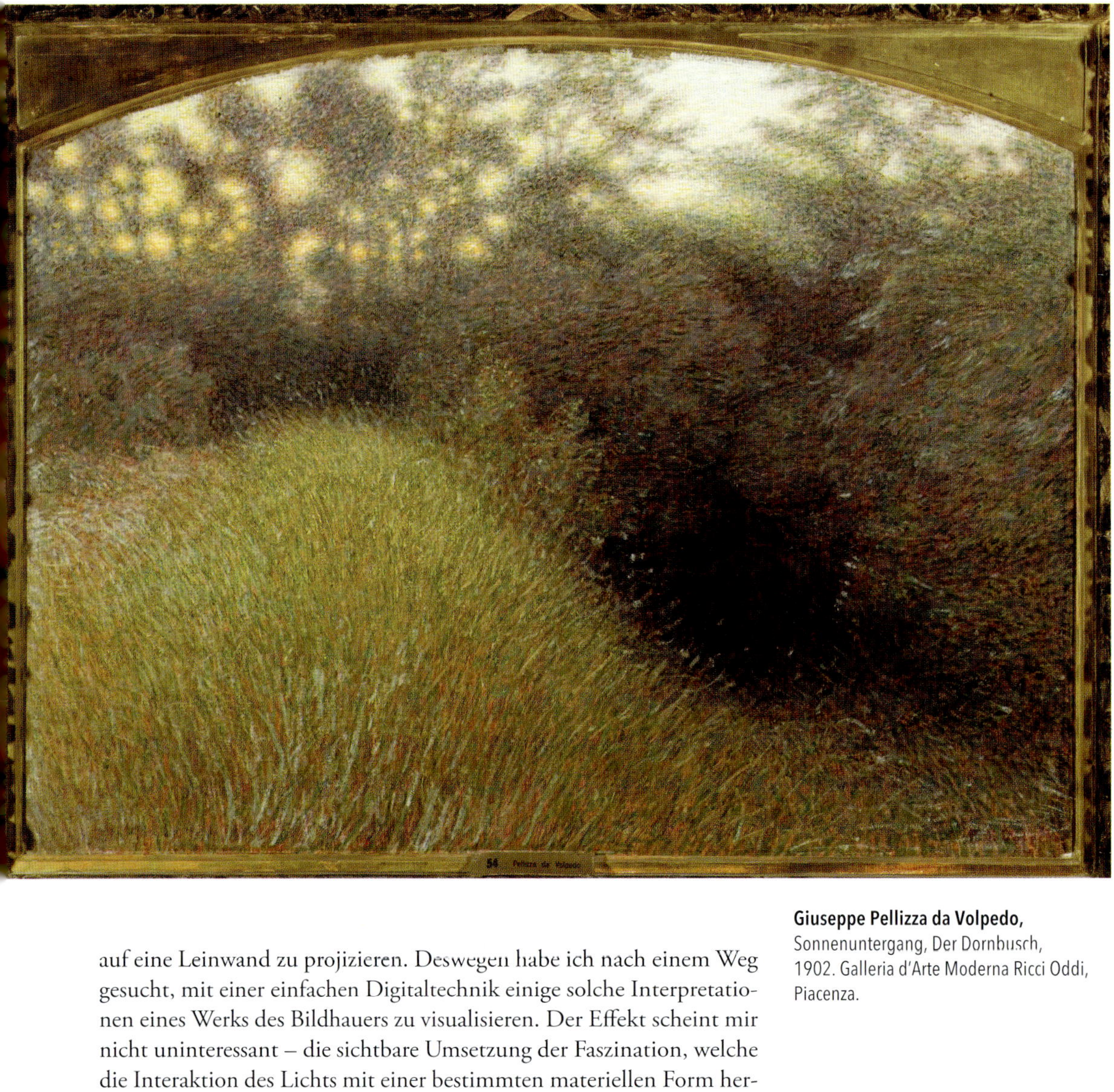

Giuseppe Pellizza da Volpedo, Sonnenuntergang, Der Dornbusch, 1902. Galleria d'Arte Moderna Ricci Oddi, Piacenza.

auf eine Leinwand zu projizieren. Deswegen habe ich nach einem Weg gesucht, mit einer einfachen Digitaltechnik einige solche Interpretationen eines Werks des Bildhauers zu visualisieren. Der Effekt scheint mir nicht uninteressant – die sichtbare Umsetzung der Faszination, welche die Interaktion des Lichts mit einer bestimmten materiellen Form hervorruft (S. 170).

Die divisionistische Technik fand ihre Fortsetzung in der Malerei des Futurismus, beide Bewegungen verflochten sich außerordentlich eng miteinander. Neben die divisionistische Dekomposition des Lichts stellt der Futurismus seit dem berühmten Manifest von 1909 eine Dekomposition der Form dar.

Diese moderne Ästhetik ist der Angelpunkt der italienischen Avantgarde, die anstelle eines muffigen Klassizismus die Darstellung der Bewegung und Geschwindigkeit des modernen Lebens bevorzugt.

Der wahre Meister dieser Moderne war Gaetano Previati. Er wurde weniger von progessiver Unruhe getrieben, sondern war von einer pantheistischen Auffassung der Existenz erfüllt.

In seinem 1905 entstandenen Gemälde *Der Tag weckt die Nacht* (S. 171) erkennen wir im Gegenlicht eine in einen schwarzen, sternenbesetzen Schleier gehüllte weibliche Gestalt mit einer Fledermaus im Rücken. Sie symbolisiert die Nacht, die vom Tageslicht der Sonnenscheibe geweckt wird.

Das Sujet greift das Motiv des Kampfes zwischen Gut und Böse auf, eines der häufigsten Themen der europäischen Symbolisten. Interessant ist vor allem die Technik. Sie beruht auf dem Einsatz geteilter, dichter und faseriger Pinselstriche und einer Farbpalette, die sich an den wissenschaftlichen Gesetzen des Sehens orientiert. In Wirklichkeit gehört dieses Bild – wie auch die Gemälde Grubicys und Segantinis – eher dem Symbolismus an, als dass es ein futuristischer Vorklang wäre.

In den folgenden Jahren bis in unsere Tage spielt die bildnerische Befragung des Lichts in den Werken der Avantgarden und Postavantgarden keine große Rolle mehr (von einigen seltenen Ausnahmen abgesehen). Der Grund dafür ist vielleicht dieser, um es mit Louis-Ferdinand Céline zu sagen: „Das ist das Leben, ein Endchen Licht, das in der Nacht erlischt.“[19]

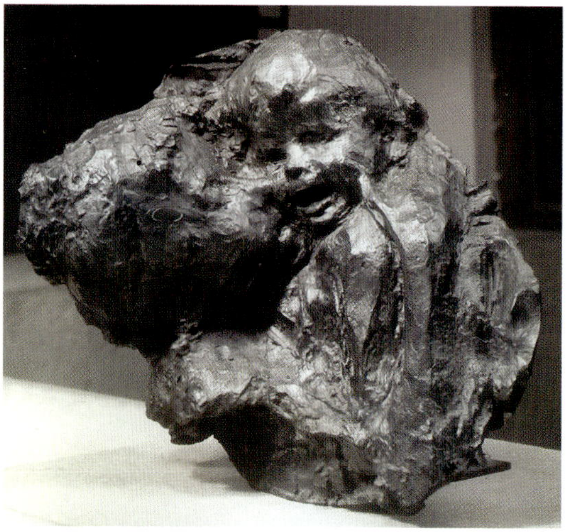

Medardo Rosso,
Aetas aurea, 1886. Vatikanische Museen, Vatikanstadt.

Unten:
Vier digitale Bearbeitungen des Motivs von Medardo Rosso in Dreifarbdruck (Arbeit des Verfassers), 2018.

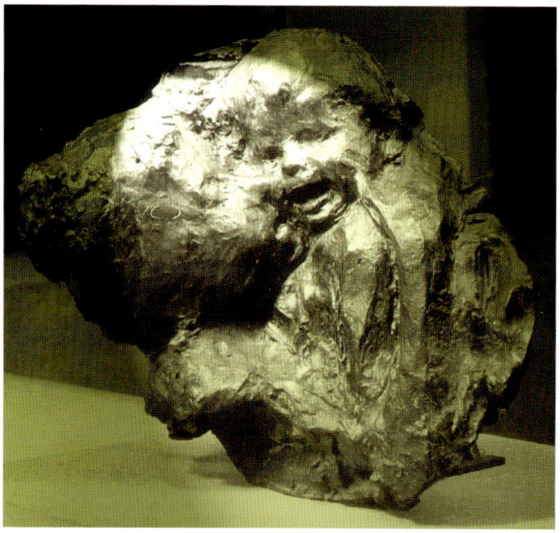

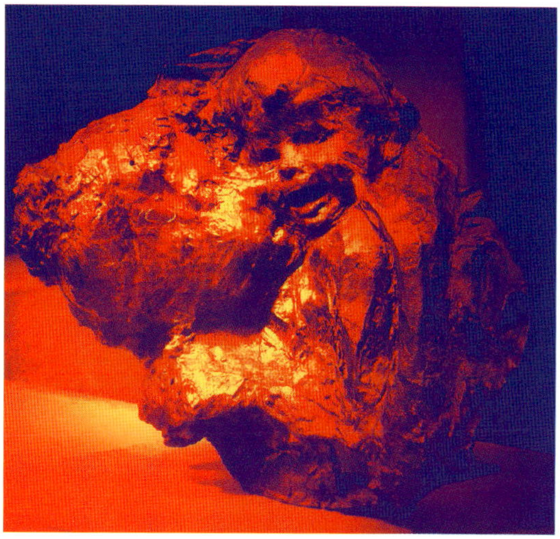

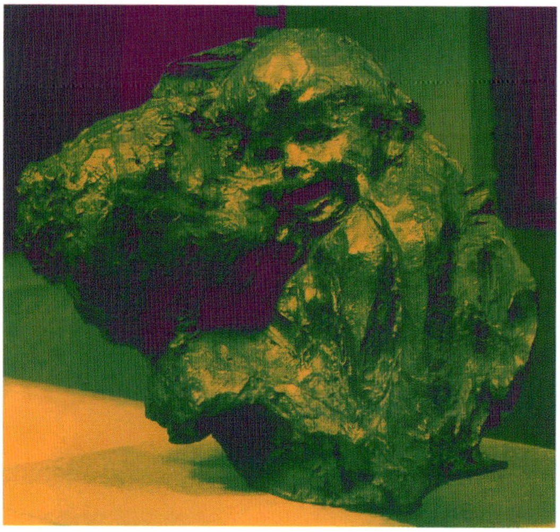

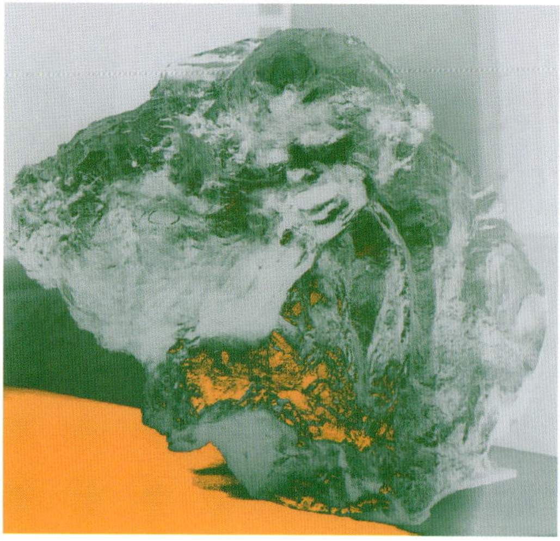

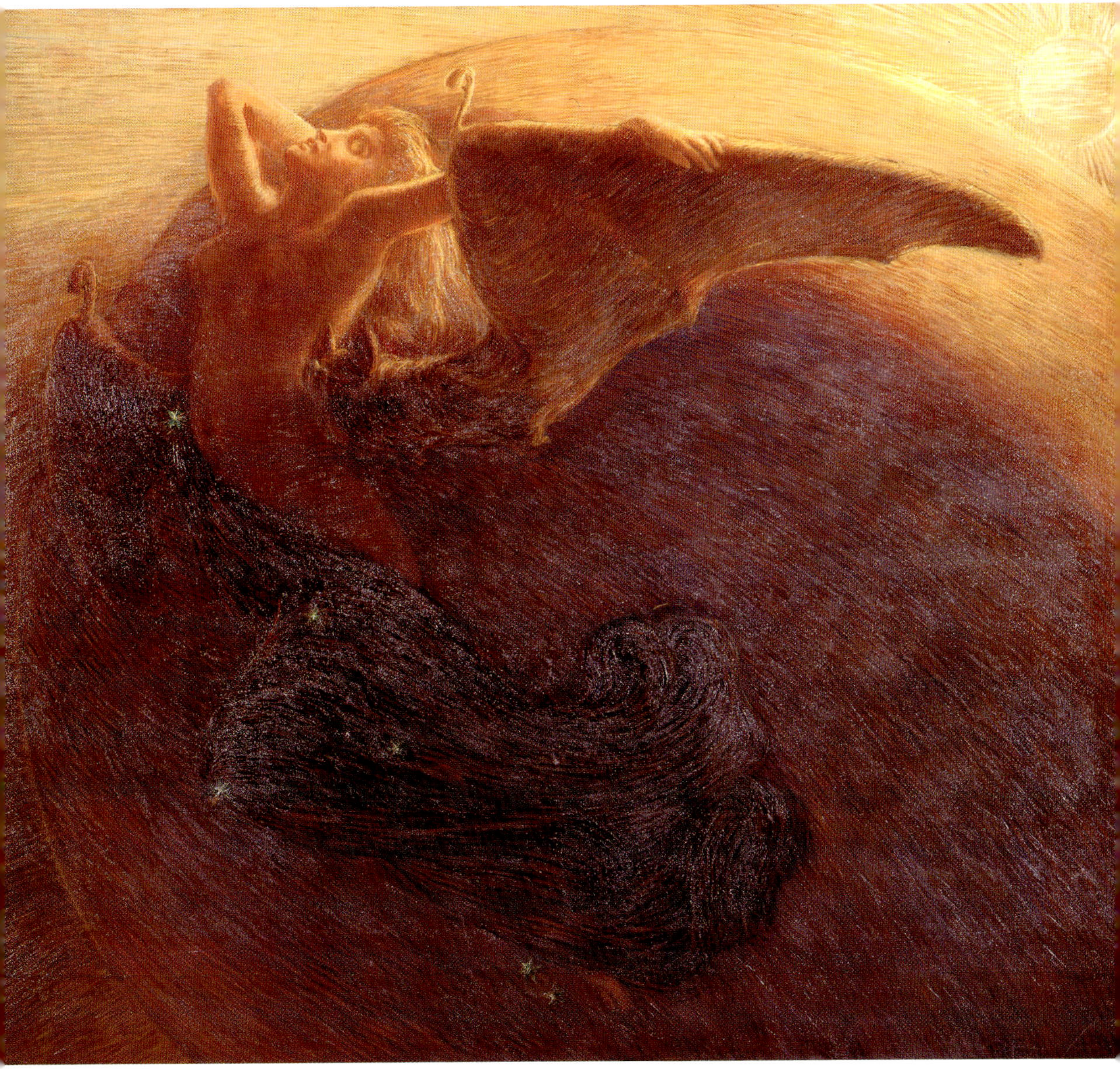

Gaetano Previati,
Der Tag weckt die Nacht (Ausschnitt), um 1905. Civico Museo Revoltella, Galleria d'Arte Moderna, Triest.

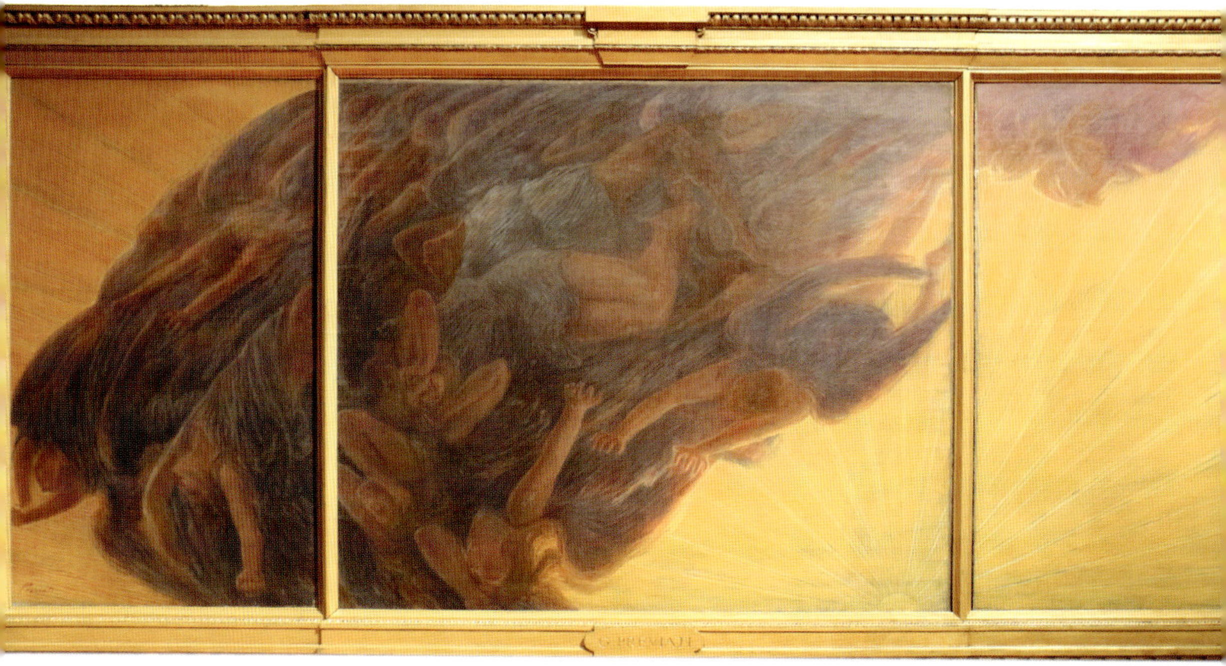

Gaetano Previati,
Der Engelssturz, um 1912–1913.
Galleria Nazionale d'Arte Moderna, Rom.

Vittore Grubicy de Dragon,
Morgen, 1898. Galleria d'Arte Moderna, Mailand.

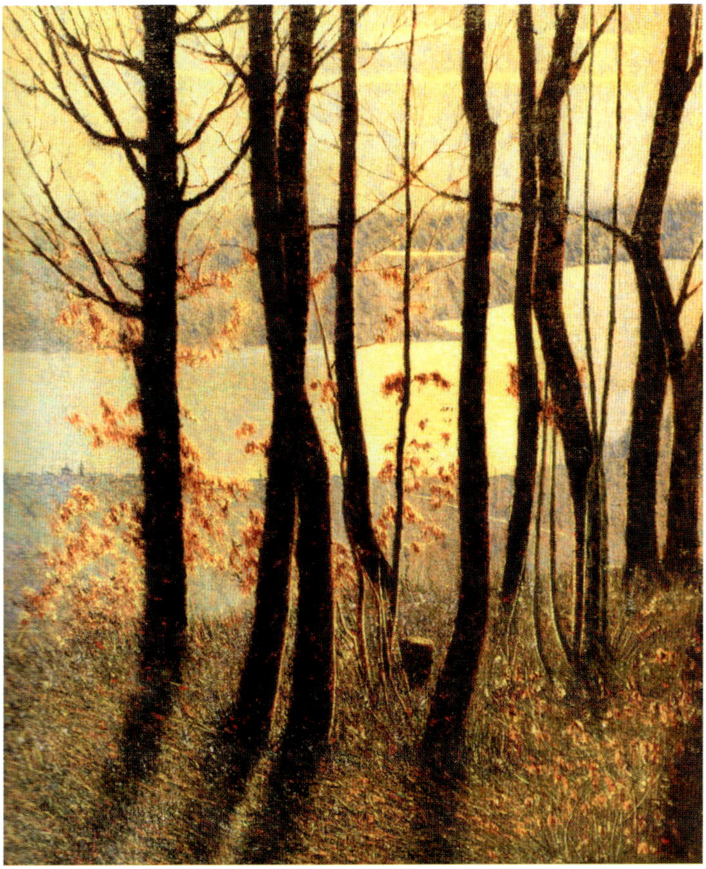

Giovanni Segantini,
Dudelsackpfeifer von Brianza, 1883. National Museum of Western Art, Tokyo.

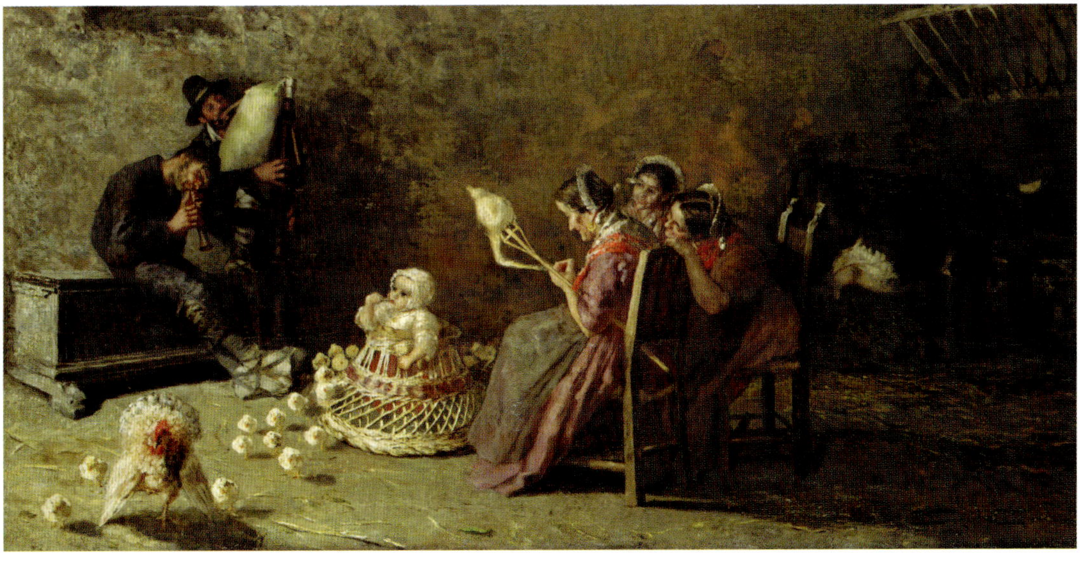

DAS LICHT IM NEOIMPRESSIONISMUS UND POINTILLISMUS

Mit der farblichen Erscheinungsform des Lichts als dem Hauptstoff der künstlerischen Auffassung der Impressionisten befasste sich Edmond Duranty, ein Autor von Romanen und Novellen, in erster Linie jedoch Journalist und Kunstkritiker. Er war eng befreundet mit Henri Fantin-Latour, aber seine uneingeschränkte Bewunderung galt Monet. So schrieb er mit *La nouvelle peinture* (1876) eine der ersten Studien zum entstehenden Impressionismus.

Der französische Kritiker und Schriftsteller gestand den Impressionisten zwar eine moderne und wirklichkeitsgetreue Sicht zu, bestritt aber, dass der Freilichtmalerei die behauptete Bedeutung zukomme. Vielmehr hob er als die wesentlichen Elemente der neuen Malerei das Licht und die Farbe hervor. Duranty bahnte den Weg für die Entwicklung des Pointillismus durch Georges Seurat, indem er über die wesentliche Erkenntnis der neuen Künstler schrieb: „Ihre Entdeckung besteht gerade darin, erkannt zu haben, dass das intensive Sonnenlicht die Farben ausbleicht, dass die durch die Gegenstände widergespiegelte Sonne wegen der außerordentlichen Helligkeit zu jenem einheitlichen Licht tendiert, in dem die sieben Farben des Prismas zu einem einzigen farblosen Funkeln, eben dem Licht, verschmelzen. Von Intuition zu Intuition sind sie allmählich dahin gelangt, das Glühen der Sonne in ihre Strahlen, ihre Elemente zu zerlegen und durch die irisierende allgemeine Harmonie, die sie auf ihre Leinwände bringen, wieder als Einheit herzustellen. Unter dem Gesichtspunkt der Feinheit des Auges, der subtilen Durchdringung der Farben, erzielen sie ein absolut erstaunliches Ergebnis. Gegen ihre Analysen des Lichts hätte nicht einmal der fachkundigste Physiker etwas einzuwenden."[20] Diese Bemerkungen konnten sich teilweise nur auf Claude Monet beziehen, der in seinen berühmten Zyklen, bei seinen Kathedralen, Strohschobern und Seerosen, mehr als jeder andere auf die veränderlichen visuellen Eindrücke

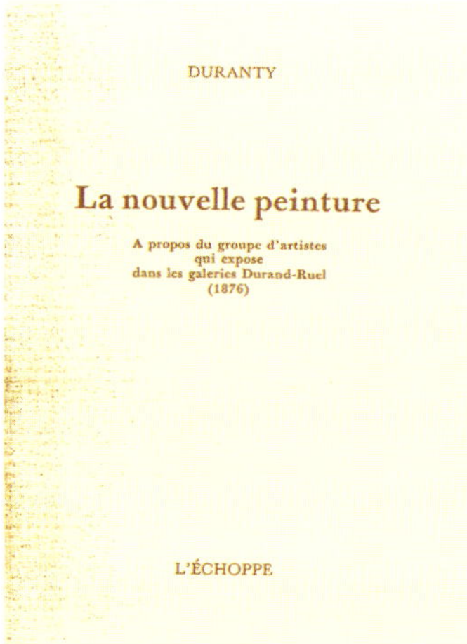

Edmond Duranty,
La nouvelle peinture, 1876.
Cover des Nachdrucks, 2018.

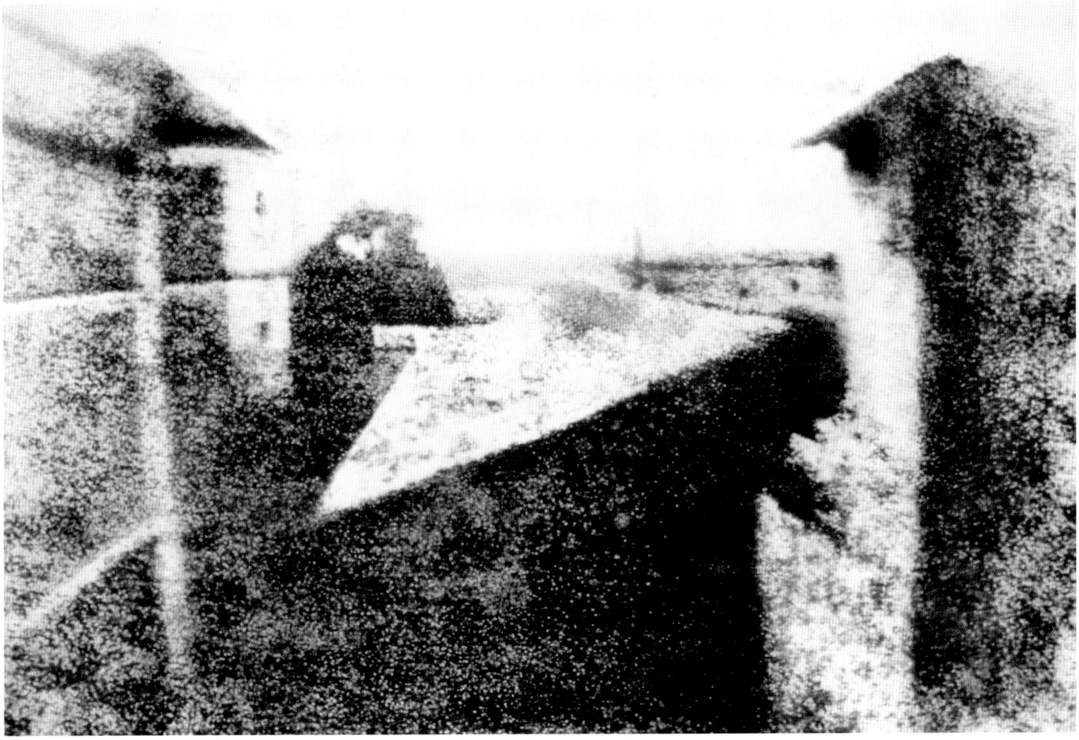

Joseph Niépce,
Blick aus dem Fenster in Le Gras.
Erste Fotografie der Welt,
Heliographie, 1826.

des Umgebungslichts achtete. Er war der wahre Initiator einer ganz auf das Sehen ausgerichteten Malerei, wie er sie zusammen mit Pissarro im Jahr 1870 in London bei Turner entdeckt hatte.

Die Beziehung zwischen impressionistischer Malerei und Fotografie ist historisch unbestritten und allgemein bekannt. Beide Künste entwickelten sich nicht nur zur gleichen Zeit, sie waren auch durch ihr Hauptinteresse verbunden: die Handhabung des Lichts bei der Schaffung von Bildern. Die Impressionisten lösten die auf Farbe und Licht bezogenen Valenzen des Sichtbaren auf und lernten, reine Farben zu verwenden, die sie in Linien, Flecken, Punkten anordneten. Damit blieb die Aufgabe, Zwischentöne herzustellen, dem Auge des Betrachters überlassen. Aber wie gelangte man dahin, genau diesen Weg einzuschlagen? 1839 präsentierte der Physiker François-Dominique Arago an der Akademie der Wissenschaften und Schönen Künste zu Paris die Vorgehensweise von Joseph Nicéphore Niépce, die Louis Daguerre später vervollkommnen sollte. Niépce hatte die Technik „Heliographie“ genannt und sie dazu benutzt, um auf Zinnplatten Positivbilder zu erzielen. In späteren Jahren bezeichneten einige Wissenschaftler diese Technik dann als „Fotografie“.

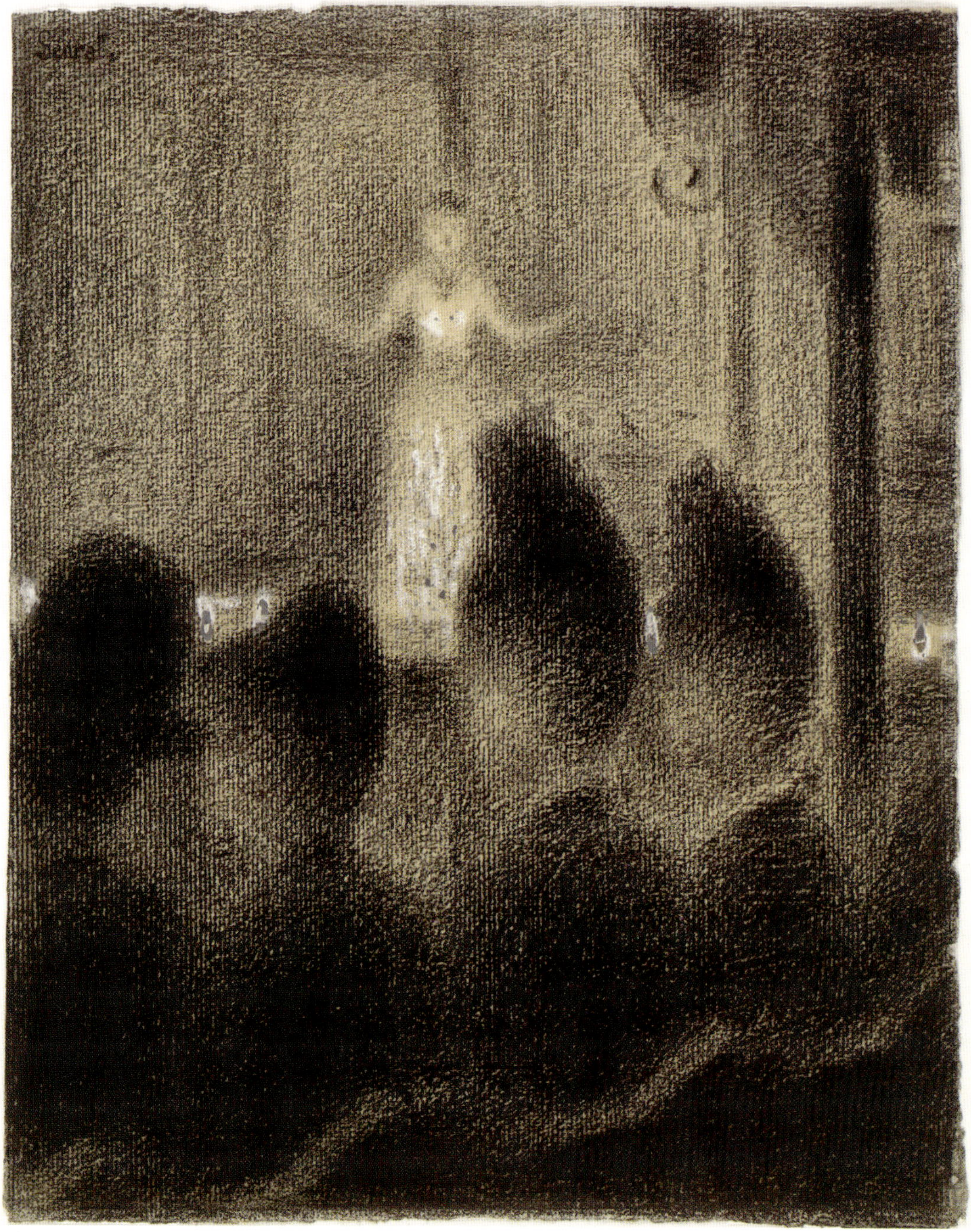

Georges Seurat,
Café-concert, 1887–1888. Harvard Art Museums, Cambridge, MA.

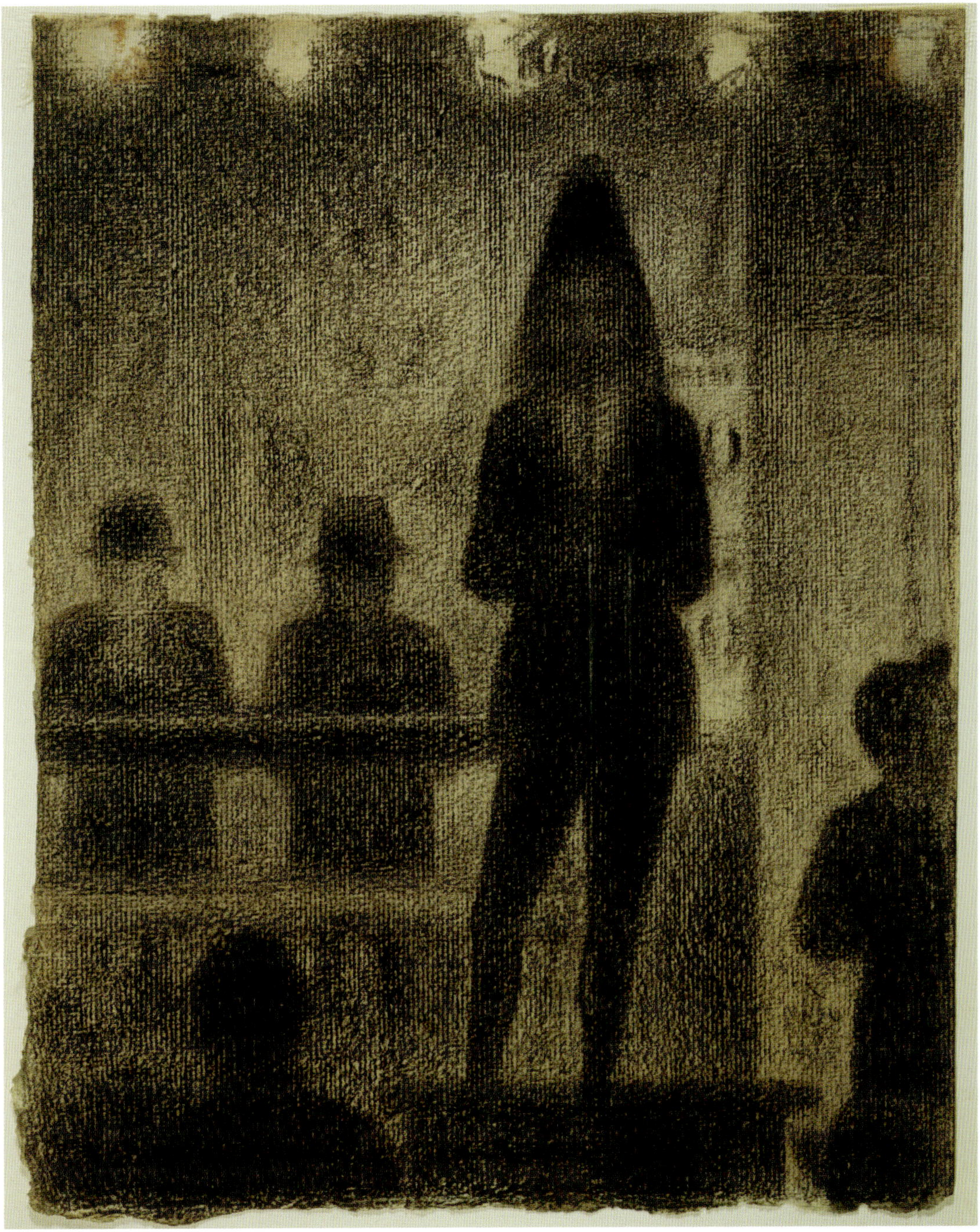

Georges Seurat,
Zirkusparade, 1887–1888.
Metropolitan Museum of Art, New York.

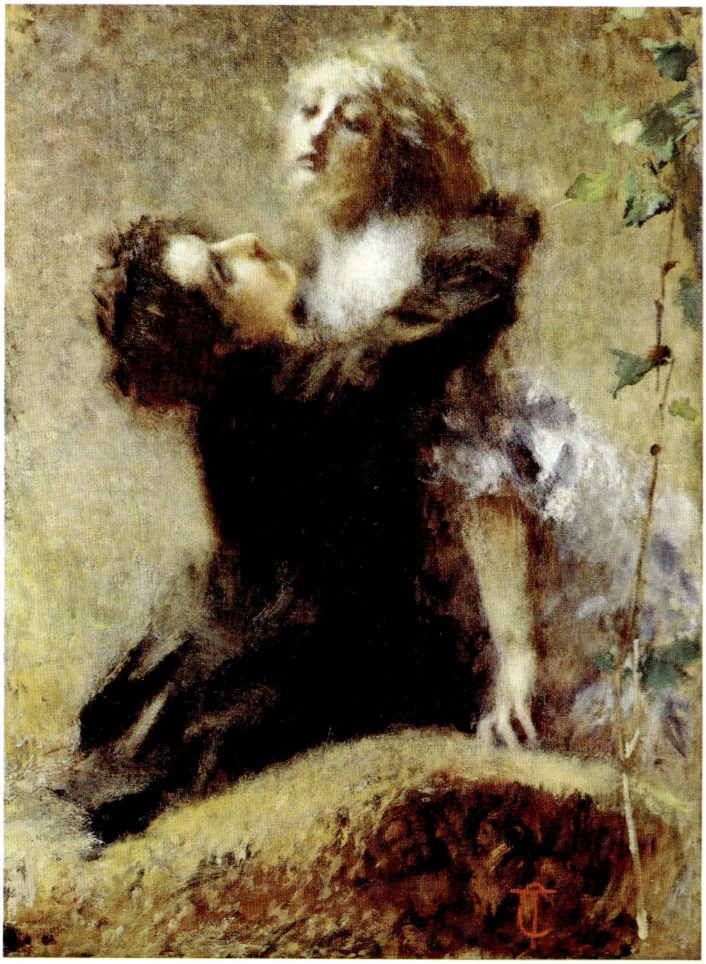

Tranquillo Cremona,
Der Efeu, 1878. Galleria Civica d'Arte Moderna e Contemporanea, Turin.

Zur Entwicklung des Pointillismus durch Georges Seurat kam es nicht zufällig: Er machte offenkundige Anleihen bei den photografischen Bildern oder vielmehr bei den technischen Unvollkommenheiten der ersten Drucke. Unvollkommenheiten in unseren heutigen, modernen Augen, die an gestochen scharfe, wegen ihrer hohen Auflösung als vollkommen geltende Bilder gewöhnt sind.

Der Film des Fotoapparats hält die Erscheinungen einer realen Ansicht im Negativ fest, wobei die Tonwerte im Verhältnis zum aufgenommenen Objekt umgekehrt sind. Ein wahrheitsgetreues Abbild wird in der Folge durch den Druck des Fotobildes erreicht, durch den man ein Positivbild bekommt, das heißt ein Bild mit ungefähr denselben Tonwerten wie die sichtbare Wirklichkeit. Das Licht, das das Negativ belichtet hat, zeigt hier seine visuelle Konkretheit eine Konkretheit, denn das Hellste wird zum Dunkelsten und umgekehrt. Vor allem bei den ersten fotografischen Abzügen wurde der nuancierte Tonwertübergang in der Phase des Drucks in schwächer ausfallenden Punkten und Flecken als mangelhafte Technik sichtbar. In den Augen eines Malers, der das Schwarze sieht, als wäre es mit Bleistift oder Kreide gezeichnet, kann dies jedoch durchaus reizvoll sein. Zweifellos bewegte dieser Umstand das pointillistische Auge Seurats. Viele seiner Zeichnungen sind akkurate Visualisierungen, erreicht durch peinlich genaue, Beobachtungen des materiell konkretisierten Lichtes, das die Form im Zuge eines beinah metaphysischen Dahinschwindens auseinanderlegt.

Gerade das sich entziehende Sichtbare in seinem wenn nicht metaphysischen, so doch zumindest perlmuttgleichen Schimmer, wurde zu einem Stilmerkmal vieler Werke der Mailänder Scapigliatura. Seit den 1860er Jahren verkörperte diese wichtige antiakademische Bewegung in Italien ein Gefühl der Rebellion gegen soziale Normen und

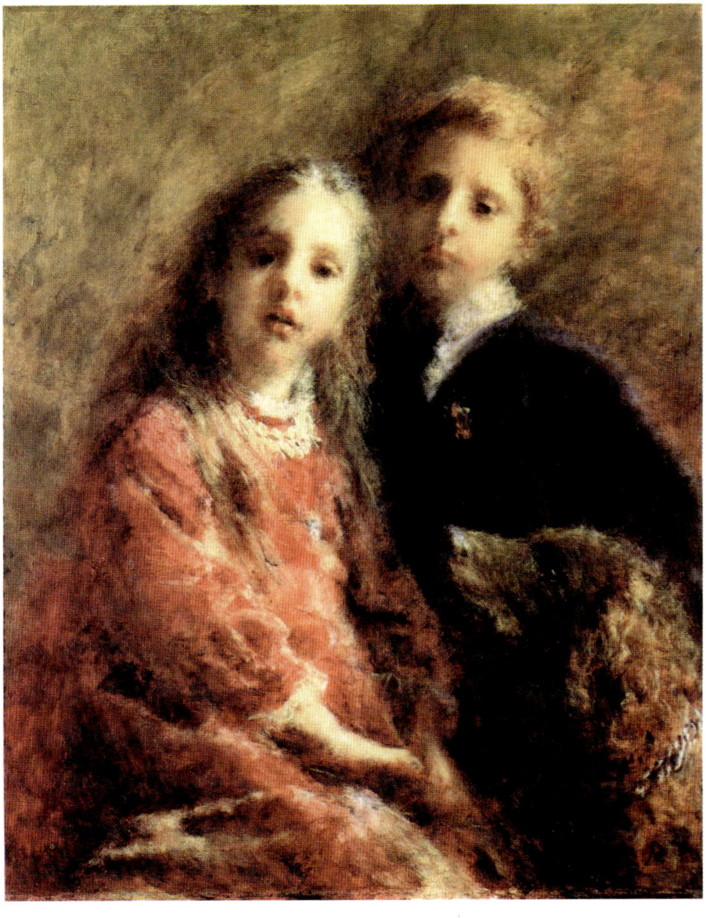

Daniele Ranzoni,
Drei Freunde, 1878. Privatsammlung, Rom.

Konventionen. Auf technisch-visueller Ebene pflegten die Anhänger der Bewegung einen schnellen, vibrierenden Pinselstrich, der sich tendenziell einer auf kanonischen Regeln beruhenden Formensprache verweigerte.

Die Negierung von Form und Konturen führte unvermeidlich zur Visualisierung eines Sujets durch die Farbe und deren Erschütterungen durch das Licht. Protagonisten der Bewegung waren z. B. Tranquillo Cremona, Daniele Ranzoni und Medardo Rosso, der als Bildhauer ihre expressivste und modernste Richtung repräsentierte. Diese Bewegung wie sie später auch im Divisionismus eines Pellizza da Volpedo, Giovanni Segantini, Angelo Morbelli, Gaetano Previati und Plinio Nomellini

Giuseppe Pellizza da Volpedo,
Die Sonne, 1904. Galleria Nazionale d'Arte Moderna, Rom.

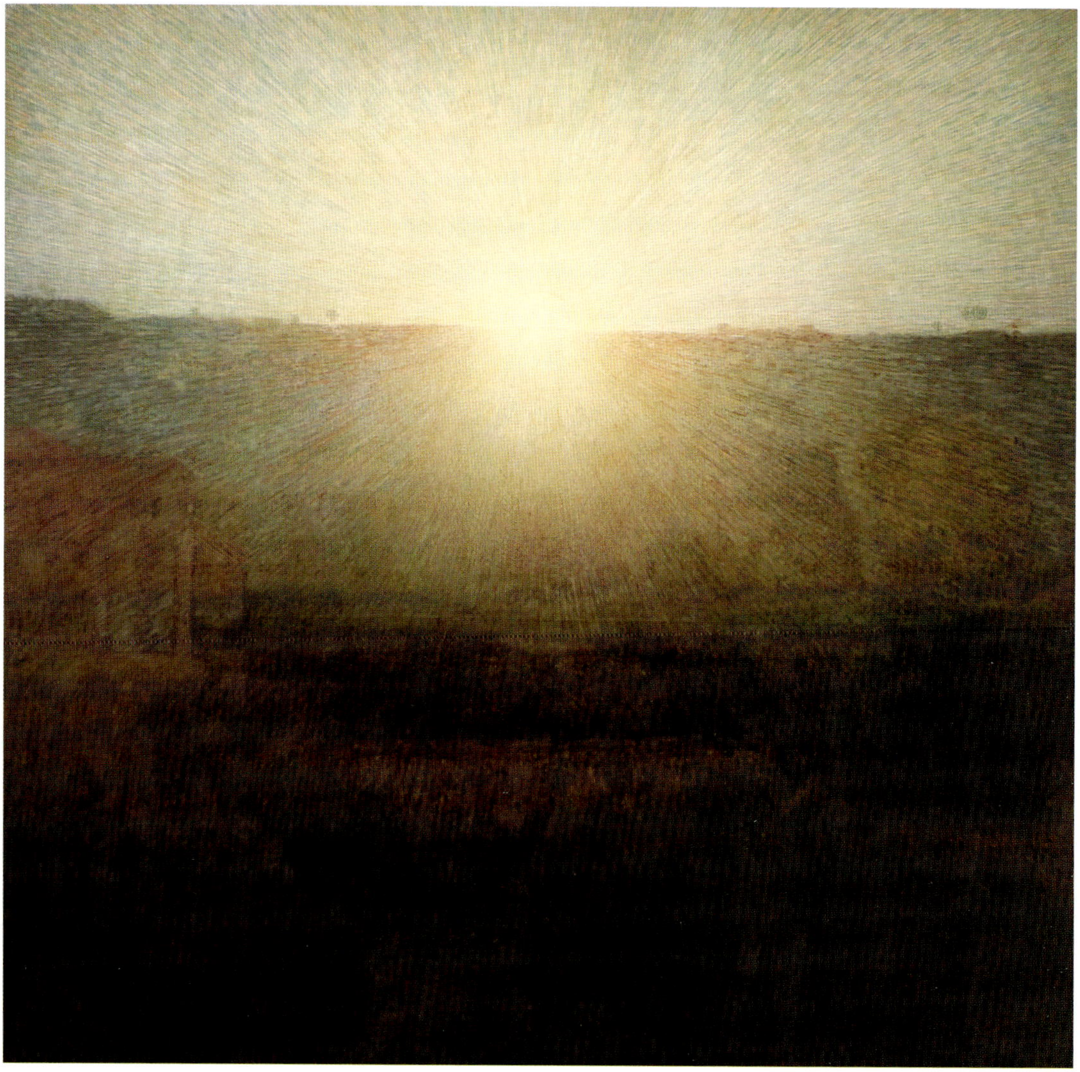

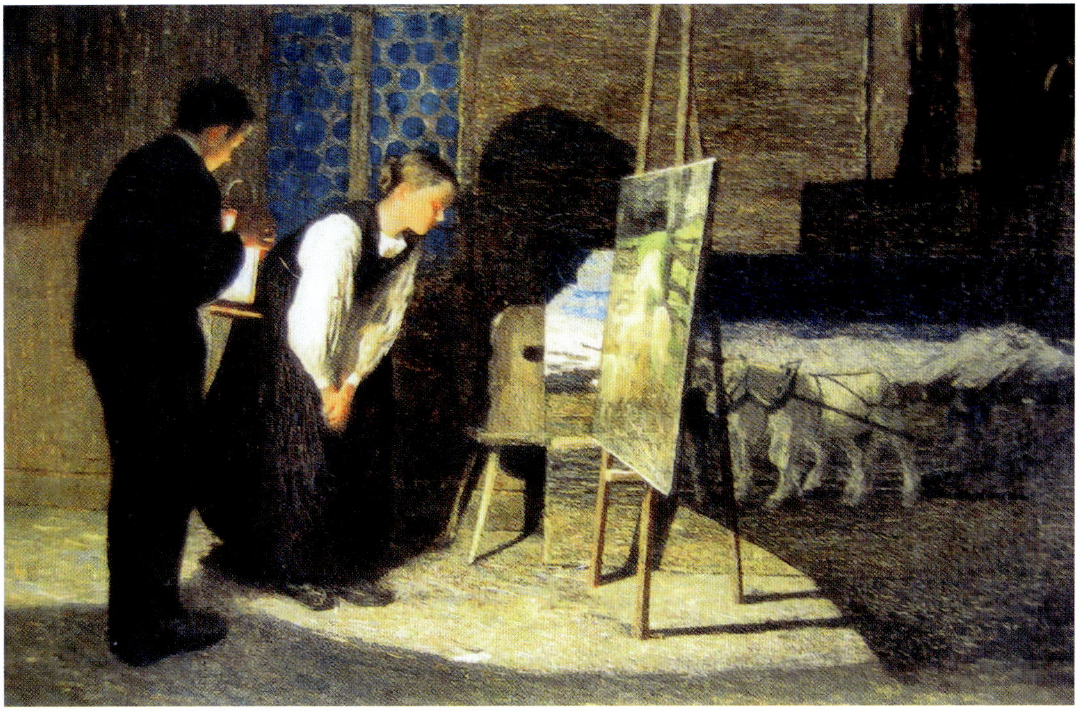

Giovanni Segantini, Meine Modelle, 1890.
Segantini Museum, St. Moritz.

zum Ausdruck kam, schürte in Italien den Konflikt zwischen Künstler und Gesellschaft. Für den divisionistischen Maler war das Licht das einzige Mittel, um die sichtbaren Erscheinungen auf die Leinwand zu bringen. Seine Technik bestand aus einem Komplex von Farbtupfern, die nicht wirklich, sondern nur in der Vorstellung existierten. Dies beförderte eine gewisse Abstraktion, die dabei jedoch auf einem offensichtlichen Realismus aufbaute: Es war die Prophezeiung des zukünftigen plastischen Dynamismus des Futuristen Umbert Boccioni (1882 Reggio Calabria – 1916 bei Verona). Tatsächlich war dieser ein glühender Bewunderer von Gaetano Previati, besonders von dessen Werken, in denen der Realismus aus Farbe und Licht auf die Spitze getrieben wurde. Hier wurde jede Form in eine Erscheinung wie aus gesponnenem Glas verwandelt, und die Konkretheit dessen, was man sieht, scheint in einem traumgleichen Wirbel zu verbrennen. Auch Giovanni Segantini kam von der Scapigliatura zu seinem freien Divisionismus. In einem Brief beschrieb er seine Arbeit folgendermaßen: „... und ich beginne auf meiner Leinwand loszuarbeiten mit feinen dünnen und pastosen Pinselstrichen, indem ich stets zwischen jedem Pinselstrich einen Zwischenraum lasse, den ich mit den Komplementärfarben ausfülle, und zwar möglichst, wenn die Grundfarbe noch frisch ist, damit das Gemälde zerflossener wirkt."[21]

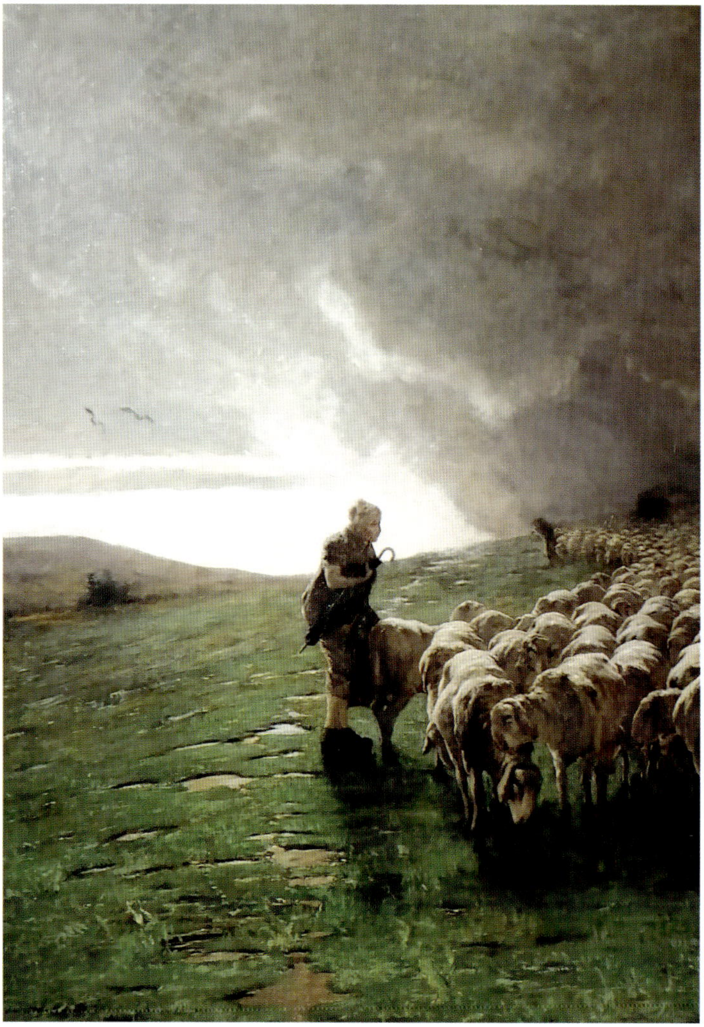

Giovanni Segantini,
Nach dem Gewitter, um 1883–1885.
Privatsammlung.

Sehr interessant ist auch das Werk Plinio Nomellinis. Nach seiner Ausbildung zum Maler in der Schule der Macchiaioli löste er sich von jener Tradition. Das Bild, das offiziell für diese Loslösung steht, ist die *Heuernte* von 1888, mit der er die Wertschätzung von Telemaco Signorini gewann. Bei Giovanni Fattori stieß er damit allerdings auf Skeptizismus, wenn nicht sogar auf offene Ablehnung. Fattori apostrophierte Nomellini als ergebensten Diener Pissaros und Manets.[22]

Fattoris Kritik ist nicht ganz unberechtigt, denn stilistisch bewegte sich der Künstler in dieselbe Richtung wie der Impressionismus nördlich der Alpen. Zusammen mit Angelo Morbelli und Pellizza da Volpedo wird Nomellini als einer der wichtigsten Vertreter eines sozial geprägten Divisionismus angesehen. Seine anarchistische Militanz, die ihm nicht wenig Probleme eintrug, war aber auch die Quelle seiner künstlerischen Ambitionen. Auf die stilistische Wende des Jahres 1890, die von einem landschaftlichen Divisionismus inspiriert war, folgte eine symbolistische Phase. Seine spätere Hinwendung zur Rhetorik einer neuen Zeit mit ihren Themen und zur Ideologie des Faschismus, wirft einen dunklen Schatten auf sein malerisches Werk.

Mit ihren persönlichen Werken zu landschaftlichen, religiösen oder sozialen Themen verbanden die italienischen Divisionisten die optischen Erkenntnisse über die Zerlegung des Lichts und der Farben mit ihrem politischen Engagement, das oft in offenem Gegensatz zum herrschenden Konformismus stand. Bei Boccioni machte sich der substanzielle Wunsch nach Überwindung jeder früheren formalen Regel bemerkbar, und so wurde er zum Brückenkopf für eine Modernität, die dem sich durchsetzenden Futurismus innewohnte. Mit ihren unterschiedlichen, divergierenden und widersprüchlichen politischen Einstellungen haben die Scapigliatura, der Divisionismus und der Futurismus anders als die Impressionisten (die historischen, Neo- und Postimpressionisten) behauptet und bewiesen, dass die Bezwingung der Form, und sei sie auch auf künstlerischem Gebiet vollzogen, direkt einhergeht mit einer neuen Auffassung des Alltagslebens.

Plinio Nomellini,
Die Schätze des Meeres, 1901. Galleria Nazionale d'Arte Moderna, Rom.

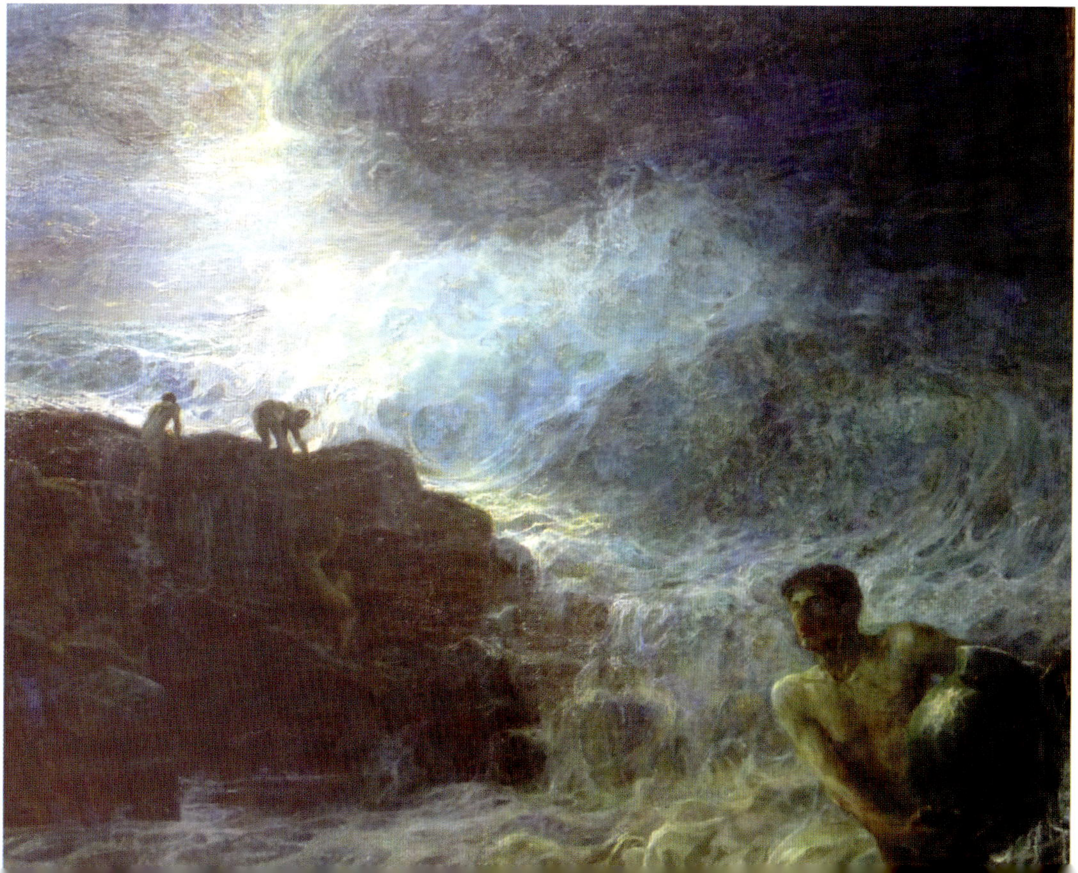

EIN SPIEL MIT DEM LICHT

Im Folgenden gebe ich Synonyme zu einigen der wichtigsten Aspekte des Lichts wieder. Diese „Lichtwörter" sind praktisch sprachliche Abbilder der vorherrschenden Erscheinungsformen des Phänomens Licht.

Laut der Accademia della Crusca, der traditionsreichen italienischen Sprachgesellschaft, die sich seit dem 16. Jahrhundert dem Studium und der Bewahrung der italienischen Sprache widmet, wird als Licht einfach das bezeichnet, was beleuchtet und leuchtet. Tatsächlich verweist jede verbale Erklärung von Licht auf die lebenswichtige Erfahrung des Sehens, darauf, dass etwas hell ist und sichtbar wird und etwas aus- oder zurückstrahlt, das auf ein menschliches oder tierisches Auge gerichtet ist. Zwischen einer in Worte gefassten Beschreibung der grundlegenden Offenbarungen des Lichts und ihrer Anschauung (mit eigenen Augen oder mit Hilfe der Illusion einer gemalten Abbildung) besteht ein Unterschied, analog zum Kontrast zwischen der kodifizierten Sprache und der Ähnlichkeit eines Bildes. Die Differenz zwischen einem sprachlichen Ausdruck und einer Abbildung zu bedenken und aufzudecken ist eine erhellende Übung, ein lehrreiches Spiel, das ein Lehrer seinen Schülern vorschlagen könnte, um ihnen einige einfache künstlerische Vorgehensweisen im Vergleich zu sprachlichen, sowohl prosaischen als auch poetischen Ausdrucksweisen nahezubringen.

Deshalb habe ich im Folgenden einige solche „Lichtwörter" aus Texten herausgegriffen und versucht, sie als Erklärung oder als Bildunterschrift einem entsprechenden Gemälde zuzuordnen.

Das Ergebnis gehorcht keiner strengen Logik, führt uns jedoch zu manch interessanter verbal-visueller Erzählung.

Morgenröte

(metaphorisch: erste Anfänge [der Kultur], Beginn)
Sigmund Freud, *Die Zukunft einer Illusion*
„Man merkt [...] mit Überraschung und Besorgnis, dass eine Überzahl von Menschen den diesbezüglichen Kulturverboten nur unter dem Druck des äußeren Zwanges gehorcht [...]. Dies trifft auch auf jene sogenannt moralischen Kulturforderungen zu, die in gleicher Weise für alle bestimmt sind. Das meiste, was man von der moralischen Unzuverlässigkeit der Menschen erfährt, gehört hieher (sic). Unendlich viele Kulturmenschen, die vor Mord oder Inzest zurückschrecken würden,

Giuseppe Canella, Ansicht der römischen Campagna mit Gewitter, um 1839. Pinacoteca di Brera, Mailand.

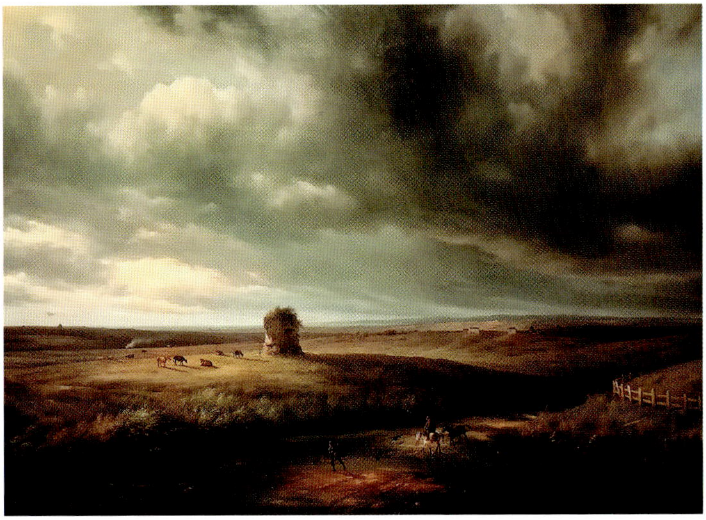

versagen sich nicht die Befriedigung ihrer Habgier, ihrer Aggressionslust, ihrer sexuellen Gelüste, unterlassen es nicht, den anderen durch Lüge, Betrug, Verleumdung zu schädigen, wenn sie dabei straflos bleiben können, und das war wohl seit vielen kulturellen Zeitaltern immer ebenso."[23]

Gerard van Honthorst,
Fröhlicher Geiger mit Weinglas, um 1624. Galleria degli Uffizi, Florenz.

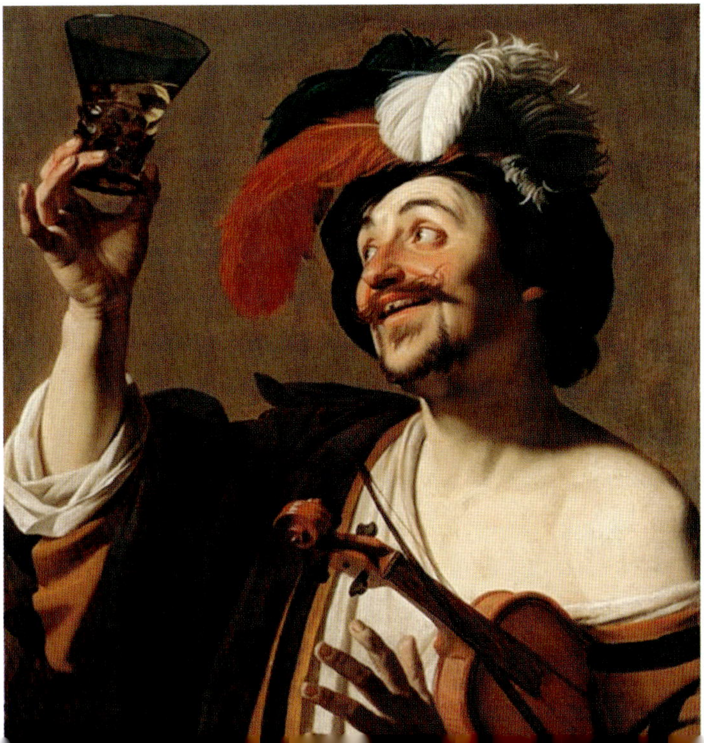

Glut

(Funkeln, Glanz, Schimmer)

Jack Kerouac, *Gammler, Zen und hohe Berge*

„Oben, außerhalb der orangeleuchtenden Glut unseres Feuers, konnte man unermessliche Systeme aus unzähligen Sternen sehen. Als einzelne Flammen waren sie erkennbar, und auch als weit ausgedehnte Milchstraßen, die menschlichem Verständnis nicht mehr zugänglich sind; alle kalt, blau und silbrig, aber unser Essen und unser Feuer waren leuchtend rot und anheimelnd."[24]

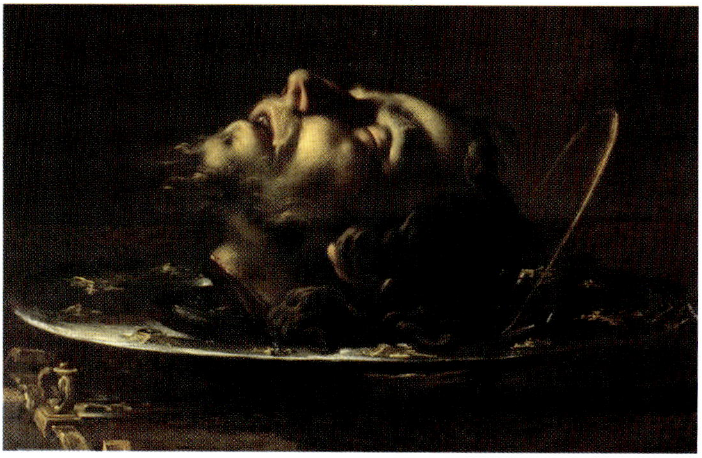

Francesco Cairo,
Das Haupt Johannes des Täufers, 17. Jh. Musée des Beaux-Arts, Caen.

Glitzern

(Aufblitzen, Aufleuchten)

Monolog des Replikanten in dem Film *Blade Runner* von Ridley Scott: „Ich habe Dinge gesehen, die ihr Menschen niemals glauben würdet: Gigantische Schiffe, die brannten, draußen vor der Schulter des Orion. Und ich habe C-Beams gesehen, glitzernd im Dunkel nahe dem

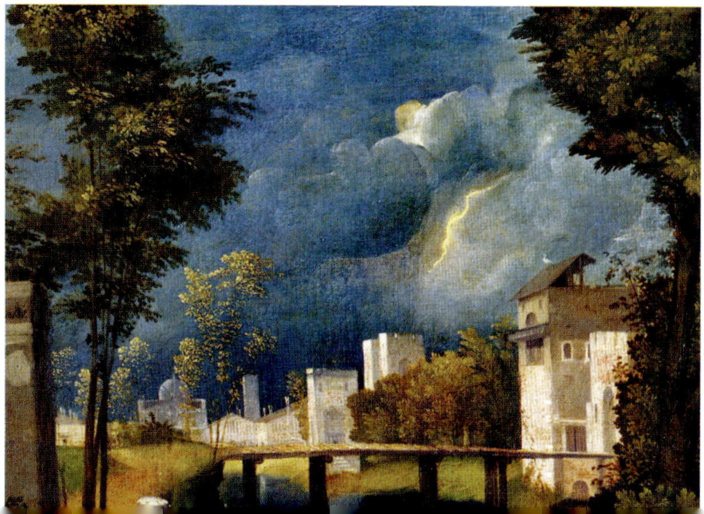

Giorgio Barbarelli da Castelfranco,
genannt Giorgione, Das Gewitter, Detail, um 1502–1503, Gallerie dell'Accademia, Venedig.

Tannhäuser Tor. All diese Momente werden verloren sein in der Zeit, so wie Tränen im Regen. Zeit zu sterben."[25]

Blitz

(Aufblitzen, Nachleuchten)
Khalil Gibran, *Eure Seelen sind Feuer. Gedanken und Meditationen*
„Dichtung ist ein leuchtender Blitz. Sobald sie aber nur ein loses Aneinanderreihen von Worten darstellt, wird sie zu bloßem Schriftsatz."[26]

Jean-François Millet,
Der Sämann, 1850.
Museum of Fine Arts, Boston.

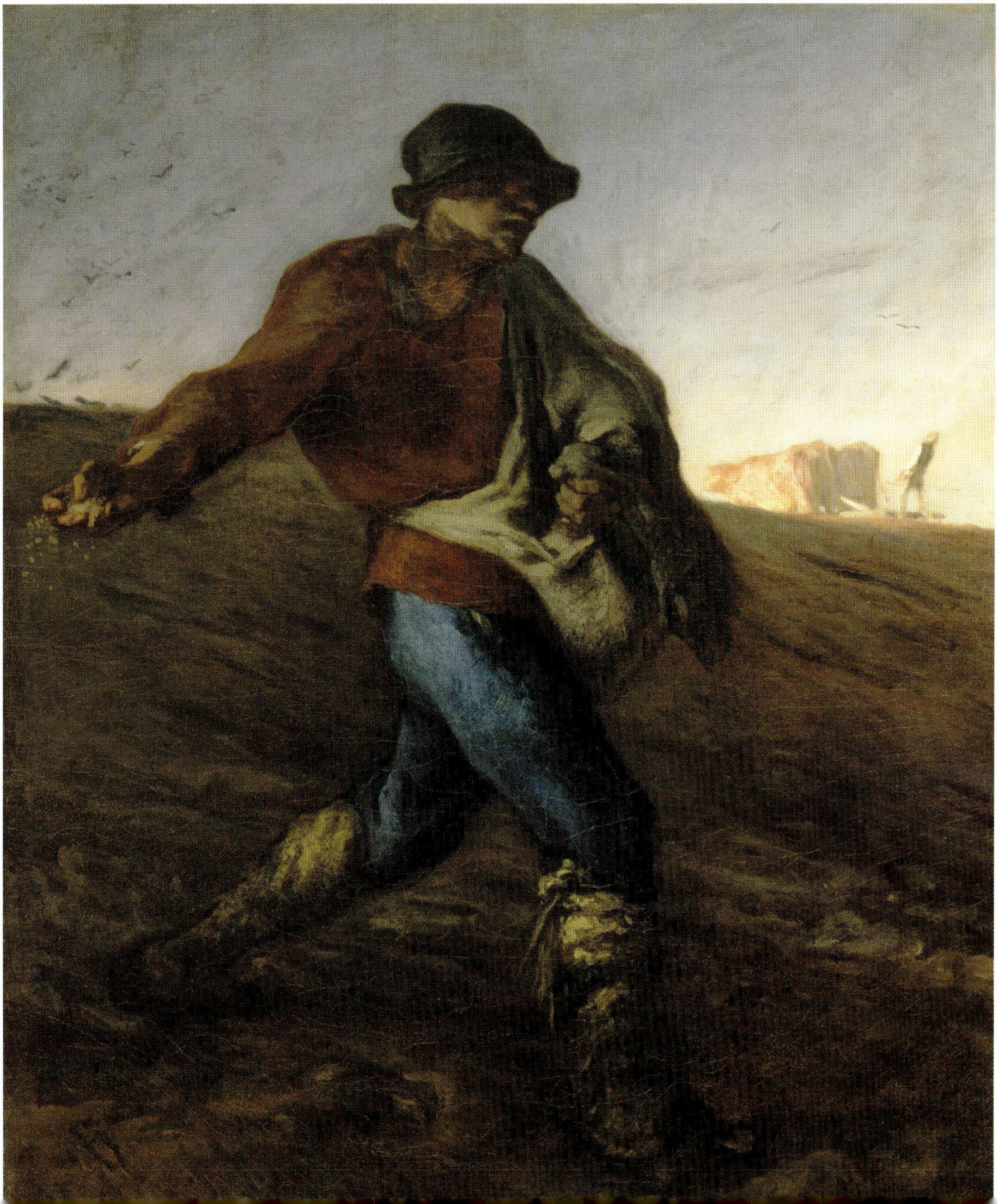

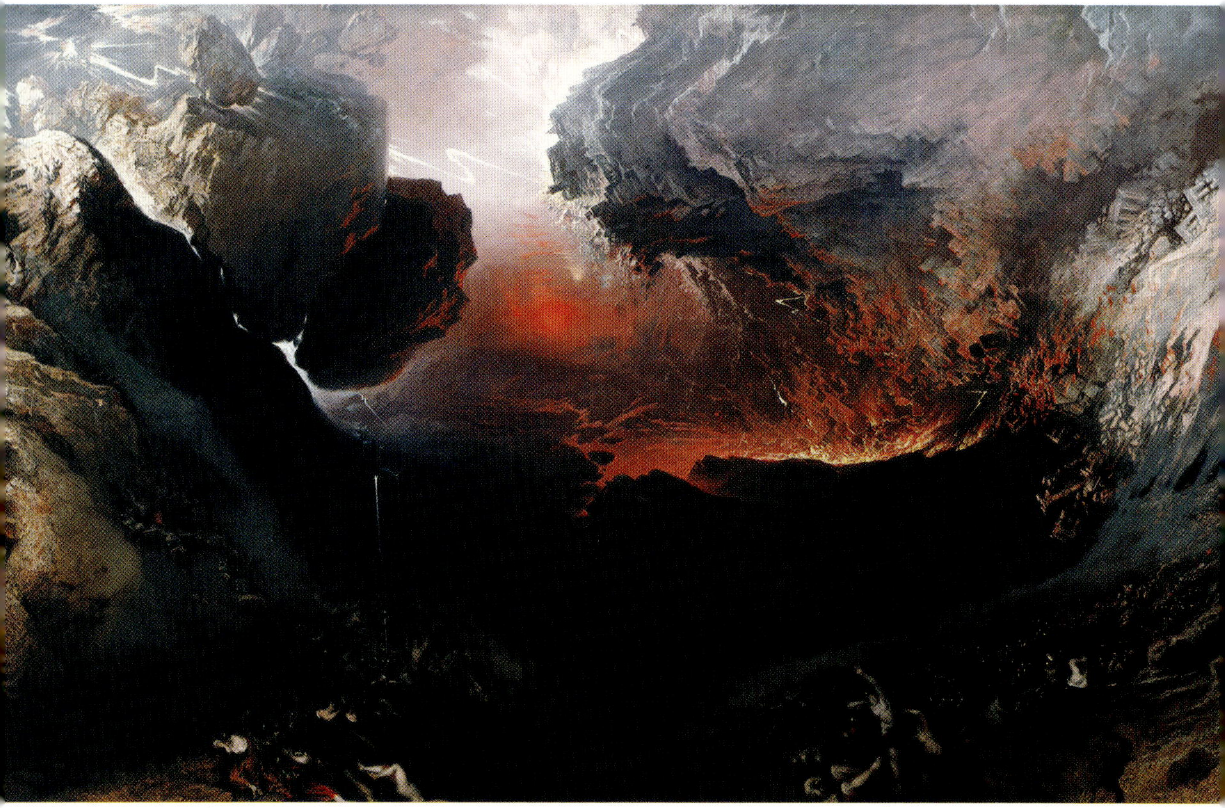

John Martin,
Der große Tag seines Zorns, 1851–1853.
Tate Gallery, London.

Franz von Stuck,
Tanzende Salome (Ausschnitt), um 1906.
Städtische Galerie im Lenbachhaus, München.

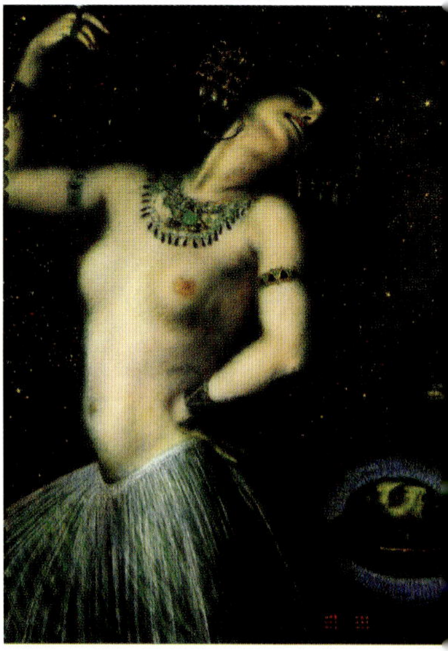

Binsendocht

(schwache und unklare Beleuchtung, Dämmerlicht)
Ezra Pound, *Die Cantos, (Canto CXVI, V. 72–75)*
„Nächstenliebe hab ich manchmal gekannt,
sie will sich mir nicht ergießen.
Ein kleines Licht, wie ein Binsendocht
das zurückführt in Lichtglanz."[27]

Bleiches Licht

(heller Schein, Aufleuchten, Glanz)
Victor Hugo, *Die Armen und Elenden*
„Bei jeder Stufe, die er erstieg, wurde es entsetzlicher. Sein weißes Haar, sein eingefallenes weißes Gesicht, seine hohe kahle und runzlige Stirn, seine eingesunkenen Augen, sein staunend offener Mund, sein alter Arm, der die rote Fahne trug, traten aus dem Schatten hervor in das bleiche Licht der Fackel. Man glaubte das Gespenst von 1793 aus der Erde mit der Fahne des Schreckens in der Hand heraufsteigen zu sehen."[28]

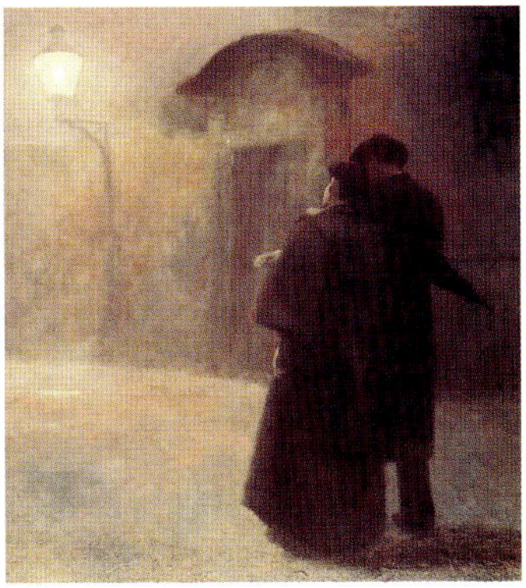

Jakub Schikaneder,
Nachtszene im alten Prag, 1894, Nationalgalerie, Prag.

Schimmer

(Funkeln, Glitzern, Pracht)
Gabriele D'Annunzio, *Lust*
„Es gibt gewisse Blicke der Frauen, die der liebende Mann nicht einmal für den völligen Besitz ihres Körpers hergeben würde. Wer nie in einem klaren Auge den Schimmer der ersten Zärtlichkeit sich entzünden sah, kennt nicht das höchste menschliche Glück. Kein anderer Augenblick der Freude kommt diesem Augenblick gleich."[29]

Erhellung

(Erleuchtung, Glänzen, genialer Einfall)
Emil Cioran, *Vom Nachteil, geboren zu sein*
„Wenn man das Ende im Ursprung gewahrt, läuft man schneller als die Zeit. Die Erhellung, diese blitzartige Enttäuschung, spendet eine Gewissheit, die den von seiner Illusion Abgekommenen zum Befreiten verwandelt."[30]

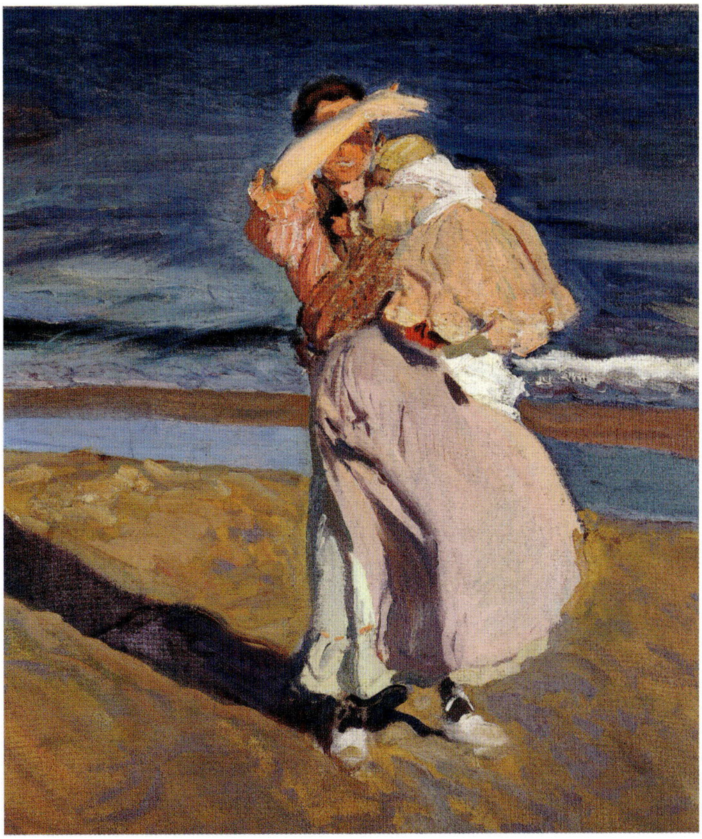

Joaquin Sorolla y Bastida,
Fischerin mit Kind, Detail, 1908. Museo Sorolla, Madrid.

Widerschein

(Abglanz, reflektiertes Licht, Reflexion)

Italo Svevo, *Zenos Gewissen*

„Meine Kindheit betrachten? Mehr als fünf Jahrzehnte trennen mich von ihr, und meine weitsichtigen Augen könnten ja so weit reichen, wenn nicht das Licht, das immer noch von ihr ausstrahlt, durch Hindernisse aller Art aufgehalten würde, regelrechte hohe Berge: all meine Jahre und ein paar Stunden."[31]

Winslow Homer,
Schlittenfahrt, um 1890. The Clark Art Institute, Williamstown.

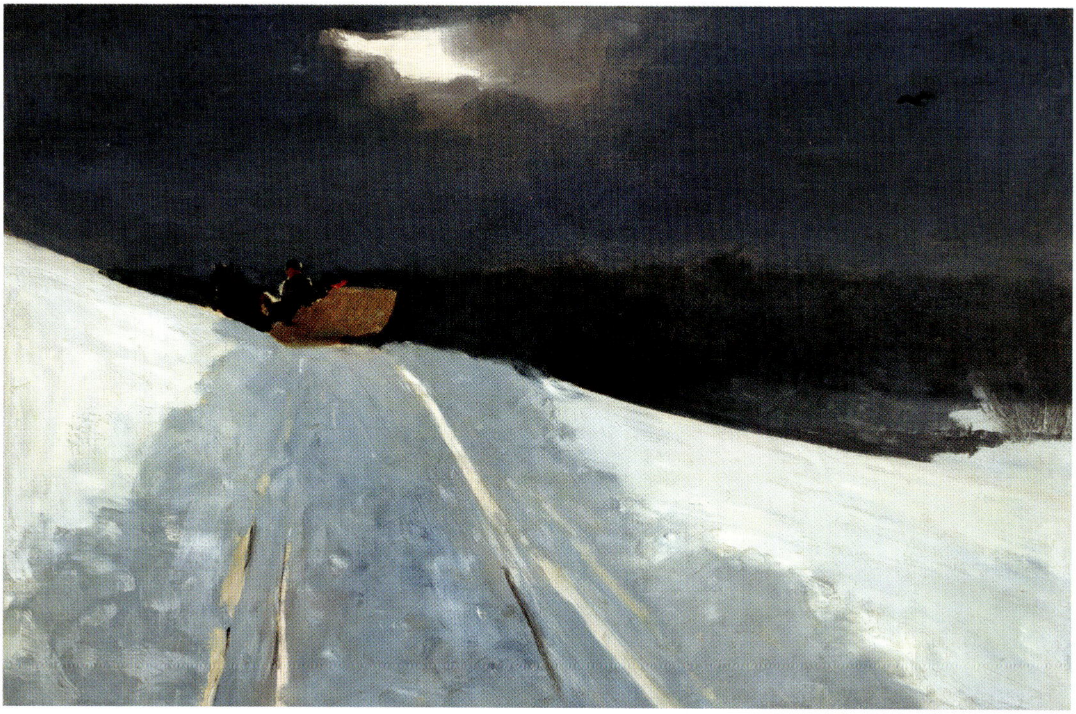

Glanz

(Strahlenglanz)

Girolamo Savonarola, *Reden und Predigten*

„Wenn zwischen uns und der Sonne eine nicht sehr dunkle Wolke steht, so können wir den Sonnenball durch die Wolke hindurch anschauen, denn diese mildert den hellen Glanz der Strahlen. So hat auch Gott der Herr, das Ewige Wort unseres Vaters, eine nicht sehr dunkle Wolke vor sich gestellt, damit wir seiner Göttlichkeit gewahr werden können."[32]

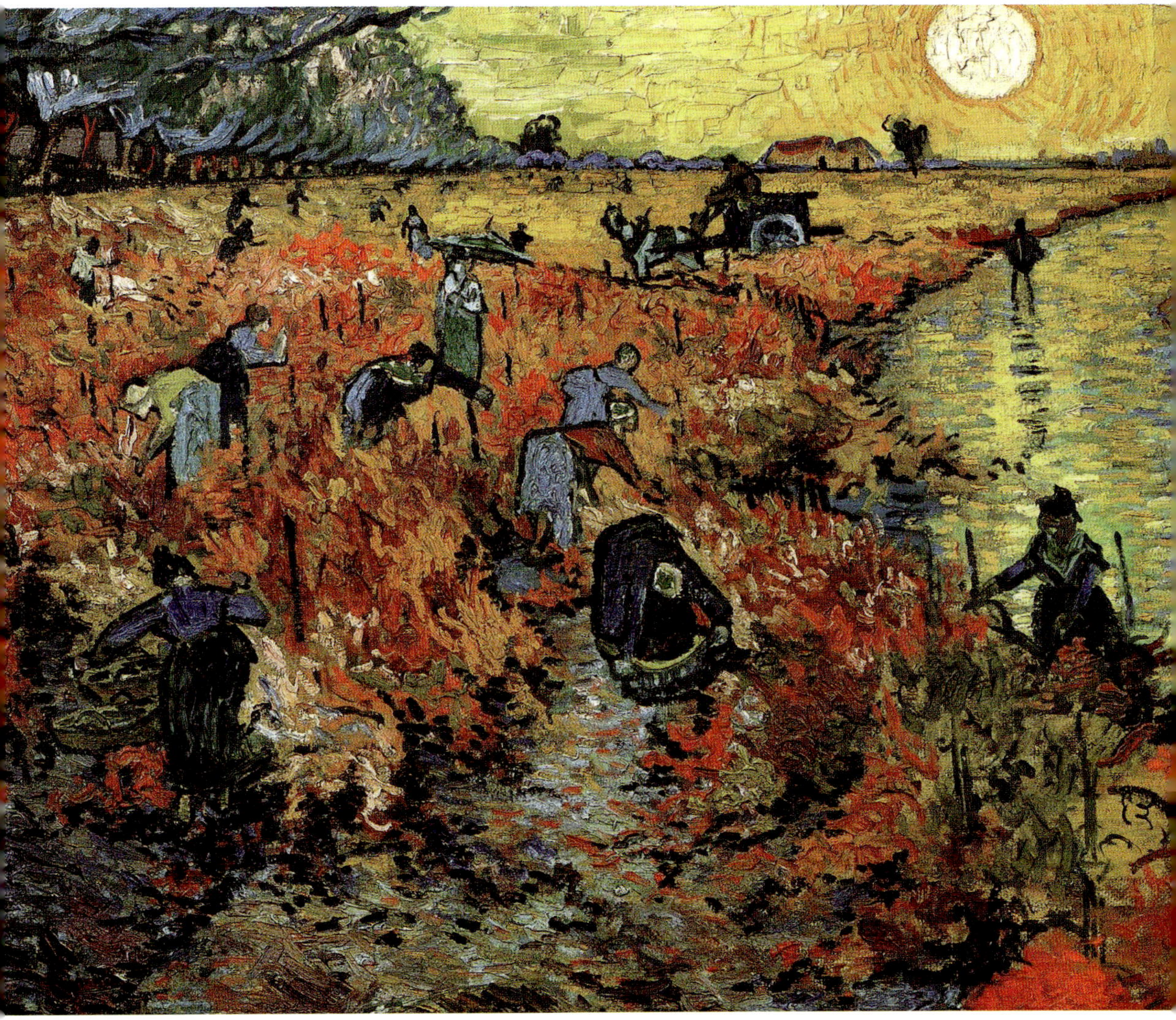

Vincent van Gogh,
Der rote Weinberg, 1888.
Puschkin-Museum, Moskau.

Schillern

(Aufblitzen, Aufflackern)
Walt Whitman, *Grasblätter*
„Schillerndes Gold, Kastanienbraun und Violett, Silberglanz, Smaragd, Rehbraun,/ Die ganze Spanne der Erde und die vielfältige Kraft der Natur dieses Mal für Farben bestimmt;/ Das Licht, die allgemeine Luft von ihnen in Besitz genommen – bis dato unbekannte Farben,/ Kein Ende, keine Grenze – nicht der Westhimmel allein – der hohe Meridian – Norden, Süden, alles,/ Reine leuchtende Farbe, welche die stillen Schatten bis zum äußersten bekämpft."[33]

SCHLUSS

Zum Ende seiner Filmarbeit schrieb Ingmar Bergman, am meisten vermisse er die Zusammenarbeit mit seinem Kameramann Sven Nykvist. Dieser sei, wie er selbst, „restlos von der Problematik des Lichts gefesselt“: „Das milde, gefährliche, traumhafte, lebendige, tote, klare, diesige, heiße, heftige, kahle, plötzliche, dunkle, frühlingshafte, einfallende, nach außen dringende, gerade, schräge, sinnliche, bezwingende, begrenzende, giftige, beruhigende, helle Licht. Das Licht.“[34]

Am Ende meiner Reise zu den künstlerischen Manifestationen des Lichts kam mir ein Aspekt in den Sinn, den ich bislang außer Acht gelassen hatte, jedoch gleich zu Anfang dieser Abhandlung hätte ins Auge fassen sollen: die Definition des Lichts, wie sie uns ein zuverlässiges Lexikon gibt.

Nachfolgend gebe ich deshalb die Definition aus der *Enciclopedia Treccani* wieder:

„Licht: physikalische Entität, die die Erregung visueller Empfindungen im Auge bedingt, es dem Auge also ermöglicht, Objekte zu sehen. Generell unterscheidet man zwischen natürlichem Licht, das von einer natürlichen Lichtquelle ausgestrahlt wird, und künstlichem Licht, das von einer Vorrichtung zur künstlichen Beleuchtung abgegeben wird. Natürliches Licht ist hauptsächlich und schlechthin das der Sonne (Sonnenlicht oder Tageslicht), welches je nach Tageszeit der Beleuchtung als Morgenlicht, Dämmerlicht, Mittagslicht etc. bezeichnet werden kann; an zweiter Stelle das Licht des Mondes oder das der Sterne.“[35]

Fraglos ist der Eintrag unter dem Stichwort Licht mit Präzision und definitorischer Strenge verfasst, wie es sich für ein enzyklopädisches Wörterbuch gehört, aber etwas ließ mich doch unbefriedigt. Die erste physische Manifestation, von der alles Sichtbare abhängt, jenes „Fiat Lux“, dem sich die Erregung des menschlichen Auges verdankt, mochte zwar detailliert beschrieben sein, aber doch zu stark reduziert, um auch nur annähernd der Fülle an visuellen, poetischen und künstlerischen Konnotationen gerecht zu werden, die das Phänomen des Lichts mit sich bringt. Also habe ich überlegt, welche Definition mir selber einfallen würde, fand aber keine, ich tappte im Dunkeln … wenn Sie mir den wohlfeilen Scherz erlauben. Wieder und wieder nahm ich mir die Definition der *Treccani* vor und sah am Ende ein, dass sie doch die beste

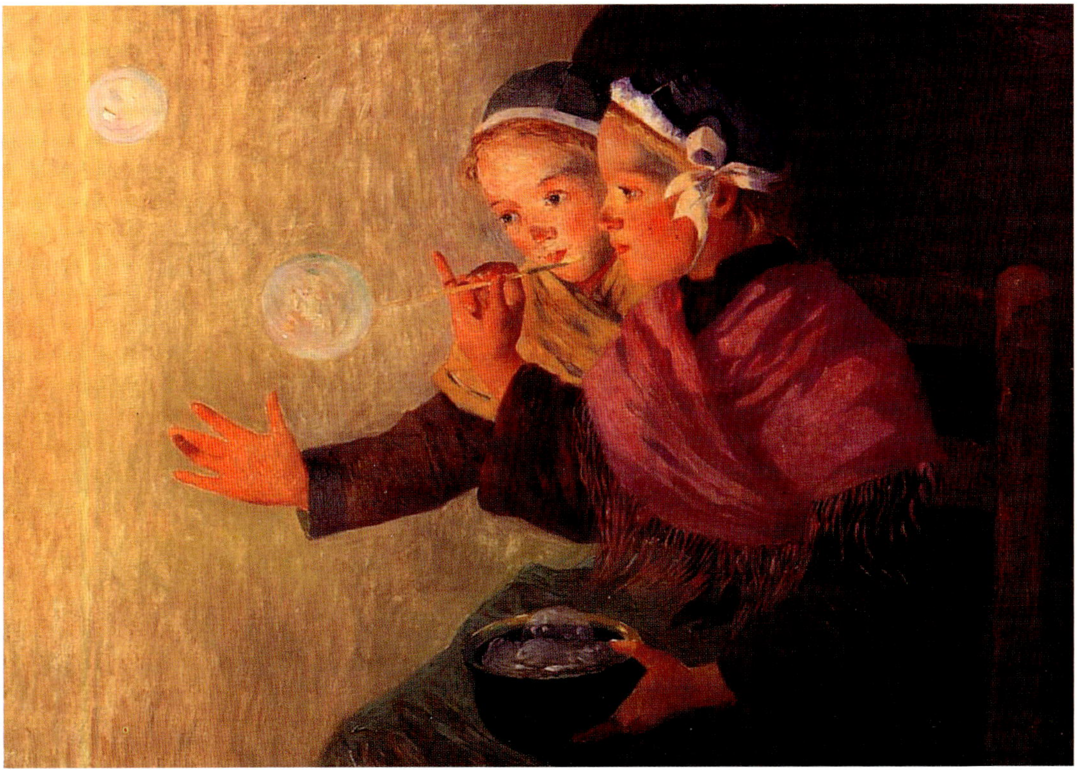

Ferdinand du Puigaudeau,
Seifenblasen, 1895. Guarisco Gallery, Washington.

war, die exakteste. Denn traditionsgemäß und in nahezu allen Fällen (fast immer auch auf einer digitalen Seite) sind die Wörter allesamt Schwarz auf Weiß geschrieben; nur wenn man einen wichtigen Satz hervorheben möchte, unterstreicht man ihn oder hebt ihn farblich hervor.

Ein Wörterbuch wird den Begriff Licht immer mit wissenschaftlicher Genauigkeit definieren, allein schon aus dem Grund, dass die Bedeutung des Begriffs dort Schwarz auf Weiß geschrieben steht. Die Hervorbringung einer Schrift, ja aller Schriften in sämtlichen Sprachen setzt die unstrittige und offensichtliche Bedeutung, ja das klare Profil eines Stichwortes, eines Satzes, eines Zusammenhangs voraus. Erst dann kann man sich ein Bild davon machen und Licht ins Dunkel bringen.

Auch eine wirkungsvolle verbale Darlegung muss Profil zeigen, muss anschaulich und plastisch sein, klar aufgebaut und strukturiert (so die Handreichungen für kreatives Schreiben). Der visuelle Anteil an dieser metaphorischen Ausdrucksweise bestätigt ein weiteres Mal, dass der menschliche Ausdruck immer durch einen grundlegenden Kontrast erfolgt: Schwarz auf Weiß, das Dunkel im ewigen Widerstreit mit dem Licht.

ANMERKUNGEN

1 Vgl. Platon, Höhlengleichnis, in: Politeia, in: Sämtliche Werke in zehn Bänden, Bd. VII. übers. v. Friedrich Schleiermacher, erg. d. Übers. v. Franz Susemihl, Frankfurt a. M./Leipzig: Insel, 514a–517a, S. 509–515.

2 Plinius der Ältere, Naturalis historia/Naturkunde, Buch XXXV: Farben. Malerei. Plastik, hg. u. übers. v. Roderich König u. Gerhard Winkler, Berlin, De Gruyter, 2012; vgl. auch ebd., XXXV, 151.

3 Lukrez, De rerum natura, 4. Buch, 183–185, zit. n. Über die Natur der Dinge, übers. v. Klaus Binder, Berlin, Galiani, 2015, S. 140.

4 In *De imperio Gnaei Pompei* Nr. 11 spricht Cicero von Korinth als dem Licht von ganz Griechenland, während ihm Rom als Licht der ganzen Welt gilt. Vgl. Cicero, M. Tullius, Vier Reden gegen Catilina, Lat./Dt. hg. v. und übers. v. Dietrich Klose, Stuttgart, 2011.

5 Plotin, Schriften in deutscher Übersetzung. Teilband 1, Schriften 1–38, übers. und neu bearb. v. Richard Harder, Rudolf Beutler und Willy Theiler, Hamburg, Felix Meiner Verlag, 2020, S. 6.

6 Vgl. Beierwaltes, Werner, Denken des Einen. Studien zur neuplatonischen Philosophie und ihrer Wirkungsgeschichte, Frankfurt a. M., Vittorio Klostermann, 1985, 2016, S. 450f.

7 Deutsche Übersetzung von Martin Luther. https://www.bibleserver.com/SLT.LUT/ Johannes 8,12 [25.07.2021].

8 Witelos Aufzählung ist übernommen aus: Tatarkiewicz, Władysław, Geschichte der Ästhetik, übers. v. Alfred Loepfe, Bd. II, Die Ästhetik des Mittelalters, Basel/Stuttgart, Schwabe Verlag, 1980, S. 298, 301.

9 Descartes, René, Dioptrik, übers. v. Gertrud Leisegang, Meisenheim am Glan 1954, S. 71.

10 Ebd., S. 83.

11 „Namely, I find that the modification of light whereby colors originate is connate to light and arises neither from reflection nor from refraction, nor from the qualities of any modes whatsoever of bodies, and it cannot be destroyed or changed in any way by them." in: Shapiro, Alan E. (Hg.), The Optical Papers of Isaac Newton, Bd. 1: The Optical Lectures 1670–1672, Cambridge, Cambridge University Press, 1984, S. 84–85.

12 Goethe, Johann Wolfgang von, Maximen und Reflexionen. Aphorismen und Aufzeichnungen, aus: Kunst und Altertum. III. Bd., Erstes Heft, Wiesbaden, matrixverlag, 2012 [1821], S. 35.

13 „Sie baut immer und zerstört immer, und ihre Werkstätte ist unzugänglich", heißt es im *Fragment über die Natur*, das erstmals 1781 im Tiefurter Journal erschien. Aus: Goethe, Johann Wolfgang v., Werke, Hamburger Ausgabe in 14 Bänden, München, dtv, 1998, Bd. 13, Naturwissenschaftliche Schriften I, S. 45 ff.

14 Der Originaltitel des Gemäldes aus dem Jahr 1910–1911 lautete *Die Arbeit*.

15 Kasimir S., Malewitsch, „Vorlesungen über das Licht und die Farbe". Zitiert und ins Deutsche übersetzt wird hier nach der italienischen Übersetzung aus dem Band: Malevic, Kazimir, Non si sa a chi appartenga il colore, Scritti teorico-filosofici, hg. u. übers. v. Nadia Caprioglio, Turin , Hopefulmonster editore, 2010.

16 Vgl. Longhi, Roberto, Die italienische Malerei: Caravaggio, Dresden, Verlag der Kunst, 1968 [1952].

17 Vgl. Baldinucci, Filippo, Notizie de' professori del disegno da Cimabue in qua, Florenz, 1681.

18 Baldinucci, Filippo, Vocabolario toscano dell'arte del disegno, Florenz, 1681.

19 Céline, Louis-Ferdinand, Reise ans Ende der Nacht, übers. v. Isak Grünberg, Reinbek b. Hamburg, Rowohlt, 1992, S. 385.

20 Duranty, Edmond, La nouvelle peinture: A propos du groupe d'artistes qui expose dans les galeries Durand-Ruel, Paris, L'Échoppe, 2018 [1876], S. 20.

21 Segantini, Bianca (Hg.), Giovanni Segantinis Schriften und Briefe, übers. v. Georg Biermann, Leipzig, Klinkhardt & Biermann, 1909, S. 148.

22 Vgl. den Brief an Giovanni Fattori, wiedergegeben in: Nomellini, Eleonora Barbara (Hg.), Plinio Nomellini tra mito e sogno, Ausst.-Kat. v. 9.7.–13.9.1998 im Museo Civico „G. Fattori" Livorno/26.9.–31.10.1998 Galleria d'arte moderna di Palazzo Pitti, Firenze.

23 Freud, Sigmund, Massenpsychologie und Ich-Analyse, Frankfurt a. M., Fischer, 1971 [1927], S. 91f.
In der italienischen Übersetzung des Freud-Textes steht als letzter Ausdruck für „seit vielen kulturellen Zeitaltern" – „fin dagli albori della civilità", weshalb der Autor diese Stelle ausgewählt hat. In dem originalen Freud-Zitat findet sich kein entsprechendes „Lichtwort".

24 Kerouac, Jack, Gammler, Zen und hohe Berge übers. v. Werner Burckhardt, Reinbek b. Hamburg, Rowohlt Taschenbuch Verlag, 1971 [1958], S. 57f.

25 Monolog des Replikanten in, Ridley Scott, Blade Runner, USA/Hongkong, 1982, 117 Min.

26 Khalil Gibran, Eure Seelen sind Feuer. Gedanken und Meditationen, übers. v. Hans Christian Meiser, München, Goldmann Verlag 1989 [1962], S. 36.

27 Pound, Ezra, Die Cantos CXVI, V. 72–75, übers. v. Eva Hesse und Manfred Pfister, Zürich/Hamburg, Arche, 2012, S. 1177.

28 Hugo, Victor, Die Armen und Elenden. Bd. VIII, 14. Buch, übers. v. A. Diezmann, Leipzig, E. V. Steinacker, 1862, S. 297.

29 D'Annunzio, Gabriele, Lust, übers. v. Claudia Denzler, Stuttgart, Reclam, 1995 [1899], S. 56.

30 Cioran, Emil, Vom Nachteil, geboren zu sein, übers. v. François Bondy, Wien/München/Zürich, Europaverlag, 1977 [1973], S. 8.
31 Svevo, Italo, Zenos Gewissen, übers. v. Barbara Kleiner, Zürich, Manesse 2011 [1923], S. 7.
32 Savonarola, Girolamo, Sermoni e prediche, Prato 1846, S. 115.
33 Whitmann, Walt, „Sonnenuntergang auf der Prärie“, in: Grasblätter, übers. u. hg. v. Jürgen Brôcan, München, Hanser, 2009 [1891–92], S. 644.
34 Bergman, Ingmar, Laterna magica. Mein Leben, übers. v. Hans-Joachim Maass, Alexander Verlag, Berlin 2018 [2003], S. 271.
35 https://www.treccani.it/enciclopedia/luce
Die italienischen Abkürzungen wurden ausgeschrieben.

WEITERFÜHRENDE LITERATUR

Alhazen, online in: www.treccani.it https://www.treccani.it/enciclopedia/alhazen_%28Dizionario-di-filosofia%29/ [20.8.2021].

Aristoteles, Philosophische Schriften in sechs Bänden, versch. Übersetzer, Hamburg, Felix Meiner Verlag, 1995.

Arnheim, Rudolf, Anschauliches Denken. Zur Einheit von Bild und Begriff, übers. v. Rudolf Arnheim, Köln, DuMont Schauberg, 1998 [1972].

Arnheim, Rudolf, Kunst und Sehen. Eine Psychologie des schöpferischen Auges, übers. v. Henning Bock, Berlin, de Gruyter, 2000 [1954].

Baltrušaitis, Jurgis, Der Spiegel. Entdeckungen, Täuschungen, Phantasien, übers. v. Gabriele Ricke und Ronald Voullié, Giessen, Anabas-Verlag, 1996.

Boccioni, Umberto, Scritti sull'arte, Mailand/Udine, Mimesis, 2011.

Cennino, Cennini, Das Buch von der Kunst oder Tractat der Malerei, Ital./Dt., Grafrath, Boer Verlag, 2017 [1871].

Chevreul, Michel de/Margulis, Dan, Zum Gesetz des Simultankontrastes zwischen den Farben, Atlanta, MCW-Verlag, 2020.

Goethe, Johann, Wolfgang von, Farbenlehre, hg. v. Gerhard Ott/Heinrich O. Proskauer, Stuttgart, Verlag Freies Geistesleben, 3 Bde., 1992.

Gombrich, Ernst H, Geschichte der Kunst, Berlin, Phaidon, 2009 [1952].

Gombrich, Ernst, Die Kunst der Renaissance, Bd. 3, Die Entdeckung des Sichtbaren, Stuttgart, Klett-Cotta, 1987 [1976].

Grossatesta, Roberto, La luce, Pisa, Pisa University Press, 2016.

Guzzi, Rodolfo, La strana storia della luce e del colore, Mailand, Springer, 2011.

Hauser, Arnold, Sozialgeschichte der Kunst und Literatur, München, Beck 2018 [1951].

Hogarth, Burne, Licht- und Schattenzeichnen leicht gemacht, Köln, Taschen, 1997.

Kircher, Athanasius, Ars Magna Lucis et umbrae in mundo, Roma, ex Typographia Ludouici, Grignani, 1645–1646.

Leonardo da Vinci, Sämtliche Gemälde und die Schriften zur Malerei, München, Schirmer-Mosel, 1990.

Lindberg, David, Auge und Licht im Mittelalter. Die Entwicklung der Optik von Alkindi bis Kepler, übers. v. Mathias Althoff, Frankfurt a. M., Suhrkamp, 1987 [1976].

Merleau-Ponty, Maurice, Le Doute de Cézanne, la Revue Fontaine, Vol. 8, Nr. 47, 1945, S. 80–100.

Merleau-Ponty, Maurice, Das Auge und der Geist. Philosophische Essays, hg. v. Christian Bermes, versch. Übersetzer, Hamburg, Meiner, 2003.

Napoli, Guiseppe di, Leonardo. Lo sguardo infinitto, Turin, Einaudi, 2019.

Newton, Isaac, Optik: Abhandlungen über Spiegelungen, Brechungen, Beugungen und Farben des Lichts, Berlin/Heidelberg, Springer 1983 [1704].

Previato, Gaetano, Principi scientifici del divisionismo (la tecnica della pittura), Turin, Fratelli Bocca Editori, 1929.

Ronchi, Vasco, Storia della luce da Euclide a Einstein, Biblioteca Universale Laterza, 1983 [1956].

Ronchi, Vasco, The Nature of Light. A Historical Survey, übers. v. V. Barocas, Cambridge, Mass., Harvard Univ. Press, 1970.

Rossi, Attilio (Hg.), Mostra del Divisionismo italiano – Palazzo della Permanente, Milano 1970, Marzo–Aprile, Arti Grafiche E. Gualdoni, Ausst.-Kat., Mailand, 1970.

Sedlmayr, Hans, Das Licht in seinen künstlerischen Manifestationen, Mittenwald, Mäander Kunstverlag, 1979.

Smiles, Sam, J.M.W. Turner, London, Tate Publishing, 2013 [2000].

Wölfflin, Heinrich, Kunstgeschichtliche Grundbegriffe. Das Problem der Stilentwicklung in der neuen Kunst, Basel, Schwabe 2004 [1915].

ABBILDUNGSVERZEICHNIS

Alle Rechte wurden nach bestem Wissen berücksichtigt. Rechteinhaber, die der Verlag nicht ermitteln konnte, werden gebeten, sich mit Ikon Editrice in Verbindung zu setzen, damit ihre Rechte in künftigen Auflagen berücksichtigt werden können.

50 William Turner, Licht und Farbe (Goethes Theorie). Der Morgen nach der Sintflut. Moses schreibt das Buch Genesis, 1843. Tate Gallery, London.
51 Unten: Michel Eugène Chevreul, Farbenkreis aus 72 Farben, aus: De la loi du contraste simultané des couleurs, et de l'assortiment des objets colorés, Paris, Pitois-Levrault, 1839.
52 Georges Seurat, Graues Wetter, Grande Jatte, um 1886–1888. Metropolitan Museum of Art, New York.
53 Paul Signac, Capo di Noli, 1898.
Wallraf Richartz Museum & Fondation Corboud, Köln.
54 La passion de Jeanne d'Arc, Filmstill, F, 1928, Regie: Carl Theodor Dreyer, 110 Min. © Archiv Ikon Editrice.
55 Blow-Up, Filmstill, GB/I 1966, Regie: Michelangelo Antonioni. Carlo Ponti/MGM, 111 Min.
© Archiv Ikon Editrice.
56 Zeichnung des Autors.
57 Zwei Abbildungen, Zeichnungen des Autors.
58 Rechts unten: Digitale Ausarbeitung einer Zeichnung des Autors, 2006.
59 Sanford R. Gifford, Morgen am Hudson, Haverstraw Bay, 1866. Privatsammlung.
60 Iwan Konstantinowitsch Aiwasowski, Die neunte Woge, 1850. Staatliches Russisches Museum, Sankt Petersburg.
61 Oben: Giuseppe De Nittis, Die Überquerung des Appennin, 1867. Museo di Capodimonte, Neapel.
61 Unten: Umberto Boccioni, Die Stadt erhebt sich, 1910. Museum of Modern Art, New York.
62 Links: Ken Russel, Gothic, Filmplakat, GB 1986. Regie: Ken Russell. Penny Cake, 87 Min. © Archiv Ikon Editrice.
62 Rechts: Johann Heinrich Füssli, Der Nachtmahr, 1781. Detroit Institute of Arts.
63 Johann Heinrich Füssli: Der Alp verlässt das Lager von zwei schlafenden Frauen, 1793. Kunsthaus, Zürich.
64 Blade Runner, Verhör von Rachael, Filmstill, USA/Hongkong 1982. Regie: Ridley Scott. Michael Deely, 117 Min.
© Archiv Ikon Editrice.
65 Oben: Blade Runner, Filmstill eines Innenraums, USA/Hongkong 1982. Regie: Ridley Scott. Michael Deely, 117 Min. © Archiv Ikon Editrice.
65 Unten: Blade Runner, Filmstill eines Außenraums. USA/Hongkong 1982. Regie: Ridley Scott. Michael Deely, 117 Min. © Archiv Ikon Editrice.
66 Charlie Chaplin, Auf der Sonnenseite, Filmstill. USA 1919. Regie: Charlie Chaplin. Charlie Chaplin, 29 Min.
©Archiv Ikon Editrice.
67 Links: Sandro Botticelli, Allegorie des Überflusses. 1480–1485. British Museum, London.
67 Rechts: Raffael, Gesichterstudien in Helldunkel, 1519–1520. Ashmoleum Museum Oxford.
69 Aubrey Beardsley, Die Augen des Herodes, Illustration zum Drama *Salome* von Oscar Wilde, 1893.
70 Oben: Angelo Morbelli, Alte Socken, 1902–1903. Collezione Cornèr Banca, Lugano.
70 Unten: Gustav Klimt, Dame mit Hut und Federboa, 1909. Privatbesitz.
71 Links: Raffael Sanzio, Studie einer knienden nackten Frau mit erhobenem linken Arm, 1511–1512.
National Galleries of Scotland, Edinburgh.
71 Rechts Giovanni Battista Piazzetta, Porträt eines Jungen mit erhobener rechter Hand, 1740–1745. Albertina, Wien.
72 Giovanni Battista Piazetta, Porträt von drei jungen Leuten, um 1743. Privatsammlung.
73 Zwei schematische Darstellungen des Autors über die Wahrnehmung geringer (Abb. 1) und stärkerer Wölbung (Abb. 2) eines Volumens anhand des Hell-Dunkel-Verhältnisses.
74 Giovanni Battista Tiepolo, Der Triumph von Zephyr und Flora, 1732. Museo del Settecento veneziano, Venedig.
75 Oben: Der Triumph von Zephyr und Flora, 1732, Detail 1. Museo del Settecento veneziano, Venedig.
75 Unten: Der Triumph von Zephyr und Flora, 1732, Detail 2. Museo del Settecento veneziano, Venedig.
76 Caravaggio, Martyrium des Evangelisten Matthäus, 1599–1600. Cappella Contarelli, Kirche San Luigi dei Francesi, Rom.
77 Andrea Sensoli, Leaf, Einbauleuchte der italienischen Firma Buzzi & Buzzi, Genua.
https://buzzi-buzzi.it/en/product/leaf [28.7.2021].
78 Jan Vermeer, Dienstmagd mit Milchkrug, um 1658–1660. Rijksmuseum, Amsterdam.
80 Gustave Courbet, Der Strand von Trouville, 1866. Privatsammlung.
81 Pompeo Mariani, Der Abschied der Matrosen, 1897. Gallerie d'arte moderna, Genua.
82 Pompeo Mariani, Die Straßenmädchen, 1890. Kunstgalerie Enrico, Mailand.
85 Lawrence Alma-Tadema, Verlang nicht mehr, 1906. Privatsammlung.
86 Gaetano Previati, Der Kuss, um 1889–1890. Privatsammlung, Mailand.
89 Gerard van Honthorst, Die Heiratsvermittlerin, 1625. Centraal Museum, Utrecht.
90 Ippolito Caffi, Venedig, Nächtliches Fest in der Via Eugenia, 1840. Privatsammlung
92 Joseph Wright, Die korinthische Jungfrau, 1782–1784. National Gallery of Art, Washington D.C.
93 Haus des Augustus, Maskenzimmer, um 30 v. Chr. Palatin, Rom.
94 Jean Ignace Grandville, Die Schlagschatten, um 1830. Museum of Fine Arts, Houston.
95 Eugène Delacroix, Frau mit Papagei, 1827.
Musée des Beaux-Arts, Lyon.
96 Benjamin Constant, Liegende Odaliske, 1870.
Musée d'Orsay, Paris.
97 Ungefegtes Speisezimmer, Detail eines Mosaikfußbodens, 2. Jh. n. Chr. Vigna Lupi, Rom.
98 Oben: Kurt Wenner, Amphitheater in Modena, Palazzo Carandini, Modena. © Archiv Ikon Editrice.

98 Unten: Edgar Müller, The Crevasse, Die Gletscherspalte. © Archiv Ikon Editrice.
99 Kasimir Malewitsch, Abstrakte Komposition, um 1913.
102 Mosaik in der Basilika Hagia Sophia, Istanbul. Christus Pantokrator mit Kaiser Konstantin IX und dessen Gattin Zoe, um 1200.
103 Simone Martini, Verkündigung mit der heiligen Margarete und dem heiligen Ansanus, Verkündigungstriptychon, Mitteltafel, 1333. Galleria degli Uffizi, Florenz.
104 Otto Wagner, Jugendstilfassade mit Ornamenten von Koloman Moser, vergoldete Palmblätter, stilisierte Pfauenfedern und goldene Medaillons, 1898–1899. Wienzeile 38, Wien.
105 Donatello, Gastmahl des Herodes, 1425–1427. Tafel am Taufbecken des Baptisteriums in Siena.
107 Masaccio, Der heilige Petrus heilt die Kranken mit seinem Schatten 1425–1427. Fresko der Brancacci-Kapelle in der Kirche Santa Maria del Carmine, Florenz.
108 Bottega di Robert Campin, Madonna mit Kind in einem Zimmer, 1432. National Gallery, London.
109 Bottega di Robert Campin, Mérode-Triptychon, 1427–1428. Metropolitan Museum of Art, New York.
110 Giovanni Bellini, Madonna im Grünen, um 1505. National Gallery, London.
111 Links oben: Massacio, Der Zinsgroschen, 1424–1428, Fresko in Santa Maria del Carmine, Florenz (Ausschnitt, Der Heilige Petrus).
111 Rechts oben: Michelangelo, Detail einer Kopie des Heiligen Petrus von Masaccio, um 1493. Staatliche Graphische Sammlung, München.
111 Links unten: Michelangelo, Studien zu einem Männerkopf, 1529, Medici-Kapellen, Basilica di San Lorenzo, Florenz.
112 Michelangelo, Studie zu Leda mit dem Schwan (Ausschnitt), 1530. Casa Buonarotti, Florenz.
113 Michelangelo, Schlachtszene, Federzeichnung mit brauner Tinte, um 1504. Ashmolean Museum, Oxford.
114 Michelangelo, Lünette des Amminadab, 1511–1512. Sixtinische Kapelle, Vatikanstadt.
115 Matthias Grünewald, Auferstehung Christi, Isenheimer Altar, 1512–1515. Musée d'Unterlinden, Colmar.
116 Caravaggio, Berufung des Heiligen Matthäus, 1599–1600. Kirche San Luigi dei Francesi, Rom.
117 Caravaggio, Obstkorb, 1594–1598. Pinacoteca Ambrosiana, Mailand.
118 Oben: Giacomo Ceruti, Stillleben mit Kürbis, Birnen und Walnüssen, um 1750. Pinacoteca di Brera, Mailand.
118 Mitte: Giacomo Ceruti, Stillleben mit Brot, Nüssen und Wein, um 1750. Privatsammlung.
118 Unten: Giacomo Ceruti, Stillleben mit Eiern, Salami, Brot, Wein und Knoblauch, um 1750. Privatsammlung.
119 Paolo Lomazzo, Selbstbildnis als Abt der Accademia della Val di Blenio, 1568. Pinacoteca di Brera, Mailand.
120 Caravaggio, Johannes der Täufer (Jüngling mit dem Widder), 1602. Musei Capitolini, Rom.
121 Caravaggio, Johannes der Täufer, 1605–1606. Palazzo Corsini alla Lungara, Galleria Nazionale d'Arte Antica, Rom.
123 Rembrandt, Lesender Mönch, 1661. Sinebrychoff-Kunstmuseum, Finnische Nationalgalerie, Helsinki.
124 Georges de La Tour, Joseph als Zimmermann mit dem Jesusknaben, um 1642. Louvre, Paris.
125 Georges de La Tour, Das Neugeborene, um 1648. Musée des Beaux Arts, Rennes.
127 Samuel van Hoogstraten, Die Pantoffeln, um 1654–1662. Louvre, Paris.
129 Oben links: Gerard Ter Borch, Die väterliche Ermahnung 1654. Rijksmuseum, Amsterdam.
129 Oben rechts: Gerard Ter Borch, Die väterliche Ermahnung (Ausschnitt), 1654. Rijksmuseum, Amsterdam.
129 Unten links: Johann Georg Wille, Die väterliche Ermahnung (Kupferstich), 1765. Civica Raccolta delle Stampe Achille Bertarelli, Mailand.
132 Rembrandt, Die jüdische Braut, 1665–1669. Rijksmuseum, Amsterdam.
133 Tizian, Venus von Urbino, 1538. Galleria degli Uffizi, Florenz.
134 Caravaggio, Abendmahl in Emmaus, um 1606. Pinacoteca di Brera, Mailand.
135 Rembrandt, Abendmahl in Emmaus, 1628–29. Musée Jacquemart-André, Paris.
136 Links: Carlo Saraceni, Knabe von einem Flusskrebs gebissen, um 1590. Privatsammlung.
136 Rechts: Caravaggio, Knabe von einer Eidechse gebissen, 1595–1596. Fondazione Longhi, Florenz.
137 Rechts oben: Georges de La Tour, Die Erziehung der Jungfrau Maria, 1650. Louvre, Paris.
137 Links: Allegorie mit einem Knaben, der eine Kerze entzündet, in Gesellschaft eines Affen und eines Narren, 1587–1596. Museo del Prado, Madrid.
137 Rechts: Knabe mit Span und Kerze, 1571–1572. Museo Nazionale di Capodimonte, Neapel.
138 Oben: Ludovico Carracci, Bekehrung des Paulus, 1587–1588. Pinacoteca Nazionale, Bologna.
138 Unten: Caravaggio, Bekehrung des Hl. Paulus, erste Fassung, 1600. Sammlung Odescalchi-Balbi, Rom.
139 Caravaggio, Bekehrung des Hl. Paulus, zweite Fassung, 1600–1601. Cerasi-Kapelle, Basilika Santa Maria del Popolo, Rom.
140 Oben: Luca Giordano, Kreuzigung des Hl. Petrus, 1655–1660. Gallerie dell'Accademia, Venedig.
140 Unten: Caravaggio, Kreuzigung des Hl. Petrus, 1600–1601. Cerasi-Kapelle, Basilika Santa Maria del Popolo, Rom.
141 Tintoretto, Susanna im Bade, 1557. Kunsthistorisches Museum, Wien.
142 Leonardo da Vinci, Flusslandschaft, 1473. Gabinetto dei Disegni e delle Stampe degli Uffizi, Florenz.
143 Albrecht Altdorfer, Landschaft mit Brücke, um 1518. National Gallery, London.
144 Annibale Carracci, Flucht nach Ägypten, 1604. Galleria Doria Pamphilij, Rom.

145 Oben: Rembrandt, Die drei Bäume, Kupferstich und Kaltnadelradierung, 1643. Gabinetto dei Disegni e delle Stampe degli Uffizi, Florenz.
145 Unten: Rembrandt, Landschaft mit Steinbrücke, 1637–1639. Rijksmuseum, Amsterdam.
146 Gerrit Berckheyde, Marktplatz und Grote Kerk in Haarlem, 1673. Musée des Beaux-Arts, Lyon.
147 Franceso Guardi, Tor zum Arsenal in Venedig, 1777–1793. Kunsthistorisches Museum, Wien.
148 Giovanni Battista Tiepolo, Die Prozession des Trojanischen Pferdes nach Troja, um 1760. National Gallery, London.
149 Claude Lorrain, Hafen mit der Einschiffung der heiligen Ursula, 1641. National Gallery, London.
150 Adam Elsheimer, Die Flucht nach Ägypten, 1609. Alte Pinakothek, München.
151 Philip Koninck, Flusslandschaft, 1676. Rijksmuseum, Amsterdam.
153 Oben: Alessandro Magnasco, Begräbnis eines Trappistenbruders, 1700–1710. Museo Civico, Bassano del Grappa.
153 Unten: Alessandro Magnasco, Clemente Spera, Bacchanal, 1720–1730. Puschkin-Museum, Moskau.
154 Oben: Johann Heinrich Füssli, Titania und Zettel, 1790. Tate Gallery, London.
154 Unten: Johann Heinrich Füssli, Der Traum des Schäfers, 1793. Tate Gallery, London.
155 William Turner, Caernarvon Castle, 1799. Tate Gallery, London.
156 William Turner, Schneesturm, Lawine und Überschwemmung – eine Szene im oberen Aosta-Tal, Piemont, 1837. Art Institute, Chicago.
157 William Turner, Venedig – Dogana und San Giorgio Maggiore (Ausschnitt), 1834. National Gallery of Art, Washington D.C.
158 William Turner, Altes Italien – Der aus Rom verbannte Ovid, 1838. Metropolitan Museum of Art, New York.
160 Claude Monet, Schiffe im Mondlicht, um 1864. National Galleries of Scotland, Edinburgh.
161 Claude Monet, Das Parlament von London, 1900–1905. Musée d'Orsay, Paris.
163 Camille Pissarro, Die Ufer der Marne im Winter, 1866. Art Institute, Chicago.
165 Giovanni Fattori, Signora Martelli in Castiglioncello, um 1867. Museo Civico Giovanni Fattori, Livorno.
166 Telemaco Signorini, Tobsüchtige Geisteskranke im Spital San Bonifazio, 1865. Galleria d´Arte Moderna im Palazzo Ca' Pesaro, Venedig.
167 Giuseppe Abbati, Interno del Chiostro di Santa Croce, 1861–1862. Palazzo Pitti, Florenz.
167 Adriano Cecioni, Kitzeln, 1865. Società di Belle Arti, Mailand.
168 Giuseppe Pellizza da Volpedo, Sonnenuntergang, Der Dornbusch, 1902. Galleria d'Arte Moderna Ricci Oddi, Piacenza.
170 Medardo Rosso, Aetas aurea, 1886. Vatikanische Museen, Vatikanstadt.
170 Darunter: Vier digitale Bearbeitungen des Motivs von Medardo Rosso in Dreifarbdruck (Arbeit des Verfassers), 2018.
171 Gaetano Previati, Der Tag weckt die Nacht (Ausschnitt), um 1905. Civico Museo Revoltella, Galleria d'Arte Moderna, Triest.
172 Gaetano Previati, Der Engelssturz, um 1912–1913. Galleria Nazionale d'Arte Moderna, Rom.
173 Oben: Vittore Grubicy de Dragon, Morgen, 1898. Galleria d'Arte Moderna, Mailand.
173 Unten: Giovanni Segantini, Dudelsackpfeifer von Brianza, 1883. National Museum of Western Art, Tokyo.
174 Rechts oben: Edmond Duranty, La nouvelle peinture, Cover des Nachdrucks, Échoppe, Paris, 2018 [1876].
175 Joseph Niépce, Blick aus dem Fenster in Le Gras, Heliographie, 1826. Erste Fotografie der Welt. Harry Ransom Humanities Research Center, University of Texas
176 Georges Seurat, Café-concert, 1887–1888. Harvard Art Museums, Cambridge, MA.
177 Georges Seurat, La Parade (Zirkusparade), 1887–1888. Metropolitan Museum of Art, New York.
178 Tranquillo Cremona, Der Efeu, 1878. Galleria Civica d'Arte Moderna e Contemporanea, Turin.
179 Daniele Ranzoni, Drei Freunde, 1878. Privatsammlung, Rom.
180 Giuseppe Pellizza da Volpedo, Die Sonne, 1904. Galleria Nazionale d'Arte Moderna, Rom.
181 Giovanni Segantini, Meine Modelle, 1890. Segantini Museum, St. Moritz.
182 Giovanni Segantini, Nach dem Gewitter, um 1883–1885. Privatsammlung.
183 Plinio Nomellini, Die Schätze des Meeres, 1901. Galleria Nazionale d'Arte Moderna, Rom.
185 Oben: Giuseppe Canella, Ansicht der römischen Campagna mit Gewitter, um 1839. Pinacoteca di Brera, Mailand.
185 Unten: Gerard van Honthorst, Fröhlicher Geiger mit Weinglas, um 1624. Galleria degli Uffizi, Florenz.
186 Oben: Francesco Cairo, Das Haupt Johannes' des Täufers, 17. Jahrhundert. Musée des Beaux-Arts, Caen.
186 Unten: Giorgio Barbarelli da Castelfranco, genannt Giorgione, Das Gewitter (Ausschnitt), um 1502–1503. Gallerie dell'Accademia, Venedig.
188 Oben: John Martin, Der große Tag seines Zorns, 1851–53. Tate Gallery, London.
188 Unten: Franz von Stuck, Tanzende Salome (Ausschnitt), 1906. Städtische Galerie im Lenbachhaus, München.
189 Oben: Jakub Schikaneder, Nachtszene im alten Prag, 1894. Nationalgalerie, Prag.
189 Unten: Joaquin Sorolla y Bastida, Fischerin mit Kind, Detail, 1908. Museo Sorolla, Madrid.
190 Winslow Homer, Schlittenfahrt, um 1890. The Clark Art Institute, Williamstown.
191 Vincent van Gogh, Der rote Weinberg, 1888. Puschkin-Museum, Moskau.
193 Ferdinand du Puigaudeau, Seifenblasen, 1895. Guarisco Gallery, Washington.

Originaltitel:
Massimo Mariani, Fiat Lux. La luce come espressione artistica

Ikon Editrice s.r.l. – www.ikoneditrice.it
Via Sapri, 36 – 20156 Milano

Bibliografische Information der Deutschen Nationalbibliothek
Die Deutsche Nationalbibliothek verzeichnet diese Publikation in der Deutschen Nationalbibliografie; detaillierte bibliografische Daten sind im Internet über http://dnd.d-nb.de abrufbar.

Übersetzung aus dem Italienischen: Martina Kempter
Lektorat: Isa Knoesel
Layout: Wendy Moreira
Satz und Umschlaggestaltung: Alexander Burgold

Umschlagabbildungen:
Jan Vermeer, *Dienstmagd mit Milchkrug,* um 1658–1660,
Rijksmuseum, Amsterdam
Caravaggio, *Berufung des Heiligen Matthias,* 1599–1600,
San Luigi di Francesi, Rom
William Turner, *Venedig – Dogana und San Giorgio Maggiore*, 1834,
National Gallery of Art, Washington D. C.

www.reimer-verlag.de

Printed in China

ISBN 978-3-496-01660-1